中华译学馆立馆宗旨

以中华为根 译与学并重

弘扬优秀文化 促进中外交流

拓展精神疆域 驱动思想创新

丁酉年冬月许钧撰 罗卫东书

"十四五"时期国家重点出版物出版专项规划项目

中華譯學館·中华翻译研究文库

许　钧◎总主编

康德哲学术语中译论争历史考察

文　炳　王晓丰◎著

ZHEJIANG UNIVERSITY PRESS
浙江大学出版社
·杭州·

本书是国家社科基金项目“康德哲学术语中译论争历史考察”
（立项编号：12XZX013）结项成果

该项目结项成果被国家社科规划办鉴定为优秀等级结项成果
（结项证书项编号20181823）

总　序

改革开放前后的一个时期,中国译界学人对翻译的思考大多基于对中国历史上出现的数次翻译高潮的考量与探讨。简言之,主要是对佛学译介、西学东渐与文学译介的主体、活动及结果的探索。

20 世纪 80 年代兴起的文化转向,让我们不断拓宽视野,对影响译介活动的诸要素及翻译之为有了更加深入的认识。考察一国以往翻译之活动,必与该国的文化语境、民族兴亡和社会发展等诸维度相联系。三十多年来,国内译学界对清末民初的西学东渐与“五四”前后的文学译介的研究已取得相当丰硕的成果。但进入 21 世纪以来,随着中国国力的增强,中国的影响力不断扩大,中西古今关系发生了变化,其态势从总体上看,可以说与“五四”前后的情形完全相反:中西古今关系之变化在一定意义上,可以说是根本性的变化。在民族复兴的语境中,新世纪的中西关系,出现了以“中国文化走向世界”诉求中的文化自觉与文化输出为特征的新态势;而古今之变,则在民族复兴的语境中对中华民族的五千年文化传统与精华有了新的认识,完全不同于“五四”前后与“旧世界”和文化传统的彻底决裂与革命。于是,就我们译学界而言,对翻译的思考语境发生了根本性的变化,我们对翻译思考的路径和维度也不可能不发生变化。

变化之一,涉及中西,便是由西学东渐转向中国文化"走出去",呈东学西传之趋势。变化之二,涉及古今,便是从与"旧世界"的根本决裂转向对中国传统文化、中华民族价值观的重新认识与发扬。这两个根本性的转变给译学界提出了新的大问题:翻译在此转变中应承担怎样的责任?翻译在此转变中如何定位?翻译研究者应持有怎样的翻译观念?以研究"外译中"翻译历史与活动为基础的中国译学研究是否要与时俱进,把目光投向"中译外"的活动?中国文化"走出去",中国要向世界展示的是什么样的"中国文化"?当中国一改"五四"前后的"革命"与"决裂"态势,将中国传统文化推向世界,在世界各地创建孔子学院、推广中国文化之时,"翻译什么"与"如何翻译"这双重之问也是我们译学界必须思考与回答的。

综观中华文化发展史,翻译发挥了不可忽视的作用,一如季羡林先生所言,"中华文化之所以能永葆青春","翻译之为用大矣哉"。翻译的社会价值、文化价值、语言价值、创造价值和历史价值在中国文化的形成与发展中表现尤为突出。从文化角度来考察翻译,我们可以看到,翻译活动在人类历史上一直存在,其形式与内涵在不断丰富,且与社会、经济、文化发展相联系,这种联系不是被动的联系,而是一种互动的关系、一种建构性的力量。因此,从这个意义上来说,翻译是推动世界文化发展的一种重大力量,我们应站在跨文化交流的高度对翻译活动进行思考,以维护文化多样性为目标来考察翻译活动的丰富性、复杂性与创造性。

基于这样的认识,也基于对翻译的重新定位和思考,浙江大学于2018年正式设立了“浙江大学中华译学馆”,旨在“传承文化之脉,发挥翻译之用,促进中外交流,拓展思想疆域,驱动思想创新”。中华译学馆的任务主要体现在三个层面:在译的层面,推出包括文学、历史、哲学、社会科学的系列译丛,“译入”与“译出”互动,积极参与国家战略性的出版工程;在学的层面,就翻译活动所涉及的重大问题展开思考与探索,出版系列翻译研究丛书,举办翻译学术会议;在中外文化交流层面,举办具有社会影响力的翻译家论坛,思想家、作家与翻译家对话等,以翻译与文学为核心开展系列活动。正是在这样的发展思路下,我们与浙江大学出版社合作,集合全国译学界的力量,推出具有学术性与开拓性的“中华翻译研究文库”。

积累与创新是学问之道,也将是本文库坚持的发展路径。本文库为开放性文库,不拘形式,以思想性与学术性为其衡量标准。我们对专著和论文(集)的遴选原则主要有四:一是研究的独创性,要有新意和价值,对整体翻译研究或翻译研究的某个领域有深入的思考,有自己的学术洞见;二是研究的系统性,围绕某一研究话题或领域,有强烈的问题意识、合理的研究方法、有说服力的研究结论以及较大的后续研究空间;三是研究的社会性,鼓励密切关注社会现实的选题与研究,如中国文学与文化“走出去”研究、语言服务行业与译者的职业发展研究、中国典籍对外译介与影响研究、翻译教育改革研究等;四是研究的(跨)学科性,鼓励深入系统地探索翻译学领域的任一分支领域,如元翻译理论研究、翻译史研究、翻译批评研究、翻译教学研究、翻译技术研究等,同时鼓励从跨学科视角探索翻译的规律与奥秘。

青年学者是学科发展的希望,我们特别欢迎青年翻译学者向本文库积极投稿,我们将及时遴选有价值的著作予以出版,集中展现青年学者的学术面貌。在青年学者和资深学者的共同支持下,我们有信心把“中华翻译研究文库”打造成翻译研究领域的精品丛书。

许　钧

2018 年春

序　言

数年前我同几位中国大陆以及日本、韩国等国家的学者合作，编辑《康德哲学在东亚》一书，先后出版了韩文、日文及中文版[①]。此书结合中、日、韩三国重要的康德专家，对东亚的康德接受史进行全面的回顾，意义非凡，也引起中、日、韩学界的重视。在编辑过程中，我注意到文炳教授于2010年在华东师范大学提交的博士论文《康德哲学中的Transcendental的中译论争史考察》。

去年（2018年）夏季我忽然接到文炳教授的电子邮件，得知他主持的国家社科基金项目"康德哲学术语中译论争历史考察"刚结题。他将题为《康德哲学术语中译论争历史考察》的书稿传给我，请我为他申报国家哲学社会科学文库写封推荐函，并为此书作序。阅读书稿之后，我确定此书系在其博士论文的基础上所进行的后续研究。

康德哲学传入中国已有百余年的历史，比传入日本稍晚。故中国人开始吸收康德哲学时，曾大量借鉴日本的康德研究与翻译，而形成复杂的跨文化交涉现象。1949年后，大陆与港、台地区的康德研究分别发展，各自呈现出非常不同的面貌。康德哲学术语中译之分歧，便具体反映出东亚康德接受史的复杂面貌。但在我编辑的《康德哲学在东亚》出版之前，中文学界在过去很长的时间内并未对这段接受史进行全面的回顾。

文炳教授此书从具体的层面，全面检讨康德哲学术语中译的问题。

---

① 韩文版于2014年8月由首尔ACANET出版社出版，日文版于2015年3月由日本法政大学出版局出版，中文版于2016年由台大出版中心出版。

文教授及其团队广泛搜集与此问题直接或间接相关的中文、日文、德文、英文、拉丁文著作，进而从方法论的层面检讨西方哲学术语中译的原则，并提出统一译名的具体建议。

统一译名的问题牵涉甚广，并非一蹴可及，而是要在累积了相当的学术成果之后才能逐步达成。有鉴于日本学界的经验，中文学界应先着手于康德原著之直接中译。称职的中译者应具备三项基本条件：对康德哲学的深入了解、优异的德文理解能力，以及卓越的中文表达能力。由于第一项基本条件，翻译者必须同时是康德哲学的研究者。之所以应具备第二项基本条件，系由于康德的原典是以 18 世纪的德文撰写的，绝非一般的德文水平所能应付。有的中译者虽具备前两项基本条件，但其译文却词不达意，令人无法卒读。在累积了相当数量的优秀中译本之后，便可借由《康德辞典》之编纂来整合研究成果（包括统一译名）。日本的经验便是如此。迄今为止，日本已有两套《康德全集》，分别由理想社及岩波书局出版。1997 年，由石川文康等人编纂的《康德事典》，则是日本学界整合康德研究的标志性成果。

较诸日本的康德研究与翻译，中文学界无论在研究还是翻译方面，都还有相当的距离，有待我们继续努力。因此，我们固然不必期待本书可以完全解决康德中译的论争，但其出版却是在学术累积过程中的重大里程碑，其重要性或可与《康德哲学在东亚》之出版相提并论。

李明辉

2019 年 3 月于台北

前　言

西学术语的中译历来受学界重视。以术语中译的误译为例，辜正坤就认为，关键性术语的误译，常常会产生连锁反应，引起中国学术用语的相应变化。[①] 例如，将 ontology 译为“本体论”这一误译导致当今学术界泛滥着各种各样的“本体论”。但是，迄今为止，很少有学者去追问误译的根源何在。与之相比，西学术语的译名分歧更是屡见不鲜，也更值得关注。以当下为例，学界对于 ontology、being 等哲学概念的译名争论至今未决。实际上，在康德哲学的东渐历史上，国内哲学界围绕康德哲学术语（如 a priori、transcendental、transcendent 等）的中译，就发生过数次大规模的论战。21 世纪以来，国内学界的众多学者，例如孙周兴、倪梁康、赵汀阳、邓晓芒、刘创馥、张汝伦等，围绕 transcendental 的中译纷纷公开发表了各自的见解。[②] 据笔者博士论文统计，仅 transcendental 一词的中文译名，迄今已多达 25 种，足见其译名分歧之大。

transcendental 这一康德哲学关键概念的译名在国内的分歧尚且如此之大，那么其他的康德哲学概念术语的译名分歧情况又如何呢？康德哲学著作在中国的整体译介情况又如何呢？康德哲学概念术语翻译的具

① 辜正坤 . 外来术语翻译与中国学术问题 . 北京大学学报（哲学社会科学版），1998(6): 45-53.

② 相关讨论参见：文炳 . Transcendental 的中译论争历史考察 . 上海：上海交通大学出版社，2012: 238-296.

体困难有哪些？有没有办法或者措施来消解术语译名的分歧呢？迄今为止，还没有人就此开展过具有一定规模的针对性研究。

其实，有分歧的康德哲学术语中译不在少数，而且这种分歧自康德哲学东渐以来一直存在，尤其在东渐初期，分歧更大。可以说，大多数哲学概念术语，包括今天已经耳熟能详的甚至已经成为定名的那些术语，比如“演绎”（Deduktion）、“公设”（Postulat）① 等，都有一段译名论争的历史，只是由于年代久远，这段历史早已经淹没在历史的长河中罢了。

对一些康德哲学术语中译进行溯源性考察就会发现，康德哲学在国内的传播和研究曾经受日本学界的很大影响，相当一部分术语其实最初是日译名。甚至，也许可以毫不夸张地说，今日整个中国学界的康德哲学术语体系基本上都建立在早期的日译名基础上，而非学界所普遍认为的归功于蓝公武所译的《纯粹理性批判》。例如康德“三大批判”书名中的“批判”（Kritik）一词实际上也是日译名，其最初的意思与当今普通人所理解的“批判”的意思已经出入很大，该译名很容易让国内不懂西文的读者产生误解。当今学界已经很少有人知道，在 20 世纪二三十年代，国内曾经掀起反对日译名的高潮，其时，贺麟曾经主张将其译为“论衡”，张东荪主张将其译为“检别”，只是最终这些译名都未被广泛接受罢了。

事实上，仅从康德“三大批判”现存 20 余个不同的中译本这一事实，大家就能大体猜测出，译名的统一存在问题。如果稍加留意，就可以从中国知网上有关康德哲学概念术语的论文中发现，目前国内和日本

① 在 1924 年《学艺》第六卷第五期，范寿康在《康德知识哲学概说》一文中将 Postulat 译为“要求”；将 Postulate des empirischen Denkens 译为“经验的思维本身之要求”；虞山在《康德道德哲学概说》一文中也将 Postulat 译为“要求”；张心沛在《康德先验演绎之中心问题》和《康德之目的论》这两篇文章中将 Postulat 译为“要请”，将 postulieren 译为“要请的”；罗鸿诏在《康德伦理学说略评》一文中的第一处将 Postulat 译为“规准”，在第二处将 Postulat 译为“根本要求”。在 1925 年出版的《民铎》第六卷第四期，杨人杞在《实践理性批判梗概》一文中将 Postulat 译为“假设（要求）”。从《实践理性批判》多个日译本的译名对照表中可以看出，日本学者都将其译为“要请”，而国内现在已经把 Postulat 这一术语普遍译为“公设”。目前已经很少有人知悉该词的译名演变历史了。

学界对于一些康德哲学术语的译名分歧仍然很大。很多译名，如果不在译名后括注西文原文，读者就很难弄清作者究竟指的是什么。

尽管译名的不统一（或者说分歧）广泛存在，但是国内目前还没有学者针对哲学术语译名分歧的现状做过较为广泛深入的调查研究。国外学者施吕特（G. Schlüter）主编的《翻译中的康德著作》（*Kants Schriften in Übersetzungen*）研究了英语和非日耳曼语系如法语、意大利语等中康德术语的翻译情况，虽然也个别提到了康德著作的中译情况，但并无相关论述。总体来说，目前国内外学界往往仅仅关注对康德个别哲学概念术语的义理剖析、理解和翻译，大多还只是个案考察，很少有人将康德哲学概念术语乃至整个西方哲学概念术语归入一个类别进行整体考察，去深入追问，译者们在翻译这些概念术语时，为何会产生如此多的分歧。自然，也很少有学者去探索具体的应对之策。

有鉴于此，笔者认为，很有必要对康德哲学著作中译情况进行较为全面深入的调查研究，以期能考察出：（1）康德哲学术语中译的总体现状究竟如何？（2）康德哲学术语在中译过程中究竟有哪些困难？（3）康德哲学术语中译过程中经历了怎样的分歧？（4）康德哲学术语中译名的演变历史可以带来哪些启发？

最后，笔者在荟萃康德著作众多译者的哲学术语翻译经验以及考察康德著作研究者的哲学术语翻译主张的基础上，力争找出有效的办法或者措施来应对哲学术语译名的分歧。

基于上述目的，“康德哲学术语中译论争历史考察”课题组成员开展了大规模的调查研究，本书是课题组研究成果的最终呈现。

文　炳

2022 年 11 月 16 日

目　录

第一章　研究的缘起

第一节　导　言

一、康德哲学的地位

（一）康德哲学在西方哲学中的地位

一般认为，康德哲学在西方哲学史上具有承上启下作用。日本学者安倍能成曾经提出一个非常形象的比喻，即把康德哲学比喻成是一个蓄水池，前两千年的水都流进了这个池中，而后来的水又都是从这个池中流出去的。确实，康德哲学不仅继承了理性主义和经验主义，而且是费希特、谢林等德国观念论的起点，是新康德主义的出发点，更深深影响着当代西方哲学——当代西方哲学很大程度上是康德思想的影响史，即往往表现出对康德哲学的某种态度，或接受，或发展，或批判，或修正，诸如胡塞尔的先验现象学或者超越论现象学，海德格尔的基础本体论，斯特劳森、塞拉斯等打通分析哲学和康德先验哲学的做法，波普尔的批判理性主义，普特南的内在实在论，罗尔斯的正义理论等等都是例子。这说明康德哲学是相当丰富的思想资源，对它的理解不仅仅具有思想史的意义，而且具有生发西方当代新思想的作用。

究其原因，康德对理性自身的考察、对形而上学的批判、对善和道德的探究、对自由和自律的强调等，都有丰富的思想潜力。正如伊尔利

茨（Gerd Irrlitz）所说，

> 康德哲学在大学的课堂教学外，也一直受到高度关注。每年有800多种图书和论文分析这一构思极为精妙的理论的某些论题或问题域。早在《纯粹理性批判》（1781年一版，1787年二版）出版后的第一个10年，就出现了大约300篇赞成和反对康德先验哲学的论文——而这本书可能也是黑格尔《精神现象学》（1807年）之外，当时及之后所写的最难理解的哲学书。[①]

这种关注的一个实例是，20世纪90年代以来，仅仅在英语世界就有4个康德《纯粹理性批判》新译本，据说比旧译本有很大的改进。同时，1990年以前的康德著作版本、译本、二手研究等，被专门编辑成厚厚两大卷的 *Kant-Bibliographie*[②]，这种待遇，在西方思想家中并不多见。由此，不难看到康德研究的热度、广度和丰富。

总之，康德哲学对当时及后世均产生了深远影响，以至于汤姆·洛克摩尔（Tom Rockmore）要专门以 *In Kant's Wake: Philosophy in the Twentieth Century*（《在康德的影响下：20世纪西方哲学》）一书来谈这种影响。然而，尽管康德哲学在欧美的译介和传播甚广，但在中国，除了20世纪20年代曾有过一段康德研究高潮外，由于各种各样的原因，康德哲学受重视程度总体不高。比如，从新中国成立到改革开放前的这段时期内，在马克思主义思想占主导地位的语境下，康德哲学的受重视程度远比不上黑格尔哲学，即使在改革开放初期，面临社会的巨大变动，学界对康德哲学的关注度也比不上海德格尔哲学等。因此不难理解，很长时期内，国内都没有直接从原文译出的“三大批判”译本，更不用说特别高质量的研究以及对康德哲学的发展。这与康德哲学思想在西方哲学中的地位是不相称的。幸运的是，最近的20年里，这种局面大为改观。不仅产生了多种康德哲学的中译作品，而且出现了数量众多

---

① Irrlitz, G. *Kant Handbuch: Leben und Werk (3.Auflage)*. Stuttgart: J. B. Metzler, 2015: S.XVII.

② Ruffing, M. *Kant-Bibliographie(1896—1944)*. Frankfurt am Main: Vittorio Klostermann, 2007; *Kant-Bibliographie(1945—1990)*. Frankfurt am Main: Vittorio Klostermann, 1999.

的中文研究，个中原因何在？或许笔者可以通过一些有代表性的中国学者的论述来寻找答案。

（二）中国学者眼中的康德哲学

我们不妨回顾下韦卓民、贺麟、邓晓芒、李秋零等康德哲学著述的主要译者及研究者眼中的康德哲学。

康德译者和研究者之一的韦卓民认为，康德是马克思以前在西方哲学思想发展中一个承前启后的关键人物。据曹方久回忆，韦卓民曾向王元化先生讲过，他对康德的评价远远超过黑格尔。[①] 为此，他下大力气译出了多种康德原著和相关的研究著作。

贺麟是黑格尔专家，也是新儒家代表人物，他很早就说过，康德哲学是“现代哲学的源泉”[②]；类似地，杨祖陶也指出，康德的第一批判《纯粹理性批判》“奠定了整个批判哲学体系以及往后的全部哲学研究工作的认识论、方法论、逻辑学和形而上学的基础。也正是这部巨著，成了康德哲学对后世直到当代西方哲学方方面面的经久不衰的深刻影响的最本原的源泉”[③]。

邓晓芒翻译、研究康德颇下功夫，他结合丰富的康德哲学翻译经验指出，中国人缺乏思维训练，更缺乏强韧的逻辑头脑，在思维能力方面较薄弱，因而康德哲学具有特殊作用：

> 康德哲学无疑是一部极为便利的教科书，它可以训练我们懂得如何进行严格的、有条理的思考。你可以不同意他的观点，但你不得不佩服他论证自己观点的那种严谨和深刻，那种层层递进和秩序井然，那种面面俱到而滴水不漏。[④]

---

① 曹方久．韦卓民与康德哲学——《韦卓民：康德哲学著译系列》简介．华中师范大学学报（人文社会科学版），2001(2): 139.

② 贺麟．现代西方哲学讲演集．上海：上海人民出版社，1984: 3.

③ 杨祖陶．《纯粹理性批判》中译本序 // 康德．纯粹理性批判．邓晓芒，译．杨祖陶，校．北京：人民出版社，2004: 1.

④ 康德．康德三大批判合集（上）．邓晓芒，译．杨祖陶，校．北京：人民出版社，2009: 2-3.

显而易见，这种特殊作用就是：可以提升中国人的思维能力。

另一位译作等身的康德研究学者——李秋零对康德有另一番独到之见。

首先，针对过去有人说康德是在理性主义和经验主义之间作调和的“折中哲学”，李秋零认为，“康德其实是在另辟蹊径，要走出一条自己的道路”①。基于他对康德思想独特性的把握，李秋零指出，之所以有“说不尽的康德”一说，最重要的原因是康德与黑格尔等人相比，更谦虚，更尊重思想。读黑格尔让人感觉他无所不知，而读康德则会发现，康德会告诉读者一些具体问题暂时无法判定，这就为进一步的探讨留下了空间。②

其次，就康德思想对我们这个时代的影响而言，李秋零认为，“康德的哲学思想仍有着巨大的现实意义。……康德哲学本身还有很多思想值得我们进一步思考和贯彻”③。他以自由与自律的关系来进行例说：

> 康德曾经说“自由”是他批判哲学的拱顶石，学界普遍据此认为“自由”是他的最高概念。但我提出一个观点，康德的哲学精神不仅在于自由，因为自由是为自律服务的。真正的康德哲学核心不是自由，而是自律。自由不过是自律的前提，只有有自由的人才能自律。如果缺乏自律，自由就会让人无法无天。理性的自我批判就是一种自律。

李秋零就此指出，康德哲学中类似的思想值得我们重视，作为启蒙思想家的康德值得我们进一步探讨。④

由此，不难理解康德哲学如何会在近20年中引起中国学术界的高

---

① 中国人民大学李秋零教授编译《康德著作全集》 十年功夫不寻常 . (2010-04-14)[2022-06-08]. https://news.ruc.edu.cn/archives/20832.

② 中国人民大学李秋零教授编译《康德著作全集》 十年功夫不寻常 . (2010-04-14)[2022-06-08]. https://news.ruc.edu.cn/archives/20832.

③ 中国人民大学李秋零教授编译《康德著作全集》 十年功夫不寻常 . (2010-04-14)[2022-06-08]. https://news.ruc.edu.cn/archives/20832.

④ 中国人民大学李秋零教授编译《康德著作全集》 十年功夫不寻常 . (2010-04-14)[2022-06-08]. https://news.ruc.edu.cn/archives/20832.

度关注。而理解、研究其思想，一个必不可少的前提就是语言的转换，即翻译。这就涉及下一个主题。

二、康德哲学的中译及相关研究

康德哲学传入中国已有一百多年。尼采曾将康德称为“哥尼斯堡的那位伟大的中国人”[①]，这一论断或许只是尼采一时有感而发的断语，但某种程度上确实道出了国人对康德哲学的亲近感。康德对道德的重视和强调，处处回应着国人历来对道德的重视和强调。实际上，在康德哲学的中译中，最多的译本还是《实践理性批判》和《道德形而上学奠基》。不过近年来，康德著作的中译取得了很大成绩，不仅出现了“三大批判”的多种自德语译出的中译本，而且科学院版的《康德全集》也先于《黑格尔全集》出版了高质量的中译本。康德早期的拉丁语著作乃至其他罕见的文著都有了可读的中译本，甚至康德书信全集也已获得资助，正在翻译。多种中译本的出现，甚至并未被视作重复劳动，因为作为哲学经典的译本，它们为大家提供了更多可学习的文本和经验，而且一定程度上形成了某种竞争关系，促进了译文质量的提高，所以反倒可以说赢得了更多的欢迎。

与之相应，国内的康德哲学研究热度也随着中译的增多而水涨船高。通过以“康德”为关键词在中国知网检索得到的论文信息中不难发现，2000 年以来，有关康德的论文数量总体呈增长趋势。（如图 1.1）

相关论文涉及的主题范围极广，从康德知识论到他的实践哲学，如美学、法学、教育学等。值得注意的是，尽管也有少数论文谈到康德著作或康德术语的中译，然而总体上，这样的研究还很少，研究范围也很小。[②]但是，由于哲学翻译的艰难，加之译者理解的不同，康德著作的

① 尼采．善恶的彼岸．赵千帆，译．北京：商务印书馆，2015: 182.

② 我们找到的这种论文大致有：张荣．“决断”还是“任意”（抑或其它）？——从中世纪的 liberum arbitrium 看康德 Willkür 概念的汉译．江苏社会科学，2007(3): 16-21；俞吾金．《纯粹理性批判》翻译与研究中的若干问题．复旦学报（社会科学版），2014(4): 7-15；谢地坤．如何理解康德哲学——《纯粹理性批判》中一些概念的辨析．哲学研究，2014(8): 65-70.

中译确实还存在一定问题。李明辉概括为如下几点：

> 第一，这些译本多半由英译本转译；第二，少数译本虽系直接由德文译出，但其译者若非对康德哲学欠缺理解，就是对18世纪的德文无法精确掌握；第三，它们均欠缺中文读者所需要的注释与相关资料。①

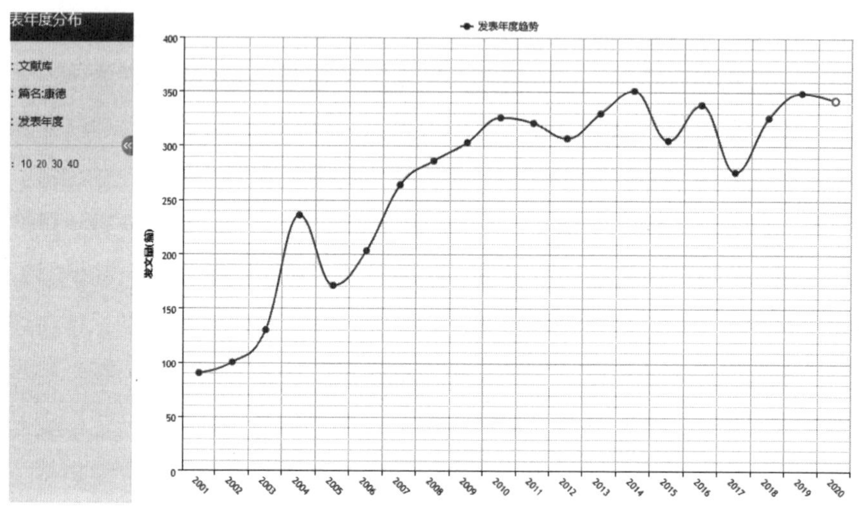

图 1.1　2000 年以来国内有关康德的论文数量变化

这当然是很有见地的论述。但笔者认为，尚需加上第四点：这些译本在康德哲学术语的翻译上还存在不统一的问题。② 更有甚者，同一个术语在不同中译本中的译法居然达到 10 种。这一方面给读者带来许多困惑，不利于康德哲学的接受，另一方面也不利于研究者间形成共同的论题，进而展开深入讨论。这一现象背后的原因很多，所据原文不同、所译版本不同是一方面，另一方面则是，作为当代译者，很自然会依据

---

① 康德 . 未来形上学之绪论 . 李明辉 , 译 . 台北 : 联经出版公司 , 2008: V.

② 这一译名不统一的问题同样存在于英语、法语、意大利语乃至葡萄牙语、西班牙语等各种欧洲语言的康德译著中，具体参见：Schlüter, G. (Hrsg.). *Kants Schriften in Übersetzungen*. Hamburger: Felix Meiner, 2020: 337-722. 该书对康德术语的译名问题展开了极为细致的讨论，也提出了很多富有启发的想法，是目前国外所见讨论康德术语翻译最全的研究，惜乎，其中并未讨论中译名问题。

那些术语的当代含义去翻译康德文中的术语。殊不知，康德恰恰不是在那种意义上使用这些词语。或许正是术语中译不统一的原因，迄今汉语界尚未有《康德事典》诞生。反观日本哲学界，不仅出版了3个版本的康德文集，而且很早就统一了术语的译法，这些译法集中体现在日文版的《康德事典》中。就连韩国哲学界，也在着手编撰2套康德全集，进而统一术语。①

术语中译的重要性当然不仅体现在翻译领域。从中国现代思想和学术角度来看，西方经典在汉语中的翻译是其形成的一个重要来源。基本上，这些汉译的经典是国人了解西方思想和学术的源头，构成了国人研究的框架和分析问题的依据。维特根斯坦早就提出，哲学的核心工作是概念考察。康德哲学的传入效果同样取决于国人对康德哲学的翻译水平，而这种翻译中最根本的是概念的翻译。正如贺麟、张东荪、郑昕等哲学家前辈早就提出的，要研究康德哲学，首先必须能正确理解康德哲学中的一些关键概念（术语）。目前，在康德哲学研究上的一个困境是，国人连一些关键概念或术语的译名都无法统一，或者说，国人对不少康德哲学术语的理解还存在差异。因此，研究康德哲学，实际上还要考察康德哲学中一些关键概念的中译名论争。近年来，少数学者已注意到康德哲学术语的中译论争问题，并在此领域做了极有价值的探索，除了前文提到的少数几篇论文外，特别值得一提的还有文炳对 transcendental 的专书讨论，顾有信（Joachim Kurtz）对 Ding an sich 中译的详细论说。②然而，诸如此类的研究还十分缺乏。而且，以上研究者所提到的还只是康德哲学中的个别概念，其实诸如此类的概念还有不少。因而笔者深信，对康德文著中的术语进行相关讨论有助于加深国人对康德哲学术语的理解，进而有助于国人理解甚至发展康德哲学。

为探究术语中译论争，笔者有必要先回顾一下康德哲学在中国的传

---

① 详见：李明辉．康德哲学在东亚．台北：台大出版中心，2016: 202-204.

② 文炳．Transcendental 的中译论争历史考察．上海：上海交通大学出版社，2012；顾有信．一个哲学虚构概念的本土化——论康德“Things in Themselves”的中文译法 // 亚洲概念史研究（第1辑）．北京：生活·读书·新知三联书店，2013: 47-65.

播及其中译情况，并在此基础上梳理各种争议产生的原因。

第二节　康德哲学在中国的传播和中译情况

一、康德哲学在中国的传播和中译的现有研究

有关康德哲学在中国的传播和中译情况，主要研究著述有如下几种。

（一）贺麟、洪汉鼎的著述

贺麟、洪汉鼎著有《康德黑格尔哲学东渐记——兼谈贺麟对介绍康德黑格尔哲学的回顾》一文。该文完成于 1979 年，文中将康德哲学在中国的传播分为前、中、后三个时期。前期是指戊戌变法至五四运动时期，属于“启蒙介绍时期，特点是宣扬维新，改良政治，反对传统风俗习惯，而且有的人应用佛学和中国哲学来讲西方哲学，也不免有些牵强附会，一般说只是一种文化批评和观察印象。……中期即从五四运动到全国解放时期，这是一个融会传播和草创时期。到这一时期我国开始有了根据原著进行研究，并进而批评融会和有其哲学上的派系和师承，不过仍是片面主观，不够深入。……后期即中华人民共和国成立之后到现在，这是开始试图运用辩证唯物主义观点来系统研究康德黑格尔哲学时期，由于有马克思主义的观点、立场和方法作指导，研究成就显著，也培养了一大批后起之秀，加之翻译工作认真系统，为今后深入研究康德哲学、黑格尔哲学提供了广阔的前景”①。据洪汉鼎先生自述，该文由他草拟，经贺麟先生审阅、改动后以《康德、黑格尔哲学在中国的传播》为题发表在 1980 年的《中国哲学》（第二辑）上（该文现收录在《五十年来的中国哲学》一书中）。应该说，这是改革开放后最早介绍康德哲学传播和译介的文章，基本上奠定了后来各种研究的框架和主要内容。

---

① 中山大学西学东渐文献馆 . 西学东渐研究（第二辑）. 北京 : 商务印书馆 , 2009: 2-3.

（二）黄见德、杨河、丁东红等人的著述

黄见德著有《西方哲学在当代中国》，合著有《西方哲学东渐史》，杨河等合著有《康德黑格尔哲学在中国》，丁东红也曾发表《百年康德哲学研究在中国》一文。[①] 据笔者观察，这几种论著或论文中，有关康德东渐的论述框架大体上都受《康德黑格尔哲学东渐记——兼谈贺麟对介绍康德黑格尔哲学的回顾》影响，只是在细节上做了相对更深入的阐述，有助于笔者进一步查考康德在中国的传播。

（三）陈启伟的著述

陈启伟撰有《康德、黑格尔哲学初渐中国述略》《德国哲学输入我国究竟始于何时？》等文[②]，较之上述诸书或论文，此两文有关康德哲学的介绍考证更为细致，也多有心得，如“韩图”这一译名的来源，又如艾约瑟乃是最早将德国哲学输入我国者。陈启伟的论文有助于笔者更深入地理解康德哲学与日本学界的关系，特别是让笔者注意到康德哲学中译更多出自日语译名。

（四）李明辉的著述

李明辉著有《康德哲学与中国现代思潮》和《康德哲学在现代中国》等文。[③] 不同于前述讨论，李明辉采取了独特的视角，更多着眼于康德哲学与 20 世纪中国三股主要思潮（新儒学、自由主义、中国马克思主义）之间的关系，他指出，康德哲学被中国知识界吸收的过程可分为

---

① 黄见德 . 西方哲学在当代中国 . 武汉 : 华中理工大学出版社 , 1996 ; 黄见德 , 等 . 西方哲学东渐史 . 武汉 : 武汉出版社 , 1991 ; 杨河 , 等 . 康德黑格尔哲学在中国 . 北京 : 首都师范大学出版社 , 2002; 丁东红 . 百年康德哲学研究在中国 . 世界哲学 , 2009(4): 32-42.

② 陈启伟 . 康德、黑格尔哲学初渐中国述略 // 湖北大学哲学研究所 . 德国哲学论丛 . 北京 : 中国人民大学出版社 , 2001: 340-361 ; 陈启伟 . 德国哲学输入我国究竟始于何时？ // 陈启伟 . 西方哲学研究——陈启伟三十年哲学文存 . 北京 : 商务印书馆 , 2015: 833-840.

③ 李明辉 . 康德哲学与中国现代思潮 . 世界哲学 , 2002: 159-174; 李明辉 . 康德哲学在现代中国 // 黄俊杰 . 中华文化与域外文化的互动与融合（一）. 台北 : 喜玛拉雅研究发展基金会 , 2006: 89-134.

三个阶段："在第一个阶段，康德哲学之传入主要是依靠日文书刊为媒介，……到了第二个阶段，中国知识界……开始直接凭借德文文献，甚至有人亲赴德国学习康德哲学，……在第三个阶段，马克思主义、自由主义与新儒学三足鼎立之势已形成，……康德哲学与这三大思潮间的关系也各不相同。"①

此外，李明辉的《王国维与康德哲学》、黄克武的《梁启超与康德》还分别对王国维和梁启超与康德哲学的关系做了详细的个案考察。②前者考察了王国维研究康德的历程、王国维关于康德的著作以及他如何借康德的哲学概念诠释中国哲学③；后者则通过对梁启超译介康德情况的研究，探讨中国近代知识分子如何通过日本学术界吸收西方文明的历程。这大大有助于笔者理解日文译名对康德术语中译的影响。

二、康德哲学在中国的传播

结合上述研究，不难发现，康德哲学在中国的传播大致可分为晚清至五四运动、五四运动后至新中国成立前、新中国成立至21世纪三个时期。以新中国成立为界是因为新的社会制度带来了新的文化动向和趋势；而以五四运动为界是因为五四运动后，伴随着民主和科学精神的兴起，康德哲学在中国获得了较大的传播。但是考虑到每个时期传播途径的不同，笔者的论述将在上述三个时期划分的基础上，以与贺麟等不同的方式展开。

（一）晚清至五四运动

这个时期，康德在近代中国的传播主要通过三个途径：来华传教士、留学欧美学人、留学日本学人。

---

① 李明辉．康德哲学在东亚．台北：台大出版中心，2016: 40-41.

② 李明辉．王国维与康德哲学 // 中山大学哲学系学术委员会．岭表哲思：中山大学哲学系复办50周年学术论文集．广州：中山大学出版社，2010: 174-190；黄克武．梁启超与康德．台湾"中研院"近代史研究所集刊，1998(30): 101-148.

③ 中山大学西学东渐文献馆．西学东渐研究（第四辑）．北京：商务印书馆，2013: 39-64.

1. 来华传教士

一般来说，西方传教士来华初衷主要是传播基督教福音，但在实际传教过程中，很多人也将西方的文化、教育、科学技术、医疗卫生等传入了中国，因而成为西方文化的使者。正如多种研究指出的，国内最早介绍康德哲学的当属英国来华传教士艾约瑟（Joseph Edkins）。① 艾约瑟 1881 年开始编写《西学略述》，其中介绍理学（即西方哲学）时简要介绍了“干得”（即康德）《纯粹理性批判》中的知识论，并以“三能十二思范说”来概括。“三能”是觉能、识能、道心能，“十二思范”则指独数、众数等十二个范畴。不过，由于艾约瑟的概述很简单，而且《西学略述》的实际出版时间为 1896 年（其时，中国更多开始关注日本），因而他的概述能起的作用就实在有限。艾约瑟之后，德国传教士卫礼贤与周暹（周叔弢）合作，于 1914 年完成了康德著作的首个中译本：《人心能力论》。这原是康德谈养生的一封信，在康德哲学中地位相对次要。此后未见其他传教士介绍康德学说。

2. 留学欧美学人

据考证，艾约瑟之后，较早介绍康德的是康有为。1886 年，康有为撰写了《诸天讲》初稿，一般认为其主旨是介绍康德的星云说。该书受若干西学译著影响，但书中康德被称为“韩图”，而“韩图”的译名最早被日本思想家西周所用，其后被不同的日本思想家，如竹越与三郎、井上圆了、清野勉等接受，所以研究者们一般也认为康有为受过日本思想家论述的影响。《诸天讲》实际出版时间是 1930 年，所以从正式出版的角度，目前最早提及康德的书，大概要算留学美国的颜永京编译海文的《心灵学》上册。其中，康德被译为“干剔”“干铁”。原书中有关康德思想的概述由于颜永京的编译而很难识别，故而就康德思想和相关术语传播而言，几可忽略。

此后值得一提的是严复。严复一生致力于介绍西方思想，他所译述

① 陈启伟. 德国哲学输入我国究竟始于何时？ // 陈启伟. 西方哲学研究——陈启伟三十年哲学文存. 北京：商务印书馆，2015: 833-840；顾有信. 一个哲学虚构概念的本土化 // 孙江，刘建辉. 亚洲概念史研究（第一辑）. 北京：生活·读书·新知三联书店，2013: 47-65.

的《天演论》（1896 年，严复 42 岁时译完）、《群己权界论》（1903 年译完）、《穆勒名学》（1903 年译完）多少提到了“汗德”和“汗特”（即康德），其中有些是原文提到康德，有些则是严复随文加的有关康德思想、概念的按语。真正谈到康德相关概念的是《穆勒名学》，其中严复提到了康德的一些概念。但核查约翰·穆勒（John Stuart Mill）原书后，笔者发现，严复固然对康德思想有一定程度的了解，但他的译文中更多是他对康德思想的个人理解。总体来说，这些译文有助于了解严复及其生活的时期对康德概念的翻译和理解。

留学欧美的学人中，其他值得一提的人物是蔡元培。蔡元培抱持“救国必以学，世界学术德为尊”的认识，于 1907 年首度“求学于德”，并于 1911 年回国，其后还曾两度短期赴德。蔡元培译述的书籍和文章中也部分涉及康德思想，如 1909 年翻译的《伦理学原理》、1916 年撰写的《康德美学述》、1921 年的《美学的进化》等。不过，由于蔡元培更多关心伦理和美学问题，笔者几乎看不到他谈及康德的相关概念。

总体来说，早期留学欧美学人有关康德的文字更多是只言片语，相关译语或生僻，或缺失，因而很难说能给人留下印象。真正对国人接受康德思想及相关译语产生影响的还要数近代留日学人。

3. 留学日本学人

甲午战争之后，梁启超、王国维、章太炎等一大批有留日经历的近代启蒙思想家或者说学人，受日本影响，开始评介康德。

梁启超在《清议报》停刊后，于 1902 年初创办了《新民丛报》，旨在立足新的时代进一步阐发《大学》中的道德、价值观念和理想人格。1903—1904 年，他以“中国之新民”为笔名分期在《新民丛报》上发表了长文《近世第一大哲康德之学说》。据梁启超自己的按语，该文主要以日本学者中江兆民（原名中江笃介）所译福耶（Alfred Fouillée）的 *Histoire de la Philosophie* 之日译本《理学沿革史》汇译而成，其中体现出他对若干康德概念的理解，因而值得特别关注。

王国维 1898 年在东文学社学习时，读到日本友人所引用的汗德（即康德）、叔本华的文字，“心甚喜之”。1902 年因病结束短暂留日生涯后，

"始决从事于哲学"。1904 年开始读汗德（康德）的《纯粹理性批判》和叔本华文著，并通过对叔本华著作的研读而重拾康德文著，并深入阅读其伦理学和美学。[①]1905 年 28 岁时即立下志愿，"以数年之力，研究汗德"。大致来说，对哲学尤其是对康德哲学的了解，他较梁启超当深入得多。无怪乎他会说，梁启超介绍康德的文章"其纰缪十且八九也"[②]。

王国维介绍康德的文章共有 6 篇，基本发表于 1904—1906 年。其中，康德的名字一律译成汗德。汗德的译名，早前只有严复在 1897 年发表的《天演论》用到过。不难想象，王国维读到过并了解这个译名。王国维通日语和英语，他研读康德所用的也应是这两种语言的译本或论著。他所用的一些译名和概念，多半移用自日译，源出日语。

章太炎堪称有学问的革命家，这学问除了国学外，甚至包括西学和康德。章太炎对西学和康德的了解，很大程度上源自他多次留日，通过日译西学吸收了很多相关思想。不过，与梁启超和王国维不同，章太炎并未有专论康德的文章，他更多通过"旁征博引""六经注我"的方式阐明自己的观点，所以他有关康德的理解和看法都散落在不同的文章中。大致来说，章太炎谈及康德的文章主要有《无神论》（1906）、《建立宗教论》（1906）、《菿汉微言》（1916）[③] 等。细读这些篇章，只有《建立宗教论》在谈到康德的十二范畴和时空时，说到了康德的一些概念。

（二）五四运动后至新中国成立前

五四运动后，对康德哲学的译介大量出现，如 1924 年康德诞辰两百年前后，《学艺》《民铎》上发表了众多文章。其中缘由，依贺麟先生之见，"大概是和五四运动开创的民主和科学精神相联系的，因为康德的知识论是和科学有关的……另外康德讲意志自由，讲实践理论，这

① 王国维．三十自序 // 王国维文集（第二册）．北京：中国社会科学出版社，2012: 295-296.

② 王国维．论近年之学术界 // 王国维文集（第二册）．北京：中国社会科学出版社，2012: 302.

③ "康德以来治玄学者，以忍识论为最要；非此所得，率尔立一世界缘起，是为独断。而此忍识根本所在，即非康德所能分辨。"参见：章太炎．菿汉微言．沈阳：辽宁教育出版社，2000: 8.

就必然同民主自由相联系"[①]。这一时期的康德译介代表人物有：瞿菊农、张铭鼎、张东荪、周昌寿、范寿康、余又荪、贺麟、郑昕、洪谦等。这些文章在阐述时多半使用了一些康德哲学的重要概念，值得细看。

与此同时，多种康德著作中译本及研究著作也相继出版了，主要有:《康德论教育》(瞿菊农编译，1926),《纯粹理性批判》(胡仁源译，1931)，桑木严翼的《康德与现代哲学》(1935)、《实践理性批判》(张铭鼎译，1936),《道德形而上学探本》(唐钺译，1939),《优美感觉与崇高感觉》(关琪桐译，1940)。其中，胡仁源主要依据《纯粹理性批判》第二版的英译本米克尔约翰(J. M. D. Meiklejohn)译本译出[②]，张铭鼎依据德文本译出，唐钺依据英译本译出。此外，樊炳清《哲学辞典》也值得参看。

(三)新中国成立至21世纪

1. 新中国成立后至改革开放前

这段时间，康德研究相对处于停滞状态，更多以译著为主，主要包括:《纯粹理性批判》(蓝公武译，1957)、《实践理性批判》(关文运译，1960)、《判断力批判》(宗白华、韦卓民译，1964)、《道德形而上学探

---

① 贺麟. 康德、黑格尔哲学在中国的传播 // 贺麟. 五十年来的中国哲学. 上海：上海人民出版社, 2012: 112.

② 王若水先生认为胡译本是按照穆勒(F. Max Müller)1896年的英译本转译的，并指出穆勒是根据德文第一版译出的。参见：王若水. 再说《纯粹理性批判》的中译本. 读书, 2000(6): 27-28。这也就是说，胡译本跟德文第一版应该是对应的。王若水先生未给出详细理由，只说"对照一下"就知道了。但据笔者核对，胡仁源译本的目录、内容和《纯粹理性批判》德文第二版目录、内容完全对应，但和穆勒的第一版则完全无法对应，因而他所依据的只可能是第二版，而非第一版。也即，从整体上说，他依据的不可能是穆勒1896年的英译本。不过这并不意味着韦卓民猜想的，胡仁源大概是据德文第二版翻译。实际上，英译本中第一个译本，米克尔约翰(J. M. D. Meiklejohn)译本(1855年)，就是根据德文第二版译出。进一步核查不难确证，胡仁源就是依据米克尔约翰的英译本译出，如中译本目录，"第二部 超越的辩论"之下"(1)论超越的幻妄外表"，Meiklejohn译本此处作 of transcendental illusory appearance，德文版中作 Vom transzendentalen Schein，Müller译本作 of transcendental appearance (illusion)；又如：原序一中第二段最后一句，胡译本用到了"围场"一词，Meiklejohn译本此处作 arena，而在德文版中原是 Kampfplatz，Müller译本作 battle-field。更加明显的例子是，胡译本第42页引号、44页破折号跟 Meiklejohn译本第33、31页完全对应，但跟德文本第61、62页则明显存在差异。仅这些就容易看出，胡译本出自 Meiklejohn译本。仔细查对的话，我们还可以找到更多证据。

本》（唐钺译，1957）、《宇宙发展史概论》（全增嘏译，1972）、《任何一种能够作为科学出现的未来形而上学导论》（庞景仁，1978）以及韦卓民翻译的《康德〈纯粹理性批判〉解义》（原书为 [英] 斯密著，1964）等译著。此外，我国台湾地区还出版了牟宗三的“三大批判”译本。

蓝公武的译本依据康蒲·斯密（Norman Kemp Smith）的英译本，后者译自德语第二版，同时补上了第一版的所有段落。关文运译本据版权页所示似乎是译自德文版，实际参考过英译本。宗白华、韦卓民译本主要译自德文版，庞景仁译本译自英文版，据德文版校核，牟宗三译本则依据英译本。

2. 改革开放至 21 世纪

这段时间，译文和研究大量涌现，从大陆来说，译文类主要包括：《纯粹理性批判》（韦卓民译，1991，2000），《实践理性批判》（韩水法译，1999），《康德的知识学》（齐良骥译，2000），《实用人类学》（邓晓芒译，1987，2002），邓晓芒、杨祖陶译的康德“三大批判”（2002—2004），《道德形而上学奠基》（杨云飞译，2013），《康德〈纯粹理性批判〉术语通释》（高小强译，2013），《康德著作全集》（李秋零译，2016），《纯粹理性批判》（王玖兴、谢地坤译，2018）等。此外，我国台湾地区也出版了李明辉的多种译本，包括：《通灵者之梦》《道德底形上学之基础》《康德历史哲学论文集》《一切能作为学问而出现的未来形上学之序论》《道德底形上学》。

以上大致就是康德哲学在中国的传播及中译史。康德的哲学术语也恰是在这个过程中逐渐得到传播并被译为汉语。但是由于译者或研究者从不同渠道接受康德，因此他们对康德哲学术语的译法也呈现出多样性。笔者的任务首先是梳理康德有代表性的一些术语，并逐一考察它们在中译过程中的各种译法及相关理由。其次，笔者需要回到康德原文，明了康德原文中的含义，进而对各中译进行判断，并尽可能给出笔者赞成的译法。要完成这项任务，笔者尚需借助各种德语辞典、康德原著、二手专著，深入分辨康德赋予它们的含义。

第二章　康德重要术语的中译论争史

第一节　资料介绍

本书涉及大量一手和二手资料，为便于查考，有必要交代下本书所援引的一些重要资料。

一、德语、拉丁语、希腊语词典

由于康德著作中的德语哲学术语与现代德语中词语的含义可能有所不同，故而本研究中，凡涉及康德哲学术语的讨论，虽然会查考当代德语权威辞典 *Duden-Die deutsche Sprache. Wörterbuch in drei Bänden*（Bibliographisches Institut，1. Auflage，2013）以及中文版的《杜登德汉大词典》（北京大学出版社，2013）的释义，但一般不引它们的释义，而引证赫尔曼·保罗（Hermann Paul）等编写的词源辞典 *Deutsches Wörterbuch: Bedeutungsgeschichte und Aufbau unseres Wortschatzes*（De Gruyter，2002），同时也参考格林兄弟的 *Deutsches Wörterbuch von Jacob und Wilhelm Grimm*（DTV，2007）。其原因在于，这两者更多按年代呈现德语词的含义，有助于笔者据此把握它们在康德生活的时期的含义。不过，《格林兄弟德语词典》虽然例证丰富，但收词似乎不够广博，倒不如赫尔曼·保罗的词源辞典有用。另外，康德行文常用到拉丁语，为辨明含义，有时需要查询 *Oxford Latin Dictionary*（Oxford University Press，2012）、刘易斯和肖特（Lewis & Short）的 *A Latin Dictionary: Based on*

Andrews's edition of Freund's Latin Dictionary（Oxford，Revised，1963）、卡尔·恩斯特·格奥尔格斯（Karl Ernst Georges）的 *Der Neue Georges: Ausführliches Handwörterbuch Lateinisch-Deutsch*（WBG，2012）以及利德尔和斯科特（H. G. Liddell & R. Scott）的 *A Greek-English Lexicon*（Clarendon Press，1996）。

二、康德德文原著

就康德的德文原著来说，本书援引的主要是三种较为权威的版本。

其一，普鲁士皇家科学院版（Kants Werke，Akademie-Textausgabe，Walter de Gruyter & Co.，1968，Band I-XI）。其中，Band I-IX 为正文，也就是李秋零《康德著作全集》（9 卷本）的原文，而 Band X-XI 则为正文的注释。其他译者的若干种康德译著单行本也据此版译出，因此援引该版本便于查对不同中文译著对应的德文上下文。它的不便之处是全文均使用花体字，如果不习惯花体字的话，阅读会较为吃力。该文本也收录在光盘版的 *Kant im Kontext III* – Komplettausgabe（InfoSoftWare，2. Aufl. 2009），笔者有时会据光盘版检索出处。

其二，迈纳（Meiner）出版社"哲学图书馆"（Philosophische Bibliothek）系列的"三大批判"，也就是邓晓芒、杨祖陶所译"三大批判"依据的原文。鉴于邓、杨译本的普及，这个版本的原文不可或缺。

其三，威廉·魏施德（Wilhelm Weischedel）主编的《康德文集》（6 卷本）（Wissenschaftliche Buchgesellschaft，2011）亦是学界较为认可的版本，但在编排上与皇家科学院版有所不同，有助于笔者查找和核对。

三、各类康德文著中译本

为全面梳理康德术语中译情况，本书搜罗了民国至今的各类康德文著中译本，也包括我国台湾地区学者的各种译本，尽可能做到无一漏网。主要包括如下几种：李秋零所译的《康德著作全集》，胡仁源、蓝公武、韦卓民、牟宗三、邓晓芒、王玖兴和谢地坤、韩林合等分别所译的《纯粹理性批判》，张铭鼎、关文运、牟宗三、韩水法、邓晓芒分别译的

《实践理性批判》，宗白华、韦卓民、牟宗三、邓晓芒分别译的《判断力批判》，庞景仁译的《未来形而上学导论》，李明辉译的《一切能作为学问而出现的未来形上学之序论》，唐钺译《道德形上学探本》，苗力田译《道德形而上学原理》，杨云飞译《道德形而上学奠基》，李明辉译《道德底形上学之基础》《道德底形上学》《康德历史哲学论文集》等，邓晓芒所译的《实用人类学》《自然科学的形而上学基础》。

四、重要二手文献

有关康德的二手文献浩如烟海。其中，若干重要的辞典和手册等也是笔者参考的资料，不妨扼要梳理一下。

一是德文类辞典，主要涉及以下几种：

《哲学历史辞典》（*Historisches Wörterbuch der Philosophie*，Schwabe & Co.，1971ff.）。该辞典梳理了诸多哲学术语的历史演变，自然也包括康德的独特术语，所以既有助于笔者理解康德所用术语的背景，也有助于笔者理解康德术语的特点。本书在考察相关概念时多有涉及并加以注明。但是该辞典毕竟成书较早，不一定能反映有关康德研究的最新进展。

马库斯·维拉舍克（Marcus Willaschek）主编的3卷本《康德辞典》（*Kant-Lexikon*，De Gruyter，2015）。这本词典展示了目前康德研究达到的实际水平。它在2395个词条中呈现了康德哲学中的重要术语，并做了详细解释，是目前德文康德辞典中篇幅最大、词条最多、解释最全的一本。本书在参考3卷本的同时，为便于翻阅，还购置了后出的该辞典的Studienausgabe，即简编本。凡不在简编本的，依据3卷本，否则，一律依据简编本。

伊尔利茨（Gerd Irrlitz）的《康德手册》（*Kant Handbuch*），这本手册按时间先后介绍了康德哲学的背景、主要著作、历史地位和影响，有助于笔者全面理解康德哲学。

二是英文类、日文类辞典。

英语类主要有霍华德·凯吉尔（Howard Caygill）的 *A Kant*

Dictionary、赫尔穆特·霍尔兹海（Helmut Holzhey）和维勒姆·穆德罗克（Vilem Mudroch）合编的 *The A to Z of Kant and Kantianism* 等。这些辞典各有特色，体现了英语世界康德研究的较高水平，可以在不同程度启发笔者的工作。

日语类主要有井上哲次郎的《哲学字汇》(1881 年、1884 年、1912 年 3 种版本)、朝永三十郎的《哲学辞典》(1905)、《カント事典》(缩刷版)(石川大康等编写，弘文堂，2014)。日语类辞典中的大多数日译名均采取了汉字形式，前两种辞典曾对早期的康德术语中译起过一定作用，后一种辞典代表当下日语学界的康德译名，而且它们均列出了德语原文，因而有助于笔者讨论中译名，同样列为笔者参考的对象。

三是自马礼逊《华英字典》开始的各类 19 世纪至 20 世纪初的英汉辞典。

这些辞典大致有十几本，主要涉及的编者有：罗存德、颜惠庆、卫礼贤、季理斐、赫美玲、樊炳清等。它们反映了读者对相关术语的中译和接受情况，有助于笔者考察相关概念中译的产生和演变，对笔者考察中译名词源来说，同样具有较大的参考价值。台湾"中研院"的《英华字典资料库》收录了绝大多数这类辞典，极大地方便了检索。

四是其他有价值的参考文献。康德人名和用词索引、各年代的 *Kant Studien*、各位康德专家的专著、各时期的中文版康德研究著作和论文均是笔者参考的重要材料。这类材料数量众多，限于篇幅此处不再一一列举，仅在引用时注明。

第二节　康德哲学术语的特点和本书所讨论术语的选择

一、康德的哲学术语和概念特点

康德将他缔造的批判哲学视作正式的科学，"为了建立这门科学，不需要以任何方式利用现存的科学。这门科学需要完全独特的技术表述，以作为自身的基础”[①]。这些技术表述就是他使用的很多概念、术语。但是康德提出的这些概念，不同于海德格尔为了表达自己新思想、新洞见而锻造的那些概念，前者更多来自“死去了的学术语言”，更多扎根在德国的学院形而上学中。因为在康德看来，“锻造新的词汇是对语言中的立法提出的一种强求，它很少能够成功”[②]，倒不如“回顾一下死去了的学术语言，看在那里是否有这个概念及与其相适合的表达”，即便有时“在古代的运用由于其创始人的不严谨而变得有些动摇不定”，但“将它最初所固有的含义固定下来，……也比仅仅由于人们使自己得不到理解而败坏自己的工作要好”。[③]

基于此种考虑，康德不仅接受了近代经验主义（洛克等）和理性主义（莱布尼茨、沃尔夫等）的一些概念，如“感觉”“直观”“纯粹”，而且继承了德国亚里士多德传统的一些概念，如“范畴”“先验的”“辩证论”等，同时吸收了 17 世纪一些手册中的概念，如二律背反、谬误推理等。据恩斯特·费舍尔（H. Ernst Fischer）考证，康德在多个术语上经由鲍姆加登（Baumgarten）而直接或间接受沃尔夫（Wolff）影响，尤其是受后者拉丁文版的逻辑学（*Philosophia rationalis sive logica*）等影响，其中，康德进行过改造的术语有 subreption、axiom und postulat、praktisch、definition、erklärung、transcendental（《未来形而上学导论》有总结性陈述）、Ästhetik（他明确指出这个术语来自鲍姆加登），他未加改造、径直采纳的术语有 Monist，Teleologie，genetische Definition，Beweggrund，Bewusstsein，Vorstellung，Verhältnis，而他未采纳的术语有 Sinnesgliedmassen。[④]

这意味着，笔者对康德哲学术语的考察一方面要关注这些术语原来的含义，比如拉丁语中的含义，关注康德保留的含义；另一方面要关注他所赋予的新含义，关注旧瓶里装的新酒。换言之，笔者需要尽可能结

---

① 康德 . 康德书信百封 . 李秋零 , 译 . 上海 : 上海人民出版社 , 2006: 52.

② 康德 . 纯粹理性批判 . 邓晓芒 , 译 . 北京 : 人民出版社 , 2004: 269.

③ 康德 . 纯粹理性批判 . 邓晓芒 , 译 . 北京 : 人民出版社 , 2004: 269.

④ Fischer, H. E. W. *Kants Stil in der Kritik der reinen Vernunft*. Berlin: Reuther & Reichard, 1907.

合《哲学历史辞典》等做相关讨论。

二、本书对拟讨论术语的选择

康德哲学著作中的众多人名和地名，曾让杨祖陶、李秋零感到翻译起来很困难，但是，本书将不予考察这些内容，原因是人名地名之类的术语是固有名词，这类词主要还是一个约定俗成的问题，需要遵循名从主人的原则。这类词很少引起译名的论争。杨一之就曾经对译名问题通过区分专名（地名、国名、人名）和哲学名词两类分别提出了他的个人意见。对于前者，他的意见是：

“译名中的地名、国名、人名这些东西，甚至已经翻译成书的，不管对不对，都可以一成不变，专有名词都可以统一起来，尽管有许多，要是根据名从主人来说，那就很麻烦了。有许多地名，本来是德国的地方，而我们过去惯用英文的拼音，或者用英国的名字，要照名从主人来说，我们过去翻的许多东西都要不得，但是大家习惯这么用，也就算了。”①

总结起来说就是，对于已经有固定译名的专名，既然大家已经使用习惯了，为统一译名计（笔者推测是为了不制造使用上的混乱），不做改译。但是，对于哲学上的名词，他是“反对统一的，让群众，让时间去鉴定，不要强求统一”②。他没有详细说明原因，但依笔者之见，大概包含如下几点：哲学术语更多涉及语义层面，而术语的语义往往依托特定的语句和段落，而这又会涉及译者对相关语句、段落的理解。这就可能带来分歧。同时，哲学术语本身往往形成一个传统，对术语的理解往往很难摆脱术语的传统，译者不能完全忽略术语的传统或历史。这里存在某种张力。一方面，译者要传达某位哲学家对某个术语的理解，另一方面，译者要考虑术语的历史。这两方面决定了哲学术语存在中译论争的可能性较大。现存的康德著作中译和研究也充分证实，的确存在这种论争。但是，这里也存在一个问题：康德的哲学术语很多，但并不是所有都存在中译论争，那到底哪些康德哲学术语存在论争并值得讨论？

---

① 杨一之．谈译名问题 // 杨一之．康德黑格尔哲学讲稿．北京：商务印书馆，1996: 188.

② 杨一之．谈译名问题 // 杨一之．康德黑格尔哲学讲稿．北京：商务印书馆，1996: 188.

相比于资料搜集，这应该是本书的最大困难所在。固然，笔者可以找到各种外文的康德哲学辞典，它们都搜罗了大量康德的概念，但是它们并不会告诉笔者中译该是什么。很多时候，有关它们的论述洋洋洒洒几千言，但回到中译会发现，中译均很统一，似乎并无不妥，这个术语的中译并不值得讨论。每当这时，笔者不免遗憾，迄今尚未有任何一本汉语的康德辞典（不过反过来，即便有这样的辞典，为什么那么译，可能也还需要讨论）。反观德文、英文都已有多种高质量的辞典，日语同样有《康德事典》，国人应该正视这种差距。总而言之，由于对相关的术语中译讨论较少，笔者面临不小的挑战。但是，在另一种意义上，这也使得笔者的工作更有意义。正因为笔者可资参考、借鉴的研究少，可以努力、可以探索的余地更大，可以更切近地做一些基础性工作。

为此，笔者首先通过笨办法，整理一本本中文译著或论著的索引以及译注、评论，或者依据某本中译的索引，整理没有索引的译著，更或者查阅一篇篇论文，看是否涉及某些译法的说明。其次，在前述工作基础上，笔者逐一梳理译名较多的概念，并最终确定从译名不少于 4 种的术语中，再次挑选出重要术语。所谓重要，首先指的是对理解或把握康德思想有意义。所以，虽然有时候各译本译名不统一，但是如果不同的译法并不造成理解的障碍或带来对康德思想的误解，那笔者也不得不放弃讨论。一个例子是 Vorschrift。虽然该词的译法有规范、规矩、法则、箴言等，但这些译法并不会特别影响读者对康德思想的把握，所以，笔者不做讨论。所谓重要，其实是指所挑选的术语尽可能顾及康德各方面思想，从而能通过术语的论争考察揭示康德思想的多方面维度。为此，笔者绝不局限于《纯粹理性批判》或者“三大批判”，而是在所有中译本中发掘值得讨论的术语。依据这样的标准，笔者最终挑选的术语为 30 个左右，详见后续讨论。这一挑选的过程相当于对康德哲学中若干难解、重要的术语进行了一番梳理和研究，笔者希望，对这些术语中译的讨论多少能促进国人对康德哲学的理解、研究和翻译。如果真能这样，笔者将非常自豪。

第三节　康德哲学术语在不同译本中的分歧情况考察

为全面呈现康德哲学术语中译总体情况，本节围绕康德主要著作中译情况，以表格形式列出主要哲学术语分歧情况。

一、《纯粹理性批判》不同译本的译名分歧情况考察

目前，《纯粹理性批判》常见的有 7 个译本[①]，分别为：蓝公武译本（商务印书馆，1960，本书使用 2017 年印本）、牟宗三译本（联经出版公司，2003）、韦卓民译本（华中师范大学出版社，2000）、邓晓芒和杨祖陶译本（人民出版社，2004）、李秋零译本（中国人民大学出版社，2016）、王玖兴译本（商务印书馆，2018）、韩林合译本（商务印书馆，2022）。其中，蓝译本、牟译本、韦译本主要均依据 N. K. Smith 英译本（1929）译出，邓晓芒和杨祖陶译本、李秋零译本、王玖兴译本、韩林合译本均依据德文本译出，其中邓、杨译本主要依据的是迈纳版（Meiner，1998），李译本、王译本主要依据的是普鲁士科学院版（Akademie-Textausgabe），韩译本虽说以 A 版和 B 版原版为底本，但也以普鲁士科学院版和 Schmidt 版为主要"对校本"，这几个德语本虽版本、编排上有差异，但内容上并无根本差异。为此，表 2.1 在列出德语、汉译时，同时列出 N. K. Smith 英译本译名。为便于比较，笔者决定依据迈纳版索引及英译本译名对照表拟定总的条目，查找对应汉译。遇有无法对应处将加注说明。由此，共列出 69 个条目及译名。由于这些术语在书中往往多次出现，笔者无法核查译本中每个术语的所有出处，故此处只列主要译法，并用（ ）标注其出现的某一页码（德文后括号中数字前的字母 B 表示第二版，也就是俗称的 B 版），未必能涵盖同一译本中同一词出现的全部译法。

---

① 胡仁源译本虽是最早译本，但译文为人诟病处颇多，所据底本也与当下译本所据不同，对后世的影响不大，逐一罗列该译本哲学术语中译的意义不大，故表 1 中不予列入。此处列举的 7 种译本多有再版，为节省篇幅，此处不再罗列再版译本。

表 2.1 《纯粹理性批判》不同中译本的译名情况

序号	德文	N.K.Smith 英译本	蓝公武译本	韦卓民译本	牟宗三译本	邓晓芒、杨祖陶译本	李秋零译本	王玖兴译本	韩林合译本
1	a priori（B125）	a priori（126）	先天的（108）	验前（的）（127）	先验（的）（232）	先天地（的）（84）	先天地（99）	先天（的）（46*B4）	先天的（162）
2	Affektion（B33）	affection（65）	激动（53）	刺激（62）	影响（111）	刺激（25）	刺激（45）	刺激（76*B42）	刺激（79）
3	Affinität（A113）	affinity（139）	亲和性（143）	亲和性（141）	亲和性（257）	亲和性（123）	亲和性（79）	全部可能性（471*B600）	亲和性（212）
4	Aggregat（B112）	aggregate（117）	集体（100）	集体（118）	集合体（215）	聚合体（物）（76）	集合体（92）	块团（120）	聚合物（149）
5	Akzidenz（B106）	accidents（114）	属性（97）	偶性（114）	偶然（208）	偶性（72）	偶性（88）	偶性（116）	偶性（144）
6	Anschauung（B66）	intuition（86）	直观（73）	直观（85）	直觉（152）	直观（46）	直观（63）	直观（91）	直观（108）
7	apodiktisch（B14）	apodeictic（52）	必然的（41）	必然性的（46）	必然的	无可置疑的（11）	不容争辩的（34）	肯定无疑的（56）	绝然的（64）
8	Apperzeption（B68）	apperception（88）	统觉（74）	统觉（86）	统觉（156）	统觉（47）	统觉（65）	统觉（93）	统觉（110）
9	Apprehension（B68）	apprehension（88）	认知（74）	领悟（87）	摄取（156）	领会（48）	领会（65）	领会（93）	领会（110）
10	assertorisch（B100）	assertoric（110）	实然的（94）	实然的（110）	实然的（202）	实然的（68）	实然的（85）	实然的（112）	实然的（139）
11	Assoziation（B127）	association（127）	联想（109）	联想（129）	联想（235）	联想（86）	联想（100）	联想（621*B811）	联想（164）
12	Ästhetik（B36）	aesthetic（66）	感性论（54）	感性论（63）	摄物学（113）	感性论（26）	感性论（46）	感知学（71）	感性论（81）

续表

序号	德文	N.K.Smith 英译本	蓝公武译本	韦卓民译本	牟宗三译本	邓晓芒、杨祖陶译本	李秋零译本	王玖兴译本	韩林合译本
13	Aufklärung（B9）	explanation（47）	阐明（37）	解释（41）	说明（66）	澄清（7）	澄清	阐释（52）	澄清（60）
14	Beharrliche（B250）	permanent（229）	永恒者（201）	永恒的东西（241）	常住者（419）	持存的东西（187）	持久的东西（171）	常住不移者（182）	恒常的东西（295）
15	Bestimmung（B421）	determination（377）	规定（308）	确定（400）	决定（680）	规定、使命（302）	确定（269）	规定（302）	使命（443）
16	Bild（B16）	image（53）	形象（41）	形象（48）	图形（79）	形象（12）	图像（35）	意象（57）	图像（65）
17	Demonstration（B223）	demonstration（211）	证明（184）	可证明的因素（220）	证明之样式（389）	演证（169）	证明（155）	证明（161）	演证（272）
18	Deutlichkeit（B60）	clearness（83）	明晰（69）	明晰性（81）	清晰（146）	清晰性（42）	清晰（60）	清楚无比（88）	明确性（103）
19	Ding an sich（B42）	thing in itself（71）	物自身（58）	物之在其本身（69）	事物在其自己（122）	自在之物（32）	物自身（50）	一切事物（77）	事物本身（87）
20	diskursiv（B93）	discursive（105）	论证的（89）	论证性的（104）	辨解的（194）	推论性的（62）	推论的（80）	推理的（107）	推论式的（132）
21	Einbildungskraft（B57）	imagination（81）	想象力（68）	想像力（79）	想像（141）	想像力（41）	想象力（58）	想象力（86）	想象力（101）
22	Einheit（B281，B106）	unity（247）	统一（220）、单一性（97）	统一性（263）、单一性（114）	统一（453）、单一性（208）	统一性（207）、单一性（71）	统一性（188）、单一性（88）	统一（206）单一（116）	统一性（321）、一（144）
23	Empfindung（B60）	sensation（82）	感觉（69）	感觉（81）	感觉（146）	感觉（42）	感觉（60）	感觉（88）	感觉（103）

续表

序号	德文	N.K.Smith 英译本	蓝公武译本	韦卓民译本	牟宗三译本	邓晓芒、杨祖陶译本	李秋零译本	王玖兴译本	韩林合译本
24	Erläuterungsurteile（B11）	explicative judgments（48）	说明的判断（37）	说明的判断（43）	解释的（说明的）判断（69）	说明性的判断（8）	解释判断（32）	解释性判断（53）	阐释判断（61）
25	Erscheinung（A20）	appearance（65）	现象（53）	出现（62）	现象（111）	现象（25）	显象（23）	现象（71）	显象（80）
26	Existenz（B113）	existence（118）	存在（101）	存在（118）	存在（216）	实存（77）	实存（92）	存在（121）	存在（150）
27	Funktion（B93）	function（105）	机能（89）	机能（104）	思能（194）	机能（63）	功能（80）	机能（108）	功能（132）
28	Gegenstand（B33），Objekt（B37）	object（65）	对象（53）	对象（61）	对象（111，117）	对象（25）、客体（27）	对象（45）、客体（47）	对象（70）、客体（72）	对象（79）、对象（83）
29	Gemeinschaft（B106）	community（113）	相互性（97）	交互性（114）	交感互通（208）	协同性（72）	共联性（88）	共同体里的（关系）（116）	共存关系（144）
30	Gewißheit（B5）	certainty（45）	正确性（33）	确实性（38）	确定性（57）	确定性（4）	确定性（28）	确定性（48）	确实性（57）
31	Glaube（B498，BXXX）	belief（427）、faith（29）	信仰（392，23）	信念（454，25）	信仰（763，34）	信念（392）、信仰（22）	信仰（317）、信念（18）	信仰（400，26）	信念（560）、信仰（29）
32	Gleichförmigkeit（B577）	uniformity（473）	整齐划一（440）	齐一性（503）	齐一性（840）	一律性（443）	齐一性（362）	齐一性（454）	齐一性（627）
33	Handlung（B130）	action（152）	活动（111）	活动（154）	活动（277）	行动（88）	行动（102）	活动（92*B67）	行动（166）
34	Hypostatisch（B648）	hypostatise（518）	实体化（486）	实体化（549）	实体化（916）	物化（490）	实体性（405	实体化了的（508）	实体性的（686）

续表

序号	德文	N.K.Smith 英译本	蓝公武译本	韦卓民译本	牟宗三译本	邓晓芒、杨祖陶译本	李秋零译本	王玖兴译本	韩林合译本
35	Idealität（B44）	ideality（72）	观念性（60）	观念性（70）	观念性（124）	观念性（32）	观念性（51）	观念性（77）	观念性（89）
36	Imperativ（B575）	imperatives（472）	命令（439）	命令（501）	命令（838）	命令（442）	命令（361）	命令（453）	命令（625）
37	Inbegriff（B163）	sum-total（172）	总和（129）	总和（177）	综集（319）	总和（108）	总和（121）	总和（159*B220）	全体（193）
38	intellektuell（B429）	intellectual（381）	智性的（312）	知性的（405）	理智的（690）、智的（310）	智性的（307）	理智的（274）	理智的（312）	理智的（449）
39	intelligible（B313）	intelligible（273）	直悟的（239）	知性的（289）	智思的（495）	理知的（233）	理知的（207）	知性的（230）	可理知的（357）
40	Kategorisch（B95）	categorical（107）	断言的（91）	直言的（106）	定言的（197）	定言的（64）	定言的（82）	断言（109）	定言的（134）
41	Konstitutive（B221）	constitutive（210）	构成的（183）	组织性的（219）	构造的（388）	构成性的（168）	建构性的（154）	构成性的（160）	构成性的（271）
42	Mannigfaltige（B11）	manifold（49）	杂多（38）	杂多（43）	杂多（70）	杂多（8）	杂多（32）	复杂（8）	杂多（62）
43	Meinung（BXXXI）	opinion（30）	意见（23	意见（26）	意见（35）	意见（23）	意见（18）	主张（26）	意见（30）
44	Noumenon（B306）	noumenon（267）	本体（239）	本体（285）	智思物（484）	本体（225）	本体（203）	本体（225）	本体（306）
45	ontologisch（B108）	ontological（115）	本体论的（98）	本体论的（115）	存有论的（211）	本体论（的）（73）	本体论的（89）	本体论的（117）	存在论的（146）

续表

序号	德文	N.K.Smith 英译本	蓝公武译本	韦卓民译本	牟宗三译本	邓晓芒、杨祖陶译本	李秋零译本	王玖兴译本	韩林合译本
46	Paralogismus（B398）	paralogisms（328）	谬误推理（295）	谬误推理（348）	误推（594）	谬误推理（287）	谬误推理（256）	谬误推理（289）	谬误推理（424）
47	Phaenomena（B306）	phenomena（266）	现象（235）	现象（285）	现象（483）	现相（225）	现象（203）	现象（225）	现象（345）
48	Realität（B44）	reality（72）	实在性（60）	实在性（70）	实在性（124）	实在性（32）	实在性（51）	实在性（77）	实在性（89）
49	regulative（B222）	regulative（211）	规整的（183）	限定性的（219）	轨约的（388）	调节性的（168）	范导性的（154）	规范性的（160）	调节性的（271）
50	Rezeptivität（B59）	receptivity（82）	感受性（69）	感受性（81）	接受性（146）	接受性（42）	感受性（60）	感受性（87）	接受性（103）
51	Schein（B55）	illusion（80）	幻相（67）	幻象（78）	幻像（139）	幻相（39）	幻相（57）	假相（85）	假象（99）
52	Schema（B195）	schema（193）	图型（167）	图型（200）	规模（360）、图式（342）	图型（法）（150）	图型（139）	图式（140）	图式（247）
53	Sinn（B1）	sense（41）	感官（31）	感官（35）	感取（49）	感官（1）	感官（26）	感官（44）	感觉能力（53）
54	Sinnlichkeit（B33）	sensibility（65）	感性（53）	感性（62）	感性（111）	感性（25）	感性（45）	感性（70）	感性（80）
55	Spezifikation（B684）	specification（541）	特殊化（509）	特殊化（572）	特殊化、层层分化（961）	特殊化（514）	特殊化（426）	分化（534）	明细化（717）
56	Spontaneität（B74）	spontaneity（92）	自发生（78）	自发性（91）	自发性（173）	自发性（51）	自发性（69）	自发性（97）	自发性（116）
57	Substanz（B6）	substance（45）	实体（34）	实体（38）	本体（59）	实体（4）	实体（29）	实体（48）	实体（57）

续表

序号	德文	N.K.Smith 英译本	蓝公武译本	韦卓民译本	牟宗三译本	邓晓芒、杨祖陶译本	李秋零译本	王玖兴译本	韩林合译本
58	Subsumtion（B171）	subsumption（178）	归摄（154）	归摄、统摄（182）	归属（333）	归摄（135）	归摄（125）	归属（124）	归属（227）
59	Totalität（B111）	totality（117）	总体性（99）	总体性（117）	综体（214）	总体性（75）	总体性（91）	全体（119）	总体（148）
60	Verbindung（B130）	combination（111）	联结（111）	联系（154）	结合（277）	联结（88）	联结、结合（102）	联结（136*B190）	连接（166）
61	Verstand（B312）	understanding（273）	悟性（238）	知性（288）	知性（494）	知性（232）	知性（206）	知性（230）	知性（355）
62	Vorstellung（B5）	representation（44）	表象（33）	表象（37）	表象（56）	表象（4）	表象（28）	表象（47）	表象（57）
63	Wahrnehmung（B46）	perception（75）	知觉（61）	知觉（72）	知觉（129）	知觉（34）	知觉（52）	知觉（79）	知觉（92）
64	Wechselwirkung（B100，B106）)	reciprocity（110）、community（114）	交互关系（94）、交互作用（97）	交互关系（110）、相互作用（114）	交互关系（202）、交感互通（208）	交互作用（68，72）	相互作用（85）、交互作用（88）	互斥关系（112）、交互作用（116）	交互作用（139，144）
65	Wesen（B42）	existence（72）	事物（59）	事物（69）	事物（123）	存在物（31）	存在物（50）	东西（76）	存在物（88）
66	Wirklichkeit（B55）	actuality（80）	实在性（66）	实在性（78）	实在性（139）	现实性（39）	现实性（57）	实在性（85）	现实性（99）
67	Zugleichsein（B259）	coexistence（235）	同时共在（207）	同时并存（247）	共在（431）	同时并存（192）	同时实存（176）	同时并存（189）	同时性（303）

续表

序号	德文	N.K.Smith 英译本	蓝公武译本	韦卓民译本	牟宗三译本	邓晓芒、杨祖陶译本	李秋零译本	王玖兴译本	韩林合译本
68	Transzendent（B352）	transcendent（299）	超验的（267）	超验的（317）	超离的（542）、超绝的（580）	超验的（260）	超验的（231）	超验的（260）	超验的（388）
69	Transzendental（B40）	transcendental（70）	先验的（57）	先验（67）	超越的（121）	先验的（30）	先验（49）	先验的（75）	先验的（80）

注：王玖兴译本有缺译，表中打 * 的表示该处缺译，而用别处译法代替

表 2.1 中，Anschauung、Apperzeption 等 15 个术语的译法在各译本中完全统一，不存在论争，故不在筛选范围内；同时，Affinität 等十几个术语的中译名又高度统一，几乎不存在论争，译文也不影响理解，故同样不予讨论；其他术语中，transzendental、transzendent 和 a priori 目前学界已有详尽讨论，故笔者同样不再赘述；而剩下术语中，值得讨论的大概是：Bild、Phaenomena、Erscheinung、Regulative 等存在多种译法以及 intellektuell 和 intelligible 等词形和词义易混的术语。但考虑到这些词在其他论著和译著中的译法可能不同，笔者将结合其他译本情况通盘考虑。

二、《实践理性批判》不同译本的译名分歧情况考察

《实践理性批判》目前常见的有这 7 个中译本：邓晓芒与杨祖陶译本（人民出版社，2003）、韩水法译本（商务印书馆，2001）、李秋零译本（中国人民大学出版社，2016）、牟宗三译本（吉林出版集团有限责任公司，2013）、关文运译本（商务印书馆，1960）、谢扶雅译本（宗教文化出版社，2011）、张铭鼎译本（商务印书馆，1936）。

其中，邓-杨译本（邓晓芒译、杨祖陶校）、韩译本、李译本均依据德文本译出。邓-杨译本主要依据的是迈纳版《哲学图书馆》第 38 卷。韩译本、李译本主要依据的是科学院版《康德全集》第 5 卷。虽版本、编排上有差异，但内容上并无根本差异。牟译本依据 T. K. 阿博特（Thomas Kingsmill Abbott）[①] 的英译本译出。关译本所据原本不详。表 2.2 在列出德语、汉译时，同时列出 T. K. Abbott 英译本的译名。术语所出现之处，仅列小部分。德文术语栏中，（ ）中的数字是迈纳版《哲学图书馆》第 38 卷的页码，[ ] 中的数字是科学院版《康德全集》第 5 卷的页码。英译术语栏括号中标的是 T. K. Abbott 英译本的页码。中译名的页码写在括号中，分别对应上述 7 个译本页码。

① 牟宗三将其译为阿保特，韩水法将其译为艾博特，本书引文中尽量按原文转引。

表 2.2 《实践理性批判》不同中译本的译名情况

序号	德文	英译本（Abbott）	邓–杨译本	韩水法译本	李秋零译本	牟宗三译本	谢扶雅译本	张铭鼎译本	关文运译本
1	Achtung（101-102，86-87）	respect（199-202）	崇敬（118-119）	敬重（87-90）	敬重（79-83）	尊敬（230-235）	尊敬（109-115）	尊重（99-102）	敬重（78-81）
2	Aesthetik（105，90）	aesthetic（219）	感性论（123）	感性论（98）	感性论（96）	摄物学 / 感性论（270）	直感（120）	感性论（118）	感性论（92）
3	Allgütigkeit（125-130，108-113）	supreme-good（247-252）	至善（148-154）	至善（119-124）	至善（117-120）	最高善 / 圆善（341-347）	最高福善（133-138）	最高善（147-151）	至善（113-117）
4	Annehmlichkeit（70-71）[58-60]	delight（178-179）	快意 / 快适（81-82）	愉悦 / 舒适 62[24]，63[2，7]	愉快（62-68）	快乐（180，193-196）	快乐（97-100）	乐趣 / 愉快（68-71）	愉快（59-63）
5	Anschauung（64-66，54-56）	intuition（173-174）	直观（72-75）	直观（60-62）	直观（58-60）	直觉（186-187）	直观（94-95）	直观（64）	直观（56-57）
6	Ansprüche（62，108，52，93）	right（169，222）	权利（70，126）	翼图 / 要求（56，101）	要求 / 权利（56，101）	要求（182，285）	要求（92）	要求（58）	要求 / 权利（53，95）
7	a priori（53-65）[45-55]	a priori（160-173）	先天地（的）（59-73）	先天地（47-58）	先天地（46-57）	先验地（的）（163，173-186）	先验地（88-94）	先验的（47-59）	先天（地）（45-56）
8	Autonomie（50-52，42-43）	autonomy（156-157）	自律（55-57）	自律（44-46）	自律（45-47）	自律（170-171）	自律（86-87）	自律（44）	自律（42-44）
9	Bedürfnis（91）	demand（184）	需要（124）	需求 / 要求（99）	需要（97）	需求（321）	需要（145）	需要（199-201）	要求（93）

续表

序号	德文	英译本（Abbott）	邓–杨译本	韩水法译本	李秋零译本	牟宗三译本	谢扶雅译本	张铭鼎译本	关文运译本
10	Begehrung（20-23，22-26）	desire（126-131）	欲求（22-27）	欲求（18-22）	欲求（19-23）	欲望（139-143）	欲望（69-73）	欲望（5，7）	欲望（17-21）
11	Dasein（110-113）[95-97]	dasein（232-234）	存有 / 存在者 / 实存 / 它（129-132）	此在 / 存在者（103-105）	存在者（101-103）	存有 / 他（303-308）	人 / 生存 / 他 / 存在（123-124）	生存 / 生物 / 物自体（126-128）	存在 / 存在者（96-98）
12	Dialektik（124-127，107-109）	dialectics（242-235）	辩证论（147-150）	辩证论（118-120）	辩证论（114-116）	辩证部（335-338）	辨证论（132-134）	辨证论（145-148）	辩证论（110-113）
13	Ding an sich（115-119）[98-103]	thing-in-itself（229-231）	自在之物本身（135-140）	物自身（107-112）	事物自身 / 物自身（104-109）	物自身（291-294）	本体（125-128）	物自体（130-137）	自在之物（101-105）
14	Erfahrung（51-57，42-48）	experience（157-160）	经验（56-63）	经验（44-52）	经验（45-57）	经验（170-178）	经验（85-90）	经验（42-53）	经验（43-50）
15	Erhaben（86-88，101-103）	sublime（214-217）	崇高（118-120）	崇高（94-96）	崇高（92-96）	庄严（256-265）	崇高（117-118）	崇高（111-113）	崇高（88-90）
16	Erscheinung（113-119，98-103）	appearance（228-231）	现象（132-140）	现象（106-112）	显象（104-109）	现象（290-294）	现象（125-128）	现象（131-138）	现象（96-112）
17	Exposition（46-47）	exposition（135）	阐述（61）	阐明（49，10）	阐述（050）	解释（205）	表白工作（88）	解释（83）	说明（47）
18	Freiheit（33-40，29-34）	freedom（139-145）	自由（36-44）	自由（28-35）	自由（31-36）	自由（152-159）	自由（76-80）	自由（19-26）	自由（28-33）

续表

序号	德文	英译本（Abbott）	邓–杨译本	韩水法译本	李秋零译本	牟宗三译本	谢扶雅译本	张铭鼎译本	关文运译本
19	Gebote（96-100，82-86）	command（209-215）	命令（112-117）	命令（89-93）	命令（88-92）	律令（249-256）	命令（114-117）	命令（106-112）	命令（84-88）
20	Gegenstand（57）	object（46）	对象（78）	对象（61）	对象（61）	对象（223）	对象（97）	对象（101）	对象（58）
21	Glaube（144，146，126）	faith（223）	信仰（173）	信仰（138）[11-13]	信念（133）	信仰（430）	信仰（146，160）	信仰（205）	信仰（129）
22	das Gute（68-76，58-65）	good（176-186）	善（78-88）	善（62-71）	善（62-70）	善（191-203）	善（97-102）	善（67-83）	善（58-66）
23	Hang（86-87）[73-74]	partiality（197-199）	爱好（100-102）	禀好（79-80）	偏好（78-79）	性好（229-231）	性好（107-108）	嗜好（92-93）	好恶之心 / 好恶（74-76）还有：偏好 / 嗜好 / 情欲等译名
24	Heteronomie（79，43，33，36）	heteronomy（145，146）	他律（43，49）	他律（35，39）	他律（36，40）	他律（159，163）	他律（80，82）	他律（27，33）	他律（33，37）
25	Idee（152-153，155-157），132-138）	idea（274-278）	理念（181-187）	理念（144-151）	理念（139-146）	理念（372-377）	理念（150-154）	理念（184-193）	理念（134-150）
26	Imperative（22-23，19-21）	imperative（126-127）	命令（22-24）	命令（17-19）	命令（19-21）	律令（139-141）	训令（69-70）	命令（3，4）	命令（17，19）

续表

序号	德文	英译本（Abbott）	邓–杨译本	韩水法译本	李秋零译本	牟宗三译本	谢扶雅译本	张铭鼎译本	关文运译本
27	Intelligibel（114-115，117，119）[98-99，101，103]	intelligible（229-231）	理知的 / 智性（134，135，137，139）	理智（的）（106，111）	理知（的）（104，111）	智思的 / 超感触的 / 超感性的（292，294）	超感性的睿智的 / 超感 / 智力的 / 超感官（125-128）	理想（130，135）	理性（100，102）
28	Interesse（79-80）	interest（173）	兴趣，利益，利害（108-109）	关切（86）	兴趣（85）	兴趣（222）	关心（兴趣）/ 兴趣（112）	兴趣（102）	利益，关切（81）
29	Kausalität（109-113）[94-98]	causality（227-229）	因果性 / 原因性（128-133）	因果性（102-107）	因果性（100-104）	因果性（289-293）	原因作用 / 因果作用（123-125）	原因性（125-130）	原因性（96-100）
30	Legalität（173-174，151-152）	legality（299-300）	合法性（205-206）	合法性（165-166）	合法性（158-159）	合法性（403-404）	合法性（162）	合法性（209-210）	合法性（153-154）
31	Maximen（30-34，36-44）[32-36，38-46]	maxims（144-148，150-161）	准则（32-33，39-50）	准则（33-39，41-49）	准则（35-40，42-50）	格言（159-163，164-174）	格准（79-82，86-90）	格言（26-28）	准则（32-37，39-47）
32	Moralität（84-85，72-73）	morality（195-196）	道德性（98-99）	道德性（78-79）	道德性（77-78）	道德性（227-228）	道德性（107-108）	德性（90，92）	道德性（73，74）
33	Natur（52-54，43-45）	nature（158-160）	自然（界）/ 本性（57-60）	自然 / 本性（45-48）	自然（界）/ 本性（46-49）	自然（171-173）	自然（86-88）	自然（44-48）	自然（43-46）
34	Neigungen（37）	inclination（127）	爱好（50）	禀好（39）	偏好（41）	性好（152）	性好（83）	嗜好（34）	所好（好恶，爱好）（38）
35	Nötigung（32）	constraint（121）	强制（42）	强制性（33）	强制（35）	强制（184）	强制（79）	强制（60）	强制（33）

续表

序号	德文	英译本（Abbott）	邓–杨译本	韩水法译本	李秋零译本	牟宗三译本	谢扶雅译本	张铭鼎译本	关文运译本
36	Noumena（64-67）[54-57]	noumena（173-175）	本体（72-77）	本体（58-61）	本体（58-61）	智思物（186-188）	本体 / 本体界（94-96）	本体（61-64）	本体（56-57）
37	Objekt（4-6）[3-5]	object（106-107）	客体（2-5）	客体（1-3）	客体（4-6）	对象（115-117）	对象（60-61）	对象（3-5）	对象（1-3）
38	Paralogismus（152）[133]	paralogisms（275）	谬误推理（181）	谬误推理（145）	谬误推理（140）	误推（373）	论过（150）	谬论（185）	妄论（135）
39	Pathologische（87-89）[74-76]	pathological（198-199）	病理学上的（101-104）	本能的（80-82）	病理学的（79-81）	感性的（230-231）	病理的（109-110）	病态的（94-95）	感性的（75-77）
40	Pflicht（42-44，36-38）	duty（148-150）	义务（47-50）	职责（38-40）	义务（39-41）	义务（262-263）	义务 / 本务（81-84）	义务（34-37）	职责（36-37）
41	Postulate（122-123）	postulate（219）	悬设（168）	公设（134）	公设（130）	设准（357）	设定（143）	基准（169）	悬设（125）
42	Phaenomena（113-115，97-99）	phenomena（229-230）	现象（133-135）	现象（105-108）	现象（104-106）	现象（291-293）	现象（125）	现象（130-133）	现象（100-102）
43	Praktisch（36，31）	practice（142）	实践（40）	实践（31）	实践（33）	实践（155）	实践（78）	实践（22）	实践（30）
44	Prizip（22-25，21-23）	principle（128-130）	原则（22-26）	原则（19-22）	原则（21-24）	原则（141-143）	原理（71-72）	原理（6-9）	原则（19-21）
45	Regulative（58）[48]	regulative（165）	调节性 / 调节性的（64）	规范 / 规范性（52）	范导性（52）	规约 / 制约（178，166）	支配（90）	规正（53）	调整（性）（49）
46	Rezeptivtät（69，58）	receptivity（177）	接受性（79）	接受性（62）	接受性（62）	接受性（193）	容受（97）	感受性（53）	感受性（59）

续表

序号	德文	英译本（Abbott）	邓–杨译本	韩水法译本	李秋零译本	牟宗三译本	谢扶雅译本	张铭鼎译本	关文运译本
47	Schein（124-125）[107-108]	illusion（242-243）	幻相（147-148）	假象（118-119）	幻相（114-115）	幻象（335-336）	假象（132）	假象（145-146）	幻觉（110-111）
48	Schema（80-81）[68-69]	schema（190-191）	图型（93-94）	图型（74-75）	图型（73-74）	规模（206-207）	图式（104）	图型（84-85）	概型（69-70）
49	Sinn（24-25）[22-23]	sense（129-130）	感官（25-27）	感觉（情感）/ 内感觉 / 感觉（20-21）	感官（22-23）	感取 / 感性（142-143）	感觉 / 感官能觉（71-72）	感觉（6-7）	感觉（20-21）
50	Sinnlichkeit（77-81，65-69）	sensibility（186-191）	感性（89-94）	感性（71-79）	感性（70-74）	感触 / 感取（202-207）	感性（102-104）	感性（79-85）	感性（66-69）
51	Sittlichkeit（41-44，33-36）	morality（145-150）	德性（46-49）	德性（34-38）	道德 / 道德性 / 德性（36-42）	道德行 / 道德（158-163）	道德 / 道德性（80-82）	德性（27-32）	道德性（33-37）
52	Spontaneität（115，117，99，101）	spontaneity（230，233）	自发性（136，138）	自发性（108，110）	自发性（105，108）	自发性 / 自动性（294，304）	自发性（126-127）	自发性（132-135）	自发性（101，103）
53	Substanz（117-119，100-102）	substance（232-234）	实体（137-140）	实体（110-111）	实体（107-109）	实体物 / 自体物（303-308）	实体（127-128）	实体（135-137）	实体（103-104）
54	Subsumieren（80）	subsumption（160）	归摄（93）	纳于（74）	归摄（73）	所属于（242）	归功于（104）	包括于（118）	包摄（70）
55	Transzendent（155-156）[135]	transcendent（278-279）	超验的（184-185）	超验的（147-148）	超验的（142-143）	超绝的（377-378）	悬决（绝）的（152）	超越的（188-189）	超越的 / 超越经验的（138）

续表

序号	德文	英译本（Abbott）	邓–杨译本	韩水法译本	李秋零译本	牟宗三译本	谢扶雅译本	张铭鼎译本	关文运译本
56	Transzendental（112-113）[97-98]	transcendental（227）	先验的（132-133）	先验（的）（105-106）	先验的（103-104）	超越的（290）	超越的（124）	超验的（128-129）	先验的（99）
57	Tugend（127-136，110-118）	virtue（246-255）	德行（151-161）	德行（121-130）	德行（117-125）	德行（341-350）	德（135-140）	德（150-163）	德性（113-121）
58	Urteil（13-15，12-14）	judgement（116-118）	判断（13-15）	判断（10-12）	判断（13-15）	判断（127-129）	判断（66-67）	判断（16-20）	判断（10-11）
59	Verbindlichkeit（32-35）	obligation（120-122）	责任（44）	义务（34）	责任（37）	责成（147）	责任感（80）	责任（28）	义务（28）
60	Vernunft（21-23，19-210）	reason（125-127）	理性（21-24）	理性（17-19）	理性（19-21）	理性（131-140）	理性（69-70）	理性（2-4）	理性（17-19）
61	Verstand（57-60）[48-50]	understanding（165-167）	知性（64-67）	知性（52-54）	知性（52-54）	知性（177-180）	睿智 / 悟性 / 睿智（世）界（90-91）	悟性（53-55）	悟性（49-51）
62	Vollkommenheit（140-142）[122-123]	perfection（262-263）	完善（性）（167-169）	完满性（134-135）	完善性（129-130）	圆满（357-358）	十全十美（143-144）	完满性（168-170）	圆满（125-126）
63	Vorschrift（77-79）[66-68]	norm（187-189）	规范（89-92）	规矩（71-74）	规范（70-72）	箴言（203-205）	规条（102-104）	规矩 / 规条（80-84）	规矩（67-69）
64	Vorstellung（24-26，21-23）	representation（128-130）	表象（25-27）	表象（19-21）	表象（22-24）	观念（142-143）	观念（71-72）	观念（5-7）	表象（19-21）

续表

序号	德文	英译本（Abbott）	邓–杨译本	韩水法译本	李秋零译本	牟宗三译本	谢扶雅译本	张铭鼎译本	关文运译本
65	Wesen（21-25）[19-22]	existence（126-129）	存在者 / 存在物（22-26）	存在 / 存在者（17-20）	存在 / 存在者（19-23）	存有（139-142）	存在者 / 主体（69-71）	生物（1-2）	存在者（17-21）
66	Wille（9，26-27，23-24）	will（131-132）	意志（27-29）	意志（21-23）	意志（24-25）	意志（143-146）	意志（72-73）	意志（7-11）	意志（21-23）
67	Wollen（23，21）	volition（128）	意愿（24）	愿欲（19）	意愿（21）	意志（141）	决意（70）	意向（4）	意向（19）
68	Würde（102-103，88）	dignity（216）	尊严（104）	尊严（95）	尊严（94）	尊严（263）	尊严（118）	尊严（115）	尊严（90）
69	Empfänglichkeit（24）	susceptibility（108）	感受性（25）	接受性（20）	易感性(22）	感受（165）	感受性（71）	主观条件（6）	感受性（20）
70	Trieb（163）	tendency（240）	冲动（195）	冲动（155）	冲动（150）	冲动（464）	动向（157）	*	冲动（145）
71	Arroganz（100）	arrogance（179）	自负（117）	傲慢（93）	狂妄自大（92）	傲慢自大（300）	傲慢（117）	自负（146）	自负心（88）
72	Befügnis（67）	right（147）	权限、权利（77）	权利（61）	权利（61）	权利（222）	权利（95）	权柄（65）	权利（58）
73	Analogie（67）	analogy（147）	类比（77）	类比推理（61）	类比推理（61）	类比（222）	类推法（96）	类推（66）	比附推论（58）

同样，表 2.2 中若干译名完全统一的术语，如 Würde、Befügnis、Trieb 等，以及译名高度统一的术语，如 Aesthetik、Sinnlichkeit 等不在讨论范围。唯有 Dasein、Ding an sich、Hang、Intelligibel、Neigungen、Pathologische、Regulative、Schein 等词的中译存在不小差别，笔者将就此在后文做细致探讨。

三、《判断力批判》不同译本的译名分歧情况考察

《判断力批判》目前常见的有这 5 个译本：邓晓芒译本（人民出版社，2002）、李秋零译本（中国人民大学出版社，2016）、牟宗三译本（吉林出版集团有限责任公司，2013）、宗白华译本（商务印书馆，1996）、韦卓民译本（商务印书馆，1996）。其中，邓晓芒译本、李秋零译本、宗白华译本、韦卓民译本均依据德文本译出，牟宗三译本根据梅雷迪思（J. C. Meredith）英译本译出。其中邓译本主要依据的是 1974 年迈纳版《哲学图书馆》第 39a 卷，在表 2.3 中，德文术语后括号内的数字就是指这个版本的页码。中译名后括号中的数字对应上述 5 个译本的页码。由于宗、韦分别译出上下册，因此对同一个术语笔者尽量在上下册中各找一处作为代表，如果在其中一册中该术语没有出现，则用 * 表示，德文原版和邓晓芒译本笔者也相应找出对应的两处。

表 2.3 《判断力批判》不同中译本的译名情况

序号	德文	Meredith 英译本	邓晓芒译本	李秋零译本	牟宗三译本	宗白华译本	韦卓民译本
1	Ästhetisch（111-120，225）	aesthetic（92-106）	审美（的）/ 感性的（103-112，212）	审美的（275-284）	审美（的）/ 品鉴的（196）	审美（的）（100-109）	审美的（7）
2	Affekt（119-121）	affect（102-103）	激情（112-113）	激情（282-283）	情感（206-207）	情操（108-109）	*
3	Analogie（212-214，336-339）	analogy（179-181，288-292）	类比（199-201，321-324）	类比（366-368，480-484）	类比推理（322-324，498-501）	类比（195）	类推（138）
4	Annehmlichkeit（45-47）	delight（49-51）	快意（43-45）	适意（216-218）	适意（130-132）	快意（41-43）	*
5	Anschauung（93-105，271-275）	intuition（80-90）	直观（88-98，258-262）	直观（259-269）	直觉（181-193）	直观（84-94）	直观（64-69）
6	a priori（1-4，350-351）	a priori（3-5）	先天 / 先天地（的）（1-3，335-336）	先天 / 先天地 / 先天的（176-178）	先验（的）（79）	先验（的）（1-3）	验前的（41，58，70-72，76）
7	Ästhetik（117）	aesthetics	美学（110）	美学（280）	美学（246）	美学（111）	*
8	Auffassung（95-98）	apprehension（82）	领会（90-92）	把握 / 把捉（261-262）	摄受 / 摄取（179）	把握（86-87	*
9	Autonomie（83，253）	autonomy（71，217）	自律（77，240）	自律（250）	自律（169）	自主（74）	自律（42）
10	Beistimmung（79-82）	common sense（68-70）	共通感（74-76）	共感（246-248）	共感 / 同感（165）	共同感 / 共通感（70-72）	*

续表

序号	德文	Meredith 英译本	邓晓芒译本	李秋零译本	牟宗三译本	宗白华译本	韦卓民译本
11	Dasein（44-46，358-361）	dasein（39-41，311-314）	存有（42-44，343-346）	存在（214-216）	存在（126，128-129）	存在（38-40）	存在（75-82）
12	Dialektik（183）	dialectics（155）	辩证法（172）	辩证法（341）	辩证术（342）	辩论术（174）	*
13	Ding an sich（203-205）	thing-in-itself（172-173）	自在之物 / 自在的事物（190-192）	物自身 / 事物自身（359-360）	物自身（302-303）	物自身（187-188）	自在之物（36）
14	Einbildungskraft（27-30，243）	imagination（25-27，208）	想像力（25-27，230）	想象力（199-201，395）	想像力（107-109）	想像力（21-23）	想象力（30）
15	Erfahrung（9-11，341-343）	experience，empirical（10-11）	经验（8-9，326-328）	经验（183-184）	经验（87-88）	经验（4-5）	经验（143-145）
16	erhaben（87-91）	sublime（75-78）	崇高（82-86）	崇高者（253-257）	崇高 / 庄严伟大（173-176）	崇高（78-82）	*
17	Erscheinung（10-11，341）	phenomena（10）	现象（8-9，327）	显象（183-184）	现象（87-88）	现象（5）	现象（144）
18	Form（11-12，354-355）	form（12-13）	形式（10-11，340-341）	形式（185-186）	形式（90-91）	形式（6-7）	型式（159）
19	Freiheit（6-12，318-322）	freedom（7-12）	自由（5-10，304-308）	自由（180-186）	自由（83-88）	自由（1-6）	自由（118-120）
20	Gegenstand（9-11，350-351）	object（10-11）	对象（8-9，335-336）	对象（183-184）	对象（87-88）	对象（4-5）	对象（152-153）
21	Gemeinsinn（79-82，144，146）	common sense（68-70）	共通感（74-76）	共感（247）	共感（163）	共通感（76-78）	*

续表

序号	德文	Meredith 英译本	邓晓芒译本	李秋零译本	牟宗三译本	宗白华译本	韦卓民译本
22	Genie（160-167）	genius（136-142）	天才（150-157）	天才（320-326）	天才（258-263）	天才（148-152）	*
23	Geschmack（46-66，302）	taste（41-58）	鉴赏（力）/ 趣味 / 口味 / 品味（44-62，289）	鉴赏 / 品味（217-234）	审美（129，143）	鉴赏（40-59）	欣赏（50）
24	Gestalt（74-78）	form（64-68）	形象（69-73）	形象（242-245）	形态 / 形相（160-162）	*	*
25	Handlung（44-45，315-316）	action（40-41）	行动（42-43，301-302）	行动（215-216）	行为（128-129）	行为（38-39）	行为（114）
26	Harmonie（56，225-226）	harmony（49）	和谐（53，211-22）	和谐（226）	谐和（141）	谐和（50）	谐调（8-9）
27	Heteronomie（132，253）	heteronomy（112）	他律（124，240）	他律（294）	他律（224）	他主性（120）	他律（42）
28	Idee（17-18，340-351）	idea（296-306）	理念（15-16，325-335）	理念（190-200，488-498）	观念（97-98）	观念（11-12）	观念 / 理念（142-153）
29	Intelligibel（99，282）	intellectual，intelligible（85）	智性的 / 理知的（94，264-265，268）	理智的 / 理知（265）	智思的（183）	理知的 / 理性的（89）	可理解的（39）
30	Interesse（40-44，46-49）	interest（36-39）	兴趣 / 利益 / 利害（38-42，44-46）	兴趣（211-214）	利害关心（146-149）	*	*
31	Kausalität（33-34，337-339）	causality（30-31）	因果性 / 原因性（31-32，322-324）	因果性（205-206）	因果性（115）	因果性（27-28）	因果性（139-140）

续表

序号	德文	Meredith 英译本	邓晓芒译本	李秋零译本	牟宗三译本	宗白华译本	韦卓民译本
32	Konstitution（74，225-226）	construction（64）	建构（69，212）	建构（242）	构造（160）	结构（66）	构成（9）
33	Kontemplation（46，352）	contemplation（41）	静观（44，337）	静观（217）	静观默赏（131）	静观（40）	静观（156）
34	Kultur（64，111-113）	cultivation/Culture（56，95）	培养 / 教养 / 陶冶 / 文化（60，104）	培养（233，275）	培养 83（12，13，15）	培养（63）/ 修养（105）、文化（105-106）	*
35	Maximen（20-21，324）	maxims（21）	准则（21，309）	准则（196）	格言（100-101）	原则（15）	准则（124）
36	Manier（167，173）	manner（142，147）	风格（157，164）	风格（326，333）	模式 / 风格（318，329）	*	*
37	Mittel（42-43，293-295）	means（38）	手段（40-41，280-282）	手段（213）	手段（127）	方法（36-37）	手段（89-92）
38	Moralität（6-9，353-358）	morality（7-10）	道德（5-7，280-282）	道德（180-182）	道德（83-85）	道德（1-3）	道德（157-161）
39	Muster（72-73，277）	model（62）	典范（68，263）	典范（240）	模型（157）	范本（65）	模型（71）
40	Natur（1-12，348-358）	nature（3-11）	自然（界）/ 本性（1-11，333-343）	自然 / 本性（176-185）	本性 / 自然（77-90）	自然（1-8）	自然（151-159）
41	Neigungen（42-43，302-303）	inclination（38）	爱好（40-41，289）	偏好（213-214）	性好（126）	爱好 / 倾向性（36-37）	意向（50）
42	Noumena（99，304）	noumena（85）	本体（93，291）	本体（264）	智思物（183）	真体（89）	本体（52）

续表

序号	德文	Meredith 英译本	邓晓芒译本	李秋零译本	牟宗三译本	宗白华译本	韦卓民译本
43	Objekt（11-14，340-345）	object（11-14）	客体（9-13，326-330）	客体（184-188）	对象（89-91）	客体（5-7）	对象（142-145）
44	Originalität（161，164）	originality（137，139）	独创性（151，154）	原创性（321，323）	根源性（创发性）/ 原创性（310，314）	独创性 / 独特性（153，156）	*
45	Pflicht（114，344-346）	duty（97）	义务（107，320-321）	义务（278）	义务（204）	义务（103）	职责（137）
46	Phantasie（86，120）	fantasy（74，103）	幻想（80，113）	想象 / 幻想（253，284）	幻想（202、252）	幻想（82）	*
47	Praktisch（4-12）	practical（5-12）	实践（3-10）	实践（178-185）	实践的（93-105）	实践的（6-13）	*
48	Prinzip（1-4）	principle（3-6）	原则（1-4）	原则（176-179）	原则（89-93）	原理（3-6）	*
49	Regulative（2，269-271）	regulative（4）	调节性的（2，257-258）	范导性的（177）	轨约的（78）	调节性的（2）	制约性的（31-33）
50	Reiz（61-66，244）	charm（54-56）	刺激 / 魅力（58-62，231）	魅力（230-233）	妩媚（147-150）	刺激（55-58）	魅力（31）
51	Rührung（121）	emotion（103）	激动 / 感动（114）	激情 / 感动（284-285）	激情 / 激动 / 情感（207-209）	情操 / 情绪 / 感动（114）	感动（62）
52	Schein（177，179，334-335）	semblance（150）、illusion（163）	幻相（167-168，319-320）	幻相（335，337）	像似物 / 相似者（274）	假象（165-166）	假相（68）
53	Schema（57，285）	schema（84）	图型（54，272）	图型（263）	图式（140）	图式（50）	模型（37，41）
54	Schönheit（46-54，357）	beauty（41-44）	美（44-51，343）	美（217-221）	美（131-137）	美（41-45）	美（162）

续表

序号	德文	Meredith 英译本	邓晓芒译本	李秋零译本	牟宗三译本	宗白华译本	韦卓民译本
55	Sinn（42-45，358-359）	sense（37-39）	感官（40-43，343-344）	感官（212-214）	感官（127-128）	感官（20-21）	感官（163）
56	Sinnlichkeit（102-104，337-338）	sensibility（257-259）	感性（96-98，323-324）	感性（267-269）	感性（190-191）	感性（92-93）	感性（139-140）
57	Sittlichkeit（122，321）	morality（104，279）	德性（115，307）	道德（286）/ 道德性（469）	道德（254，570）	道德（116）	道德（119）
58	Spontaneität（23，278）	spontaneity（21）	自发性（21，264）	自发性（196）	自发性（104）	自发性（18）	自发性（72）
59	Substanz（18）	substance（17）	实体（16）	实体（191）	本体（114）	实体（19）	*
60	Subsumtion（137）	subsumption（117）	归摄（129）	归摄（299）	归属（275）	摄（130）	*
61	Symbol（211）	symbol（178）	象征（198）	象征（365）	符示 / 象征（384）	象征（199）	*
62	Transzendent（220）	transcendent（169）	超验的（188）	超验的（356）	超绝的（299）	先验的（184）	*
63	Transzendental（15-22，315）	transcendental(15-22）	先验的（14-20，301）	先验的（188-195）	超越的（94-102）	先验的（9-15）	超越的（114）
64	Urteil（138）	judgement（118）	判断（129）	判断（300）	判断（276）	判断（131）	判断力（51）
65	Vernunft（1-4，360-361）	reason（3-5）	理性（1-3，345-346）	理性（176-178）	理性（77-78）	理性（1-3）	理性（165-168）
66	Verstand（1-4，360-361）	understanding（3-5）	知性（1-3，345-346）	知性（176-178）	知性（77-78）	知性（1-3）	理智（165-168）

续表

序号	德文	Meredith 英译本	邓晓芒译本	李秋零译本	牟宗三译本	宗白华译本	韦卓民译本
67	Vollkommenheit（66-67，356）	perfection（57）	完善（性）/ 完满性（62-66，341）	完善性（234-239）	圆满（性）(150，155）	完满性（59-62）	完全性（79）
68	Vorschrift（8-9，357）	precept（8-9）	规范（7-8，342）	规范（181-182）	箴言（87-89）	指示（2-3）	告诫（80）
69	Vorstellung（24-30，359-360）	representation（23，312）	表象（22-28，344-345）	表象（197-202）	表象 105-110）	表象（19-24）	表象（164-165）
70	Wahrnehmung（23-24，355）	perception（21）	知觉（21-22，341）	知觉（195-196）	知觉（103-104）	知觉（17-18）	看见（159）
71	Wesen（225，47）	nature（191）/being（41）	本质（211）/ 存在物（45）	本质（377）/ 存在者（217）	本质（405）/ 存有（153）	动物（46）	实在东西（8）
72	Wille（7）	will（8）	意志（6）	意志（181）	意志（98）	意志（9）	*
73	Wollen（44）	volition	意愿（42）	意欲（214）	意愿（150）	意欲（43）	*
74	Würde（120）	worth（103）	尊严（113）	尊严（284）	价值（252）	庄严（115）	*
75	Zweckmäßigkeit（17-20，360）	purposiveness(16-19）	合目的性（15-18，345）	合目的性（190-193，506）	合目的性（114-117，313）	合目的性（19）	合目的性（161）
76	Existenz（40）	existence（36）	实存 / 生存（39）	实存（211）	真实存在（146）	存在（40）	*
77	Gebote（48）	command（42）	命令（45）	命令（218）	命令（155）	命令（47）	*
78	Trieb（216）	drive（183）	冲动（203）	冲动（370）	冲动（392）	冲动（204）	*
79	Synthetisch（36）	synthetic（32）	综合的（33）	综合的（207）	综和的（140）	综合的（36）	*
80	Stimmung（58）	accord（50）	情调 / 情绪（54）	相符（227）	一致（168）	调协（57）	*

续表

序号	德文	Meredith 英译本	邓晓芒译本	李秋零译本	牟宗三译本	宗白华译本	韦卓民译本
81	Empfänglichkeit（111）	susceptibility（95）	感受性（104）	感受性（275）	感触性（236）	感受性（105）	*
82	Empfindung(193)	Sensation（163）	感觉（181）	感觉（349）	感觉（355）	感觉（182）	*
83	Begehrung（313）	Desire（272）	欲求（299）	欲求（462）	意欲（554）	*	热望（110）
84	Belebung（57）	Enlivening（50）	激活（54）	激活（227）	刺激（166）	推动（56）	*
85	Mannigfaltigkeit（273）	Multiplicity（234）	多样性 / 杂多（260）	多样性（423）	繁多性（484）	*	杂多（64）
86	Pathologische（46）	Pathological（41）	病理学的（44）	生理学上学的（217）	感性的（153）	感性的（46）	*

仔细查看表2.3，不少词的中译完全相同或高度相同，仅有Intelligibel、Neigungen、Regulative、Schein、Schema、Vollkommenheit在中译上呈现出较大差异，由此成为笔者筛选出来有待考察的理想术语。

四、《道德形而上学的基础》不同译本的译名分歧情况考察

《道德形而上学的基础》目前常见的有8个中译本，分别是：唐钺译本（商务印书馆，2012）、苗力田译本（上海人民出版社，2002）、李秋零译本（中国人民大学出版社，2016）、牟宗三译本（吉林出版集团有限责任公司，2013）、杨云飞与邓晓芒译本（人民出版社，2013）、李明辉译本（联经出版公司，1990）、谢扶雅译本（宗教文化出版社，2011）、孙少伟译本（江西教育出版社，2014）。

其中，苗力田译本、李秋零译本、杨–邓译本（杨云飞译、邓晓芒校）、李明辉译本均依据德文本译出。杨–邓译本主要依据的是科学院版《康德全集》第4卷。苗力田译本《道德形而上学原理》主要依据的也是科学院版《康德全集》第4卷。唐钺的初译本依据T. K. Abbott英译本译出，重译本根据Vorländer编辑的德文版（1925）和Paton英译本（1947）修订。牟宗三译本依据T. K. Abbott英译本译出。表2.4暂定在列出德语、汉译时，同时列出T. K. Abbott英译本译名。术语所出现之处，仅列小部分。德文术语后括号内的数字是科学院版《康德全集》第4卷页码。英译术语后括号内标的是T. K. Abbott英译本的页码。中译名后括号内的数字表示页码，其中，唐钺译本依据2012年重印本。由此，共列出56个条目及译名，详见表2.4。

表 2.4 《道德形而上学的基础》不同中译本的译名情况

序号	德文	Abbott 英译本	唐钺译本	苗力田译本	李秋零译本	牟宗三译本	杨–邓译本	李明辉译本	谢扶雅译本	孙少伟译本
1	Achtung（400）	respect（29）	尊重（16）	尊重（16）	敬重（407）	尊敬（20）	敬重（22）	敬畏（18）	尊敬（11）	尊重、敬重（12）
2	Angenehmen（414）	delight（38）	快乐（30）	乐意（31）	适意（420）	愉快（36）	快适（41）	适意（33）	愉快（20）	愉快（24）
3	Anschauung（436）	intuition（173，174）	直觉（54）	直观（55）	直观（444）	直觉（67）	直观（74）	直观（62）	直观（37）	直觉（44）
4	Ansprüche（435）	right（169）	权利（53）	评价（54）	要求（444）	要求（66）	要求（73）	要求（61）	高位（37）	评价（44）
5	Apodiktisch（415）	aopdictic（32）	自明的（31）	必然的（32）	必然的（422）	必然的（37）	必然的（43）	确然的（35）	截然了然（22）	必然的（25）
6	a priori（415）	a priori（160-173）	不待经验（32）	先天的（33）	先天地（423）	先验地（40）	先天地（45）	先天地（36）	先验地（22）	先天地（26）
7	Assertorisch（416）	assertive（40）	记实的（31）	实然的（32）	实然的（422）	实然性的（38）	实然的（43）	实然的（35）	肯定性的（22）	实然的（25）
8	Autonomie（433）	autonomy（63）	自律（51）	自律（51）	自律（441）	自律（63）	自律（69）	自律（58）	自律（35）	自律（41）
9	Begehrung（395）	desire（15）	欲望（10）	欲望（10）	欲求（402）	欲望（12）	欲求（14）	欲求（11）	欲望（8）	欲望（8）
10	Bewegungsgründ（427）	motive（56）	动机（45）	动机（45）	动因（435）	动力（64）	动因（24）	动因（51）	动机（31）	动机（37）
11	Charakter（393）	character（12）	品格（8）	品质（8）	性格（400）	品格（10）	性格（11）	性格（9）	品质（6）	品质（6）
12	Dasein（428）	dasein（57）	存 在(45）	定在（46）	存在（435）	存在（55）	存在（24）	存在（51）	存在（31）	存在（37）
13	Dialektik（405）	dialectics（28）	辩证法（21）	辩证法（21）	辩证法（12）	辩证（25）	辩证论（29）	辩证（24）	对台戏（15）	辩证法（16）

续表

序号	德文	Abbott 英译本	唐钺译本	苗力田译本	李秋零译本	牟宗三译本	杨–邓译本	李明辉译本	谢扶雅译本	孙少伟译本
14	Ding an sich（451）	things in themselves（70）	物自身（70）	事物自身（74）	物自身（459）	物自身（88）	自在之物（96）	物自身（81）	原物本身（48）	物自身（57）
15	Empfänglichkeit（451）	receptivity（71）	接受（71）	感受性（75）	感受性（459	接受（88）	感受性（97）	感受性（82）	感觉的官能（48）	感受性（58）
16	Empfindung（451）	sensation（71）	感受（71）	感觉（75）	感觉（459	感取（88）	感觉（97）	感觉（82）	感觉（48）	感觉（58）
17	Erhabenheit（440）	sublimity（58）	伟大（58）	崇高（59）	崇高（448）	庄美（77）	崇高性（79）	庄严性（66）	崇壮（40）	崇高（48）
18	Erscheinung（451）	appearance（70）	现象（70）	现象（74）	显象（459	现象（88）	现象（96）	现象（81）	现象（48）	现象（57）
19	Gebot（389）	command（6）	训诫（3）	诫律（3）	诫命（396）	箴言（5）	诫命（4）	命令（3）	训令（3）	诫律（3）
20	Gesetz（388，421）	law（4，46）	规律（1，34）	规律（1，29）	法则（394，427）	法则（13，54）	规律（法则）（1，20）	法则（1）	法则（2，25）	规律（1，30）
21	Gesinnung（412）	disposition（29）	情性（28）	情操（29）	意念（419）	习性（意向）（35）	意向（39）	存心（32）	性习（20）	意向（23）
22	Hang（405）	partiality（28）	倾向（21）	倾向（21）	癖好（412）	意向（25）	偏好（29）	癖好（24）	习癖（15）	癖好（16）
23	Heteronomie（433）	heteronomy（63）	他律（51）	他律性（51）	他律（441）	他律（63）	他律（69）	他律（58）	他律（35）	他律（42）
24	Hypothetisches（414）	hypothetical（39）	有待的（30）	假言的（31）	假言地（421）	假然的（37）	假言的（42）	假言地（34）	假定地（21）	假言（25）
25	Imperative（414）	imperative（39）	令式（30）	命令式（31）	命令式（421）	律令（37）	命令（42）	令式（34）	命令方式（21）	律令（25）

续表

序号	德文	Abbott 英译本	唐钺译本	苗力田译本	李秋零译本	牟宗三译本	杨–邓译本	李明辉译本	谢扶雅译本	孙少伟译本
26	Intellektuell（451）	intellectual（71）	智性的（71）	理智的（75）	理智的（459）	智思的（88）	智性的（97）	智性的（82）	睿智的（48）	知性的（58）
27	Intelligibel（452）	intelligible（229-231）	智性的（72）	理智的（76）	理知的（460）	知性的（91）	理知的（99）	智思的（83）	睿智的（49）	知性的（59）
28	Interesse（401）	interest（23）	兴趣（17）	关切（兴趣）（22）	兴趣（408）	兴趣（21）	关切（24）	兴趣（19）	兴趣（12）	关切（13）
29	Kategorisch（414）	categorical（39）	无待的（30）	定言的（31）	定言地（421）	定然的（37）	定言的（42）	定言的（34）	定言的（21）	定言的（25）
30	Klugheit（416）	sagacity（41）	明哲（32）	机智（33）	机智（423）	精审（40）	明智（45）	明哲（37）	精审（22）	审慎（26）
31	Maxime（402）	maxims（22）	格准（17）	准则（18）	准则（407）	格准（29）	准则（24）	格律（20）	格准（12）	准则（13）
32	Moralität（408）	morality（32）	道德（25）	道德（26）	道德性（415）	道德（39）	道德性（34）	道德（30）	道德（16）	道德（20）
33	Muster（408）	model（23）	模范（25）	榜样（26）	范例（419）	范例（35）	楷模（34）	模范（30）	模范（17）	范例（20）
34	Neigung（397）	inclination（24）	爱好（12）	爱好（14）	偏好（404）	性好（15）	爱好（17）	爱好（14）	性好（9）	偏好（9）
35	Objekt（387）	object（1）	对象（1）	对象（1）	客体（394）	对象（3）	客体（1）	对象（1）	对象（2）	对象（1）
36	Pathologische（399）	pathological（15）	情感上的（15）	情感上的（15）	病态的（406）	感性情绪的（18）	病理学的（21）	感受的（17）	病象的（11）	病态的（12）
37	Pflicht（397）	duty（17）	义务（12）	责任（12）	义务（404）	义务（16）	义务（17）	义务（14）	本务（9）	责任（9）
38	Phaenomena（457）	phenomenon（77）	现象（77）	现象（82）	显象（465）	现象（97）	现相（105）	现象（88）	现象（52）	现象（63）
39	Praktisch（390）	practice（6）	实用上的（5）	实践的（5）	实践的（397）	实践的（7）	实践的（6）	实践的（5）	实践的（4）	实践的（4）

续表

序号	德文	Abbott 英译本	唐钺译本	苗力田译本	李秋零译本	牟宗三译本	杨–邓译本	李明辉译本	谢扶雅译本	孙少伟译本
40	Prizip（421）	principle（46）	原理（38）	原则（39）	原则（429）	原则（47）	原则（52）	原则（41）	原则（25）	原则（30）
41	Problematisch（415）	probable（40）	疑问的（31）	或然的（32）	或然的（422）	或然的（38）	或然的（43）	或然的（35）	或性的（22）	或然性的（25）
42	Sinn（404）	sense（20）	感官（20）	感性（20）	感官（411）	感取（24）	感官（27）	感官（23）	官能（14）	感性（15）
43	Sinnlichkeit（443）	sensibility（62）	感性（62）	感性（63）	感性（452）	感性（77）	感性（84）	感性（70）	感觉性（43）	感性（51）
44	Sittlichkeit（391）	morality（7）	道德（5）	道德（5）	道德（398）	道德（7）	道德性（7）	道德（6）	道德（5）	道德（4）
45	Transzendent（462）	transcendent（83）	超绝（83）	超验（87）	超验（471）	超绝（104）	超验（113）	超越的（95）	超越（56）	超验（67）
46	Transzendental dphilosophie（390）	transcendental philosophy（227）	超验哲学（5）	先验哲学（5）	先验哲学（397）	超越哲学（7）	先验哲学（99）	先验哲学（5）	超越哲学（5）	先验哲学（4）
47	Triebfeder（427）	driver（56）	冲动（45）	冲动（45）	动机（435）	冲力（64）	动机（61）	动机（51）	冲力（31）	动机（36）
48	Tugend（426）	virtue（54）	美德（44）	德性（44）	德性（434）	美德（53）	德行（60）	德行（50）	美德（30）	德性（36）
49	Vernunft（396）	reason（15）	理性（11）	理性（11）	理性（402）	理性（22）	理性（15）	理性（12）	理性（8）	理性（9）
50	Verstand（404）	understanding（26）	理智（20）	知性（20）	知性（411）	理解（34）	知性（28）	知性（23）	理性（14）	知性（15）
51	Vollkommenheit（410）	perfection（32）	完满（26）	完善（满）性（26/27）	完善性（415）	圆满（39）	完善性（36）	圆满性（28）	完（德）（17）	完满性（20）
52	Vorschrift（389）	norm（6）	训诫（4）	规范（3）	规范（396）	箴言（15）	规范（4）	规范（4）	训令（3）	规范（3）

续表

序号	德文	Abbott 英译本	唐钺译本	苗力田译本	李秋零译本	牟宗三译本	杨–邓译本	李明辉译本	谢扶雅译本	孙少伟译本
53	Vorstellung（427）	representation（56）	概念（45）	表象（45）	表象（435）	观念（64）	表象（61）	表象（51）	法则（31）	观念（36）
54	Wesen（389/395）	beings/creatures（6/11）	者 / 生类（3/10）	东西（3/10）	存在者（396/402）	存有（5/12）	存在者（4/14）	者 / 存有者（3/11）	伦类 / 主体（3/7）	存在者（13/17）
55	Wille（400）	will（21）	意志（15）	意志（16）	意志（407）	意志（19）	意志（21）	意志（17）	意志（11）	意志（12）
56	Wollen（400）	volition（128）	立志作用（16）	意志（16）	意欲（407）	决意（19）	意愿（21）	意欲（18）	立意（11）	意欲（12）

由表 2.4 来看，Gesinnung、Hang、Intelligibel、Neigung、Pathologische、Tugend、Vollkommenheit 等词在中译上存在一定差异，值得细致考察。

五、《未来形而上学导论》不同译本的译名分歧情况考察

《未来形而上学导论》目前常见的有这 4 个译本：李秋零译本（中国人民大学出版社，2007）、庞景仁译本（商务印书馆，1982）、韦卓民译本（华中师范大学出版社，2016）、李明辉译本（联经出版公司，2012）。

其中，李秋零译本、李明辉译本均依据德文本译出。韦卓民译本、庞景仁译本依据英译本译出。李秋零译本主要依据的是科学院版《康德全集》第 4 卷。虽版本、编排上有差异，但内容上并无根本差异。庞景仁译本依据 P. Carus 英译本译出。表 2.5 在列出德语、汉译时，同时列出 P. Carus 英译本译名。术语所出现之处，仅列小部分。德文术语栏中，（ ）中标的是科学院版《康德全集》第 4 卷的页码。英译术语栏中标的是 P. Carus 英译本的页码。中译名后括号内数字分别为相应中译本页码。

表 2.5 《未来形而上学导论》不同中译本的译名情况

序号	德文	P. Carus 英译本	李秋零译本	庞景仁译本	韦卓民译本	李明辉译本
1	a priori（282）	a priori（51）	先天地（25）	先天地（40）	验前地（28）	先天地（41）
2	Aesthetik（315）	aesthetic（105）	感性论（56）	感性论（86）	感性论（56）	感性论（86）
3	Anschauung（281）	intuition（50）	直观（24）	直观（39）	直观（27）	直观（43）
4	Dasein（294）	dasein（72）	存在（36）	存在（57）	存在（38）	存在（57）
5	Erfahrung（331）	experience（131）	经验（71）	经验（109）	经验（70）	经验（108）
6	Freiheit（344）	freedom（152）	自由（83）	自由（128）	自由（83）	自由（124）
7	Gesetz（346）	law（155）	规律（85）	法则（131）	规律（83）	法则（127）
8	Glaube（371）	faith（200）	信仰（108）	信仰（168）	信念（105）	信仰（160）

续表

序号	德文	P. Carus 英译本	李秋零译本	庞景仁译本	韦卓民译本	李明辉译本
9	Handlung（345）	action（153）	行动（350）	行动（130）	作用（82）	行动（126）
10	Hypothetisches（331）	hypothetical（130）	假言的（70）	假言的（107）	假言的（69）	假言的（107）
11	Idee（329）	idea1（27）	理念（69）	理念（105）	理念（69）	理念（105）
12	Kategorische（331）	categorical（30）	定言的（70）	直言的（107）	断言的（69）	定言的（107）
13	Kausalität（311）	causality（98）	因果性（52）	因果关系（80）	因果作用（52）	因果性（80）
14	Mittel（327）	means（127）	手段（331）	手段（103）	手段（67）	手段（104）
15	Natur（296）	nature（75）	自然（38）	自然（60）	自然（38）	自然（57）
16	Noumena（313）	noumena(102）	物自身/本体（54）	自在之物（83）	自在之物/本体（54）	物自身（83）
17	Objekt（296）	object（75）	对象（38）	对象（60）	对象（38）	对象（59）
18	Paralogismus（331）	paralogisms（130）	谬误推理（71）	错误推理(108）	谬误推理(70）	误推（108）
19	phaenomena（294）	phenomena（71）	显象（36）	现象（57）	表象（38）	现象（56）
20	Prizip（306）	priciple（118）	原则（309）	原则（74）	公理（49）	原则（85）
21	Regulative（350）	regulative(62）	范导性（89）	制约性（137）	制约性（87）	规制的（132）
22	Schein（293）	illusion（70）	幻相（35）	假象（56）	幻相（37）	幻相（54）
23	Schema（317）	schema（107）	图型（57）	图式（88）	图型（57）	图式（88）
24	Sinnlichkeit（287）	sensibility(60）	感性(30	感性（48）	感受性（33）	感性（47）
25	Sollen（345）	ought（154）	应当（84）	应该（130）	应该（82）	应当（126）
26	Sponte（344）	spontaneously（153）	自发地（83）	自发地（129）	自发地（81）	自动（127）
27	Substanz（296）	substance（74）	实体（38）	实体（59）	实体（39）	实体（58）

续表

序号	德文	P. Carus 英译本	李秋零译本	庞景仁译本	韦卓民译本	李明辉译本
28	Subsumieren（307）	subsume（93）	归摄（48）	包摄（75）	统摄（48）	涵摄（74）
29	Transzendent（328）	transcendent（126）	超验（68）	超验（104）	超验（68）	超越（104）
30	Transzendental（330）	transcendental（130）	先验（70）	先验（107）	先验（69）	先验（107）
31	Vernunft（345）	reason（154）	理性（84）	理性（130）	理性（82）	理性（126）
32	Verstand（328）	understanding（126）	知性（328）	理智（104）	知性（52）	知性（104）
33	Vorstellung（293）	representation（70）	表象（35）	表象（56）	表象（37）	表象（54）
34	Wesen（331）	existence(132）	存在者（71）	存在体（109）	存在者（70）	存有者（108）
35	Wille（356）	will（173）	意志（94）	意志（146）	意志（92）	意志（141）

经过对表2.5的考察，同一个术语在4个译本中有4种不同译名的仅有1个术语（Subsumieren）；同一个术语在4个译本中有3种不同译名的有7个术语，如Kategorische、Regulative等；同一个术语在4个译本中有2种不同译名的有11个术语；同一个术语在4个译本中仅仅只有1种共同译名的有16个术语。总体来看，Kategorische、regulative等具有3种不同译名的术语，既有较多译名样本，又具有术语的特点，是特别需要关注的。

六、《历史哲学文集》不同译本的译名分歧情况考察

康德的《历史哲学文集》目前常见的有3个译本，分别是：李秋零译本（中国人民大学出版社，2016）、李明辉译本（联经出版公司，2015）、何兆武译本（商务印书馆，1996）。这三个译本均依据德文本——科学院版《康德全集》第6、7、8卷译出，但主要集中在第8卷，因此此处选择该卷列出德文边码。中译名后括号内页码分别为上述译本页码。

表 2.6 康德《历史哲学文集》不同中译本的译名情况

序号	德文	李秋零译本	李明辉译本	何兆武译本
1	Achtung（121）	尊敬（60）	尊重（90）	尊重（75）
2	Allgütigkeit（280，281）	至善（68）	最高善（101，103）	至善（169，170）
3	Bewegungsgründ（282，284）	动机（70，72）	动机（104，106）	动机（175）
4	Erhaben（62）	庄严（44）	庄严（64）	尊严（52）
5	Freiheit（58）	自由（2）	自由（5）	自由（1）
6	Gebote（38）	命令（19）	命令（30）	命令（25）
7	Glaube（337）	信仰（112）	信仰（112）	信仰（92）
8	Glückseligkeit（282-283）	幸福（71）	幸福（71）	幸福（173）
9	Handlung（57）	行动（39）	行为（56）	行为（46）
10	Hang（281）	癖好（284）	癖好（103）	倾向（171）
11	Idee（55）	理念（37）	理念（54）	观念（44）
12	Moralität（280，281）	道德（69）	道德（103）	道德（170）
13	Natur（19-20）	自然（3）	自然（7）	自然（2）
14	Objekt（280，281）	客体（68）	对象（102）	客体（169）
15	Pflicht（38）	义务（19）	义务（30）	义务（25）
16	Erscheinung（17）	显象（24）	现象（5）	表现（1）
17	Prizip（302）	原则（89）	原则（129）	原则（196）
18	Schein（26）	幻相（11）	幻相（17）	假象（15）
19	Schema（53）	图型（35）	样版（51）	模型（41）
20	Sinn（48）	感觉（29）	感觉（44）	感受（36）
21	Sollen（284）	应当（72）	应当（107）	应该（175）
22	Sponte（41）	自动地（22）	自行地（34）	谢（绝）（29）
23	Transzendental（381）	先验（175）	先验（220）	先验（139）
24	Trieb（48）	冲动（29）	冲动（44）	生机（36）
25	Urteil（55）	判断（37）	判断（54）	判断（44）
26	Vernunft（19）	理性（3）	理性（7））	理性（3）
27	Verstand（60）	知性（42）	知性（61）	理解（50）
28	Vollkommenheit（53）	完善性（35）	圆满性（51）	完美之境（41）
29	Vorschrift（289）	规范（76）	准则（112）	规则（179）
30	Wille（17）	意志（2）	意志（5）	意志（1）
31	Würde（42）	尊严（23）	尊严（35）	尊严（31）
32	Zweckmäßigkeit（38）	合目的性（19）	合目的性（30）	合目的性（25）

由表 2.6 可以看出：在 3 个中译本中有 3 种不同译名的术语有 5 个（Vorschrift、Vollkommenheit、Sponte、Schema、Erscheinung）；在 3 个译本中有 2 种不同译名的术语有 11 个；在 3 个译本中只有 1 种共同译名的术语有 16 个。

无论如何，上述表格为笔者寻找合适的哲学术语设置了一个有利条件。不妨先从一个典型例子来展开讨论。这就是康德哲学中的重要术语："现象"或"显象"。

第四节　A priori、transzendental、transzendent 中译考

A priori、transcendental 与 transcendent 是一些西方哲学中最重要的概念。笔者的博士论文《康德哲学中的 Transcendental 的中译论争史考察——兼及对 a priori、transcendent 的考察》[①] 曾经对这一组概念的中译名分歧进行了深入考察。自从康德划分了 transcendental 与 transcendent 的区别并声称自己的哲学为 transzendental philosophie 之后，transcendental 这一概念的重要性不言而喻。自康德之后，众多哲学家的思想围绕 transcendental 这条主线生发开去，在某种意义上甚至可以说，整个西方近代哲学都是 transzendental philosophie。但是，后来的哲学家们对 transcendental 的理解和认识却几乎从未取得一致，而研究者们对 transcendental 的误解更是伴随着这个概念发展的始终。正如笔者此前对维特根斯坦的语言观的理解，"维特根斯坦旨在唤起我们关注使用语言的周边场景，关注语言使用中的非语言因素"[②]，"维特根斯坦的哲学语法把语言与意义、语言与应用、语言与人的活动和生活紧密联系起来"[③]。或许是与维特根斯坦有同样的认识，康德之后追随康德哲学的各家也是从康德具体使用 transcendental 的语境中去发掘

---

① 文炳 . 康德哲学中的 Transcendental 的中译论争史考察 . 上海：华东师范大学，2010. 请注意：transcendental 与 transcendent 分别是康德所用的德文词 transzendental 和 transzendent 的对应英文词。

② 文炳，陈嘉映 . 普通语法、形式语法和哲学语法比较 . 外语学刊，2010(1): 16.

③ 文炳，陈嘉映 . 维特根斯坦的语法思想与普通语法思想的差异 . 外语学刊，2011(2): 18.

transcendental 的使用含义的。他们往往从某一对相反概念出发来把握康德对“transzendental”一词的用法。例如，他们从 transzendental（先验）与逻辑的对立、transzendental 与经验的对立、transzendental 与实践的对立、transzendental 与心理学的对立、transzendental 与形而上学的对立等等来把握 transzendental 在具体语境中的使用意义。①

笔者的博士论文不仅梳理出了与 transcendental 密切相关的词语 a priori 的概念史，还从词源演变的角度梳理出了 Transzendenz、transzendieren 的概念史以及后来的 transzendental 的概念史。笔者进而发现西方学者对 transcendental 的误解主要来自两个方面：其一，容易把 a priori 与 transcendental 相等同，进而混淆；其二，容易把 transcendent 与 transcendental 相等同，进而混淆。正是由于这种情况，这些词语在西方学界和中国学界中的相关争议几乎从未间断。由于中西方语言和中西方哲学思想上的巨大差异，西方哲学的概念词在中文里很难找到完全对应的中文词，使得哲学概念的翻译矛盾更加突出，国内学界对 a priori、transcendental 与 transcendent 的争议的焦点最终落在了对这些概念词的中译名的选择上。

中国学者早期翻译康德哲学术语译名时在一定程度上受到日本学者翻译康德哲学译名的影响。日本学者在明治维新后就开始吸纳西方思想，从日本启蒙哲学家西周开始就创译了一些西方思想概念术语的译名，清末时期国内学生到海外留学去得最多的是距离较近的日本，因此，早期的部分康德哲学术语中译名在较大程度上是沿用了日本的译名。

值得一提的是，日本人在早期翻译西学术语时不是使用日文原语，而是借用汉字的组合创造新词汇来表达西文中的相应概念。在 19 世纪至 20 世纪初这段时间内，国内学人有普遍袭用日译名的风气，造成至今汉语中尚存大量的日文汉字词语。“先天”作为 a priori 的译名最早源自西周根据《易经》上的古语而创译的。而“先验的”与“超验的”作为

① 文炳. 康德哲学中的 Transcendental 的中译论争史考察. 上海：华东师范大学，2010: 27.

transcendental 与 transcendent 译名，既不是像大多数当今学者所认为的那样源自蓝公武，也不是像贺麟先生认为的那样源自日本哲学家天野贞祐，而是源自更早的桑木严翼。西周和桑木严翼翻译康德这些哲学术语时所采用的翻译方法源自最初在“兰学”典籍翻译中所形成的“翻译”和“义译”二种译法。20 世纪二三十年代日本学界基本上已通行用“先天的”、“先验的”与“超验的”来翻译 a priori、transcendental 与 transcendent。但是，不同的意见始终存在，早年留学欧洲的九鬼周造受海德格尔哲学思想的影响，提出了用“超越论的”与“超越的”来译 transcendental 与 transcendent 的主张。20 世纪 70 年代，这一主张因“超越”作为哲学问题再次引起人们的关注而逐步取代了桑木严翼的“先验的”与“超验的”的译法，最终成为 transcendental 与 transcendent 在当今日本学界最通行的译名。

中国学界早期的普遍袭用日文译名的习惯直到 1930 年之后才“逐步改观”，有识之士如贺麟、张东荪、余又荪等公开提出了要对日译学术名词进行“正名”，反对日译，号召国人从日译学术名词的影响中摆脱出来，争取学术自立。贺麟认为，翻译的目的在于“华化西学”，他在《康德译名的商榷》一文中提出了他自己所主张的哲学术语的翻译原则。针对当时术语翻译的实际情况，他提出了术语翻译中切实可行的四项原则（详后），其中第四条就是“对于日本名词，须取严格批判态度，不可随便采纳”①。在这期间，熊伟、郑昕、贺麟、张东荪等在报刊上对康德哲学中 a priori、transcendental 与 transcendent 等概念的义理和译名进行公开讨论，掀起了国内康德哲学译名第一次的大讨论。

21 世纪之交，国内学者对康德哲学概念 transcendental 的译名的再争论不时出现在书籍及报刊上，尤其是针对 transcendental 的含义及中译的争论异常激烈，先后有孙周兴对王炳文的改译建议的质疑，邓晓芒对牟宗三观点的批驳，倪梁康与赵汀阳间的交锋，掀起了国内学界对 transcendental 的中译名的第二次大讨论，而是否采用日译名“超越论的”

---

① 文炳. 从《康德译名的商榷》一文解读贺麟的早期哲学术语翻译思想. 岱宗学刊, 2010,14(1): 33.

则成为争论的焦点。①

总的看来，康德哲学的关键概念 a priori、transzendental、transzendent 的中译名主要有两种源流，最常见的一种就是将其分别译为“先天”“先验”“超验”，另外一种就是将其译为“先验”“超越论的”“超越的”。下面将笔者此前发表的两篇论文附上供读者验证。

“先天”“先验”“超验”分别作为康德哲学的关键词 a priori、transzendental、transzendent 的译名，在中国的广泛使用由来已久，但多数学界中人对它们的具体源流并不清楚。很有必要根据国内学人对康德哲学的研习背景，回溯到日本学界开始研习康德的时期，逐次考据这些译名何时何地产生，何时及怎样进入中国，梳理和呈现中国学界在 20 世纪二三十年代关于这些译名的讨论和争论。

一、“先天”“先验”“超验”译名源流考②

《哲学研究》2008 年第 5 期刊登了陈晓平的《休谟问题与先验范畴》一文，在该文中，陈晓平用“先验”来翻译“a priori”，这种做法与国内大多数学者已经普遍接受的译法不同。陈晓平为此专门写了这样一个注解：

> 康德哲学中的 transzendental、transzendent、a priori，英文分别译为 transcendental、transcendent、a priori，中文译名比较通行的分别是先验、超验、先天；这种译法主要出于蓝公武先生。不过，对这种译法已有不少学者提出商榷。笔者认为，“a priori”就其本义就是先于经验的意思，只是蓝公武先生把“先验”一词给了“transcendental”，为了加以区别，才引入“先天”一词作为“a priori”的译名。③

① 参见：文炳．康德哲学中的 Transcendental 的中译论争史考察．上海：华东师范大学，2010.

② 本文曾经全文发表在《云南大学学报》（社会科学版）上，文献信息如下：文炳，陈嘉映．“先天”、“先验”、“超验”译名源流考．云南大学学报（社会科学版），2011(3): 3-10.

③ 陈晓平．休谟问题与先验范畴．哲学研究，2008(5): 79.

陈晓平认为目前比较通行的译法主要出自蓝公武，其实不然。根据笔者的详细考察，“先天、先验、超验”的译法早在蓝公武1935年翻译《纯粹理性批判》之前就已经出现。本部分回溯到日本学界开始研习康德的时期，逐次考据这些译名何时何地产生，何时及怎样进入中国。此外，还将初步介绍中国学界在20世纪二三十年代关于这些译名的讨论和争论。A priori、transzendental、transzendent这几个词在哲学研究中的重要性无须笔者多说，弄清这些词的翻译历史，了解关于怎样翻译这些词都曾发生过哪些讨论和争论，相信对学界不无益处。最近几年，关于这几个译名的争论又起，[①]与这些争论相联系的自然还有关于a priori、transzendental、transzendent的更加深入的理解和阐释。在此背景下，厘清这几个译名的来龙去脉，更多地了解前人的工作，便更多了一份意义。

（一）

贺麟在《东方杂志》1936年33卷第17期发表了《康德译名的商榷》一文，文中主张将a priori、transcendental、transcendent分别译为“先天、先天、超绝”。他在文中特别提出：对于日本名词，须取严格批判态度，不可随便采纳。[②]1939年张东荪在《研究与进步》杂志第一期上发表了《康特哲学之专门名词》一文，他反对将a priori译为“先天”，主张将其译为“事先”，主张将transcendental译为“先验”，将transcendent译为“超绝”。他对旧译多所批评，对自己的译法颇为自许。在文章的最后，他说：“以上所言旧译大抵皆为日译。国人于翻译一道远不如清末时代，那时尚有人自创名词。近则止知拾人吐馀而已。文化失其创造性，可哀

① 刚刚提到陈晓平主张用“先验”来翻译“a priori”即是一例。引起更加广泛关注的是，这几年来，王炳文主张跟随现代日本哲学界将transcendental译为“超越论的”，将transcendent译为“超越的”，倪梁康起而支持，孙周兴起而反对。详见；孙周兴．超越、先验、超验——海德格尔与形而上学问题 // 孙周兴、陈家琪．德意志思想评论·第一卷，上海：同济大学出版社，2003: 83-84.

② 贺麟．康德译名的商榷．东方杂志，1936(17): 182.

也已。”①

从这些段落我们可知，康德哲学术语的译名，乃至一般学术术语的译名，最初多来自日译，而我国早期学术界在翻译和介绍西方哲学时，在考虑译名时，自然也就首先是在与日译对话。因此，我们还是先从这几个词的日译说起。

A priori 一词，很早就译为“先天”了，据余又荪《日译学术名词沿革》一文，“先天”这一译法最早由日本哲学家西周在明治年间创译。而对于 transcendental 和 transcendent 两词，一开始则没有固定的译法。从 1881 年出版的《哲学字汇》② 的第 7 页第 5、6 行可以查到“A priori 先天”、“A posteriori 后天”这两个词条，从其后的说明可以看出“先天”和“后天”这两个译名源出于易乾卦的文言“先天而天弗违，后天而奉天时。天且弗违”。而在该书第 94 页第 6、7 行可以查到，transcendental 的译名是“超绝”，transcendentalism 的译名是“超绝学”（笔者在该书中没有查到 transcendent 这个词条）。而在余又荪《日译学术名词沿革（续）》③ 一文的“学术名辞”第 16 项中，与 transcendental pure reason 对应的是“卓绝极微纯灵智（康德哲学中用语）”。此外，笔者通过网络检索到的结果是，九鬼周造最先提出将 transcendental 译为“超越论的”④。

西周最早用“先天”来翻译 a priori，但“先天”这个词不是他自己创造的。余又荪在《日译学术名词沿革》一文中曾指明这一点：

> 先天、后天（A priori，A posteriori）。先天与后天是西周所创用的译语。但是先天与后天两辞，乃中国古代哲人所常用的，非西周所新造。宋儒谈哲学时，用先天与后天的时候很多。皇极经世书六卷（观物外篇下）有云：“先天之学心也，后天之学迹也。出入有无死生，道也”。又周子全书卷之一有云：“谢氏方叔曰，孔子生于

① 张东荪 . 康特哲学之专门名词 . 研究与进步，1939(1): 6.

②《哲学字汇》全名是《英法德日哲学字汇》，由日本井上哲次郎、元良勇次郎、中岛力造合著。1881 年由东京大学三学部印行，该书的修订版于明治四十五年（1912 年）由东京丸善株式会社出版。

③ 余又荪 . 日译学术名词沿革（续）. 文化与教育旬刊，1935(70): 6.

④ 这一结果还有待通过其他文献确证。

周末，晚作十翼，先天后天，互相发明，云云。始有濂溪周，独传千载不传之秘。上祖先天之易，著太极一图书”。先天后天的文字，源出于易乾卦的文言。乾卦中有云：“夫大人者，与天地合德，与日月合其明，与四时合其序，与鬼神合其吉凶。先天而天弗违，后天而奉天时。天且弗违，而况于人乎，况于鬼神乎”。西周译此二语，颇费心机；现在的人只知用此二语而多不知其出处。[①]

实际上，井上哲次郎在用英文为《哲学字汇》所写的序中对此也已有说明：“这本字典名为西日对照，实为西汉对照，因为全部西语的对应词，都是依据《佩文韵府》等汉文古籍及‘儒佛诸书’而定的。其中难懂的还根据汉文古典作了注解。”他在序中还说道：“这本书所译的术语，绝大部分已为日中两国及使用汉字的国家的哲学界所逐步采用，它对于东方接受、移植西方哲学的术语统一，起了很好的作用。”[②]西方学术术语的译名一开始多由日本学者厘定，但实为中日两国文化合作之成果，这一点，日本学人毫不讳言。

至于日本人在翻译西学术语时为何要借用汉字，原因大概在于：（1）日文是汉字和假名的混合体，其中汉字又是主干，较常见的和汉混用文体在词汇上是以汉字词为主，以日本固有的词汇为辅。（汉字词主要来自中国的典籍。）（2）在历史上的大部分时期，尤其是在幕府末期，日本是通过中国学习西洋文化的。“当输入新事物及新思想时，日本人不是使用原语，而是借用汉字创造新词汇，用汉字词汇表达西文中的相应概念，于是就有了大量的日文汉字词汇。”[③]（3）日本人翻译康德哲学术语时所采用的翻译方法大体上沿用最初在“兰学”典籍翻译中形成的翻译传统，如沿用“兰学”翻译家杉田玄白首次提出的“翻译、义译、直译”三种译法的原则[④]。其中的“翻译”法主要利用中国典籍中已经存在

---

① 余又荪. 日译学术名词沿革. 文化与教育旬刊，1935(69): 17-18.

② 井上哲次郎，元良勇次郎，中岛力造. 哲学字汇. 东京：东京大学三学部，1881.

③ 石云艳. 梁启超与日本. 天津：天津人民出版社，2005: 99.

④ 沈国威. 日本的兰学译词与近代汉字新词的创制. 中国学术（第3辑），北京：商务印书馆，2005: 159.

的词语，日本哲学家西周采用“先天”为 a priori 之译名当属于此类；而“义译”法是在没有现成词语的情况下，译者根据自己个人对所译的外语词汇的含义的深入理解和掌握情况来创造新的词语。下文将讲到的将 transcendental 与 transcendent 译为“先验”与“超验”当属于此类。

（二）

上文提到，在日本，a priori 一词很早就被译为“先天”了，而 transcendental 和 transcendent 初始则没有固定的译法。前者时而被译作“超绝”“超越论的”，乃至被译作“卓绝极微”。那么，这两个词是何时获得固定译法的呢？为此，我们需要看一看康德学说在日本早期传播的情况。据笔者查阅的相关资料，日本学界对康德哲学的早期研究中比较重要的著作有：

1896 年，清水勉的《标注韩图（即康德）纯理批判解说》；
1900 年 12 月，桑木严翼的《哲学概论》；
1901 年，波多野精一的《西洋哲学史要》；
1914 年，桑木严翼、天野贞祐译康德的《哲学序说》；
1917 年，桑木严翼的《康德与现代哲学》；
1918 年，波多野精一、宫本和吉译《康德实践理性批判》；
1921 年，天野贞祐译康德的《纯粹理性批判》；
1924 年，田边元发表的《康德的目的论》；
1933 年，西田几多郎的《哲学的根本问题》、田边元的《哲学通论》；
……

桑木严翼是日本 20 世纪初的哲学名家，研究康德哲学的权威，也是率先在日本翻译和介绍康德哲学的学者之一。他编著的《康德与现代哲学》一书，于 1917 年在日本出版，该书由余又荪译出，于民国二十四年（1935 年）十二月在上海商务印书馆出版。在该书“译者序”的第 2 页上，余又荪介绍说：“桑木与井上哲次郎，西田几多郎等，均为日本哲学界现在仅存的老前辈。”“桑木严翼是最初有哲学体系的哲学者，是最近日本哲学界的长老。”“他是系统地介绍西洋哲学于日本，并努力普及哲学知识于日本思想界的主要人物。”“日本的思想界现在分化极为分歧，但各派对他的批评，都不算坏。”

《康德与现代哲学》一书的中译本的书末附有“康德年谱”“固有名词中西文对照表”和“哲学名词中西文对照表”。查“哲学名词中西文对照表”，第 1 页中有：

先验的观念性 transzendentale Idealität　　先在性 Priorität

先天 A priori　　先验的 Transzendentale

先验的观念论 Transzendentale Idealismus

先验的统觉 Transzendentale Apperception

自觉之先验的统一 transzendentale Einheit des Selbstbewusstseins

第 2 页中有：

先天的经验判断 Synthetisches Urteil A Priori

先验的感觉论 Transzendentale Aesthetik

先验的分析论 Transzendentale Analytik

先验的辩证论 Transzendentale Dialektik

先验的论理学 Transzendentale Logik

先验的原理论 Transzendentale Elementarlehre

先验的方法论 Transzendentale Methodenlehre

第 3 页中有：

超验的 Transzendent

余又荪在“译者序”中说：“关于哲学名词的译语，差不多全是桑木的日译原语。因为他对于每一个名词的译法，都仔细考究过来的。”据此可知，早在《康德与现代哲学》原书出版的 1917 年，transzendentale 已被译为“先验的”；transzendent 已被译为“超验的”。中国原有词汇中没有“先验”与“超验”[①]，按照杉田玄白提出的“翻译、义译、直译”三种

① 1979 年版的《辞源》第一册第 277 页上可以找到“先天”，但是没有“先验”词条；第四册第 2986 页上“超”字条目下，可以找到“超越”、“超然”、“超卓”，但是没有“超验”。

译法，“先验”与“超验”当属“义译”法：transcendental 被大致理解为“先于经验”，故得名“先验”；transcendent 被大致理解为“超越于经验之上”，故得名“超验”。这两个译名很可能就是桑木首先创制的。天野贞祐（1884—1980）翻译康德的《纯粹理性批判》是在 1921 年，这些译名在此之前就已经出现了。[①]

（三）

在 1900 年前后至 1920 年前，国内绍介康德哲学的学人并不多，对康德的思想的了解也不够深入。在此期间，康有为、梁启超、王国维、马君武等在 1900 年前后都曾留学日本。康有为于 1886 年著《诸天讲》，最早介绍了康德的星云假说；梁启超于 1903 至 1904 年间在《新民丛报》的第 25、26、28、46—48 诸期上采用连载的方式刊登了一篇长文《近世第一大哲康德之学说》，但康有为、梁启超的文章中均未涉及康德的先验哲学思想，对于康德哲学的关键概念词“先天”、“先验”、“超验”只字未提。

王国维前后四次研究康德哲学，历时 5 年，用功颇勤。1902 年，他曾翻译了桑木严翼所著的《哲学概论》。在《静安文集》“自序”中，王国维自述了他在日本学习康德哲学的经过：“次年始读汗德（即康德）之《纯理批评》，至《先天分析论》[②] 几全不可解。更辍不读，而读叔本华之《意志及表象之世界》一书。”而叔本华《意志及表象之世界》一书中的《康德哲学之批评》一文使他对康德哲学有了比较深入的理解。尽管王国维没有写过专门论述康德哲学的论著，但是，他在他的几乎所有的哲学、伦理学、美学论著中都会提到康德，引用康德的语录。如他在《论性》中写道：

> 今夫吾人之所可得而知者，一先天的知识，一后天的知识也。先天的知识，如空间时间之形式及悟性之范畴，此不待经验而生，

① 贺麟有一处说，日译“先天”、“先验”源自日本翻译康德的另一名家天野贞祐，详下。
② 现在通常译为“先验分析论”。

而经验之所由以成立者。自汗德之知识论出后，今日殆为定论矣。后天的知识乃经验上之所教我者，凡一切可以经验之物皆是也。二者之知识皆有确实性……①

这段话是笔者在考证中发现的中国学人最早提到康德哲学中的“先天的知识”和“后天的知识”的情况。从上下文看，此处“先天的知识”中的“先天的”应该是 a priori 的中译名。而上文中提到的“次年始读汗德之《纯理批评》，至先天分析论几全不可解”中的“先天”则应是 transzendental 的中译名。这是王国维本人根据康德原文著作创造的译名，还是从日译康德哲学中采撷的译名，目前已无从考证。根据上述康德哲学在日本早期传播的情况来看，很可能是王国维根据自己对康德哲学的理解，创造性地用中文词“先天”来翻译 a priori 和 transzendental 这两个词语的。无独有偶，30 年后，贺麟同样要将这两个关键概念词用一个中文词“先天”来翻译。②

（四）

王国维在 20 世纪初绍述康德哲学时，把 a priori 和 transzendentale 都译为“先天”。这两个德文词，此外还有 transzendent，后来是怎么翻译的呢?

1924 年出版的《学艺》第六卷第五期是中国国内最早刊登研究康德哲学论文的专刊。这一辑以《康德诞生二百年纪念号弁言》开篇。在这篇文章的第 3 页上我们读到：“康德实在是一位哲学上的大改革家。他的哲学是先验的（transzendental），并非超验的（transzendent）；是批评的，并非独断的及怀疑的。”在第 4 页上我们读到：“而这一种批评哲学的根本问题，要对于先天综合判断的可能树立一巩固的根据，换言之，就是在于树立普遍妥当性与必然性，也就在于树立所谓‘先天的’（a priori）。照康德的见解，人们的认识可别为二部，一为由经验而生的部分，这就

① 王国维．静安文集．长沙：商务印书馆，1940: 1.

② 贺麟．康德译名的商榷．东方杂志，1936(17): 181-196.

是经验的；一为不由经验而生的部分，这就是先天的。”在这两段话里，我们所关心的三个词都出现了，a priori、transcendental、transcendent，作者分别把它们译作“先天的”“先验的”“超验的”。

这篇文章的作者署名是“云庄”，应该是笔名，但我们基本可以判断这篇文章出自王云五：首先，该刊物的发行人是王云五；其次，商务印书馆1960年出版的《云庄四六余话——丛书集成》的作者就是王云五。王云五这篇文章中所用的译名来自何处呢？在该辑《学艺》上的十多篇文章的作者中，有好几位都曾留学日本，甚至有几位作者的文章末尾落款还注明是在日本某大学完稿。可以想见当时国内康德哲学研究受到日本哲学界的影响之大。在这篇“弁言”中，有一处辨析“先天的”这一概念的地方是这样写的：

> “先天的”一语是“普遍妥当的”与“必然的”的意思；并没有时间上早先的意思，却不过是指原理上做基本的意思罢了。现在普通谈话之间人们往往说先天性的疾病，这先天性含有与生俱来的意义。康德所谓“先天的”却并不作如此解，他对这一种先天性毋宁名之曰“先在性”（Priorität）。因为这个缘故，斯宾塞（Spencer）等虽从进化遗传说明某种观念在某种个体上是与生俱来的，但是这一种主张是与康德的先天的观念是毫没关系的。现今的学问家中竟有想用这一种进化论来调和经验说与先天说者，这真可说是不解康德真意的所在了。[①]

我们不妨将这段话与桑木严翼的《康德与现代哲学》中的一段话比较一下：

> 所谓先天的是“普遍妥当的必然的”之意义，并没有时间上先在的意义，只是在原理上作为经验的基础而已。现在日常用语中有所谓先天性的疾病等语，是表示生来具有的意义；但是康德所谓的“先天的”并没有这样的意义。对于康德所谓的先天的而言，生来具有

---

① 云庄．康德诞生二百年纪念号弁言．学艺，1924, 6(5): 4-5.

> 的意义可以称之为“先在性”（Priorität）。康德的“先天的”与心理发生上的事完全没有关系；所以纵然斯宾塞尔等人以进化遗传之说来证明某种观念是在某种个体从生来具有的，但这种观念与先天的观念之说完全没有关系。现在虽然还有人想以这种进化论来调和经验论与先天说；但是这种人完全是未了解康德之批判方法之真意。[①]

不难看出，这两段话惊人地相似。如前所述，桑木严翼在《康德与现代哲学》一书中正是把 a priori、transcendental、transcendent 分别译作“先天的”“先验的”和“超验的”。由此，我们基本上可以断定，云庄这篇“弁言”中的三个译名来自桑木严翼。

在同一辑《学艺》上，刊登了范寿康的《康德知识哲学概说》[②]一文，这篇文章也把 a priori 译为“先天的”，把 transcendental 译为“先验的”（范寿康，1924 年，第 2—5 页），不过，transcendent 则没有被译作“超验的”，而是译作“超然的”，原文如下：

> 一言以蔽之，我们把悟性的概念作为基础的时候，我们固能树立自然界的纯理哲学；可是这纯理哲学由我们的知识的成立上看来其所论当然是仅限于经验的范围内，换言之，这是内在的（immanent），决不是超然的（transcendent）。[③]

不过，在 1929 年范寿康所著的《康德》一书中，transcendent 已经被改译为“超越的”。[④]

但这并不意味着这三个词的译名已经完全统一。例如，在 1928 年上海商务印书馆出版的耶路撒冷著、陈正谟译《西洋哲学概论》的书末的“英汉名词对照表”中，transcendental 译为“先验的”，transcendent 译为“超越的”，a priori 则并没有径直译作“先天的”，而是译作“先天的或先验的”。[⑤]

---

① 桑木严翼 . 康德与现代哲学 . 余又荪，译 . 上海：商务印书馆，1935: 66-67.
② 范寿康 . 康德知识哲学概说 . 学艺，1924, (6)5: 24-53.
③ 桑木严翼 . 康德与现代哲学 . 余又荪，译 . 上海：商务印书馆，1935: 20.
④ 范寿康 . 康德 . 上海：商务印书馆，1929.
⑤ 耶路撒冷 . 西洋哲学概论 . 陈正谟，译 . 上海：商务印书馆出版，1928.

（五）

1933 年 7 月 20 日的《天津大公报》登载了熊伟撰写的《先验与超验》一文。熊伟在文中主张将 a priori、transcendental 和 transcendent 分别译为“先验、超验、超然”。但在熊伟此文的末尾，编者张申府添加了一个“编者按”，其中说：

> 超验之译确是未妥。根据“是名止于是物”，“名无固宜”，“约定俗成谓之宜”的公例，吾意还是以“先天”译 a priori，以“先验”译 transzendental，以“超越”译 transzendent 为好。[①]

张申府既然强调“名无固宜”、“约定俗成谓之宜”的公例，呼吁术语的统一，那么我们可以推想，在当时（1933 年），a priori 和 transzendental 已普遍被译为“先天”和“先验”。至于 transzendent 一词，则似乎尚无定译，看来多半译作“超验”，但也有人主张译作“超越”和“超然”。

当然，所谓“普遍译为”并非没有例外。例如，1933 年 11 月出版的德国人艾尔弗雷德 · 韦伯（Alfred Weber）所著、詹文浒所译的《西洋哲学史》第 386 页，a priori 被译为“先验的”；第 390 页，transcendental 被译为“超验的”。[②] 在上海商务印书馆 1935 年出版的英国林稷（Lindsay, A.D.）所著、彭基相所译的《康德哲学》第 16、18、40 页上都把 a priori 译为“先验的”。[③]

而且，已经流行的译法，还会受到挑战。1936 年，贺麟在《东方杂志》33 卷第 17 期发表了《康德译名的商榷》一文，文中主张将 a priori、transcendental、transcendent 分别译为“先天、先天、超绝”。这些译名大都是他在八九年前（即 1928 年前后）读康德著述时所拟定的。贺麟指出，时人谈康德哲学，对于 a priori 和 transcendental 这两个术语的译名多存分歧；在他看来，把 transcendental 译为“超越”肯定行不通，采

---

① 熊伟 . 先验与超验 // 自由的真谛——熊伟文选 . 北京：中央编译出版社，1997: 21-22.

② 艾尔弗雷德·韦伯 . 西洋哲学史 . 詹文浒，译 . 上海：华东师范大学出版社，2007.

③ 林稷 . 康德哲学 . 彭基相，译 . 上海：商务印书馆，1935.

用这个译法的人，“由于不明白 transcendent 和 transcendental 二字在康德哲学中的重要区别，陷于错误”[①]。多数人则采纳日本人的译名，译 transcendental 为先验，译 a priori 为先天，亦不妥当。因为“先验”与“先天”这两个名词在中文的字义上究竟有何区别，谁也说不清楚。他还特别提出天野贞祐来例示此点：

> 最奇怪的就是划分“先天”、“先验”的区别的人，日本翻译康德的名家天野贞祐，在他所译的《纯粹理性批判》（岩波文库本）里有时译 transcendentale deduction 为先验的演绎，有时又译为先天的演绎（参看天野氏日文译本页七及页一五八和一六四）。这种混淆不清就更令人莫名其妙了。[②]

既然说不出有什么区别，他就主张把 a priori 和 transcendental 一并译为“先天”了。

除了具体译名，关于哲学翻译中应当用什么样的译名，贺麟在文中提出了他所主张的一般原则。第一，要有文字学基础。第二，要有哲学史的基础。第三，不得已时方可自铸新名词以译西名，但须极审慎，且须详细说明其理由，诠释其意义。第四，对于日本名词，须取严格批判态度，不可随便采纳。[③]对于既有的日译名词，贺麟并非一概拒斥，他引用商务印书馆出版的由他本人翻译的《黑格尔学述》序言中的一段话说：

> 当然，中国翻译家采用日本名词已甚多，且流行已久，不易排除，且亦有一些很好的日本名词无须排除。但我们要使西洋哲学中国化，要谋中国新哲学之建立，不能不采取严格批评态度，必须从东洋名词里解放出来。[④]

---

① 贺麟 . 康德译名的商榷 . 东方杂志，1936，33(17): 185.

② 贺麟这里说日译“先天”、“先验”源自天野贞祐，不知何据。据前文，我们似乎有更充分的理由认为“先天”为西周所创，“先验的”为桑木严翼所创。贺麟 . 康德译名的商榷 . 东方杂志，1936，33(17): 185.

③ 文炳 . 从《康德译名的商榷》一文解读贺麟的早期哲学术语翻译思想 . 岱宗学刊，2010，14(1): 32-35.

④ 贺麟 . 康德译名的商榷 . 东方杂志，1936，33(17): 183.

不过，贺麟的译法，看来并未被学界采纳。1939 年，张东荪在《研究与进步》杂志第一期上发表了《康特哲学之专门名词》一文，他反对将 a priori 译为“先天”，主张将其译为“事先”。他说：“原语 a priori 旧译为‘先天’亦极不妥。盖先天后天乃《易经》上之语，不可乱用。往往误会为指未出胎以前而言。果尔则全失康氏之真义。余因改译为‘事先’。自信此译极为得当。”[①] 关于 transcendental 与 transcendent 这两个词，他说：“至于 transcendental，据康氏自谓与 transcendent 有别。实则此种分别起于中世纪，但不如康氏所用之义。”[②] 他主张将 transcendental 译为“先验”，因为其“先于任何经验，即先于一切经验。再换言之，即‘非经验’者是已”。[③] 至于 transcendent，他主张将其译为“超绝”，因其“绝对在经验以外故耳”。[④]

在这篇文章最后，张东荪说了我们前面提过的那段关于近人拾人吐馀而失文化、失创造性云云的感叹，这与本节所引“从东洋名词里解放出来”的呼吁相呼应。

（六）

前文已指出，早期国内研究康德哲学的学人大都有留学日本的经历，包括梁启超、王国维、马君武、范寿康、余又荪、张东荪等。在 1924 年的《学艺》和 1925 年的《民铎》的“康德专号”上所刊文章的作者大都有留日经历。因此，国内学者研究康德哲学受到日本康德哲学研究的影响是必然的而且是巨大的。尽管也有一些学者直接在欧洲研习西方哲学。比如郑昕就是我国第一个远渡重洋去德国，并对康德哲学做过精深研究的专家。在《康德的知识论》一文中，郑昕将 transzendental 译为“先验”，将 transzendent 译为“超经验的”，将 a priori 译为“迹先”。[⑤] 不过，当时国内学术界，特别是康德研究，主要还是受到日译的影响。

---

① 张东荪 . 康特哲学之专门名词 . 研究与进步，1939(1): 3-4.
② 张东荪 . 康特哲学之专门名词 . 研究与进步，1939(1): 4.
③ 张东荪 . 康特哲学之专门名词 . 研究与进步，1939(1): 4.
④ 张东荪 . 康特哲学之专门名词 . 研究与进步，1939(1): 5.
⑤ 郑昕 . 康德的知识论 . 大陆杂志，1933，2(1): 62.

蓝公武青年时期也曾在日本留学，1911 年毕业于日本东京帝国大学哲学系，此后（1913 年）转赴德国留学，后于第一次世界大战爆发前回国。他在《纯粹理性批判》的“译者后记”中说，该书是 1933 年开始翻译的，于 1935 年秋天全部译完。由此可以推知，他选用康德哲学术语的译名，一定也会深受日译的影响，同时也会参考前辈和时人关于译名的争论。据说，蓝公武曾跟随郑昕读康德，郑昕使用的是斯密（Norman Kemp Smith）的英译本，蓝公武后来把这个英译本翻译出来。但郑昕的译名，“迹先、先验、超经验的”，既不通行，义理上也未见更优，看来也没有得到蓝公武的认可，他还是把 a priori、transcendental、transcendent 分别译为“先天、先验、超验”。

蓝公武所译《纯粹理性批判》虽于 1935 年秋天全部译完，但由于随后爆发了抗日战争及国内解放战争，该译著的出版一再延误，直到新中国成立后的 1957 年才由北京三联书店首次出版。首版之后，这个译本又多次重印[①]，是目前中国 6 个《纯粹理性批判》中译本（先后有胡仁源、蓝公武、韦卓民、牟宗三、邓晓芒、李秋零 6 位不同译者的中译本）中传播最广的版本。因此，蓝公武所采用的“先天、先验、超验”的译法，自然也就传播最广。尽管学界不断有学者提出不同的译法，但蓝公武的译法至今仍然被大多数学者所接受并采用，近年来新出版的几种关于西方哲学史教程的用语即可窥见一二。[②]

综上，最早将 a priori 译为“先天”始于日本“近代哲学之父”——哲学家西周，而将 transcendental 与 transcendent 译为“先验的”与“超验的”的是日本的康德专家桑木严翼，时间大致在 1914 年至 1917 年。国内最早采用“先天、先验、超验”这三个译名的应该是 1924 年《学艺》第六卷第五期上一篇署名为“云庄”的《康德诞生二百年纪念号弁言》

---

① 仅北京商务印书馆 1960 年出版了《纯粹理性批判》蓝译本的第一版，到 1997 年时，蓝译本已经是第 7 次印刷了。再加上 1957 年由北京三联书店出版的蓝译本初版，国内的蓝译本至少印行了 8 次。

② 只举一个例子。赵敦华编著的《西方哲学简史》（北京大学出版社，2001 年出版）第 306 页：康德明确区分了先天（a priori）和先验（transcendental）。第 316 页：康德区分了“先验”（transcendental）、“超验”（transcendent）两种不同意义。

中。在汉译康德著作中最早采用“先天、先验、超验”的应该是蓝公武翻译的《纯粹理性批判》。

二、日译名“超越论的”与“超越的”的源流考[①]

随着蓝公武先生翻译的《纯粹理性批判》的广为刊行，国内大多数学人在谈论康德哲学时，都基本上采用蓝译本中所奠定的话语体系，凡是论及 transzendental 与 transzendent 的时候，基本上都采用“先验的”与“超验的”的译名。但是，近年来，这种本来已经成为定译的译名却随着国内学术界对胡塞尔现象学研究的不断深入，以及中日哲学界学术交流的日益密切，受到了不小的冲击。这种变化的动因主要表现在两个方面:（1）现代日本学界已经基本上将 transzendental 与 transzendent 这两个词语译为“超越论的”和“超越的”;（2）国内研究胡塞尔现象学的学者王炳文、倪梁康等主张将 transzendental 与 transzendent 这两个词语译为“超越论的”和“超越的”。

笔者已经考察过“先验”与“超验”分别作为康德哲学的关键词 transzendental 与 transzendent 的译名的源流，确认其最早源自日本哲学家桑木严翼。但学界中人多数恐怕对 transzendental 与 transzendent 的另外一种译名“超越论的”和“超越的”了解不多，对于其具体源流更知之甚少。从康德哲学在中日两国传播以来，主张采用这种译法的学者也不少，而且目前这种译法已经具有取代前者的趋势。有鉴于此，笔者拟从最近几年国内对于 transzendental 与 transzendent 这两个词语的译名争论的新动向出发，兼及日本学界的相关动向，来揭示这两个概念词的译名变化趋势；之后将回溯到日本学界最初提出这后一种译名的学者九鬼周造所处的时代，以查证其最初源流；最后将讨论其传入中国的相关情况。

1. 国内对 transzendental 与 transzendent 的改译趋向

王炳文在《欧洲科学的危机与超越论的现象学》的“译后记”中就

---

① 本文曾全文发表在《世界哲学》2011 年第一期上，文献信息如下：文炳，陈嘉映 . 日译名“超越论的”与“超越的”源流考 . 世界哲学，2011(1)：132-142. 本文发表后还被人大复印报刊资料《外国哲学》2011 年第 5 期全文转载。

其译著中的几个胡塞尔哲学用语的译名与常见的译法有所不同作出了解释，其中就专门说明了他为何将 transzendental 译为“超越论的”。[①] 虽然只涉及两个词语的改译，但是王炳文提供的说明却长达 3 页，可见，王先生此举是经过慎重考虑的。孙周兴将王炳文提供的理由概括为三项：

> 其一，当 transzendental 与 Erfahrung 在一起组成词组时（如在胡塞尔那里），译为“先验的经验”就好比“圆的方”或者“方的圆”。其二，通常把 Transzendenz 译为“超越”或“超越性”，把 transzendent 译为“超越的”，为什么非得把 transzendental 译为“先验的”（或者“超验的”）呢？其三，胡塞尔以 transzendental 一词指称一种超自然的存在的、超出自然的世界的、超出生活和科学的自然的实证性的研究态度，故应当译为“超越论的”，如若把它译成“先验的”，就有可能混淆“超越论的”态度与“自然的”态度。[②]

此外，从王炳文先生的说明中，我们还可以得知：

（1）对于 transzendental 一词，过去常见的中文译法主要有“先验的”和“超验的”两种，现在王炳文认为这个词的译法必须从理解胡塞尔的哲学思想来考虑，故主张将 transcendental 译为“超越论的”。

（2）在胡塞尔的《欧洲科学的危机与超越论的现象学》的日译本中，transcendental 已经被译为“超越论的”。日译本的译者指出：“（transcendental）这个词今天即使就康德哲学而言，译为‘先验的’也会产生疑义。在现象学文献中，特别是在胡塞尔的场合，‘超越论的’这种译法，几乎已成定译。”也就是说，在当今日本学界，transcendental 这个词在现象学文献中基本上已经被译为“超越论的”。

然而，王炳文此举看似一件小事，却在中国学界引起了不小的震动。孙周兴在《超越、先验、超验——海德格尔与形而上学问题》一文中以严肃而且慎重的口吻提到此事：

---

① 胡塞尔 . 欧洲科学的危机与超越论的现象学（译后记）. 王炳文，译 . 北京：商务印书馆，2002：662-664.

② 孙周兴 . 超越、先验、超验——海德格尔与形而上学问题 // 孙周兴，陈家琪 . 德意志思想评论·第一卷 . 上海：同济大学出版社，2003：83-84.

> 最近读到王炳文先生翻译的胡塞尔《欧洲科学的危机与超越论的现象学》，引起了我的不安，才想起来要发表一点意见。王先生保留了 Transzendenz（超越）和 transzendent（超越的）的旧译，但把 transzendental 改译为“超越论的”；此外还把 a priori（通译“先天的”）改译为“先验的”。这种改动在我看来会引起大动乱。我就此问题请教过一些同行。比如倪梁康博士，后者说改得不错嘛，他在《胡塞尔现象学概念通释》一书里就已经这样建议过了；但他也承认王炳文先生此次改动可能过于猛烈。①

从上述文字中我们可以看出，对于王炳文此举，同是研究胡塞尔现象学的专家倪梁康表示支持，然而孙周兴却从“海德格尔与形而上学问题”这个论题的立场出发撰写了一篇接近 3 万字的文章来进行质疑。

2. 现代日本学界对 transzendental 与 transzendent 的改译

为了获得确证日本学界已经将 transzendental 改译为“超越论的”，以及为何日本学界要改译 transzendental 为“超越论的”的有关信息，笔者在 2009 年 12 月 31 日，以“超越论”为关键词，在谷歌日文学术搜索（http://www.google.co.jp/search）上进行检索，用时 0.20 秒，获得约 238 万条与“超越论”相关的结果。由此可见，“超越论”这个概念在日本的使用已经相当普遍。

检索到的相关日文信息的大意如下：

> 所谓超越论哲学（德语：transzendentale Philosophie），为一种以康德为中心兼及费希特与谢林等人对待哲学的态度。它也被叫作超越论的哲学。以前曾使用先验哲学、先验的哲学这样的术语，由于“先验的”与 a priori 的译语“先天的”所表达的意义容易混淆，现在已经不被使用了。最初是由九鬼周造提议把“超越论的”用作 transzendental 的译语。此外，就康德而言，超越论哲学与批判哲学（kritische Philosophie）所指的内容大致相同。

---

① 孙周兴．超越、先验、超验——海德格尔与形而上学问题 // 孙周兴，陈家琪．德意志思想评论·第一卷．上海：同济大学出版社，2003：83.

依照康德，哲学为“全部的哲学认识之体系”，与先天的知识不同，所谓超越论的认识，就是“追问先天知识如何可能及其可能性与根据的认识”，超越论哲学就是追问如此这般根据的哲学。

附带一句，由 Transzendence（超越）派生的形容词，有 transzendental（超越论的）和 transzendent（超越的）两种形式，很容易混同，而它们的含义则完全不同。超越论的认识，意味着与我们认识对象的一般方式相关的一切认识，而超越的原则，意味着命令我们迈越任何限界的原则。

另外，英语中 trespass（侵犯），由同一词源 tres 派生而来，可以分解为拉丁语的 trans（超越）和 passer（通过）。①

从这段文字可以看出：（1）“超越论（的）哲学”以前被叫作“先验（的）哲学”；由于 transzendental 的译语“先验的”与 a priori 的译语“先天的”所表达的意义容易混淆，现在已经不被使用了，也就是说，transzendental 不再被译为“先验的”，transzendentale Philosophie 也不再被译为“先验（的）哲学”了，现译为“超越论（的）哲学”了。（2）最初是由九鬼周造提议用“超越论的”来作为 transzendental 的译名的。（3）就康德哲学而言，超越论哲学（transzendentale Philosophie）与批判哲学（kritische Philosophie）所指的内容大致相同。按照康德的看法，哲学是“全部的哲学认识之体系”。与先天的知识不同，所谓超越论的认识，就是“追问先天知识如何可能及其可能性与根据的认识”，超越论哲学就是追问如此这般根据的哲学。（4）从词源上讲，Transzendence（超越）派生出两个形容词：transzendental（超越论的）和 transzendent（超越的），这两个形容词很容易被混淆，但是二者的含义却完全不一样。

此外，日本学者永井俊哉也明确赞同把 transcendental、transcendent 分别译为“超越论的”与“超越的”。

该处相关日文信息的大意如下②：

① 上述这段日文是笔者请爱智论坛上的 Qualen 老师代为翻译，特此说明并致谢。
② 这段文字也由爱智论坛上的 Qualen 老师代为翻译，特此说明并致谢。

把“超越论的 transzendental”与“超越的 transzendent”区分开来。德语词尾 -al 有“与……相关”的意义（英语亦同），所以，超越论的认识就成了与超越相关的认识。全知全能的存在者不具备任何限界，所以不必认识限界；而有限存在者面对超越的存在者，必须有自身限界意识，其认识样态就成为超越论的。

综合上述信息可以看出，在当今日本学界，已经普遍用“超越论的”与“超越的”取代了“先验的、超验的”来翻译 transzendental 与 transzendent 这两个德文词语。日本学界普遍地将 transzendental 改译为“超越论的”是始于何时呢？

为此，笔者首先查阅了相关的日文哲学辞典。在岩崎民平、河村重治郎主编的《新英和大辞典》（研究社出版，1960 年版）第 83 页上查到：a priori 在当时基本上被译为“先天的、演绎的、先验的”，a priorism 则被译为“先天说”。在《新英和大辞典》的第 1922 页上可以查到：transcend、transcendence 与 transcendent 从神学的角度上看主要还是被译为“超绝（的）”。transcendental 被译为“先验的”“超越的”。同一页上可以查到 transcendentalism 被译为“先验论”“先验哲学”“超越主义”“超绝论”；transcendentalist 被译为“先验哲学者”“先验论者”“超绝论者”。可见，在当时，a priori 还是主要被译为“先天的”，transcendental 主要被译为“先验的”，transcendent 主要被译为“超绝的”。

而在昭和四十四年（1969 年）出版的中岛文雄主编的《岩波英和大辞典》第 86 页上，可以查到，a priori 被译为“先验的”“演绎的”；而在第 1853 页上可以查到 transcend 被译为“超越的”；transcendent 从神学的角度上还是被译为“超绝（的）”，在康德哲学里主要被译为“超越的”，transcendental 被译为“先验的”，transcendentalism 被译为“先验哲学”“观念论”“超绝论”；transcendentalist 被译为“先验论（超绝论）者”。可见，到 1969 年的时候，译名已经略有变化了。a priori 已经被改译为“先验的”了，transcendental 仍然主要被译为“先验的”，transcendent 从神学的角度上还是被译为“超绝（的）”，而在康德哲学里主要被改译为“超越的”。

在 1971 年平凡社出版的《哲学事典》中，“超越”的味道就非常浓厚了。在第 942 页到 944 页有几个与“超越”相关的词条。首先是长达 2 页的“超越”（transcendence）词条，然后分别是“超越主义”、“超越的价值”、“超越的原理”、“超越的真理”、“超越的当为”、“超越论的”。对“超越论的”的解释是“先验的”。可见，从 1971 年前后的那段时间起，transcendental 的译名已经开始由“先验的”改译为“超越论的”。在“超越主义”词条下的解释是：“[英]transcendentalism 先验主义、超绝主义……”除上述日文词典之外，笔者还在卞崇道、刘文柱翻译的《西田几多郎》的第六章“超越——绝对矛盾的自己同一”的第一节“超越的方向和奇怪的术语”里找到了这样的话：

> 近年来，“超越”作为哲学问题再次引起人们的关心。“超越”以各种各样的形式表现出来，其中甚至还包括提出“哥德尔定理”——“一定条件下的无矛盾形式体系的无矛盾性，不能在其本体系中得到证明”——这样一种“自我反省”的问题。出现这种问题是因为有如下说法，即：形式上看某些体系形成自身的根据不能不依赖超越它本身的体系。
>
> 本来，超越与内在是相反并相互成对的概念，……[①]

由于中村雄二郎编著的《西田几多郎》原著出版于 1983 年 4 月，所以我们可以从上面这段文字推论出，“近年来，‘超越’作为哲学问题再次引起人们的关心。‘超越’以各种各样的形式表现出来……”应该是发生在 20 世纪 70 年代至 20 世纪 80 年代的事情。也就是说，“超越问题”在 20 世纪七八十年代再次在日本哲学界成为热门话题。可见，正是这种流行的趋势，最终促使日本学界用“超越论的”与“超越的”取代了“先验的”“超验的”来翻译 transzendental 与 transzendent 这两个德文词语。

---

① 中村雄二郎 . 西田几多郎 . 卞崇道，刘文柱，译 . 北京：生活·读书·新知三联书店，1993: 126.

3.“超越论的”与“超越的”的译名源流

我们知道，日本学界在1920—1933年这段时间内基本上已经确立了“先验”与“超验”为transcendental与transcendent的译名，但是为何时至今日又演变成了“超越论的”和“超越的”呢？产生这种变化的源头及内在动因是什么呢？是在哪些哲学家的大力推动下造就了这种变化呢？从上面的谷歌日文学术搜索所获得的信息中我们可以知道，最早是日本哲学家九鬼周造提出用“超越论的”来翻译transcendental的。但是，当时的具体情况如何？其他哲学家对此的态度又如何呢？

通过谷歌日文学术搜索可以查到九鬼周造的一些相关信息。九鬼周造（1888年2月15日—1941年5月6日），日本学者，出生于东京，1921年赴欧洲留学，1929年回国后在京都帝国大学任教。

在欧洲留学期间，九鬼周造跟日后翻译康德《纯粹理性批判》的天野贞祐一样，在1922至1923年都在海德堡从学于新康德主义者李凯尔特（Heinrich Rickert，1863—1936）。他在欧洲留学期间不仅结识了天野贞祐，还与三木清、和辻哲郎（1889—1960）等学者一同研习现象学。九鬼周造在哲学上造诣颇深，他曾经是海德格尔最赏识的日本学生，“超越论的”“存在主义”这类哲学术语的译语都是由他首提的。

关于九鬼周造首提用“超越论的”来翻译transzendental一词，很遗憾笔者没有从九鬼周造本人的著作中找到直接相关的信息；而是从与九鬼周造一起在欧洲留学所结识的日本哲学家天野贞祐，以及曾经与他一起在欧洲研习现象学的日本学者和辻哲郎的著作中找到了相关信息。

在天野贞祐译康德的《纯粹理性批判》下卷[①]（1931年初版）的“译语对照表”中可以找到，transcendent被译为“超验的，超越的”，transcendental被译为“先验的，超越论的”。从这个“译语对照表”我们可以看出，他在书中将a priori、transcendental与transcendent译为“先天的”“先验的”与“超验的”。但是，除了他选择的译法，在书末的“译语对照表”中，他还增列了日本学界当时的另一种译法：也就是将

① 天野贞祐译《纯粹理性批判》下卷，“カント著作集2”，该书由岩波书店出版，昭和六年（1931年）1月10日第一刷发行。

transcendental 与 transcendent 分别译为“超越论的”与“超越的”，但是天野贞祐并没有提及这后一种译法是谁首先提出来的。

和辻哲郎在『カントにおける「人格」と「人類性」』[①] 一文的第二节引用了康德《纯粹理性批判》初版中“第三误缪推理：关于人格者”一节关于“人格性”的概念。和辻哲郎认为，康德在此提出了“超越论的人格性”概念。就“超越论的”这个术语，和辻哲郎做了一个注解。[②] 下面是和辻哲郎所下注解的中文译文 [③]。

> 依从九鬼周造的提案，将康德的 transzendental 翻译为“超越论的”。这个词语的通行译语“先验的”，作为日本语，它的意义仅为“先于经验”，此外没有别的意指。因而恰好与 a priori 的含义相重复。用作 a priori 的译语的“先天的”，本来只有“先于出生”亦即“先于诞生”的意义，与康德所谓的 angeboren 的意义相当，而与 a priori 的意义不相当。因此，将 transzendental 翻译为“先验的”，一方面夺去了 a priori 的恰切的译语，同时另一方面又过于狭隘限定了 transzendental 的含义。试取康德“不与对象相关、仅与我们认识对象的方式——此等方式仅限先于经验（a priori）可能的——相关的一般知识，叫作 transzendental”（B 25.）的定义加以考虑，如果这里用“先验的”这个译语的话，就成了“与先于经验的可能认识方式相关的一般知识叫作先验的（即先于经验）”。这样的话，岂不是把康德使用由“超越”这个词语而来的 transzendental 一词的意图完全埋没了？何况又完全捉摸不到康德所说“transzendentale Philosophie 包含我们的先于经验的条件与根本要素，因而是 Ontologie”这句话的意义？与此相反，依据把“超越”当作哲学中心问题的海德格尔的解释方式，康德的 Sein（存在）不过是“被知觉

---

① 选自《和辻哲郎集》的日文版，属日本筑摩书房出版的《近代日本思想大系 25》，编集、解说者为梅原猛，1974 年 5 月 20 日初版。该书的相关信息由爱智论坛上的 Qualen 老师代为扫描后提供，特此致谢。

② 参见：《和辻哲郎集》第 313—314 页。

③ 和辻哲郎所下的日文注解也是笔者请爱智论坛上的 Qualen 老师代为翻译，特此说明并致谢。原文中的“意味”翻译为“意义（Sinn）”；“意义”翻译为“含义（Bedeutung）”。

> 性（Wahrgenommenheit）”、“被认识性（Erkanntheit）”，从而对象就是被知觉认识的东西，即“存在者（Seiendes）”，如果认识对象的方式从对象方面而言，就是对象的被认识性亦即对象的存在（Sein des Seienden）的话，把关于对象的被认识性及其可能性的学问，称作存在的学问即存在论的意图，就极为明了了。那么把这样的学问称作 transzendental，看得出几许利用“超越”一词本来含义的意图。假如超出对象到达它的认识方式的一方，即意味着如同从存在者向其存在一方超出；或者，我们认识对象，就是我们业已认识置入对象中的东西，从这个意义上，我们已经向对象一方超出，这样的超越就是研究的对象，强调这一点，多多少少看出有如上类似的意图。关于这样的意图是否确定的问题，在这里还没有定论，无论如何，为了彰显 transzendental 除先于经验这样的意义之外，还隐藏着与“超越”相关的几许见解，这里与九鬼氏一样，把 transzendental 翻译为“超越论的”。

从上述和辻哲郎的注解中我们可以得知，和辻哲郎是依从九鬼周造的提案将康德的 transzendental 翻译为“超越论的”。在这个注解中，和辻哲郎提到，九鬼周造之所以力主将 transzendental 翻译为“超越论的”，而不主张翻译为“先验的”，是因为 transzendental 过去的通用译名“先验的”作为日语其意义仅为“先于经验”，恰恰与 a priori “先天的”一词的含义相重复。因此，将 transzendental 翻译为“先验的”，不仅剥夺了 a priori 的恰切的译语，而且还过于狭隘地限定了 transzendental 的含义。这样做的同时还把康德使用由“超越”这个词语而来的 transzendental 一词的意图完全埋没了，不能完全涵盖康德所讲的 transzendental 的全部意思。最后，和辻哲郎这个注解的结论是：“为了彰显 transzendental 除先于经验这样的意义之外，还隐藏着与‘超越’相关的几许见解，这里与九鬼氏一样，把 transzendental 翻译为‘超越论的’。”

我们若结合和辻哲郎的注解与天野贞祐译康德的《纯粹理性批判》下卷（1931 年初版）的“译语对照表”和谷歌日文学术搜索的相关信息，基本上可以判断出确实是九鬼周造最早力主将 transzendental 翻译为“超越论的”，时间是1922—1930年。此外，从上面这个注解中的“与此相反，依据把‘超越’当作哲学中心问题的海德格尔的解释方式，……”，我们还可以看出九鬼周造的提议有受到海德格尔哲学影响的因素在内。由于九鬼周造曾经是海德格尔的学生，因此他应该对《存在与时间》很熟悉。《存在与时间》里多次使用transzendental、transzendent，以及Transzendenz。海德格尔在使用transzendental时，几乎没有康德意义上的所谓的“先验的”，而是原本意义上的“超越的”。在海德格尔文本中，transzendental可以翻译为“超越论的”，或者“超越性的”。transzendent可以译为“超越的”；Transzendenz则可以译为“超越性”。

和辻哲郎的注解是从学理角度进行的，为何把transcendental翻译为“超越论的”比翻译为“先验的”更加符合康德哲学的本义。从某种意义上说，黑格尔的“逻辑学”也是“超越论的”逻辑学；胡塞尔、海德格尔的现象学，也是“超越论的”现象学。相应地，transcendental，transcendent似乎应该翻译为“超越的”，而不是“超验的”。总的看来，九鬼周造的“提议”，即把transcendental翻译为“超越论的”，现在逐渐被国内学者接受；而且从现象学的学理上看，也有一定的合理性。

4.“超越论的”与“超越的”的译法在中国的接受情况考察

随着九鬼周造把transcendental翻译为“超越论的”的这种译法在日本学界的传播，也许会或多或少地影响到中国学界的康德哲学译名的选择，那么这种影响有多大呢?

经过笔者的考察，九鬼周造的“超越论的”译法在1949年前的中国影响甚微。从康德哲学传入中国到20世纪90年代，中国还没有学者采取九鬼周造的译法，即将transcendental翻译为“超越论的”。（如前所述，只有在21世纪初，王炳文、倪梁康主张将transcendental翻译为“超越论的”）在这期间，有一部分中国学者将transcendental翻译为“超越的”，也有一部分中国学者将transcendent翻译为“超越的”，但是没有人将transcendental翻译为“超越论的”。将transcendental理解为“……论的”情况，笔者仅仅在张东荪于1939年在《研究与进步》杂志第1期上发表的《康特哲学之专门名词》一文的第5页上找到：

> 然康氏所谓 transcendental 又往往兼含有 Transcendentalismus（先验论）之义。故其书中章目有 Die transcendentale Aestheik 与 Die transcendentale Logik 等等。前者旧译为“超验的感性论”，后者为“超验的论理学”。实则仅为先验论上之感觉论与先验论上之思维论而已。

但是，很明显，张东荪没有受到九鬼周造的任何影响，因为张东荪在这里也只是认为“transcendental 又往往兼含有 Transcendentalismus（先验论）之义”。

（1）中国学者将 transcendent 翻译为“超越的”情况

张铭鼎在 1925 年《民铎》第六卷第四期的《康德批判哲学之形式说》一文中将 transcendent 翻译为“超越的”[①]。

在 1926 年上海商务印书馆出版的耶路撒冷著、陈正谟译的《西洋哲学概论》书末附有“英汉名词对照表”，其中，transcendental 译为“先验的”，transcendent 译为“超越的”，a priori 则并没有径直译作“先天的”，而是译作“先天的或先验的”。

在 1929 年范寿康所著的《康德》一书中，transcendent 已经改译为“超越的”，[②] 而在此之前他将 transcendent 译为“超然的”。[③]

1933 年 7 月 20 日，《天津大公报》登载的熊伟撰写的《先验与超验》一文的末尾，编者张申府添加了一个“编者按”，其中提到，当时已基本上用“超越”译 transzendent 为好。[④]

（2）中国学者将 transcendental 翻译为“超越的”情况

张铭鼎在 1924 年《学艺》第六卷第五期上的《康德学说的渊源与影

---

① 在该文的第 19 页上有这样一句话：“物本身是康氏的超越形式说的一种‘假定’的前提。”张铭鼎在该文中将 a priori 译为“先天的”，将 transcendental 译为“先验的”。

② 范寿康 . 康德 . 上海：商务印书馆，1929: 59.

③ 在 1924 年《学艺》第六卷第五期上，刊登了范寿康写的《康德知识哲学概说》，这篇文章把 a priori 译为“先天的”，将 transcendentale 译为“先验的”（第 2—5 页），不过，transcendent 则没有被译作“超越的”，而是译作“超然的”。

④ 熊伟 . 先验与超验 // 熊伟 . 自由的真谛——熊伟文选 . 北京：中央编译出版社，1997: 21-22.

响》一文的第11页上将Transzendentale Schule译为“超越学派”。

杨人杞在1925年《民铎》第六卷第四期的《实践理性批判》一文中将transcendental翻译为“超越的”，在该文第3页上有这样一段话：

> 他是要用超越的（transzendental）方法去说明思想领域为知识先在的原则，意志（Wille）为道德先在的原则，并且考究这种原则在人类经验之外是否有彼底必然的普遍的一致，……

《纯粹理性批判》6个中译本中，胡仁源和牟宗三两位译者将transcendental译为“超越的”，将transcendental philosophy译为“超越（的）哲学”。对于transcendent，胡仁源用的“外延（的）”来翻译之。对于transcendental，牟宗三用的“超越（的）”来翻译之；对于transcendent，牟宗三有时候用的“超绝（的）”来翻译之，例如“超绝知识的构造原则”、“超绝的或内在的”，“超绝的（理念）”及“（理念）……超绝的”；有时候牟宗三也用“超离的”来翻译transcendent，例如“内在的原则与超离的原则”、“超越的与超离的”。

5. 九鬼周造提议在中国学界影响甚微的原因探析

为何九鬼周造提议把transcendental翻译为“超越论的”的这种译法在中国没有产生多大的影响呢？笔者认为其原因有：（1）九鬼周造把transcendental翻译为“超越论的”的提议在当时日本学界的影响可能也有限，仅限于与其熟悉的几位学者，如上文提到的天野贞祐、和辻哲郎等。（2）九鬼周造本人没有翻译康德的哲学著作。一般情况下，大多数人选择外国哲学中术语的译名时，会根据相应的较权威的译著中所采用的译名为准，例如对康德哲学术语译名的选择，在日本当时基本上就以天野贞祐翻译的《纯粹理性批判》为准，在中国后来基本上就以蓝公武翻译的《纯粹理性批判》为准，原因不在其他，只因其传播最广。再举例来说，很多学者都认为《纯粹理性批判》书名中的“批判”二字不妥，但是，时至今日，我们仍然使用的是“批判”，而没有像张东荪所主张的将“批判”（Kritik）改译为“检别”①，也没有像贺麟所主张的将“批判”

① 张东荪．康特哲学之专门名词．研究与进步，1939(1): 3.

（Kritik）改译为“论衡”[①]，或者如其他学者所主张的将其改译为“批导”。张东荪、贺麟的提议不可谓不好，然而他们的提议也基本上遭遇到了九鬼周造的提议一样的命运。如果不是由于 20 世纪七八十年代“超越问题”在日本的日趋火热，如果不是中日两国近年来对现象学研究的升温，九鬼周造的“超越论的”提议可能会长期埋没在“深宫”里。

第五节　Erscheinung、phaenomenon（Phänomen）、Schein 中译考
——兼论“像”“象”“相”用作译词

康德哲学中 Erscheinung、phaenomenon（Phänomen）乃至相关的英译词 appearance、phenomenon 曾被不加分别地译为现象，但在近几年出版的中译本中大家不难发现译法的变化，如李秋零译本中，分别译为显象和现象，而邓晓芒译本中分别译为现象和现相，更早些的韦卓民的译法则是出现和现象。为何曾经一致译为现象，现在却有了明显分别？为何英译本区别为 appearance 和 phenomenon，而中文却曾经不加分别？与之相对，Schein 及其常见英译词 illusion[②] 的译法一贯不太固定，诸如幻相、幻象、幻像、假相、假象、幻觉等译法均曾登台露面。这些译法似乎都不错，但作为康德哲学的重要概念，如此杂多的译法多少会给人带来困惑，也多少会影响人们对康德思想的接受。而且，进一步观察可以发现，这些译法中往往出现“象”“像”“相”这三个同音异义字，而且三个字在汉语中往往又容易混淆。这些译法中是否有误用这几个字的情形？可以通过澄清这三个字的用法来解决前述康德概念的中译纷争吗？某种程度上看答案是肯定的，但在另一种程度上却不能这样说。对

① 贺麟在《康德译名的商榷》一文第 183 页上说：“普通的批评叫作‘批评’，系统的严重的批评便叫作‘论衡’，康德的书名故以称为‘论衡’为最适宜。”郑昕在《康德的知识论》一文里也采用“论衡”的译名。参见：郑昕 . 康德的知识论 . 大陆杂志，1933，2(1): 67.

② Schein 在 *Critique of Pure Reason* 最早的英译本（Meiklejohn 译本）中译为：illusory appearance，此后 F. Max Müller 译本、Norman Kemp Smith、Paul Guyer 和 Allen W. Wood 等译本中均译为 illusion。

此，笔者将在下文中逐渐呈现。本节希望通过对这几个词的用法及相关译法的讨论，为康德思想在中文中的理解和接受尽绵薄之力。

一、从西周到梁启超——“现象”一词的接受

现在看来，英语词 phenomenon 以及相应的拉丁语词 phaenomenon、德语词 Phänomen 译为现象似乎已是共识。但在 19 世纪的中国，这一译法并不为大家熟悉。我们不妨梳理下各种英汉辞书中的情况，见表 2.7。辞书名和词条后括号中分别为出版时间和页码。

表 2.7 1900 年前英汉辞书中 phenomenon 相关词中译对照

编者	辞书名	词条	中译
马礼逊	华英字典（1822）	celestial phenomena（318）	历象
麦都思	英华字典（1847—1848）	phenomena extraordinary, celestial phenomena（954）	庠异，历像
罗存德	英华字典（1866—1869）	phenomenon，celestial phenomena（1311）	象，天像、历像、天文
卢公明	英华萃林韵府（1872）	phenomena extraordinary, celestial phenomena（358）	庠异，天象、历像
井上哲次郎	订增英华字典（1884）	phenomenon（799）	象
邝其照	华英字典集成（1899）	phenomenon（245）	奇异之像

可以看到，1900 年以前，各种英华字典中均未出现将 phenomenon 译为“现象”的情形。当然不难发现，“现象”这种说法古已有之。从古代典籍来看，“现象”主要意思是“神、佛、菩萨等现身于人间”，换言之，“现”作动词，“象”作宾语，比如宋朝陈显微撰《周易参同契解》（上篇）中就有“水土金三物纽结成方土之形，而婴儿现象于其间矣”，明朝王鏊撰《震泽集》第三十卷《勤上人塔铭》中讲勤上人“至普陀，燃其一指，观音现象焉”。但现代仅作为名词的现象概念，似乎出现颇晚。检索《申报》和部分其他国内近代报纸同样可以发现，1903 年之前出版

的这些报纸中，似乎未出现现代含义的现象一词[①]，而1903年之后则开始大量出现新义的现象[②]。这意味着，其时现象的新义已经广为接受。问题是，这一过程是如何发生的？

从各种研究来看，“现象”的新义要追溯到日本明治启蒙思想家西周，追溯到西周翻译的美国哲学家海文（J. Haven）1872年出版的《心理学》(*Mental Philosophy*）和密尔（J. S. Mill）的《利学》(*Utilitarianism*)[③]。1872年版海文的书中[④]，phenomenon及其复数phenomena分别出现14次、81次，西周转用佛经中的汉字“现象”来翻译，不过西周有时也将原文的accidents同样译为“现象”。有意思的是，海文的这本书也于1889年被晚清留美归国的颜永京编译，译名是《心灵学》。不过，颜永京当时只出版了上册的编译本，而且原文中多次出现的phenomenon和phenomena，颜永京在译文中或者未译出，或者译为“显然之形用”[⑤]，未用到现象或类似的这种译词。西周翻译的《利学》原

① 参见：鹤鸣戏园．十四夜戏．申报，1877-04-27(5)；光绪五年元月十六日十七日京报接录．申报，1879-03-01(4)。这两处均出现“现象”一词，前者说到戏目“现象捉妖”，后者讲神灵灵验，经常现象出来助人，故应供奉。显然这些都是现象的旧义。顺便提一句，爱如生的《申报》数据库在“现象”一词上校对不精。检索该数据库，我们居然可在1899年前的《申报》中检索到多处“银行现象汇票”或“银行现象票”的说法。但查对右侧原文会发现，原文根本是“银行现银汇票”或“银行现银票”。该数据库似乎将所有“现银”误作“现象”。

② 《申报》中最早出现现象新义是在1903年，原文为：“呜呼，东亚大势，谈者色变；神州时局，言之心寒。以现象观之，四万万方里，四百兆人民，虽庞然立于负舆而泰东西各国以侵略为宗旨……”[整顿学堂评议．申报，1903-08-07(1)]其他报纸也大量出现该新义，如：“穷极现象”[大公报，1902-12-27(3)]；“此亦政治进北一大代表之现象也”[杜士珍．政治学：政治思想篇．新世界学报，1902(1): 63]。

③ 冯天瑜说：“日本哲学家西周在《人世三宝说》(1975年）中，以现象翻译phenomenon，借其词形，含义变为‘事物在其发展、变化中表现出来的外部形态’，成为一个与本质相对应的哲学术语。以后又过渡为日常用语。”(参见：冯天喻．新语探源：中西日文化互动与近代汉字术语生成．北京：中华书局，2004: 370.）这种说法可能不够准确。《人世三宝说》实际是西周诠解密尔的*Utilitarianism*，虽然这本书和他的《心理学》译本均为1875年完成，无法准确说谁先完成，但从影响来讲《心理学》译本要大很多。况且，稍晚西周还出版了密尔的*Utilitarianism*的全译本《利学》，其影响也远大于《人世三宝说》。真正来说，这两本译书才是现象这个译名得以广泛传播的基础。

④ Haven, J. *Mental Philosophy.* Boston: Gould and Lincoln, 1872. 网上有资料说该书出版于1862年，但笔者找到的最早版本却是1872年。是否网上资料有误，存疑。

⑤ 海文．心灵学．颜永京，译．上海：益智书会，1889: 1.

书中 phenomenon 出现 3 次，phenomena 出现 1 次，西周的《利学》译文中，均译为“现象”。

据手岛邦夫等日本学者考证[①]，西周的这一译法被井上哲次郎的《哲学字汇》(1881 年，第一版）所吸收[②]，继而由《英和字汇》(1882 年，第二版）在日语中传播开来。《哲学字汇》(第一版）采取了英日对照，而 1912 年的第三版虽仍以英日对照为主，但已补入德日、法日对照，在这版中 Erscheinung 同样被译为“现象”。

鉴于《英和字汇》(第二版）对该词的接纳，不难想象，19 世纪 80 年代，日本已接受了“现象”的译法。但中国接受“现象”这一译名则要到甲午战争后。其时，中国开始认识到日本维新的成就，认为日本的强大归根结底是由于日本“普及教育和实行法治”，因而中国开始奋起直追，并于 1896 年开始选派留日学生，希望通过学习日本来学习西方的新文化。也正由此，日本翻译的诸多概念和术语得以传入中国。不过，目前来说，梁启超虽不是以留学身份去日本，但较早通过译文引进“现象”一词的就有他。据史有为，现知“现象”这个汉语词最早出现在 1898 年的《大东合邦新义》[③]。该书由梁启超等据日本人森本藤吉（原名樽井藤吉）的《大东合邦论》删改并交由大同译书局翻印，当时有不小的影响。现象一词，初次以新的含义与国内大众见面。此后，梁启超于 1898 年 9 月戊戌变法后被迫前往日本，同年 12 月在横滨创办《清议报》。这应该是中国人在日本创办的第一份报纸，其中也开始出现“现象”之类的新词（如 1899 年《清议报》第十三册中“外论汇译”版块刊发的一篇编译文章《论太平洋之未来与日本国策》，其中说：“凡人种增进，及其争夺之事，关系不小，而将为万国民之大战场，殆不容疑也。及于彼时，则其动机所起，有二个现象：一曰科学之进步，一曰列强之均势

① 手岛邦夫 . 日本明治初期英语日译研究——启蒙思想家西周的汉字新造词 . 刘家鑫，编译 . 北京：中央编译出版社，2013: 220. 该书第 49—50、68、76 页也有相关内容。

② 井上哲次郎给出的唯一译名是“现象”。见：井上哲次郎 . 哲學字彙　附清國音符 . 東京：東京大學三學部，1881: 66.

③ 史有为 . 新华外来词词典 . 北京：商务印书馆，2019: 1239.

是也。”[①])。此后《清议报》中也多次出现具有新义的“现象”一词。《清议报》不为清廷所容，当时寄送至国内后，主要通过租界内的代售点进行发售，但其传播和影响仍然很大。“现象”等新词逐渐得以传播。当然，该词被大家广泛接受还要到1903年左右，其时留日学生人数逐年增加，国人翻译的日文书籍和在日本创办的报纸也不断增多，具有新义的“现象”一词自然在各类中文报纸、译书中大量出现。到1906年，“现象”一词已在中文中普遍使用，如1906年出版的辞书《新尔雅》中就广泛使用这个词。后续的英汉词典中的译法也间接证实了这一情况，见表2.8，表中辞书名和词条后的括号中分别为出版时间和页码。

表2.8　1900年至1930年英汉辞书中 **Phenomenon** 相关词中译对照

编者	辞书名	词条	中译
颜惠庆	英华大辞典（1908）	phenomenon（1650），appearance（89）	现象
卫礼贤	德英华文科学字典（1911）	phänomen（382），erscheinung（138）	现象
季理斐（Donald MacGillivray）	*A Dictionary of Philosophical Terms*（1913）	appearance（5）phenomenon（47）	假像、相（现像，外观），现象
商务印书馆	英华新字典（1913）	phenomenon（381）	象、现象、显象
赫美玲	英汉字典（1916）	phenomenon（1033）	现象（部定，即教育部选定）
樊炳清	哲学辞典（1926）	erscheinung，phaenomen（619-620）	现象

由此可见，此时“现象”一词不仅被广为接受，而且固定用作phenomenon等词的中译词。与之相对，Schein及其常见英译词illusion的中译则表现出完全不同的情况。

二、从“自骗”到“假象”——Schein及illusion在近代英汉字典中的译法

检索晚清至民国期间出版的英汉辞典，Schein及其常见英译词

① 清议报报馆.清议报（第1册）.北京：中华书局，1991: 792-793.

illusion 的译法详见表 2.9，辞书名和词条后的括号中分别写明出版年和译名出现的页码。

表 2.9　近代英汉辞书中 Schein、illusion 中译

编者	辞书名	词条	中译
卫三畏	英华韵府历阶（1844）	illusion（143）	自哄、自骗
罗存德	英华字典（1866—1869）	illusion（986）	幻见、幻景
井上哲次郎	订增英华字典（1884）	illusion（607）	幻见、幻景
邝其照	华英字典集成（1899）	illusion（171）	骗幻、景幻、见
颜惠庆	英华大辞典（1908）	illusion（1156）	熤眼法、幻景、幻影
卫礼贤	德英华文科学字典（1911）	schein（442），illusion（229）	现象，迷想、误觉、幻境
季理斐	*A Dictionary of Philosophical Terms*（1913）	illusion（31）	错觉、错感（美）
赫美玲	英汉字典（1916）	illusion（681）	迷想、妄想、误觉、幻觉、妄尘
樊炳清	哲学辞典（1926）	schein，semblance，appearance，seeming（528）	假象

值得注意的是樊炳清的“假象”译法。一方面，他对现象和假象间的差别做了解释：现象着眼于经验，着眼于对象对我的客观影响，而假象着眼于我的判断，着眼于主观方面“假象”（或“假像”）。① 另一方面，“假象”的译法虽曾多次出现在近代英汉字典中，但从麦都思、罗存德、卢公明、井上哲次郎直到颜惠庆，都是将其用来译英语词 phantasm，从未见以此译别的词。这显示樊炳清的译法另有来源。虽然笔者有充足理由说，樊炳清《哲学辞典》的蓝本是朝永三十郎的《哲学辞典》，但此处译法却不来自朝永三十郎，更可能来自井上哲次郎。实际上，井上哲次郎《哲学字汇》的前两个版本中，并未出现 Schein，而在 1912 年的第三版中，出现了 Schein 及“假象”这一译法②。樊炳清学过日语和英语，他

---

① 樊炳清 . 哲学辞典 . 上海 : 商务印书馆 , 1926: 528-529.

② 井上哲次郎 , 元良勇次郎 , 中島力造 . 哲學字彙 : 英獨佛和 . 東京 : 丸善株式會社 , 1912: 136.

编辑《哲学辞典》时所用的蓝本之外的材料之一大概就是井上哲次郎的《哲学字汇》第三版，所以不难理解他会吸收井上哲次郎的译法。但是，他对 illusion 给出的中译是错觉、错感，显然未将 illusion 视作 Schein 的英译。

由上可见，虽然康德的英译本很早就将 Schein 英译为 illusion 或 illusory appearance，1908 年起的近代英汉字典也都出现了现象这一译名，但 illusion 似乎并没有被视作与 phenomenon 相对的词，也没有从这个角度译出。其原因当然是，当时康德哲学尚未为大家熟悉。

现象和假象等在语言和字典中的接受很大程度上也反映在哲学概念的接受上，反映在康德术语的中译上。如前，可依康德哲学的传播过程展开讨论。

三、康德哲学在中国传播过程中 Erscheinung、Phaenomenon（Phänomen）、Schein 的译法

如前所述，康德哲学在中国的传播大致可分为晚清至五四运动、五四运动后至新中国成立前、新中国成立至 21 世纪三个时期。

（一）晚清至五四运动

1. 来华传教士

艾约瑟的《西学略述》中，现象似乎被理解为外象。德国传教士卫礼贤与周暹（周叔弢）合作的《人心能力论》中译本收藏于国家图书馆，笔者限于条件暂无法查阅，但其时“现象”一词已广为接受，可以推断中译会译为“现象”[①]。此后未见其他传教士介绍康德学说。

---

① 原文标题即 Der Streit der Fakultäten（学科之争）第三章：Von der Macht des Gemüts, durch den bloßen Vorsatz seiner krankhaften Gefühle Meister zu sein。查德语原文，在结尾的注中，康德用了 2 次 Phänomen，1 次 Erscheinung。笔者目前无缘读到《人心能力论》这一译本，无法查对卫礼贤和周暹的实际译法，但在该译本出版 3 年前的 1911 年，卫礼贤出版了《德英华文科学字典》，其中将 Phänomen 译为现象，而 Erscheinung 的首个义项也是现象（phenomenon）。不难想象，该中译本中的译法同样会是“现象”。

2. 留学欧美学人

颜永京编译的《心灵学》上册中，phenomenon 被译为“显然之形用”，但该译法显然不太为人所知，也未产生任何影响。

严复《穆勒名学》译文提到了两组概念：“纽美诺”和“斐纳美诺”、“奴优弥那”和“斐诺弥那”。[①] 不难知道，这是在指康德的 Noumenon 和 phenomenon，以及 Noumena 和 phenomena。但核查穆勒原书可以发现，这两处实际并未出现 phenomenon 和 phenomena。严复根本是在发挥他对康德思想的理解。实际上，严复在这些地方还将 phenomenon 标注为“发见（现）”，并用“形表色相”来理解。有意思的是，《穆勒名学》后面的译文中，严复又将 phenomenon 一般性译为“见（现）象”[②]。《穆勒名学》译稿完成于 1903 年，笔者猜想，严复在翻译《穆勒名学》的开始阶段，尚未接触到“现象”这一译名，而在翻译后期了解并接受了“现象”的译名，因此在翻译上做了调整。这也可进一步证实，其时现象已被作为专用译名接受下来。《穆勒名学》中，上述涉及康德的段落出现了“幻相”一词，但这不是在译 Schein 的英译词 illusion。相反，该书中严复一般将 illusion 译为“惑”。

蔡元培更多关心伦理和美学问题，笔者几乎看不到他谈及康德的 phaenomenon（Phänomen）等概念。

3. 留日学人

在《近世第一大哲康德之学说》中，梁启超谈到了康德思想中的重要概念：现象和本相（即物自体）。梁启超的论述是：

> 康德以为欲明智慧之诸作用，宜先将外物之相区为二种，其一曰现象，其二曰本相。现象者，与吾六根相接而呈现于吾前者，举凡吾所触所受之色声香味皆是也。本相者，吾所触所受之外，彼物别有其固有之性质存。故吾所知，仅为现象，若云本相吾具知之，无有是处。[③]

---

① 严复 . 严复全集（第 5 卷）. 福州 : 福建教育出版社 , 2014: 56, 195.

② 严复 . 严复全集（第 5 卷）. 福州 : 福建教育出版社 , 2014: 221.

③ 梁启超 . 梁启超全集（2）. 北京 : 北京出版社 , 1999: 1056.

结合上下文来看，梁启超对康德现象概念的理解还是比较简单的。基本上，他把本相（物自体）理解为本质、本体，并把现象与本相的关系理解为现象与本质、现象与本体或者说体用关系。这样的理解，离康德的观点还是有点距离。不过值得注意的是，梁启超用到了“象”和“相”两个词。而且，从各种材料来看，梁启超当数中文世界中最早介绍康德现象概念的人。[①] 当然，由于该文主要译自日文，这个概念实际上是移用了日语的译法“現象”。该文未见谈及康德的 Schein 等概念。

王国维在介绍康德的 6 篇文章中谈到了康德的本体和现象概念，认为本体就是形而上学所知者，而现象则是物理学所研究者。[②] 现象是经空间时间等形式中现出的知觉之物，而物的本体则不可知。王国维通日语和英语，他研读康德所用的也应是这两种语言的译本或论著。就此而言，他所用的现象这个译名，同样当是移用自日译，源出于日语。另外，王国维在文章中还指出，康德批评莱布尼茨和沃尔夫的心理学、宇宙论和神学，认为它们是“先天的幻影”。不难看出，这实际就是指康德原文中的 Schein。

章太炎谈及康德的篇章中，只有《建立宗教论》在谈到康德的十二范畴和时空时，说到了康德的物自体，但称其为“物如”[③]。该文出现“现象”一词，但并不指涉康德的现象概念。

（二）五四运动后至新中国成立前

从论文和文章来说，此时期的几十篇译述文章中，除个别文章外，Erscheinung 和 phaenomenon 一般均被笼统以“现象”称呼[④]，而谈到

① 《外国哲学》编委会 . 外国哲学（第二辑）——解放前评介康德论文目录索引 . 北京 : 商务印书馆 , 1982: 342-346.

② 王国维 . 汗德之事实及其著书 // 王国维 : 王国维文集（第二册）. 北京 : 中国社会科学出版社 , 2012: 127.

③ 章太炎 . 章太炎全集·太炎文录初编 . 上海 : 上海人民出版社 , 2014: 425.

④ 例外情况 : 牟宗三将 Erscheinung 译为现象或表现，将 phaenomenon 译为客象、客观现界。参见：牟宗三 . 时空为直觉底形式之考察 . 学原 , 1948(2): 9-24 ; 杨丙辰则将 Erscheinung 译为现像。参见：砲尔森 . 康特哲学中数种重要名词之解释 . 杨丙辰 , 译 . 中德学志 , 1940, 2(1): 3-14.

Schein 则较少，译名也不甚统一，如周昌寿译为外观[①]，贺麟译为幻觉[②]，胡嘉译为光景[③]。

从译本及研究专著来说，胡仁源译本中 Erscheinung 的英译 appearance 和 phaenomenon 的英译 phenomenon 被译为现象，Schein 的英译 illusion 或 illusory appearance 分别被译为幻想（或幻象）、幻妄外表。张铭鼎译本中，Erscheinung、phaenomenon 均译为现象，Schein 则译为假象。这一译法与樊炳清《哲学辞典》中的译法一致。鉴于两书均在商务印书馆出版，且樊炳清的书早于张铭鼎多年，笔者有理由相信，张铭鼎的译法受樊炳清影响。

余又荪译的《康德与现代哲学》中，与物自体（Ding-an-Sich）对举的 Erscheinung 被译为现象，与悟性体或理体（Noumena）对举的 Phaenomena 则被译为感觉体或事体[④]。

唐钺译本中 Erscheinung 的英译 apperance 和 phaenomenon 的英译 phenomenon 都被译为现象。

通过考察晚清至新中国成立前康德哲学在中国的传播，可以得出这样的结论：20 世纪初，西周的译词“现象”已在日语和汉语中扎根。受其影响，自梁启超开始，康德著作中的 phaenomenon（Phänomen）一直被稳定地译为现象，罕有例外。究其原因，笔者认为，一方面当是 phaenomenon 源于古希腊语，本身词义较为单一，较易作为专名译出；另一方面当是现象的译法契合了汉语中象的一般用法，较易为人接受。这点下文将做详细讨论。与之相对，Erscheinung 及其英译词 appearance 在德语和英语中各有其日常用法，唯有强调哲学含义时才更多译为现象。而 Schein 及其英语译词 illusion 或 illusory appearance 同样因本身具有多种日常用法而导致译法多样化。王国维译为幻影，卫礼贤译为现象，樊炳清吸取了井上哲次郎的译法，开始译为假象，不过胡仁源并未吸收这

① 周昌寿 . 康德之运动论 . 学艺 , 1924(5): 114-116.
② 贺麟 . 康德译名的商榷 . 东方杂志 , 1936(17): 181-196.
③ 胡嘉 . 纯粹理性批评梗概 . 民铎 , 1925(4): 1-22.
④ 桑木严翼 . 康德与现代哲学 . 余又荪 , 译 . 上海 : 商务印书馆 , 1935: 107.

种用法，而张铭鼎则继承了该译法。随着对康德研究和翻译的深入，译法的分歧呈现出复杂性，尤其是进入 21 世纪，康德译著不断出现之后。

（三）新中国成立至 21 世纪

1. 新中国成立后至改革开放前

绝大多数情况下，蓝公武将 Erscheinung 的英译词 appearance 和 phaenomenon（Phänomen）的英译词 phenomenon 均译为现象，唯一的例外是下述语句："事象（appearances）在依据范畴之统一思维其为对象之限度内，名为现象（phaenomena）。"① 蓝公武未交代这样译的原因，不过原因也是显而易见的。如果此处的 appearances 也译为现象，那这句话用现象界定现象，循环定义，就变得无法理解了。蓝公武改译为"事象"后，至少语句可读，在词尾的"象"字上也与现象保持一致。但蓝公武的改译也带来别的问题。首先，完全割裂了全文对 appearance 的一贯译法；其次，他还用"事象"来译英译本的 events②、what happens 等表达，显而易见，这种情况下，将 appearances 译为"事象"会带来某种混乱。与之相对，译本中 Schein 的英译词 illusion 则被译为幻相。幻相这个词，本是佛教术语，古汉语中有，不过作为译词，最早仅在商务印书馆《英华新字典》（1913）发现一处译法，但所译的词是 imaginary，具体译法是：幻相的、虚幻的、想像上的、空的。当时其他常见英汉辞典中并未见到该词。

---

① 康德．纯粹理性批判．蓝公武，译．北京：商务印书馆，1997: 223. 德语原文是"Erscheinungen, so fern sie als Gegenstände nach des Einheit der Kategorien warden, heißen Phaenomena"。正是第一版中的这句话，使得后续的康德译者不再笼统用现象来翻译 Erscheinung 和 Phaenomena 这两个词，而是尝试在翻译上进行区别。

② "三　解决关于'宇宙事象皆自其原因而来其所有总体'之宇宙论的理念。"见：康德．纯粹理性批判．蓝公武，译．北京：商务印书馆，2017: 430.

关文运译本中，Erscheinung 和 Phänomen 一般被译为现象[①]，而 Schein 则被译为幻觉。宗白华、韦卓民译本中，Erscheinung 被译为现象（宗白华）、出现的东西（韦卓民），Phänomen 均被译为现象，Schein 则被译为假象（宗白华）、幻相（韦卓民）。韦卓民的其他几种译著因译法与《判断力批判》中一致，不再罗列。庞景仁译本中，Erscheinung 和 Phänomen 被译为现象，Schein 则被译为假象。

可以看到，对于现象这一译词大家的意见还是相当统一的，而对 Schein，典型的译法似乎集中在假象和幻相，也就是樊炳清和蓝公武肇始的译法。也许正是这两种译法的先入为主，导致现在几乎没有人提出过假相和幻象这两种译法。至于关文运的幻觉译法，似乎更多译的是英语的 illusion 而非德语的 Schein。

2. 改革开放至 21 世纪

这段时间，康德哲学的译文和研究大量涌现，本书不讨论所有二手文献，也不想罗列所有中译本，而仅依据与目前讨论相关的康德原著译本和二手著作，大致讨论下这几个词的译法。由于各种译法更多取决于译者，故此处论述按译者和论者分列讨论。

首先，部分译者或论者并不总是说明和解释自己的译法，所以笔者只能大致呈列，并无可多说之处。如下述几种译本或论著：《实践理性批判》（韩水法，1999）中，Erscheinung 和 Phänomen 被译为现象，Schein 则被译为假象。《康德的知识学》（齐良骥，2000）中，Erscheinung 和 Phänomen 被译为显现和现象。《实用人类学》（邓晓芒，2002）中，

① 只有一处例外，《实践理性批判》德文版原文第一版（第 177 页）有句话是：“... Einheit eines Phänomens, welches, sofern es bloß Erscheinungen von der Gesinnung, die das moralische Jesetz angeht, (von dem Charakter) enthält...”，对应的关译本第 101 页译文为“……现象的绝对统一性，这种现象，就其中包含受道德法则决定的意向（品格）种种表现而言……”这里的 Erscheinungen 被译为“种种表现”。如果查对 Abbott 英译本（1909 年版）会发现，英译本对应的第 193 页是：“...but a single phenomenon, which, inasmuch as it contains merely manifestations of the mental disposition with regard to the moral law (i.e. of the charcter)...”此处，Erscheinungen 被英译为 manifestations。而且，英译本中，只有这处这样译，其他均译为 appearance。不难看出，这个地方关译本是译自 Abbott 的英译本。

Erscheinung 和 Phänomen 被译为现象，Schein 则被译为假象。《道德形而上学奠基》（杨云飞，2013）中，Erscheinung 和 Phänomen 被译为现象和现相。《康德〈纯粹理性批判〉术语通释》（高小强，2013）中，Erscheinung 和 Phänomen 被译为现象和现相，Schein 则被译为假相。

其次，也有不少译本给出了说明，这为笔者提供了绝佳的材料，有助于对这些译词展开讨论。兹分述如下。

（1）《纯粹理性批判》（牟宗三，1983，2003）、《实践理性批判》（牟宗三，1982，2003）、《判断力批判》（牟宗三，1992—1993，2003）中，Erscheinung 和 phaenomenon（Phänomen）一般均被译为现象，Schein 被译为幻像。但在个别地方，Erscheinung 还被译为显现者、显现的东西，Phänomen 还被译为“法定象”。之所以这样译，同样源于德文第一版第 249 页康德对 Phänomen 的界定，这一界定牟宗三译为“显现（appearances）的东西，就其依照范畴之统一而被思为对象而言，它们即被名曰‘法定象’（phaenomena）”。为此他加了如下按语：“appearances 与 phaenomena 此两词普通俱以现象译之，很难造两个不同的名词以区别之。但依康德此处所表示，当该有个分别。appearances 比较是停于主观状态中，因此译为‘显现的东西’（现象）。现予感性主体者即为显现的东西。当依范畴而思之时，则即客观化而唯一决定了的对象，此即名曰 phaenomena，因此，此词译为‘法定象’，即为法则性的概念所决定的对象，故比较时客观地。此只是随康德此处之语而方便如此译。‘法定象’在第二版中康德亦名之曰‘感触物’。”①

正如前文所述，蓝公武译本也是因这句话而唯一一次将 appearances 译为“事象”。同蓝公武一样，牟宗三也选择了改译普通译法。这当然是一种无可奈何又不得不如此的做法，但他能确保对 appearances 的这种独特界定仅在此句话中出现吗？书中其他地方的用法或含义都与此不同吗？恐怕很难说。所以另一种可选择的做法是，干脆从一开始就将 Erscheinung 和 Phänomen 的译法截然区分。这正是韦卓民、李秋零等译

① 牟宗三 . 牟宗三先生全集（第 13 卷）. 台北 : 联经出版公司 , 2003: 482-483. 尤其参见该书第 482—483 页 A 版部分的译文。

者的做法。

（2）《纯粹理性批判》（韦卓民，1991，2000）将 appearance 译为出现，phaenomena 译为现象，illusion 译为幻象。或许我们可能会觉得，韦卓民将 appearance 译为出现似乎语义上过弱，未突出其在康德哲学中的地位。但韦卓民给出了他自己的意见："'出现'是原德文 Erscheinung 之译。康蒲·斯密英译为 appearance 较妥，而又有英译为 phenomenon 的，但德语有 das Phänomen（中性）而 Erscheinung 是阴性，不宜互换，现康德在谈到现象与本体时是用 das Phänomen 作为与本体对立而言的，这和 Erscheinun 显然不同，所以不应混为一谈。"① 韦卓民先生从词性角度认定 Erscheinung 和 Phänomen 不相等同，同时认为，与 Noumena（本体）对应的词是 Phänomene（现象），所以 Erscheinung 不能再译为现象。基于这两点他将 appearance 一般性译为"出现"。的确，从词义来说，笔者也不能说他的译法错误，但是，要注意的是，不仅康德确实有时候将两者等同起来，在他讨论现象与本体之分时，很多时候他用的词就是 Erscheinung，而且实际上词典上也经常将两者画上等号。更重要的是，《纯粹理性批判》中他用 Erscheinung 与物自体（Ding an sich）对应，Erscheinung 是一个重要概念，译为"出现"这样一个普通的词，似乎很难标示他的思想。

（3）《康德著作全集》（李秋零，2016）中，李秋零则给出了不同的译法。其中，Erscheinung 主要被译为显象（1770 年教职论文中也译为显现），Phaenomen（Phänomen）被译为现象，Schein 则被译为幻相（《纯粹理性批判》）和幻象（《实践理性批判》）。李秋零未细谈他这样译的原因，幸好《康德著作全集》中译本序中，李秋零的老师苗力田先生对 Erscheinung 和 Phaenomen 分别做了辨析，尤其指出第一版第 249 页中，"Erscheinung 和 Phaenomen 在一起用，那就似乎不能不加以区别了"②，他给出的译法分别是"显现"和"现象"。大家多少能感觉，李秋零的"显象"颇似在遵循苗力田的"显现"。

---

① 康德．纯粹理性批判．韦卓民，译．武汉：华中师范大学出版社，2000: 62.

② 康德．康德著作全集（第 1 卷）．李秋零，译．北京：中国人民大学出版社，2016: 7.

（4）《纯粹理性批判》《实践理性批判》《判断力批判》（邓晓芒，2002—2004）中，Erscheinung 被译为现象，Phänomen 主要被译为现相（《判断力批判》中译为现象），Schein 被译为幻相。对于将 Phänomen 译为现相，邓晓芒在译上面提到的《纯粹理性批判》第一版 249 页首句时，以一个小注做了说明："为与 Erscheinung 相区别计，译者权将该拉丁文译作'现相'。"[①] 不过在《康德〈纯粹理性批判〉句读》中，邓晓芒又对这 3 个词的译法做了更多阐述。

首先，就将 Schein 译为幻相而言，主要在于它在康德书中的贬义："Schein 这个词在日常德文里常常带贬义，意味着仅仅是表面显得的那样，而实际上并不是那样，就是假相、幻相的意思，在黑格尔的逻辑学里面有的人就把它翻译为'假象'。……但在康德这里的 Schein 是强调它的贬义，它是一种幻觉，一种错觉，我们把它翻译成'幻相'。"[②] 这当然部分回答了笔者的疑问，但笔者还可以问，那为何不译为假相或假象或幻觉？

其次，就现象（Erscheinung）和现相（Phaenomena）而言，这两个词本是同义词，都可以说是现象，给出不同译法根本上是基于各自含义的差别："Erscheinung 可以包含未完成的现象，是指那些显现出来未经整理的东西，还没有组建为知识，还未组建为客体；而 Phaenomena，这个地方是用的复数了，是指已经组建为'现象界'的现象，我们就把它翻译为'照相'的'相'，而不是'形象'的'象'。"[③] 笔者同样能部分理解邓晓芒采用不同译法的苦衷，而且他译为现象、现相使得这两个词在读音上一致，多少保持了这两个词的联系。但问题是，为何不将 Erscheinung 译为现相，将 Phaenomena 译为现象？而且，为何有时又重新将 Phaenomena 译为现象？比如邓译本第 216 页的第三章标题中的 Phaenomena 则译为现象。

对此，大家可以在邓晓芒之后出版的《〈道德形而上学奠基〉句读》中找到答案。

---

① 康德 . 纯粹理性批判 . 邓晓芒，译 . 北京：人民出版社，2004: 227.

② 康德 . 纯粹理性批判 . 邓晓芒，译 . 北京：人民出版社，2004: 746.

③ 邓晓芒 . 康德《纯粹理性批判》句读 . 北京：人民出版社，2010: 716.

首先，虽然同样是现象，一般来说，Phaenomena 源于希腊语，较为抽象，而 Erscheinung 属于德语词，较为具体，同时，“这个‘相’比这个‘象’要抽象一些，……它有一种意思就是‘定形’，……如果没有照相的话，你平时的这个形象你可以用这个‘象’”[①]，它是不断地在变动的、比较具体的。在这种意义上，对应关系首先应是这样：具体对具体，抽象对抽象，即现象对 Erscheinung，现相对 Phaenomena。

其次，具体落实到康德的用法，Erscheinung“它可以是那些尚未规定好的现象，比如说感性的知觉、红色、声音、冷和热等等这样一些经验性的材料，……它有一个出现的意思……定格不定格都可以，出现的东西你可以说它尚未定格、尚未被范畴所整理。所以我们讲范畴能够运用于现象，能够用来整理现象，那都是指的 Erscheinung”，而 Phaenomena“就是已经经过时间空间范畴整理好了的，和盘托出的那样一种现象……在康德那里经常是指已经定格了的，已经被科学知识当做对象了的这种现相”[②]。总言之，Erscheinung 可以用于两个层面，尚未整理的现象和已经整理好的现相，而 Phaenomena 只能指后者。

应该说，邓晓芒先生的上述论断还是比较切合康德文本的，但是就他说的相与象的用法上是否真是抽象与具体之分，笔者略有疑问。

综观新中国成立后各种译法及译者的相关说明，不难发现，一般情况下，大家对康德著作中 Erscheinung 和 Phaenomen（Phänomen）的译法较为认同，均会译成现象。但是，主要由于《纯粹理性批判》中第一版中 249 页康德用 Erscheinung 来界定 Phaenomen，这就导致惯常的译法失效。为解决这个问题，各位译者尝试从不同角度分析、理解并提出自己的译法。大致说来，Erscheinung 被译为事象、现象、显现的东西，出现、显象，Phaenomen（Phänomen）则被译为现象、法定象、现相。与之相对，Schein 的译法通常就不太统一，大致排列是：幻相、假象、幻像、幻象、幻觉等（见表 2.10）。

---

① 邓晓芒 . 康德《道德形而上学奠基》句读 . 北京 : 人民出版社 , 2012: 788.

② 邓晓芒 . 康德《道德形而上学奠基》句读 . 北京 : 人民出版社 , 2012: 788.

表 2.10 不同译者对 **Erscheinung** 和 **Phaenomen**（**Phänomen**）的中译

译者	Erscheinung 的中译	Phaenomen（Phänomen）的中译	Schein 的中译
蓝公武（2017）	现象（事象）	现象	幻相
关文运（1960）	现象	现象	幻觉
宗白华（1996）	现象	现象	假象
韦卓民（2000）	出现的东西	现象	幻相
庞景仁（1982）	现象	现象	假象
韩水法（1999）	现象	现象	假象
邓晓芒（2002）	现象	现象	假象
齐良骥（2000）	显现	现象	/
杨云飞（2013）	现象	现相	/
高小强（2013）	现象	现相	假相
牟宗三（2003）	现象（显现者、显现的东西）	现象（法定象）	幻像
韦卓民（2000）	出现	现象	幻象
李秋零（2016）	显象（显现）	现象	幻相、幻象
邓晓芒（2004）	现象	现相（现象）	幻相
韩林合（2022）	显象	现象	假象

说明：为行文方便和统一格式，表中之前已提及的出处仅标注译者和所引译著出版年份，首次出现的则另行加注。下文类此，不再一一赘述。

有意思的是，这些译法中出现了像、象、相诸字。笔者不禁自问，那究竟该用哪个？单看中文，现象和显相有何差异？显象和现象又有何分别？幻相和幻象或幻像呢？那么，究竟该怎么译？笔者能在这个问题上给出译法的绝对理由，或者进行“厉行正名”吗？

张东荪曾就康德一些概念的译法写过一篇文章，他认为康德哲学中很多概念的译法源自日译，“国人于翻译一道远不如清末时代，尚有人自创名词。近则止知拾人吐馀而已。文化失其创造性，可哀也已”①。为此他提到，如：将 Kritik 译为检别，Vernunft 译为理悟，a priori 译为纯粹事先，transcendent 译为超绝等，他还认为 transcendentale Deduction 应译为推正，并“自信颇得其旨”。但是从今天来看，这些译法似乎都未

① 张东荪 . 康特哲学之专门名词 . 研究与进步 , 1939(1): 8.

被人接受，原因何在，引人深思。无独有偶，贺麟同样主张在哲学中厉行正名，“要想把西洋哲学中国化，郑重订正译名实为首务之急”，这需要不仅考察希腊文、拉丁文含义，而且要从《说文》《尔雅》等书中找名词；不仅要考察哲学家自己书中对概念的界定，而且要从诸子百家、儒道佛经寻找译词，另外自创新名要审慎，对日译名要严格批评。[①] 为此，他建议将批判改译为论衡，将 transcendental 和 a priori 均译为先天，将 Dialektik 译为矛盾等，但同样的问题是，他的这些译名究竟有多少被人接受了呢？谁可以说自己的译法更好？

对此，一种回答是，也许可以把这种翻译问题交给大家去讨论，或者，让时间来检验译名是否能流传。另一种回答是，可以为这种讨论清扫地面，使得大家能在某个层面上展开这种讨论。这是笔者较为赞成的立场。如何做到这点呢？笔者打算从两方面入手：其一，辞书及康德著作中 Erscheinung、Phaenomen、Schein 的含义；其二，相、象、像的用法。下面分别论述。

四、Erscheinung、Phaenomenon（Phänomen）、Schein 的含义

（一）辞书中的含义

由于此处讨论的是康德著作中的这几个词的含义，考虑到它们与当代含义可能有所不同，故而此处不引 *Duden* 等当代德语权威辞典的解释，而引证赫尔曼·保罗等编写的词源辞典：*Deutsches Wörterbuch: Bedeutungsgeschichte und Aufbau unseres Wortschatzes*，同时也参考《格林兄弟德语词典》。

据赫尔曼·保罗的词源辞典，Erscheinung[②] 源于动词 erscheinen。erscheinen 看似与 scheinen（照耀）有关，实则已毫无关系，它意指的是：可见、出现。尽管这个词最初可以用于太阳出现、月亮出现，但现

---

① 贺麟 . 康德译名的商榷 . 东方杂志 , 1936(17): 182.

② Paul, P. *Deutsches Wörterbuch: Bedeutungsgeschichte und Aufbau unseres Wortschatzes*, Auflage: 10. Berlin: De Gruyter, 2002: 295.

在一般不再使用。《圣经》中，这个词多半用于指邪魔、污鬼（Geistern）的出现，但这个词一般也可指人的出现，这时候它的意思就跟 sich einfinden 一样，意指出庭。如果说，一本书出现了，那是指书的上市。现在，"某个时刻出现了"这类说法已经过时。"erscheinen"有时像"看起来"一样后面接表语，但这种用法较罕见。此外，它也可以和 als 连用。最后，es erscheinen 这种说法也已过时。

与此相应，作名词的 Erscheinung 基本意思有 3 个。其一，das Erscheinen 和 Auftreten，即显现、出现，既可指人的，也可指物的显现（《格林兄弟德语词典》特意指出，康德的用法更接近这种用法①）。就现在用法而言，意思大致等同于 Wahrnenmung 和 Phänomen，即展现、现象。其二，Vision，即幻象、幻影②。其三，（转喻）konkretisiert 'Gestalt'，即形象、外表。

Phänomen 有 3 个意思③：其一，sichtbar Erscheinung der phy. Natur，即物理自然的可见显现，此义项下还注明这是歌德《论颜色》中最喜爱的一个词；其二，erweit. bemerkenswerte Erscheinung，Gegebenheit，即引申义是值得注意的显现、状况；其三，außerordentlicher Mensch，即不寻常的人。

Schein 有 4 个意思④：其一，Glanz，即光辉，转意为名声、声望；其二，lichtartige Ausstrahlun eines Körpers，即外表；其三，die Art，wie sich etwas（den Augen）darstellt，meist mit den Merkmalen falsch，

---

① Grimm, J. & W. *Deutsches Wörterbuch von Jacob und Wilhelm Grimm (Band 3)*. München: Deutscher Taschen Verlag, 2007: 958.

② 该处援引的一个例子是尼采《查拉图斯特拉如是说》第二部《坟墓之歌》中的一句话："Oh ihr, meiner Jugend Gesichte und Erscheinungen." 孙周兴译文为："呵，你们，我青春的面容和仪表"（尼采 . 查拉图斯特拉如是说 . 孙周兴，译 . 北京：商务印书馆，2009: 140）。不知何故，复数的 Erscheinungen 被译为仪表，从原文的意思和该词的含义看，此处翻译可能值得商榷。同样，如果根据赫尔曼·保罗的辞源辞典对 Gesicht 的解释，此处的 Gesichte 含义同 Erscheinungen，似乎也不宜译为容貌，而要译为幻象。

③ Paul, P. *Deutsches Wörterbuch: Bedeutungsgeschichte und Aufbau unseres Wortschatzes*, Auflage: 10. Berlin: De Gruyter, 2002: 747.

④ Paul, P. *Deutsches Wörterbuch: Bedeutungsgeschichte und Aufbau unseres Wortschatzes*. Berlin: De Gruyter, 2002: 836.

trügerisch，Ggs. wahr，wirklich，即真实、真正的对象主要以错误的、欺骗性的特性（在眼中）显现的样子；其四，Beweis，Urkunde，Zeugnis in schriftlicher Form，即书面形式的证明、证件。

尽管此处笔者列出了辞书中的多重含义，但这是否能囊括或者充分说明哲学家们比如康德的用法？哲学家们喜欢创制概念或者强调概念的某种特殊含义，从而凸显他们的真正思想，阐述他们的深刻道理。但哲学家们的创制或强调并非空穴来风，而是依托于语言的用法。这当然不是说辞典上的用法就是最后之言，而是说那是最初之言，是进一步讨论的有利基础。笔者希望从对权威辞典的讨论出发，结合康德论述来讨论相关概念的译法。下面笔者回到康德本人的论述，细看他的用法。

（二）康德前批判时期著作中的论述

在康德第一本著作《活力的真正测算》（1747）中，他就用到了 Schein[①] 和 Phaenomenon[②]，而 Erscheinung 最早出现在康德的《地震中诸多值得注意的事件》（1756）[③]，这时的 Schein、Phaenomenon 和 Erscheinung 似乎就是它们日常的用法，笔者完全可以按照最常见的译法来译出。1770 年，在以拉丁文写成的教职论文《论可感世界与理知世界的形式及其原则》中，康德似乎给 Phaenomenon 赋予了某些新的含义，"感性对象是可感的；但是，不包含任何东西，仅包含我们可以通过知性认识的东西的对象，则是理知的。前者在古人学派中叫作现象，后者则

---

① "我也没有理由要那样费尽心机地为我的那些定理消除一种错误之外表（Schein）"，见：Kant, I. *Werke in sechs Bänden, Band I*, Darmstadt: WBG, 2011: 19, VIII. 原文为："... ich habe auch nicht Ursache, meinen Sätzen den Schein eines Irrtums so sorgfältig zu benehmen." 中译参见：康德 . 康德全集（1）. 李秋零，译 . 北京：中国人民大学出版社，2016: 10. 笔者参考中译本《康德全集》译出。

② "运动只是物体状态的外在现象（Phaenomenon），此时物体虽然不起作用，但仍在力求起作用。" 参见：康德 . 康德全集（1）. 李秋零，译 . 北京：中国人民大学出版社，2016: 17.

③ "这一重大事件的最后一个现象（Erscheinung）还是值得注意的"，参见：康德 . 康德全集（1）. 李秋零，译 . 北京：中国人民大学出版社，2016: 429.

叫作本体”①。基本上，在这样的语境中，现象对应感性知识，本体对应理性知识，两者各服从不同的规律。进一步来说，因为感性的思考对象就在事物的表象中，所以无非就是它们显示的样子，而理智的思考对象则是它们本来所是的情形。②

康德这番论述，由于强调了对立，看起来多少延续了传统哲学的现象与实在的两分法，但实际上，这个论述还是与传统哲学有一定距离。传统哲学会认为现象是变动不居、虚幻不真的，真正可靠、确定的是理念或理性知识，而在康德看来，感性与知性的区别不在于一个杂乱，一个清晰，感性知识照样可以清晰，而知性知识照样可以杂乱，它们的关键差别在于具有不同的功能。这在康德批判时期的哲学中得到了详细论说。

（三）康德批判时期及之后著作中的论述

批判时期，康德为了构造自己的理论，对这三个概念做了某些界定，应该说，这体现了他成熟时期的思想及此时对这三个词的理解。为此我们不妨梳理下其中的说法，以期在对其进行中译时能确有道理。

先说 Erscheinung。从康德在《纯粹理性批判》中的用法来看，Erscheinung 的一层基本意思是经验性对象或者说经验性知识的对象，

---

① Kant, I. *Werke in sechs Bänden* (*Band III*). Darmstadt: WBG, 2011: 29. 原文拉丁文，Wilhelm Weischedel 的德译如下：Der Gegenstand der Sinnlichkeit ist sensible; was aber nichts enthält, als was man durch die Verstandesausstattung erkennen kann, ist intelligible.. Das Erstere hießin den Schulen der Alten Phaenomenon, das letztere Noumenon. 参见：康德 . 康德全集（2）. 李秋零 , 译 . 北京 : 中国人民大学出版社 , 2016: 397.

② 霍华德·凯吉尔（Howard Caygill）认为，1766 年的《一位视灵者的梦》中，康德就使用了 illusion（Schein）的虚幻、假象之意，并且相关思想在《教职论文》中得到延续，参见：Caygill, H. *A Kant Dictionary*. Oxford: Blackwell Publishers Ltd, 2000: 243. 笔者查对《一位视灵者的梦》德文原文，英译本中的 illusion 在原文并不是 Schein，而原文的 Schein 均只是“外表”这种意思，均无虚幻、假象之意，同时《教职论文》本身是拉丁文，本身也并无 Schein 一词。Howard Caygill 依据英译本作此种论断，显然有过度诠释的嫌疑。另外，他还认为 appearance（Erscheinung）在《教职论文》的意思与 Phaenomenon 意思一样，并就此作了些诠释，参见：Caygill, H. *A Kant Dictionary*. Oxford: Blackwell Publishers Ltd, 2000: 79. 但 Erscheinung 仅是德译文，康德拉丁语原文并无 Erscheinung，据英译本讨论康德的 Erscheinung 似乎不妥。

“一个经验性的直观的未被规定的对象叫作现象（Erscheinung）”[①]。这是知识的第一步。这种意义的 Erscheinung 包含质料和形式两块，质料是“那与感觉相应的东西”，形式也被叫作纯直观，即“那种使得现象的杂多能在某种关系中得到整理的东西”。[②] 众所周知，康德又将 Erscheinung 的形式分成时间和空间两种，并强调它们全都是内心中先天地为这些现象准备好的。康德后来还在更一般的意义上将 Erscheinung 界定为：“凡是根本不会在自在的客体本身找到、但却能在客体与主体的关系中找到，并与主体的表象不可分的东西。”[③]

这种意义上的 Erscheinung，显然与柏拉图意义上的现象有了差别，也跟大家平常对现象的理解有差别。柏拉图的现象更多被视为虚假的存在，我们也常说要透过现象看本质、不要被现象迷惑等，但康德的 Erscheinung 首先是中性的，并无真假之分，而且因为经由时空整理，所以也具有内在的秩序。故此，康德在《导论》中说：“我的空间和时间的唯心性的学说，远远没有把整个感性世界弄成为仅仅是一个假象；反之，它是……阻止人们去把它当作仅仅是假象的唯一办法。”[④]

再说 phaenomenon（Phänomen）。从文本来说，其出现次数远少于 Erscheinung。康德对它最主要的一个界定就是第一版中：“诸现象（Erscheinung）就其按照范畴的统一性而被思考为对象而言，就叫作 Phaenomena。”[⑤]Erscheinung 虽已经由时空整理，但仍是未被规定的，因而是不清晰的，而现在运用范畴加以思考、整理后，它们就呈现出更为清晰的面貌，就成为 phaenomenon。康德有时候也把对象称作 Phaenomena，“我们把某些作为现象（Erscheinung）的对象称为感官物（Phaenomena 现相）”[⑥]。如研究者们指出的，康德之所以通过 Erscheinung

---

① 康德 . 纯粹理性批判 . 邓晓芒 , 译 . 北京 : 人民出版社 , 2004: 25.
② 康德 . 纯粹理性批判 . 邓晓芒 , 译 . 北京 : 人民出版社 , 2004: 25-26.
③ 康德 . 纯粹理性批判 . 邓晓芒 , 译 . 北京 : 人民出版社 , 2004: 48.
④ 康德 . 任何一种能够作为科学出现的未来形而上学导论 . 庞景仁 , 译 . 北京 : 商务印书馆 , 1982: 55.
⑤ 康德 . 纯粹理性批判 . 邓晓芒 , 译 . 北京 : 人民出版社 , 2004: 227.
⑥ 康德 . 纯粹理性批判 . 邓晓芒 , 译 . 北京 : 人民出版社 , 2004: 225.

来界定 Phaenomena，更多是为了摆脱“真理和现象间的传统区分”[①]，因为现在，我们的知识或者说真理，是人心整理现象所得。

最后说 Schein。康德在多处对 Schein 进行过界定。《纯粹理性批判》中，他最早的说法是“Schein 把那只是在与感官的关系中，或一般在与主体的关系中属于对象的东西赋予了(beilegt) 孤立的客体”[②]，比如土星的光环在早前的观测中看起来像两个柄，结果人们就判断说土星有两个柄。由这段引文来看，经验性的 Schein 似乎是我们把 Erscheinung 判断为物自体造成的，由于 Erscheinung 和物自体完全不同，这意味着经验性的 Schein 就是某种错误，具有欺骗性。

但是另一些文本似乎又提示，经验性 Schein 仅是谬误的诱因，Schein 只是诱导我们错误判断从而导致谬误。康德在《纯粹理性批判》中说：“真理也好，谬误（Irrtum）也好，作为谬误诱因（Verleitung）的 Schein 也好，都只是在判断中、即只有在对象与我们知性的关系中才能发现。”[③] 他在《实用人类学》中说，“Schein 是出自主观原因但被误认为客观原因的错误判断的根据”[④]，《逻辑学讲义》中他又说：“我们在判断中把纯然主观的根据视为客观的根据，因而把纯然的真理之 Schein 与真理本身混为一谈。……因此，使谬误成为可能的，就是 Schein，因为它，判断中纯然主观的东西与客观的东西才被混为一谈。”[⑤] 从这些段落来看，经验性 Schein 似乎颇像 Erscheinung，本身并没有错，或者说不是谬误或错误本身，错的是我们的判断。我们每天看见太阳东升西落，我们错了吗？错的是我们的判断：太阳绕着地球转。

---

① Cassin, B., Apter, E., Lezra, J. & Wood, M. *Dictionary of Untranslatables: A Philosophical Lexicon*. New York: Princeton University Press, 2014: 282.

② 康德 . 纯粹理性批判 . 邓晓芒，译 . 北京：人民出版社，2004: 48.

③ 参见：康德 . 纯粹理性批判 . 邓晓芒，译 . 北京：人民出版社，2004: 258.

④ 参见：康德 . 康德全集（7）. 李秋零，译 . 北京：中国人民大学出版社，2016: 135.

⑤ Wir im Urteilen bloß subjective Gründe für objective halten und folglich den bloßen Schein der Wahrheit mit der Wahrheit selbst verwechseln. …Was den Irrtum möglich macht, ist also der Schein, nach welchem im Ursteile das bloß Subjective mit dem Objektiven verwechselt wird. (Kant, I. *Werke in sechs Bänden, Band VI*. Darmstadt: WBG, 2011: 481) 参见：康德 . 康德全集（9）. 李秋零，译 . 北京：中国人民大学出版社，2016: 52.

这里可能是存在某些模棱两可。但笔者能感觉到，康德的基本想法是把判断和经验性 Schein 结合起来，并主要强调感性或想象对知性的诱惑或误导性影响。不过，Schein 有很多种，经验的、逻辑的、先验的等等，而康德尤其关注的是先验的 Schein。先验的 Schein 不同于一般 Schein 之处在于，它不再扎根于知性判断，而是扎根于纯粹理性。纯粹理性的运用总是超越的——超出经验界限，“把每一个对象方面的一切知性活动都总括在一个绝对整体之中”[①]，并以此来把握独立于我们理性存在的诸对象，这就自然而且必然会产生先验 Schein。从这个角度来说，Schein “不可阻挡地依附于人类理性身上，甚至在我们揭穿了它的假象之后，它仍然不断地迷乱人类理性，使之不停地碰上随时需要消除掉的一时糊涂”[②]。康德还划分了三重先验 Schein，并对它们做了具体的解剖。

由于本节旨在讨论几个概念的译法问题，对这几个概念的讨论大致已可让笔者把握其含义。也许现在可以回答这几个概念的中译问题了。

大致看来，可以说前批判时期，这几个概念更多是通用含义，所以它们的译法可以一般性译为现象及外表，而在批判时期，Erscheinung 被理解为关涉对象，但无关真假，而 Schein 则无关对象，但必定为假。就此而言，两者属于全然不同的 “xiang”，它们对应的译词 “xiang” 应该不同。与此同时，《纯粹理性批判》A 版中，的确有明显的文本证据表明 Erscheinung 和 phaenomenon（Phänomen）不同，故而二者的译法的确该以不同词体现出来。但是，选择哪个字来译似乎是个需要细细斟酌的问题。也许有必要进一步梳理下像、象、相的意思和用法。

五、像、象、相的用法

这三个字，作名词时读音相同，用法相近，容易混淆，无怪乎经常有人加以讨论。单从中国期刊网的检索来看，从 1986 年到 2016 年这 30 年间，陆续发表在各种刊物上的讨论文章约有 30 篇，差不多每年一篇。

---

① 康德 . 纯粹理性批判 . 邓晓芒，译 . 北京：人民出版社，2004: 278.

② 康德 . 纯粹理性批判 . 邓晓芒，译 . 北京：人民出版社，2004: 261.

笔者以为，经过大家的讨论，相关问题的来龙去脉得到了梳理，疑难之处也得到了化解。本书不拟重炒冷饭，仅依据前人研究及相关辞书做些结论性叙述。

（一）文字简化改革前像、象、相的用法

据《说文解字》，象的用法是："长鼻牙，南越大兽，三年一乳，象耳牙四足之形。凡象之属皆从象。"① 而像的用法是："象也，从人，从象。"② 不知是出于疏忽还是什么，这里许慎又把含义不同的像、象等同起来。这委实会给人造成困惑：两个词到底是不是相同？更何况，在许慎前，像、象两字实际已出现于《易·系辞》《楚辞》《左传》等书，所具有的意思也不限于许慎所说的这两种。对于许慎的做法，也许能猜想，《说文解字》成书于东汉，所以这大概是许慎对之前古汉语中相关通假现象的描述。为消除许慎将像、象互释带来的困惑，段玉裁后来在这段话的注疏中校改为："倡也（即似），从人，象声"③，并援引《易·系辞》证明像的基本意思是相似。段玉裁同时指出，古书中表示相似的像，大多会用象来代替。

段玉裁的补充文字提示我们，古汉语中存在像和象的各种同义异形表达或者说通假。按邹玉华先生的考证，古汉语中，不仅表示"形状、样子""肖像""仿效、摹拟"等义项时存在这种通假现象，而且组成"象生 / 像生，像设 / 象设（人像或神佛供像），好像 / 好象等"等词组时也有类似现象。④ 实际上，依据现有的古籍电子文献库，笔者还可找到更多这样的例子，比如"现象"和"现像"都可在古籍中找到。

再看相的用法。《说文解字》注解相字时说："省视也。从目从木。《易》曰：'地可观者，莫可观于木。'"⑤ 段玉裁认为相的引申用法就是

---

① 许慎 . 说文解字 . 北京 : 中华书局 , 1978: 198.
② 许慎 . 说文解字 . 北京 : 中华书局 , 1978: 167.
③ 段玉裁 . 说文解字注 . 南京 : 凤凰出版社 , 2015: 658.
④ 参见：邹玉华 ."象"、"像" 规范的历史嬗变与相关系列异形词的规范 . 汉字文化 , 2002(4): 35-36.
⑤ 许慎 . 说文解字 . 北京 : 中华书局 , 1978: 72.

“彼此交接”，由交接而有相互、相助等义。可以看到，这里的相，没有标注相貌、外貌的含义，但实际上，《荀子·非相》中使用的却更多是这种意义的相。

佛教传入中国后，随着佛经的大量译介，作名词的“像”和“象”也常出现于佛经，比如现象、现像，用来表示显现形象的意思；而作名词的“相”则更多被用来译佛经中的某些概念，并从专指人的相貌扩展到指物体的外观，比如假相、幻相等。

19 世纪初至 20 世纪初，随着东西方文化的碰撞，随着中国对西方文明的了解和吸收，大量西方概念被译成汉语传入中国。其时，与“像”有关的词被用来译 image、figure、statue、vision 等，而与“象”有关的词除了被用来译 image 外，还被用来译 abstract、quadrant、sign 等概念，而“相”则被用来译 phase 等[①]。这些有关像、象、相的用法，大大丰富了汉语词汇，也使这几个词在用法上的差异渐趋明朗。新中国文字改革时面临的就是这个局面。

（二）文字简化改革至 21 世纪初像、象、相的用法

相较而言，20 世纪 50 年代文字改革至 21 世纪初，相的用法问题较少受到关注，而像、象则由于简化和规范问题，引发了不少人的讨论。

在 1964 年公布的《简化字总表》中“像”被看作“象”的繁体字去除了，不过在脚注中又补充说，在“象”和“像”意义可能混淆时，仍用“像”。这种折中做法固然照顾了像、象的实际用法，但实际上带来了使用上的困惑乃至不规范，为此 1986 年再次公布《简化字总表》时，“像”直接被“官复原位”，独立成字，不再当成“象”的繁体字，但是个中原因和具体用法又没有交代。随着 20 世纪八九十年代科学技术和思想文化的不断引入，各界迫切需要规范像、象的用法，以准确译介新概念。为此，全国自然科学名词审定委员会于 1990 年又专门出台了《关于科技

---

① 如：（物理）位相，见：颜惠庆 . 英华大辞典 . 北京 : 商务印书馆 , 1908: 1649 ; Wilhelm, R. *Deutsch-Englisch-Chinesisches Fachwörterbuch*. Tsingtau: Deutsch-Chinesischen Hochschule, 1911: 382.

术语中“象”与“像”用法的意见》，其中规定了像、象的各自用法，并提到：在表示形状并作名词性词素构成的复合词时用“象”，如：现象、形象、印象以及图象、录象等。该意见称“考虑了绝大多数语言、专业工具书的用法，语言学家的论著，特别是近几十年来广大科技人员约定俗成的实际”[①]，但是不知何故，后出的《汉语大辞典》《辞海》《现代汉语词典》等工具书中的写法却并不与此一致，比如图象、录象均写成为图像、录像等。这在无形中造成了一定的混乱。为此，2001 年 10 月全国科学技术名词审定委员会又召开了“象与像用法研讨会”，并在此基础上进一步规范了用法，其结果就体现在《现代汉语词典》(第 6 版) 中。

(三)《现代汉语词典》(第 6 版) 中像、象、相的用法

一般认为，这 3 个词的用法混淆问题主要出现在作名词时，所以以下依据《现代汉语词典》(第 6 版) 进行的讨论，仅关注这些词的名词用法。

《现代汉语词典》(第 6 版) 中，“像”作名词时的主要用法是：1. 比照人物制成的形象，如：画像、塑像、肖像。2. 从物体发出的光线经平面镜、球面镜、透镜、棱镜等反射或折射后所形成的与原物相似的图景。分为实像和虚像。

“象”作名词时除了指大象外，主要用法是：形状；样子。如景象、气象、印象。

“相”作名词时的主要用法是：1. 相貌；外貌。如：长相、可怜相。2. 物体的外观。如：月相、金相。3. 坐、立等的姿势。4. 交流电路中的一个组成部分。5. 相态。

这应该代表了当下语言学界对这三个字的名词用法的认识。

单从用法来看，虽然“像”的第一个用法是“形象”，与“象”的第一个用法“形状、样子”有相近之处，而且“形象”本身是“象”而非“像”，

① 全国自然科学名词审定委员会 . 关于科技术语中“象”与“像”用法的意见 (1990 年 10 月 21 日) . 科学 , 1992, 44(1): 59.

但由于强调了“比照人物制成”这个定语，所以像和象实际较易相互区分。从这个用法来看，像和相的区分也较易做出。相无非就是“人或物本身的外观形象”①。

麻烦的倒是“相”和“象”的用法区别。“相”指人的相貌以及被用来翻译英语的 facies、phase、佛经中的 laksana、电路中的组成时，显然容易与象区分。但在一般性指“物体的外观”时，似乎较难与作为“形状、样子”的“象”区分开。实际上，早于《现代汉语词典》(第 6 版)的《汉语大词典》中，就既有假象也有假相，既有幻象也有幻相，既有真象也有真相。当然可以说，这是因为《汉语大词典》更多是描述性词典，主旨在尽可能充分地描述古今语词的用法，因而只要古今出现过都宜收录，而《现代汉语词典》更多是出于规范语言的目的，“为推广普通话、促进汉语规范化服务的”②。但是，翻查《现代汉语词典》会发现，其中固然未收录“幻相”但收录有“幻象”，未收录“真象”但收录有“真相”，而假象和假相则一并收录，但倾向于用假象来解释假相。这仅仅是约定俗成吗？还是依据词频或别的什么标准？有意思的是，《人民日报》中的词频与此类似：1947 年至 2014 年，“幻象”出现 139 次，而“幻相”只出现 5 次；真相出现 9310 次，真象只出现 1829 次；假象出现 1277 次，假相则出现 112 次。这种词频的差异是种偶然，是种习惯还是寓含着某种道理？仔细体会这些词，笔者发现，“相”的含义更多指向物的本身、本质，而“象”的含义则更多指向物的外在、现象，或者说，物的相更多被理解为和物不可剥离的组成，一物对应一相，而物的象则更多被视作外在于物的展现，一物可对应多象。世界在语词的层面成象。真相只有一个，而假象则可能有很多。《现代汉语词典》(第 6 版)或隐或现地遵循着这种差异。站在这个角度，最规范的用法大概是：真相、幻象、假象，而真象、幻相、假相最多只能视作前述词的异形或者不规范写法。

可否由此来重新审视前述康德概念的译法？

---

① 高文成．名词性“像、象、相”解．语文建设，1996(10): 6.

② 中国社会科学院语言研究所词典编辑室．现代汉语词典（第 6 版）．北京：商务印书馆，2012: 7.

六、尝试性结论

首先，如前所述，现象一词源于日本哲学家西周对英语词phenomenon的翻译。这一译语先后经多种日语辞典的收录而成为日语定译，后由梁启超等人引入中国，很快被汉语接受，并成为phenomenon及德语词Phänomen、拉丁语词phaenomenon等的汉语定译。随着康德哲学及晚近现象学在中国的广泛传播，该译法深入人心，几乎成为共识。就此而言，康德文著中的phaenomenon（Phänomen）以及它们的复数形式等，似乎理应约定俗成译为现象（复数时可考虑译为现象界、诸现象）。

其次，康德前批判时期著作中的Erscheinung，遵循的是该词的一般用法，可译为现象，也可译为显现等。但批判时期著作中的Erscheinung，特别是《纯粹理性批判》中的Erscheinung，由于有第一版的明确文本表明不同于phaenomenon（Phänomen），故而不宜译为现象；同时，Erscheinung本身是"一个经验性的直观的未被规定的对象"，更多与Ding an sich相对，是"象"而非"相"，所以可结合其基本含义"显现"，采用李秋零先生的译法：显象。

需要指出的是，笔者的这一译法上的区分更多着眼于翻译康德。顾有信先生（Joachim Kurtz）从义理上指出，译者或研究者区分Erscheinung和phaenomen是为了强调这样一个事实："即当康德希望强调事物'对于我们'感觉是怎样，也就是说，我们联系到现象世界的主观层面时，往往用Erscheinung，而当讨论客观层面时则选用Phaenomen。"[①] 海德格尔也持类似解释："'现像'（Erscheinung）这一名称意味着作为有限知识对象的存在物自身。更精确地说，只有对于有限性的知识而言，才在根本上有对象这样的东西"；"康德在狭窄和宽泛的意义上使用'现像'（Erscheinung）这一表述。宽泛意义上的现象（Phaenomen）就是'对象'的一种方式，即是有限的认识，作为思维着、领受着的直观，使之开放的存在物自身。狭窄意义上的现像，意味着那

① 孙江，刘建辉. 亚洲概念史研究（第一辑）. 北京：生活·读书·新知三联书店，2013: 60.

种附在宽泛意义现像上的东西，它曾经完全是思维（规定活动）将之剥离下来的，隶属于有限直观之感触的关联项：经验直观的内容。……现像是说：‘是经验直观的一个客体。’”①

最后，康德前批判时期著作中的 Schein，遵循一般用法，可直接译为外表。但批判时期及之后著作中的 Schein，主要强调思维的主观条件被视为客体的知识，“判断的主观根据被当作客观根据”②，更多强调其虚幻不真，此时应将其译为假象，还是幻相、假相，抑或幻觉、假像之类？

据像的主要含义，假像这一译法在这里不合适，因为这里并无“比照人物制成”这一含义，也非经透镜等形成的与原物相似的图景。

那么幻觉的译法呢？ Schein 依附于人类理性，是人类理性的自然倾向，在这种意义上，幻觉显然不是。

这里的关键是，Schein 是象还是相，是假象抑或幻相？从《现代汉语词典》（第 6 版）的用法来说，假象和假相都是规范用法，且可相互替换。如果承认这种用法，那意味着象等于相，也意味着假象和幻相同等适用于对 Schein 的翻译。这也许是最四平八稳的结论，但这又似乎与《现代汉语词典》对象和相用法的描述存在距离。能否得出更精准的结论？如果思考前述《现代汉语词典》（第 6 版）中真相、幻象这两种用法背后的道理，即“相靠近本身、本质，而象靠近外在、现象”，那笔者倾向于说，Schein 是象而非相。在这种意义上，笔者倾向于将 Schein 译为假象。

还可以提一下 Einbildungskraft 的翻译。该词在各中译本中的译法

---

① 海德格尔 . 康德与形而上学疑难 . 王庆节，译 . 上海：上海译文出版社，2011: 27-28. 王庆节的译法是现象和现像。他的理由是，Phaenomen 更为源初，属于生存性的，而 Erscheinung 则是第二义的，认知性的。前者属于象的话，后者就属于呈现的像。但我们认为，“现像”这一译法过于生造，也不符合像的用法。一些研究者也从这个角度来理解康德的 gegenständ 和 Objekt 之间的差别。详见：阿利森 . 康德的先验观念论 . 丁三东，陈虎平，译 . 北京：商务印书馆，2014: 81.

② “… aller Schein darin besteht, daß der subjective Grund des Urteils vor objective gehalten wird …”（Kant, I. *Werke in sechs Bänden, Band III*. Darmstadt: WBG, 2011: 198.）参见：康德 . 康德著作全集 (4). 李秋零，译 . 北京：中国人民大学出版社，2016: 332.

是：想像力、想象力。牟宗三和邓晓芒均采用想像力，其他人均译为想象力。显而易见，只有想象力才是规范用词。

第六节　康德其他哲学术语的中译论争

一、Ding an sich 与 Noumenon

（一）引　言

顾有信先生在《一个哲学虚构概念的本土化——论康德“Things in Themselves”的中文译法》[①]一文中，指出康德 Ding an sich 概念及其英译名和中译名“呈现出极大的多样性”，同时对这种多样性进行了极为细致、极有价值的历史考察。在此基础上，他进一步指出，这个概念的译法逐步趋向统一，即趋向于译为物自体、物自身、自在之物。不过，他的关注点并非其中译本身，而是其中译“变迁的诱因和指标”，即这个概念中译变迁所基于的语言、社会和制度结构。很显然，这些因素确实都在变动，因此：

> 翻译概念时的术语问题可在任何阶段再生。当卷入其中的学者一旦需要推进他们自身的论点，他们很可能会重新挖掘已经用来诠释某个概念的词汇的潜在内涵，或者提出新的词汇来强调这些词汇被忽略的向度。[②]

这等于说，译无止境，有关这个术语翻译的争论也是根本不会罢休的。很自然地，他也没有就这场译名之争给出最终的定译。但人们多少会有疑问：Ding an sich 的译名问题难道真的是人言人殊？各种译名难道全然没有优劣之分？其译名最终定格于物自体、物自身、自在之物等主要译名上难道只是偶然发生的事？还是背后自有其道理？更多的译名被淘汰是否有其必然性？物自体、物自身、自在之物等译名的优劣之处

① 孙江，刘建辉．亚洲概念史研究（第一辑）．北京：生活·读书·新知三联书店，2013: 47.
② 孙江，刘建辉．亚洲概念史研究（第一辑）．北京：生活·读书·新知三联书店，2013: 64.

何在?

为解答上述疑问，笔者将围绕上述三种主要译名一探究竟。很自然，这种探究的第一步是追根溯源，即追溯这些译名的源头。笔者由此得到的一个发现是：物自身、物自体的译法其实均源于日文，而自在之物的译法则来自严复及严灵峰。

（二）物自身、物自体、自在之物的译名史

1. 物自身的译名史

中文“物自身”的译法最早出现于1926年樊炳清的《哲学辞典》中。据笔者考察，该辞典的主要蓝本是日本学者朝永三十郎1905年出版的《哲学辞典》[①]。在樊炳清的《哲学辞典》中，“物自身”多次出现。一处是在“现象”词条下。值得注意的是，在作为其蓝本的朝永三十郎的《哲学辞典》中，“現象”词条下出现的原文是“物自躰”[②]。也就是说，樊炳清将日文的“物自躰”译成了“物自身”。须知，日文“躰”的意思是：躯体，而它的另一写法恰就是“体”。然而令人费解的是，樊炳清的《哲学辞典》中，大多数情况下都将朝永三十郎书中的“躰”译为“体”，如将“本躰”译为“本体”，将“實躰”译为“实体”，唯独将“物自躰”译为“物自身”。这究竟是有意为之，还是某种笔误或排版错误?

进一步考察朝永三十郎的辞典会发现，除了在正文收录“物自躰”的译名外，他还单列了一个“物自體”的词条，即不再用“躰”字，而是用了“體”，同时列出了“物如”“物其自”“物其自身”等其他译名。反观樊炳清，除了稍稍改译原文解释外，不仅将该词条名从“物自體”改编为“物自身”，还删去了“物其自”“物其自身”等译名，只保留了“物如”。这表明，上文提到的他将“物自躰”译为“物自身”并非疏忽，而是有意为之。但这也确实让人有点无法理解：明明是编译，为何将

① 这一判断的依据主要有两个方面：首先是词条释义上，樊炳清的释义和朝永三十郎的释义基本一致，偶尔会有增删；其次是词条形式上，均是中文或日文下附上德、法、英原文。

② 朝永三十郎．哲學辭典．東京：寶文館，1905: 109.

“躰”“體”均改译成了“身”？虽不能确定樊炳清对当时学界的康德研究掌握多少，但就当时汉语学界而言，“物自身”的译法从未出现过，而且在日语中，除了井上哲次郎曾译为“實體”[①]，后改译为“物如、物其自身、自存物”[②]外，一般主要译为“物自体”，也从未出现“物自身”这一译名。如果他熟悉日语，想必会很自然地译为“物自体”，如果他不熟悉的话，这么改就更加没道理了。所以他的改译委实让人困惑。此外，有这样一个事实值得关注：王国维曾用过“物之自身”这一用语。固然王国维常用本体来指康德的 Ding an sich 和 Noumena，但他在 1902 年翻译的桑木严翼《哲学概论》中就已将日文的“物自躰”译为“物之自身”[③]，1906 年起写的文章中，也固定使用“物之自身”了[④]。

樊炳清与王国维关系非常亲密[⑤]，他极有可能读过王国维的《哲学概论》译本，并了解康德思想和王国维的译法。他的改译，从目前来看，也只可能是受到王国维的影响。此后，1930 年，笛秋（陈韶奏）和朱铁笙（朱泽淮）也采用这一译名，1933 年，蓝公武也将 thing in itself 译为物自身，1935 年，余又荪同样将桑木严翼的“物自躰”译为“物自身”，此外，牟宗三（《纯粹理性之批判》等）、王玖兴（《精神现象学》[⑥]）、齐良骥(《康德的知识学》)、李秋零(《康德著作全集》) 都采用了“物自身”这一译名。

---

① 井上哲次郎 . 哲學字彙 附清清國音符 . 東京 : 東京大學三學部印行 , 1881: 25 ; 井上哲次郎 . 哲學字彙 . 東京 : 東洋館 , 1884: 33.

② 井上哲次郎 , 元良勇次郎 , 中島力造 . 哲學字彙 : 英獨佛和 . 東京 : 丸善株式會社 , 1912: 37.

③ 王国维 . 哲学概论 // 王国维 . 王国维全集（第 17 卷）. 杭州 : 浙江教育出版社 , 2009: 242-243; 桑木严翼 . 哲学概论 . 東京 : 東京专门学校出版部 , 1900: 203-204.

④ 王国维 . 汗德之伦理学及宗教论 // 王国维 . 王国维集（第二册）. 北京 : 中国社会科学出版社 , 2012: 140-143.

⑤ 据罗振玉《集蓼编》所述，王国维、樊炳清、沈纮同为东文学社首批学员，后来均成为学社的翻译骨干。两人前后“共事达十年之久”（罗继祖语），“相交垂三十年”（樊炳清语），相知甚深。参见：罗继祖 . 王国维与樊炳清 . 史林，1989(3): 82，19 ; 彭玉平 . 王国维词学与罗振常、樊炳清之关系 . 四川大学学报（哲学社会科学版）, 2013(3): 98-103.

⑥ 王玖兴译本给出的译法是“本来物”。参见：康德 . 纯粹理性批判 . 王玖兴 , 译 . 北京 : 商务印书馆 , 2018: 76-77.

2. 物自体的译名史

汉语中物自体的译法最早出现于1924年张心沛、周昌寿、张水淇等人的论文[①]中，这一译法后来为张铭鼎、贺麟、曹葆华和博古等接受。考虑到日语中很早就已将Ding an sich译为“物自體”或“物自躰”[②]，并广为接受（如上文提到的朝永三十郎的《哲学辞典》中的译法：“物自體”——这一译法甚至在日本一直延续到了当下，并成了定译[③]），而张心沛、周昌寿、张水淇等又均有留日学习经历，因此不难想象，他们的译法来自日文。较之于物自身，这一中译名的发源似乎更为清晰。改革开放初期，李泽厚《批判哲学的批判》中采用的也是物自体这个译名，鉴于该书当时的广泛影响力，该译法也得以广泛传播。

3. 自在之物的译名史

虽然古籍中偶尔也有“自在之物”的说法，如吕坤的《呻吟语》中就有“人心是个猖狂自在之物、殒身败家之贼，如何纵容得他”[④]，但这里的自在，所取的意思无非就是其在古汉语中的基本意思（无拘束、任意），与笔者要讨论的康德的自在，距离很远。真正来说，作为康德术语译名的“自在之物”要追溯到严复，追溯到他1902年翻译的《穆勒名学》。

据统计，《穆勒名学》中出现两次“自在之物”，同时出现“自在自

---

① 张心沛．康德之目的论．学艺，1924(5): 90-102；周昌寿．康德之时空论．学艺，1924(5): 76-89；张水淇．康德与自然科学．学艺，1924(5): 196-208.

② 在日语中「からだ」的汉字有：体、身体、躰、躯、軆、軀、體等，一般都写“体”或“身体”。躰、躯、軆、軀、體是非常用的汉字，即旧体字。“体”和“身体”的基本意思是相同的，但根据使用场所和意思上的细微差别会区分使用。表示身心时用“身体”，表示肉体个体时用“体”的时候较多。“体”广泛用于人和动物、物体等，但有心灵精神、地位立场的只有人类，所以“身体”基本上只用于人。表示整个身体时可写成“体”或“身体”，但除了头部、手足外，只表示躯干部分时用“体”。比起“体”，“身体”更郑重，此外，根据三省堂出版社《新明解国语词典》第5版，“身体”是非常新的用字。

③ 参见：石川文康，等．カント事典．東京：弘文堂，2014: 507；李明辉．康德哲学在东亚．台北：台大出版中心，2017: 124.

④ 吕坤．呻吟语 // 吕坤全集（上）．北京：中华书局，2008: 626.

然之物”“自在世界”[①] 等。比对穆勒原文可见，两处“自在之物”中，前一处当是在译原文的 substances and attributes，而后一处大致可推断在译原文的 the thing in itself；“自然自在之物”虽然看不出原文何指，但“自在世界”则显然是在译原文的 a universe of “things in themselves”。当然，严复有时还会将 things in themselves 等同于 Noumenon，并译为本体。尽管这种译法不统一，然而严复赋予其汉语原有的“自在”以新义，独创性地开始用来译“things in themselves”或“thing in itself”，确实具有开创之功。

就目前所见资料，严复之后，“自在之物”的译法在其他书中再次出现是在 1930 年萨可夫斯基的《辩证的唯物论》中译本中[②]，译者是与严复同宗、后来专治老庄哲学的严灵峰。不同于上文那些留日译者，严灵峰曾于 20 世纪 20 年代末留学苏联，主要学习哲学和政治经济学。这个译本就是出自俄文。仔细考察这个译本，不难发现，其中的“自在之物”所指均是康德意义上的。尚不清楚严灵峰当时为何会将俄文的 Вещь в себе 译为自在之物，看起来，他应该不熟悉日文中对该词的通用译法。他是读过严复的译著而熟悉了严复赋予新义的“自在”，还是独出心裁、不约而同采取了严复的译法？对此，笔者也不得而知。笔者只知道，此

---

① 原文分别为：“且十伦所谓物者，自在之物也。”（严复 . 穆勒名学 // 严复 . 严复全集（卷 5）. 福州：福建教育出版社 , 2014: 45），对应穆勒原文当是：“On the other hand, the enumeration takes no notice of any thing besides substances and attributes.”（Mill, J. S. *A System of Logic*. London: Longmans, Green and CO., 1895: 46）；“且本体者，自在之物也，则词又可以言自在”（严复 . 穆勒名学 // 严复 . 严复全集（卷 5）. 福州：福建教育出版社 , 2014: 84），对应的穆勒原文当是：“Still, the proposition as commonly understood does not assert that alone; it asserts that the Thing in itself.”（Mill, J. S. *A System of Logic*. London: Longmans, Green and CO., 1895: 82）；“其与形体，同为自在自然之物，特内外异耳。”（严复 . 穆勒名学 // 严复 . 严复全集（卷 5）. 福州：福建教育出版社 , 2014: 57），对应穆勒原文无法判断，似乎更多是严复的某种改译；“汗德之言性灵与物体也，至谓有自在世界，与对待世界绝殊”（严复 . 穆勒名学 // 严复 . 严复全集（卷 5）. 福州：福建教育出版社 , 2014: 56），对应的原文是：“However firmly convinced that there exists a universe of ‘Things in themselves’, totally distinct from the universe of phenomena, or of things as they appear to our senses”（Mill, J. S. *A System of Logic*. London: Longmans, Green and CO., 1895: 54）。

② 萨可夫斯基 . 辩证的唯物论 . 严灵峰 , 译 . 上海：上海平凡书局 , 1930: 67. “现象与自在之物”实际上该词在书中多次出现。

后，商务印书馆1931年整理出版《严译名著丛刊》时，加了一个译名表，并注明了a universe of things in themselves译为自在世界。此后，这一译法在马恩经典中成为标准译法，并常被用来和另一个概念“为我之物”对举。

不妨举一两个例子来予以例证。1929年出版的彭嘉生所译《论费尔巴哈》（即《路德维希·费尔巴哈与德国古典哲学的终结》）中用的译名还是物自体，而1931年再版的吴黎平（一作吴亮平）所译恩格斯《反杜林论》中则已采用了“自在之物”的译法，1937年张仲实所译的《费尔巴哈论》（原名“费尔巴哈与德国古典哲学的末日”）同样采用了自在之物的译法。[①] 值得注意的是，后两种译本在新中国成立后很长一段时间都是权威译本，这就不难理解为何“自在之物”的译法会在马恩著作（如《反杜林论》《自然辩证法》《路德维希·费尔巴哈和德国古典哲学的终结》）、列宁著作（如《唯物主义和经验批判主义》）中固定下来，甚至也被吸收到费尔巴哈著作、黑格尔部分著作以及费希特著作的中译本里。[②] 马恩著作的权威性反过来最终也影响到某些康德译本，如：韦卓民译的《纯粹理性批判》、庞景仁译的《未来形而上学导论》、邓晓芒译的《纯粹理性批判》。总之，目前在马克思主义经典著作中，“自在之物”的译名几乎也成了定译，在部分康德译著中，它也被普遍接受，不过目前这种译法尚未在黑格尔的译著中得到统一接受。[③]

由此看来，这三种主要译法似乎与译者所接触的不同语言有关，均是习惯或者约定俗成罢了，选择哪种似乎都不错。但这里也牵涉几个

---

① 分别参见：恩格斯．论费尔巴哈．彭嘉生，译．上海：上海南强书局，1929: 50；恩格斯．反杜林论．吴黎平，译．上海：江南书店，1931: 112；恩格斯．费尔巴哈论（原名“费尔巴哈与德国古典哲学的末日”）．张仲实，译．上海：上海生活书店，1937: 24.

② 参见：马克思，恩格斯．马克思恩格斯全集（第20卷）．中央编译局，译．北京：人民出版社，1965: 68, 584-585；马克思，恩格斯．马克思恩格斯全集（第21卷）．中央编译局，译．北京：人民出版社，1965: 317；列宁．唯物主义和经验批判主义．中央编译局，译．北京：人民出版社，1998: 第二章；黑格尔．逻辑学（上卷）．杨一之，译．北京：商务印书馆，1984: 13, 27；费尔巴哈．基督教的本质．荣震华，译．北京：商务印书馆，1984: 228；费希特．全部知识学的基础．王玖兴，译．北京：商务印书馆，1986: 37.

③ 不同于中国学界，日本黑格尔学界也采取了和康德学界一样的译法：物自体。参见：加藤尚武，等．ヘーゲル事典．東京：弘文堂，2014: 507. 这种统一译名的做法值得借鉴。

问题。

其一，对每一个译者来说，究竟使用哪个译名是一个实际的选择。齐良骥选择了“物自身”的译名，他的理由是：“Ding an sich 和它的复数 Dinge an sich，中文译名不统一，如‘物自体’‘物本身’‘自在之物’‘物自身’等。‘物自体’让人想到物体，可是，Ding an sich 与物体（Körper）不同。‘自在之物’稍嫌拖累。本书用‘物自身’这个译名。”① 显然，他通过格义，排除在他看来明显不妥的译名，剩下的即是他认为准确的译名。反之，韦卓民选择了“物之在其自身”，他给出的理由是：“这是德文 Dinge an sich 这一短语之译，一般中译为‘自在之物’（或物自体）。因康德的原意是‘就其本身来说的事物’或‘事物之在其本身来说’，所以我们改译如是。”② 显然，他同样着眼于根据术语的含义来直译。这两种译法似乎各自都给出了一定的理由，但是其理由又似乎都有片面之嫌，而且与其说他们给出了翻译，倒不如说给出了解释。

其二，在马克思主义语境中，比起物自体和为我之物的对举，自在之物和为我之物的对举似乎更直观并更能说明某些思想上的差异。

其三，不考虑约定俗成，物自身的译法从日文来源看似乎属于某种“误译”，译法颇为可疑。

结合这几点考虑，笔者有必要从术语翻译的角度再度考察这个问题，尝试做些进一步思考。而这首先需要细致地考虑哲学史以及康德哲学中的 Ding an sich 含义，尤其是考究其字面含义。

（三）哲学史以及康德哲学中的 Ding an sich 含义

按《哲学历史辞典》③，在从笛卡尔到休谟的这段前康德哲学时期，Ding an sich 这个术语刻画的是一种作为真正存在者的东西，它只有通过独立于每一种感官知觉的纯粹思维才能把握。在这种意义上，《哲学

① 齐良骥. 康德的知识学. 北京：商务印书馆, 2000: 67.

② 康德. 纯粹理性批判. 韦卓民, 译. 武汉：华中师范大学出版社, 2000: 19. 不过韦卓民在全书中更多译为“自在之物”。

③ Ritter, J. & Gründer, K. (Hrsg.). *Historisches Wörterbuch der Philosophie*, Bd. 2. Darmstadt: Wissenschaftliche Buchgesellschaft, 1971: 251-252. 本段主要援引该书。

历史辞典》指出，康德在教职论文《论可感世界与理知世界的形式及其原则》中所持的也还是这种观点：我们借助于感官认识到的是以现象形式显现的物，借助于知性认识到自在的物。不过自《纯粹理性批判》起，这个术语更多成了康德先验哲学的基础和限度性概念。因为此时对他来说，固然严格科学意义上的认识只可能来自现象，即来自某种感性直观对象，但这并不意味着 Ding an sich 无关紧要，恰恰相反："我们正是对于也是作为 Ding an sich 本身的这同一些对象，哪怕不能认识，至少还必须能够思维。因为，否则的话，就会推导出荒谬的命题：没有某种显现着的东西却有现象。"[①]

对 Ding an sich 的这种要紧之处，康德在《纯粹理性批判》中进一步从消极和积极两方面展开了论述。首先，因为它是"一个等于 X 的某物，我们对它一无所知，而且一般说来（按照我们知性现有的构造）也不可能有所知"[②]，所以我们不能把感性直观扩展到它上面，不能通过任何范畴来思考它。在这种意义上，它是我们知识的一种限度或者说一种起限制作用的东西，它限制了我们感性的僭越，限制了我们感性知识的客观有效性。这就是我们对 Ding an sich 应该持有的一种消极理解。其次，在另一种意义上，我们应该对 Ding an sich 作积极理解，也就是不仅仅把它看作限度，而且也将其视作存在基础和限定基础，是现象的依托。否则，现象无所依托。正因此，康德也将 Ding an sich 称为 Noumenon，即本体。正如康德说的，现象的背后是"自在的事物本身……对于事物自身的作用法则，人们不能要求它们与事物的现象所服从的作用法则是一样的"[③]。

康德一会儿说 Ding an sich 应作消极理解，一会儿又说应作积极理解，看起来颇有点自相矛盾。但其实，他是在反复强调 Ding an sich 和现象间这样一种先验哲学的区分。他想通过这一区分来说明我们人这种独一无二的经验对象：人一方面在经验世界中受因果规律所决定，但另

① 康德 . 纯粹理性批判 . 邓晓芒 , 译 . 北京 : 人民出版社 , 2004: 20.

② 康德 . 纯粹理性批判 . 邓晓芒 , 译 . 北京 : 人民出版社 , 2004: 218-229.

③ 康德 . 道德形而上学奠基 . 杨云飞 , 译 . 北京 : 人民出版社 , 2013: 109.

一方面在其意志中是完全自由的："因为，说一个现相中的事物（它属于感官世界）服从某些法则，又说这同一个事物作为 Ding an sich 或自在之存在者本身独立于这些法则，这不包含丝毫矛盾；但是，他就必须以这种双重的方式表象和思维自身，这就前者而言，是基于对他自己作为通过感官受刺激的对象的意识，就后者而言，基于对他自己作为理智的意识，即对自己在理性应用中独立于感性印象（从而属于知性世界）的意识。"①

这些文字大致勾勒了康德有关 Ding an sich 的看法。我们不妨由此来探讨下有关它的主要译名，即重点探讨下目前较为集中的这 3 个译名：物自身、物自体、自在之物。

（四）Ding an sich 译名的选择

不难看出，Ding an sich 这个概念中，Ding 在这里就是平常所说的"物"的意思，将其译作物毫无问题，也直接传达了该词的字面意思。真如、本相等历史译名或许就是因未传达出 Ding 的字面意思，而不被人接受。那 an sich 呢？译为本身，还是自体，还是自在？确实，sich 可以译为自身、自己，因此，从整体来看，物自身、物自体、自在之物这三种译名似乎均无大问题。但仔细考虑，这些译名背后的道理还是值得玩味的。

首先，"物自体"的译名似乎颇能传达出它作为物和本体的双重含义，毕竟，康德原本就是把 Ding an sich 和 Noumena 等同起来。只要将 Noumena 译为本体，那么将 Ding an sich 译为"物自体"应该是非常恰当的了。这大约是日文译名固定为物自体的一个原因。但是，将其译为物自体，似乎过于突出了这个词在特定哲学家那里的含义，没有通盘考虑其在哲学传统中的用法。如在黑格尔那里，für sich 一般被译为自为，与之相对的 an sich 一般对应地被译为自在；如果将 Ding an sich 译为"物自体"，势必遮蔽 an sich 这一概念的历史演变和传承，而且，黑格尔的

① 康德．道德形而上学奠基．杨云飞，译．北京：人民出版社，2013: 105-106.

这对重要概念，看起来也会显得稀松平常。另外，如果按物自体来统一 für sich 和 an sich 的译法，那又可能会有点不顺，至少不太会像自为和自在这种译法那样工整，当然，更不太能与“为我之物”（Ding für uns）的译法形成对应。所以，如果在康德这里 Ding an sich 译为物自体，那在黑格尔那里，an sich 多半要给出不同译法，然而这里最大的困难是，它会带来这样一个问题，即：增加了统一概念译名的难度，而且不太能就同一个概念挖掘其多层次含义。

其次，“物自身”固然在这一点上没有“物自体”显豁，但 sich 所含的“自身”这一层意思似乎传达出来了。但是这也会引起这样的疑问：an sich 确实就可对应译为自身吗？“自身”在汉语中差不多就等于自己。它作为本体的含义没有任何体现。此外，笔者还不得不考虑诸多其他因素。

其一，由于在现代汉语中，已经没有人去关注“身”与“体”的区分[①]，可以说绝大多数人基本是将身与体混同起来在使用。因此，对于不懂康德哲学或者不了解 Ding an sich 与 Noumena（通常译为本体）的区分的人来说，多半会误以为：物自身 = 物自体 =（物的）本体，也就是说，从名称上基本上看不出来二者的区分，完全可能将二者混淆或等同。这一点就违反了概念术语译名的大忌。根据笔者多年来对哲学概念术语中译的研究，西方哲学概念术语很难在中文中找到对等或者对应词，其中最主要的原因在于哲学概念术语具有互相区别与勾连这一特性，在翻译一个概念术语时，不得不考虑的因素必然有这个概念术语与其他相关概念术语的区别与勾连。笔者提出了从命名的角度来思考哲学概念术语译名的主张，命名就必然要考虑到名称的区别与勾连[②]，两个不

---

① 汉语文言文通常是一字一意，言简意赅。可惜白话文运动导致今人对古代文字、古代文化的理解产生严重断层。最常见的问题是，白话文中往往用两个字组成的同义词（字）、近义词（字）甚至是反义词（字）取代文言文中原来的一个字；这类情况直接导致人们忽略了近义词的区别，互相取代乱用，甚至把反义词当同义词用。在文言文中，“身”和“体”是两码事。身指身躯、躯干，体指肢体、分支。身是主干，体是附着于主干的外延分支。身是本，体是末。

② 参见：文炳. Transcendental 的中译论争历史考察. 上海：上海交通大学出版社, 2012: 297-311.

同的概念术语使用意思相近或者相同的译名显然不妥。此外，翻译的目的是要传达理解，译者既要考虑自己对原文的理解，也要考虑读者对译文可能产生什么样的理解。因此，译者不仅要对原文中的概念术语的字面意思及隐含含义、概念术语在整个概念体系及思想体系中的含义进行总体上的把握，在此基础上思考如何通过恰当的译文向读者传达自己的理解；此时还不得不考虑读者如何通过译文来获得对源语的理解，尤其要注意到，读者的理解是在目的语的语境中建构出来的，读者方面可能存在多种妨碍理解的客观因素，所以译者不得不考虑如何避免读者的误解。[①] 基于这种考虑，上面的物自身与物自体这两种译名对于读者来说，很容易把它们与（物的）本体概念混淆。

其二，同样地，Ding an sich 还被康德之后的其他哲学家使用过，而且黑格尔还赋予了其独特的含义。因此，如果再考虑这个词在其他哲学家那里的译法，比如在黑格尔那里的译法，我们可能会更加纠结了。

其三，如上所述，在黑格尔和马克思那里，an sich 和 für sich 是一对重要概念，而这对概念目前的确定译法是：自在和自为。物自体和物自身的译法抹去了 an sich 的独立意思，这或许不是最好的做法。实际上，正如格罗德 · 普劳斯（Gerold Prauss）和汉斯 - 乌里希 · 鲍姆加登（Hans-Ulrich Baumgarten）[②] 分别指出的，固然我们在康德文献中经常使用的是 Ding an sich 这一标准用法，但实际上康德本人使用更多的是 Ding an sich selbst [betrachet] 这一短语，而这个短语的意思是：就其自在本身来看的物。Ding an sich 只不过是后一个短语的简化。据考证，这个短语又是拉丁语 “res per se considerata “或 “res per se spectata” 的德译，康德正是通过经院哲学传统来熟悉这个概念的。从 Ding an sich selbst [betrachet] 的角度看，an sich 是作副词来修饰 betrachet 的，换言之，强调其不是作为显象来看，而是撇开主体认识条件来看。严复开创的自在之物这一译名的好处：一是把自在的含义拓宽了，不再局限于指原来的

---

① 翻译的本质是传达理解，避免误解的这一观点的详细阐释可参见：文炳 . Transcendental 的中译论争历史考察 . 上海 : 上海交通大学出版社 , 2012: 297-311.

② Willaschek , M. (Hrsg.), *Kant-Lexikon*. Berlin: De Gruyter, 2015: 83.

逍遥自在；二是“自在之物”这一译名一看就知道是一新造词，新造词的陌生感，有利于让读者的思维定向联想到康德的术语 Ding an sich。

（五）结　语

综上可见，Ding an sich 最合适的译名应该是“自在之物”。主要原因有三：（1）Ding an sich 作为康德本人经常使用的 Ding an sich selbst [betrachet]（就其自在本身来看的物）这一短语的简称，“自在之物”的译名与其他各种译名相比更贴近于 Ding an sich selbst [betrachet] 的本义。（2）概念之间既区别又勾连，an sich（自在）和 für sich（自为）是黑格尔和马克思哲学中的一对重要概念，物自体和物自身作为 Ding an sich 的译法抹去了 an sich 的独立意思；而且，对于不懂康德哲学或者不了解 Ding an sich 与 Noumena（通常译为本体）的区分的人来说，多半会误以为：物自身 = 物自体 =（物的）本体，故选择“自在之物”这一译名，也是出于对翻译的本质是传达理解，避免误解的充分考虑。（3）从统一译名来看，“自在之物”的译名不仅可以普遍适用于翻译康德、黑格尔及马克思等人的著述，而且也符合孙周兴先生所主张的哲学术语翻译要将译名统一在其字面意思上。[①]

（六）余论：Noumenon 的译法

康德常将 Ding an sich 称为 Noumenon。讨论 Ding an sich 自不免讨论 Noumenon。对它的译法笔者作个简单梳理。

从历史来看，这个词源自希腊语 νοούμενα，据苗力田所说，它是希腊词 νοεῖν（思想）的被动式中性现在分词。在柏拉图那里，这个词意指用心灵来认识的东西，也即作为纯粹摹本性质的理念。柏拉图以此将其与 φαινόμενα（现象）即用感官来知觉的东西区别开来。康德延续

① 孙周兴提到了哲学术语翻译的两个准则：其一，译名的统一性原则；其二，翻译的首要考虑仍是字面。前一个原则说的是，同一个术语出现在不同哲学家那里，含义可能不一样，但我们不必随不同哲学家的不同用法而自造出不同译法，而应尽可能采取统一的译法，即采用统一的译名。译名的统一更多是统一在术语的字面意思上。[孙周兴 . 译无止境 . 读书 , 2002(1): 97-102.] 本书赞同这一做法。

了这种古老的区分，同样将其与 phaenomenon（Phänomen）相对。康德在其早期论著中就提出，两者的区别在于，前者“仅仅包含可以被理性认识着的对象”，“如其所是”，后者“服从感性的规律”，是可感的，因而“如其所显现”[①]。两者的区别主要是对应感性和理性两种不同的认识能力。但在《纯粹理性批判》中，康德进一步将其与 Ding an sich（自在之物）、Verstandeswesen（理智存在物）等同起来，以有别于作为 Sinnenwesen（感官存在物）的 Phänomen。Phänomen 是感性和知性共同的对象，因为它是“诸显象按照范畴的统一性而被思考为对象”。而 Noumenon 则不能通过知性来思考，也“完全不是我们感官的客体”或对象。在这种情况下，Noumenon 要么可以从积极的含义上理解为某种智性的直观（Intellectuelle Anschauung），要么可以从消极的意义上理解为某种限度，即理解为对感性的限制和对知性自身的限制，这提醒我们，知识是感性和知性的共同作用，我们不能将范畴用于不可感的客体。在康德看来，积极意义上的 Noumenon 不可能，也不是我们能认识的，所以剩下的只有消极意义上的 Noumenon。但是，消极意义上的 Noumenon 也“留下一个我们既不能用可能经验也不能用纯粹知性去填充的空间”[②]，在他的道德哲学中，他就将人确认为既是理性的存在物，即现象，又是具有内在自由的存在物，即 Noumenon。而这也就奠定了康德道德哲学的基础。

Noumenon 在日文中很早被译为实体（如井上哲次郎 1881 年版《哲学字汇》中的 Noumenon 词条），但哲学界更多使用的是“本体”的译法（如清野勉 1896 年的《韩图纯理批判解说：标注》），朝永三十郎就继承了这一译法（见《哲学辞典》，1905 年，第 363 页，“本體”词条）。与之相对，王国维最早延续的是实体的译法，而严复与清野勉不谋而合，采用了本体的译法。当然，奠定目前“本体”这一较为普遍译法的，当属日译以及在此基础上成书的樊炳清的《哲学辞典》。从目前来看，牟宗三“智思物”的译法虽然能更多传达字面含义，但更多适用于柏拉图而非康

① 康德．康德著作全集（2）．李秋零，译．北京：中国人民大学出版社，2016: 397-398.

② 康德．纯粹理性批判．邓晓芒，译．北京：人民出版社，2004: 255.

德的文本；而“实体”的译法则早已属于其他概念的专译；反之，“本体”这一译法虽然更多属于意译，但的确能与现象对应，并一般性地体现康德对 Noumenon 的理解。

二、intellektuell、intelligibel

（一）引　言

intellektuell 和 intelligibel 是康德哲学中的一组重要术语，它们频繁出现，词形相近，意思也容易混淆。虽然康德本人多次强调两者的差异，但由于用法众多而且驳杂，它们在汉语研究者和译者中始终引起系列论争，最令人诧异的一点是，人们有时居然会给出截然相反的解释和中译！原因何在？仅仅是研究者和译者们的理解不同吗？究竟该怎么理解这组术语并给出何种中译？无论从加深对康德思想的理解还是丰富汉语思想界的词汇，这都是一个值得探讨的问题。为此，笔者尝试回到这两个术语中译之争的发生场域，由此尽力一探究竟。

（二）康德中译文或中文研究论著中 intellektuell、intelligibel 的译法之争

这两个术语的译法之争伴随着康德哲学在中国的传播过程。简言之，可分两个时期来看。

1. 新中国成立前 intellektuell 和 intelligibel 的译法

五四运动前，鲜有人提及康德的 intellektuell，而康德的 intelligibel 也只有王国维引用过。王国维引用的是：“睿智的品性”和“经验的品性”[①]，这是译自康德《纯粹理性批判》中的 intelligible Character 和 emperischer Character，显见 intelligibel 被译为“睿智的”。但这一译法似乎并未为后人接受。因为，此后五四运动至新中国成立前，多位研究者谈及这个词时，往往给出的是自己不同的译法，而非王国维的。我们不妨回顾下这段时期的相关译法。

---

① 王国维 . 原命 // 王国维 . 王国维集（第 1 册）. 北京 : 中国社会科学出版社 , 2008: 282.

先看 intellektuell，它常和 Anschauung 连用，组成词组 intellektuell Anschauung，主要译法如下。

姚璋、张铭鼎、张沛的译法均是“理知的直观”[①]。

樊炳清的《哲学辞典》编译自朝永三十郎的《哲学辞典》，书中他将 intellektuell/intellectual 译为：知的或知性的，并将 intellektuelle Anschauung（知的直观）解释为：“凡不由感官以得之直观作用。或易知的为理性的，义同。实践哲学上，率以此指直接认知真理之机能。于意，为道德的意识或宗教的意识。故往往有用知的直观一语，以状彻底觉悟之境，以写神人合体之相者。”[②]

胡仁源 1931 年译的《纯粹理性的批判》中，并未采纳这种译法，而是采用了当时英汉辞典中的一般译法（如 1913 年版《商务书馆英华新字典》中的译法），将英文 intellectual intuition 译为智力的直觉，换言之，intellectual 被译为智力的。[③]

不过，樊炳清的译法被张铭鼎在他 1936 年所译的《实践理性批判》中大致继承下来了，他的译名就是：知性的直观[④]。

再看 intelligible 的译法。

虞山将其译为“求其理解的”[⑤]，而樊炳清《哲学辞典》将其译为“可得而理解者、可思的及可知的”，并指出：“固既指可思维兼可想象之原理，恃睿智而得之。然最高之统一原理，率本于理想，多有出乎寻常之感官的知觉以外者，虽不可得而想象，仍可得而理解。”[⑥]

胡仁源的《纯粹理性的批判》译本中，采用了跟 intellectual 一样的译法，即智力的，同时把所依据的 Meiklejohn 译本中的 intelligible

① 姚璋 . 康德哲学浅说 . 光华大学半月刊 , 1933(4): 40-43 ; 张铭鼎 . 康德批判哲学之形式 . 民铎 , 1925(4): 1-23 ; 张沛 . 康德之目的论 . 学艺 , 1924(5): 90-102.

② 樊炳清 . 哲学辞典 . 北京 : 商务印书馆 , 1926: 346, 355.

③ 参见：康德 . 纯粹理性的批判（第一册）. 胡仁源 , 译 . 上海 : 商务印书馆 , 1931: 55（右起第 6 列）, 58（右起第 5—6 列）.

④ 康德 . 实践理性批判 . 张铭鼎 , 译 . 上海 : 商务印书馆 , 1936: 24.

⑤ 虞山 . 康德道德哲学概说 . 学艺 , 1924(5): 56-65.

⑥ 樊炳清 . 哲学辞典 . 北京 : 商务印书馆 , 1926: 100.

object 译作了智力的对象[①]。

张铭鼎 1936 年译的《实践理性批判》中，并未采用樊炳清的译法，而把 intelligibel 译为理想的，把 intelligibel Welt 译为理想界[②]，并把名词 intelligenz 译为知性[③]。

粗看起来，新中国成立前的康德研究和译文中，intelligibel 和 intellektuell 的译法呈现纷乱情形。不过，细细察看，笔者多少能体会到某种差别，即 intellektuell 更多指涉认识官能，如：智力的、知性的等；而 intelligibel 更多指涉认识结果，如：求其理解的、可知的等[④]。而且，较之于 intelligibel 一词，intellektuell 更受关注，原因显然在于康德提出的 Intellektuelle Anschauung。Anschauung 如何能是 Intellektuell？须知，Anschauung 的字面意思是观看，显然更多与感性有关，而 intellektuell 恰恰与 Intellekt 而非感性相关。当然，intelligibel Welt 究竟是什么也颇令人困惑。

2. 新中国成立后康德中译文或中文研究论著中的 intellektuell 和 intelligibel 译法

新中国成立后，各位译者和学者就这两个术语及相关表述进行了很多有价值的思考，并给出了各自的译名。对此，笔者将其用表 2.11 概括如下。

表 2.11　新中国成立后 intellektuell 和 intelligibel 的中译

译者	intellektuell（intellectual）	intelligibel（intelligible）
蓝公武（2017）	智性的	直悟的
唐钺（2012）	智性的	智性的
关文运（1960）	理智的	理性的

① 参见：康德．纯粹理性的批判（第四册）．胡仁源，译．上海：商务印书馆，1931: 15.

② 康德．实践理性批判．张铭鼎，译．上海：商务印书馆，1936: 48, 53.

③ 康德．实践理性批判．张铭鼎，译．上海：商务印书馆，1936: 26. 现在通常译为知性的 Verstand 则被译为悟性。

④ 这种语义或用法上的差异，其实可以在近代英汉类词典中 intellectual（intellektuell 的英译词）和 intelligible（intelligibel 的英译词）的译法上看出端倪。大体上，intellectual 主要被译为聪明的、灵智的、智力的、灵敏的、知性的等，而 intelligible 主要译为可通得的、可知的、易懂的、好明白的等。

续表

译者	intellektuell（intellectual）	intelligibel（intelligible）
宗白华（1996）	智性的	超感性的
韦卓民（1996）	智性的	有理智的
庞景仁（1982）	理智的	智慧的
苗力田（2002）	理智的	意会的
韩水法（2001）	理智的	理智的
齐良骥（2000）	理知的	/
牟宗三（2003）	智的、理智的	智思的
韦卓民（2000）	知性的	知性的
李秋零（2016）	理智的	理知的
邓晓芒（2004）	智性的	理知的
杨云飞（2013）	智性的	理知的
高小强①（2013）	智性的	理知的
李明辉（2016）	智性的	智思的
黄添盛②（2008）	/	理智的
王玖兴（2018）	理智的	知性的
韩林合（2022）	理智的	可理知的

表 2.11 应该基本能反映新中国成立以来这两个词的翻译情况了。从表中来看，intellektuell（intellectual）的译法相对比较集中，基本就是：智性的、理智的两种。另外的两种译法知性的和理知的显然也可划归其中。反之，intelligibel（intelligible）的译法相对较多，主要有：理智的（理知的）、智思的、理性的、意会的等，这里显然有重叠的译法。这意味着，迄今这两个词的译法其实尚未定于一尊。但是前文述及的那种认识官能和认识结果之间的差别，依稀仍能在两个术语的译法上辨识出来。那究竟该怎么来译这两个词呢？译名的纷争有希望解决吗？虽然译者和研究者们未必总是说明他们的理由，但我们多少还是能找到一些材料。笔者不妨就其中的某些论述作一番讨论。

张志伟较早对这两个词作过讨论。他认为康德哲学中“intelligibel 所意谓的乃是我们凭感性直观不能达到，因而无法形成知识的单纯知性

① 纳特克．康德《纯粹理性批判》术语通释．高小强，译．成都：四川大学出版社，2013: 106-107.

② 库恩．康德传．黄添盛，译．上海：上海人民出版社，2008.

‘对象’”。由于知性就是理智，所以他译为“理智的”。而“intellektuell意指通过知性（Verstand）而获得的‘知识’”，即通过理智而知的，故而简译为“理知的”。[①]这种译法可能有一定道理，不过首先，照张志伟的理解，笔者首先会产生这样的困惑：既然intelligibel和intellektuell都关涉知性，那直接译为“知性的”和“知性所知的”岂非更为恰当，何必要绕一个圈子，先将知性等同于理智，继而从理智的译法出发分别译为理智的和理知的？其次，照这种解释，它们都涉及知性，都通过知性，那为何不能反过来说，intelligibel是理知的，而intellektuell是理智的呢？实际上，追溯历史不难发现，这种反过来的译法倒是更多人接受的译法。

此后，邓晓芒在《康德〈纯粹理性批判〉句读》中做了更多说明。他指出，在康德那里，intellektuell（智性的）跟Verstand（知性）相通，一个是拉丁文，一个是德文，前者更多是用作形容词，后者通常用作名词，而且“‘智性的’更多表达的是‘知性’的超越经验的方面。……‘智性的’这个概念比‘知性的’更广一点……所以这个intellektuell不能等同于知性的，虽然它在很多情况下可以等同于知性”[②]。他在该书另一处表达了同样的意思：“‘智性的’（intellektuell）一般来说在康德那里相当于‘知性方面的’，但是比知性更加强调其超感官性及与感官世界的异质性，而‘知性’则在某种程度上还保留有在认识中与感官世界的亲和性和不可分性。”[③]

显见，邓晓芒是通过着眼intellektuell和Verstand分属不同语言但意思相近来考虑其译法的。不过笔者首先要纠正一下他书稿中的说法。intellektuell本身是德语而非拉丁语。拉丁语的相应写法是intellectualis。抛开这点，由于Verstand的通常译法是知性，因此不难理解，邓晓芒为何会将与Verstand意思相关的intellektuell译为智性的。至少，这种译法在字形、字音上和知性保持了相当亲密的联系和区别。当然，“智性”这

---

① 张志伟 . 康德的道德世界观 . 北京：中国人民大学出版社，1995: 160-164.

② 邓晓芒 . 康德《纯粹理性批判》句读（上）. 北京：人民出版社，2010: 482.

③ 邓晓芒 . 康德《纯粹理性批判》句读（上）. 北京：人民出版社，2010: 60.

种译法也有一定问题，知性更多是与感性、理性并列的一种能力，而智性在汉语中似乎通常并不是这样一种能力。

反之，对于 intelligibel（拉丁语：intelligibilis）的译法，邓晓芒也给出了类似说明："intelligibel 就是'能用理性所把握的'，它本来的意思就是这样，能够用理性所知道的。而且，它的意思是完全超验的，完全不能够与经验的东西发生关系，也不能够出现在经验的东西里面，它与经验的东西隔着一层，完全属于本体，或者说是物自体、自在之物那一方。所以笔者把它翻译成'理知'的。"① 他在书中别处也说，intelligibilis 或者 intelligibel "是指一种可能性，有一种能够的意思，因而译为理知的。但'理知的'这种译法也是很别扭的，译为智知的，会更难听，平常哪有这种说法？蓝公武将 Verstand 译为悟性，但实际上，Verstand 里没有什么悟的问题。只有不能用概念来说明，才存在悟" ②。

不惮麻烦，笔者再引用下《康德〈道德形而上学奠基〉句读》中的一些说明："Intelligenz，我们把它翻译成理智，或理智者，它是一个名词；它的形容词就是 intelligibel，我们译作理知的。它指一个理性存在者，一个理性存在者'必须把自己作为理智（因而不是从他的低级能力方面）来看待'，就是说必须把自己作为一个独立于感性的理智者来看待，必须从自己的高级能力，包括高级认识能力和高级欲求能力两方面来看待，'不是看作是属于感性世界的，而是看作属于知性世界的'。" ③

总之，在邓晓芒看来，"intellektuell Welt 是在知识论上面讲的"；"intelligibel 是属于对象方面的用语，也就是本体论方面的用语，自在之物的用语"。④

应该说，邓晓芒的阐述不仅非常有助于大家理解这两个词，而且很大程度上它与笔者前面说到的两个术语的差别不谋而合。无独有偶，倪梁康也表达了类似看法。他曾撰专文提到，他采纳蓝公武译

① 邓晓芒．康德《纯粹理性批判》句读（下）．北京：人民出版社，2010: 1120.
② 邓晓芒．康德《纯粹理性批判》句读（下）．北京：人民出版社，2010: 731-732.
③ 邓晓芒．康德《道德形而上学奠基》句读（上）．北京：人民出版社，2012: 737.
④ 邓晓芒．康德《道德形而上学奠基》句读（上）．北京：人民出版社，2012: 739.

法，将 Intellektuelle Anschauung 译作“智性直观”。原因在于，拉丁文的“intellectus 一词，在德国古典哲学中既不同于 Verstand（康德的‘知性’、黑格尔的‘理智’），也有别于‘Vernunft’（理性），所以这里一概译作‘智性’，以区别于前两者。与此相关的形容词‘intellektuell’和‘intelligibel’则分别译作‘智性的’和‘悟性的’，名词‘Intelligenz’（原意是觉知、明察）则译作‘智识’”[①]。

不过，比较邓晓芒和倪梁康的不同译法，笔者认为，邓晓芒“智性的”和“理知的”这种译法比倪梁康“智性的”和“悟性的”译法似乎在意思上更显豁，毕竟邓晓芒的译法在汉语中更容易区分，而倪梁康的译法在汉语中几乎无法分辨差别。试问，我们能直接依据汉译“智性的”和“悟性的”来理解两者吗？那笔者是否就应该采取邓晓芒的意见？这么做，看起来还是稍显仓促。毕竟我们也只是听了邓晓芒一家之言，而且似乎更多是道听途说。我们有必要实际考察下 intelligibel 和 intellektuell 的含义并回到康德文本细看我们究竟该怎么译。笔者首先借助《哲学历史辞典》的帮助来回顾一下这两个术语的翻译史。

（三）《哲学历史辞典》中 intellektuell、intelligibel 的概念史

1.intellektuell 的概念史

按《哲学历史辞典》[②]，intellektuell 的希腊语是 νοερόν，拉丁语写法是 intellectualis。在斯多葛主义的宇宙论中，希腊语 νοερόν 陈述的是像“生物”一样的世界所具有的那种有思维的、有逻各斯的结构，它也被用来将世界的“生命热力”（πνεῦμα）刻画为具有思维的东西。

在新柏拉图主义早期代表普洛丁（Plotin）那里，努斯（nous）指的是存在—生命—思维这个三元结构中的那种思维活动：其中，每个理念（νοητόν）都是一种理智的力量（νοερά δύναμις）；在我们自身中，它作

① 倪梁康．“智性直观”概念的基本含义及其在东西方思想中的不同命运 // 中山大学西学东渐文献馆．西学东渐研究（第二辑）．北京：商务印书馆，2009: 153.

② 以下摘引自：Ritter, J. & Gründer, K. (Hrsg.). *Historisches Wörterbuch der Philosophie*, Bd. 4. Darmstadt: Wissenschaftliche Buchgesellschaft, 1971: 444-445.

为独立的存在也是最有活力者、最能思维者以及最多的存在者。

到了后期新柏拉图主义，νοερόν 属于一个系统化的、有重要意义的、总体上用来区分存在者的概念。尽管普洛丁把精神看作一种自我分化的实体，然而它自身中并不包含各种各样彼此处于一种从属关系的层级（层，τάξεις），而杨布里丘（Jamblich）则在将精神划定为努斯领域的同时，进一步将努斯分成 κόσμος νοητός（所思物的宇宙）和 κόσμος νοερός（思维的宇宙）。后者以思想的方式关联前者并在前者触动下关联到这个明白易懂的宇宙。努斯的结构是由第二个努斯决定的，这个努斯仍然真实地与 νοητά 联系在一起。

新柏拉图主义有进一步细分存在者的倾向。此后，阿森纳的特奥多罗斯（Theodoros von Asine）就在杨布里丘的第二种努斯里加入了一个作为与灵魂中介的第三者，而普罗克洛则引入了 νοητόν（可理知者）—νοητὸν ἅμα καὶ νοερόν（可理知者和理智）—νοερόν（理智）这样一个三层体来作为各种各样精神形式的一般性结构原理，在这些总是通过永驻—溢出—回转的辩证运动产生的精神形式中，思维同时作为有目的的统一体与存在一起并作为与存在不同的附属层而发生。νοητόν（das Intelligible，大意：可理知者）与存在（在总的精神层级内）是同一的，νοητὸν ἅμα καὶ νοερόν（大意：可理知者和理智）则与生命同一，νοερόν（das Intellektuelle，大意：理智）则与精神同一。三层体的三个部分又总是被划分成三个层体。同时它们陈列出了对整个体系来说根本性的那种三层体：存在—生命—思维（精神）。存在是可理知者（νοητόν），亦即一直以来内在于思维的那种尺度；生命是沟通存在与精神的有思维能力的中介；而精神本身则具有思维能力。因为每个三层体中单个部分构成一个动态的统一体，所以通过 νοητόν（可理知者）—νοητὸν ἅμα καὶ νοερόν（可理知者和理智）—νοερόν（理智）这个三层体，存在和精神的体系的感官运动就清晰可见了：它发源于可理知者（Intelligiblen），通过可理知者和理智活动（Intellektuelle）组成的中心实现与纯粹思维者的沟通。从思维者出发，这个运动又回到起点（ἐπιστροφή; intelligibler Kreis）。

《哲学历史辞典》总结说，古希腊传统中，νοητόν 和 νοερόν 尽管具有系统相关性，但用法并不总是一清二楚（比如：杨布里丘、苏里安），同样，拉丁语传统中“intelligibilis”和“intellectualis”的意义界限也并不是十分清楚。比如，奥古斯丁就把上面两者等同起来。对此具有根本影响的是普洛丁有关 νοῦς、νοητόν 和 νόησις 的统一性；为什么每种可理知物（intelligible）都应该被认识，但却始终无法认识自身，这个问题依然令人困惑：无论我们说到“intellektuell”还是“intelligibel”，我们表示的都是同一事物。虽然有人认为这里有一种显而易见的区分，intelligibel 是事物本身，它只能用理智（Intellekt）来把握，而 intellektuell 是精神，它可以进行理解；但是应该有某种事物，它只能通过理智才能看到但不会思考，这是一个重大而困难的问题。此外，在对术语 intellectualis 的实质性理解上，通过接受新柏拉图主义传统——伪狄奥尼修斯的译文、伪狄奥尼修斯对爱留根纳（Eriugena）的解释以及普洛克洛翻译的穆尔贝克（Moerbeke）——而实现了一种确凿无疑的统一性。不过，肇始于波爱修（Boethius）的术语传统将“intelligibile”（可思维的）和马尔休斯·维克托里乌斯（Marius Victorinus）新造的用来翻译 νοητόν 的“intellectibile”（只有理智可以理解）做了区分。而经院哲学的认识论把与感性的知觉认识相对的精神性的本质认识一概叫作“cognitio intellectualis”和“intelligibilis（或 intellectiva）”。cognitio intellectualis 和 cognitio sensitiva 之间的区别也由于康德把感官和知性认识作为一种先验和非先验认识论的基本概念性而加大了。

《哲学历史辞典》的考察使我们看到，尽管不同思想家对 intellektuell 的理解有所不同，但总体上它始终跟精神、思维或理智相关。特别地，就康德用法而言，主要是用来指跟感性不同的、具有先验性的认识能力，也就是常说的知性。

2. intelligibel 及其相关的 Intelligibilität 的概念史。

intelligibel 译自希腊词 νοούμενον（noumenon）的形容词，而 νοούμενον 的本义就是“能被思想、被理知的东西”。据《哲学历史辞典》[1]，有关 Intelligibilität 的讨论可追溯到巴门尼德（Parmenides）。巴门尼德哲学的一个中心问题是存在的 Intelligibilität（大意：可理知性），也就是通常所说的思维和存在的同一性问题。巴门尼德的基本观点是：思维是存在的并且存在是存在的。因为两者在存在中——存在之外是无——达到同一，所以思维就是存在的唯一洞悉者。换言之，如果思维和存在是同一的话，那么存在的可思维性就有赖于其 intelligibel（大意：可理知的）结构。所以，思维是存在的无非就是这种思想：存在是存在的。因为没有在存在中被言说出来，你就发现不了思维。思维在存在中（不是：存在在思维中）被言说出来，这意味着存在是直接敞开的、无遮蔽的、可理解的、可发现的。它的可发现性或者可见性是存在和思维的本质联系，没有存在就无物存在。某物的可思维性和可言说性也提示我们，存在是存在的而思维始终是拥有思维的存在：人们能说能想的，必定也存在；也就是说，存在是存在的，而无不存在。

对于这种存在（与思维相对）的敞开性或可理知性，柏拉图从理念和思维角度做了系统阐述。众所周知，柏拉图的理念论主张，理念是每种存在者本身中存在着的、一致的、不变的、真正的因而也就是基础性或者典范性的存在，存在者的存在无非就是分有理念的存在。因此，存在的可理知性无非就是理念的可理知性（Intelligibilität）。不过，不同于感官接触物，理念只能通过精神或灵魂来把握。因此，理念的可理知性具有这样的特点：（1）它的存在通过由善的理念发出的、形而上学的光照亮自身，亦即理念在自身中因而对思维来说是无遮蔽的、可理知的（intelligibel）；（2）在精神中或灵魂中思维的存在跟理念的存在是以相同的方式构造的：跟神性事物、不朽者、可理解者、一致者、不可分解者以及永不改变者最相似，因此其本身像理念一样只能通过思维获知。思维和认识的可能性，其先天的、理念般的基础一般在回忆中才能被意识到并产生作用。因而理念和思维在存在论上和逻辑上具有可理知性

[1] 此处论述援引自：Ritter, J. & Gründer, K. (Hrsg.). *Historisches Wörterbuch der Philosophie*, Bd. 4. Darmstadt: Wissenschaftliche Buchgesellschaft, 1971: 464-465. 为行文方便，此处暂先依据上下文所述，将 intelligibel 和 Intelligibilität 分别译为可理知的和可理知性。

(Intelligibilität)，其意义联系建立在两者共同的自然性上。

如果说，在柏拉图那里，存在的可理知性 (Intelligibilität) 是以先验方式确立的，那么在亚里士多德那里，情况就完全相反了。在亚里士多德看来，经由思维获知的结构原理其实作为可理知的形式内在于每个存在者。思维在感官接触所给予的个体中把握可理知的一般，由此把有可能理知的一般转化为现实的认识。知觉物 (αἴσθημα) 和表象 (φάντασμα) 在这里起了一种帮助获得本质认识的中介作用。在具有洞察力的思维的活动中，精神的灵魂或者作为场地的精神或者理式与被认识对象 (思维对象) 实现了同一。精神的灵魂是看透可被思考的物或所有一切物的可能性。在对认识所作的反思中获得的洞见，即在可理知物的领域中，精神、被思物和思维形成的一个自在、辩证的同一，这在神学上具有重大意义：神的最高级活动是思考。当神本身成为最完善者因而没有其他任何东西能被认为是最完善者时，他根据思维与被思物的同一性在自身中思考自身，他是思维的思维。

到了新柏拉图主义时期，存在的可理知性又有了新的回答。以普洛丁为例，存在的可理知性通过努斯得到了实现，或者说，巴门尼德的存在和思维间的感官联系以及柏拉图理念的可理知性被本身能思维的努斯的实体辩证法扬弃了。具体来说，由于努斯作为永恒的被思物同时就在思维，所以努斯中唯一的那种可理知性并非静止。柏拉图谈到的五种最重要的通种——存在、静止、运动、同一、不同——在努斯中相互结合成一个充满活力的整体。实际上，在后期新柏拉图主义中 (尤其是普罗克洛斯那里)，通过努斯的逐步展开，思维和存在的整个同一活动都进行了调整。存在一直是可思维的，因而也是每种认识的目的。各种各样出自神圣精神的精神形式构成了一种动态的同一，在这种同一中，差异不再会毁坏思维和被思物最初的那种统一，反倒会促使其成为一个体系。

此后，中世纪哲学从两方面改造了存在的可理知性问题。一方面，它通过三位一体和基督教学说改造了 (新柏拉图主义的) 绝对努斯的可理知性；另一方面，它用一种不同的概念学说展开了亚里士多德的构想，即各种各样的认识器官也必须按照可思维的（νοητόν）和可感知的（αἰσθητόν）之间这种区分来划分（这种区分最早是由柏拉图提出的）。其中心问题是可思维的种类怎么能从可感知的种类中获得。

至于康德的有关想法，《哲学历史辞典》也作了简要概述。它指出，康德把“可理知的”（intelligible，也就是本体）称作这样的对象，它“只能通过知性来表象”而且不同于“intellektuellen”认识，它与感性直观毫无关系。但是“三大批判”中，他也这样设定“可理知性”的非理性化的开端：“自在”（an sich）是不可认识但有用的理念或观点，理性被迫这样来看待它，“在现象之外接受它，为的是将它本身看作实践的”。[①] 由此，可理知的世界就成了纯粹“形式的条件”并具有了实践功用。

这是《哲学历史辞典》的论述，它更多谈的是康德相关区分的背景，对康德的相关论述所做的是非常简明扼要的总结。在这种概述中，大家除了依稀能辨识出前文谈到的认识官能和认识对象的区分，还能看到背后蕴含的康德的现象与本体之分、感性与知性之分，乃至自然与自由等区分。笔者有必要回到康德原文细致考察下康德文著中这两个词的含义和用法。

（四）康德文著中 intellektuell、intelligibel 的用法和含义

1. intellektuell 的用法和含义

首先，在科学院版康德著作全集中，intellektuell 一般写作 intellectuell，即 k 写作 c。其次，intellektuell 除了原形外，在论著中还以 intellektuelle、intellektuellen、intellektueller、intellektuelles 等各种变格出现。此外，前批判时期的若干拉丁语文著中，intellektuell 的各种相关的拉丁文也频频出现，如 intellectualem、intellectuali、intellectualis、intellectui 等。但由于笔者主要关注德语 intellektuell 的中译，且相关拉丁语基本只出现在批判哲学前的文著中，因此本文所论 intellektuell 的

---

① Kant, I. *Kants werke, Akademie-Textausgabe, Band IV*. Berlin: Walter de Gruyter & Co., 1968: 458.

用法仅限原形及其变格。据 *Wortindex zu Kants gesammelten Schriften*[①]，intellektuell（包含其变格）共出现 169 次。

具体到文本，intelligibel 主要出现在《纯粹理性批判》《未来形而上学导论》《实践理性批判》《判断力批判》《道德形而上学奠基》《道德形而上学》《纯然理性界限内的宗教》等论著中。具体用法除了 intellektuellen Anschauung（直观，15 次）、intellektuellen Vorstellung（表象，7 次）外，还有：intellektuelle Anfänge（开端），intellektuelle Anlage（素质），intellektuellen Begriff（概念），intellektuellen Beurteilung（评判），intellektuellen Besitznehmung，intellektuelle Bestimmung（规定），intellektuellen Bestimmbarkeit（可规定性），intellektuelle Besitz（占有），intellektuelle Bedeutung（含义），intellektuellen Bewußtsein（意识），intellektuellen Bestimmungsgrund（规定根据），intellektuelle Erkenntnis（认识），intellektuelle Form（形式），intellektuellen Grund（根据），intellektuellen Gebrauch（使用），intellektuelle Einheit（统一），intellektuelle Gemeinschaft（协同性），intellektuellen Größenschätzung（大小估量），intellektuellen Idee（理念），intellektuellen Interesse（兴趣），intellektuellen Kausalität（因果性），intellektuellen Lust（愉快），intellektuellen Prinzip（原则），intellektuelle Sätze（命题），intellektuellen Sinn（意义），intellektuellen Synthesis（综合），intellektuellen System（体系），intellektuellen Schönheit（美），intellektuelle Substanz（实体），Unterscheidung der sinnlichen und intellektuellen（区分），intellektuellen Ursache（原因），intellektuellen Urteilskraft（判断），intellektuellen Verbindung（联结），intellektuellen Vermögen（能力），intellektuellen Verhältnis（关系），intellektuelle Voraussetzungen（前提），intellektuelle

① Krallmann, D. *Wortindex zu Kants gesammelten Schriften*. Berlin: Walter de Gruyter Verlag, 1967: 518.

Verachtung（轻视），intellektuellen Welt（世界）[①]，intellektuellen Wohlgefallen（愉悦），intellektuellen Zusammenfassung（统摄），intellektuellen Zweckmäßigkeit（合目的性）等。当然，它有时也被直接作名词用，即：das Intellektuellen，意思是理智或知性的东西。

这么多用法，足以令人眼花缭乱。值得注意的是，这些用法中，康德常用 sinnlich（感性的）或 sensitiv（感性的）来跟 intellektuell 相对照。众所周知，Sinnlichkeit（感性）与 Verstand（知性）相对照，因而不难理解，intellektuell 对应的是 Verstand 的形容词。实际上，可以说，各种用法的背后是康德对 intellektuell 的一般性理解。这种理解笔者可以通过康德的若干论述来说明。

首先，在康德看来，"intellektuell 或 sensitiv 仅用于指认识（Erkenntnisse）"，而不用于指"成为这种那种直观方式的、因而客体（Objekt）方面的对象（Gegenstand）的东西"。[②] 或者更准确一点："intellektuell 指涉通过理智（Verstand）得来的那些认识（Erkenntnisse），当然这些认识同时也达到我们的感性世界。"[③] 由此可见，康德严格区分了认识（现象）和对象（客体）。这是因为，在他看来，我们所能认识的是现象，是通过感官而显现给我们的直观，而非那个感官之外的自在之物或客体。就现象和自在之物这组对立而言，intellektuell 显然关涉现象。这也印证笔者前面说的，intellektuell 更多关涉我们的认识官能，即涉及知性或者说理智。据此，可以说，前述各种 intellektuell 的用法均应理解为立足于 Verstand 这种认识官能对认识的刻画或描述。

反观 intelligibel，康德是怎么来使用和界定它的？康德是怎么区分 intellektuell 和 intelligibel 这两者的？为此，我们不妨继续梳理下

① intellektuellen Welt 这一用法我们在康德文著中找到三处。第一处在《纯粹理性批判》，见：康德．纯粹理性批判．邓晓芒，译．北京：人民出版社，2004: 232, 脚注 1；第二处在《未来形而上学导论》，见：康德．未来形而上学导论．庞景仁，译．北京：商务印书馆，1982: 88, 脚注；第三处在《道德形而上学奠基》中，见：康德．道德形而上学原理．苗力田，译．上海：上海人民出版社，2002: 75.

② 参见：康德．纯粹理性批判．邓晓芒，译．北京：人民出版社，2004: 232, 脚注 1.

③ 参见：康德．未来形而上学导论．庞景仁，译．北京：商务印书馆，1982: 88, 脚注．

intelligibel 的用法和含义

2. intelligibel 的用法和含义

康德文著中，intelligibel 也因变格而有不同形式。作形容词时，其变格有：intelligibele、intelligibelen、intelligibeler、intelligibeles、intelligibeln；作名词时，通常写作：das Intelligibele 或 das Intelligible（一般被译为：理知的东西①），其变格主要有：Intelligible、Intelligiblen、Intelligibler、Intelligibles。相关拉丁语有：intelligibilis、intelligibilem 等。据 *Wortindex zu Kants gesammelten Schriften*②，intelligible 及相关变格（包含名词形式，但不包含拉丁语形式）共计出现 182 次。

具体到文本，虽然康德早在 1770 年的拉丁语教职论文中就提出了 mundi sensibilis（感知世界）和 mundi intelligibilis（理知世界）之分，但 intelligibel 一词主要出现在《纯粹理性批判》《实践理性批判》《未来形而上学导论》《道德形而上学》等论著中。具体用法除了：intelligibele Welt（40 次，其中还出现 2 次 intelligibelen Welt 这种表述），intelligibeler Gegenstand（对象，6 次），intelligibele Charakter（品格，12 次）等之外，还有：intelligibele Bedingungen（条件），intelligibele Kausalität（因果性），intelligibele Vermögen（能力），intelligibele Leben（生命），intelligibele Objekt（客体），intelligibele Form（形式），intelligibele Substanzen（实体），intelligibele Reihe（序列），intelligibele Ursache（原因），intelligibele Grund（根据），intelligibele Wesen（存在物、本质），intelligibele Eigenschaften（特点），intelligibele Ordnung（秩序），intelligibele Subjekt（主体），intelligibele Existenz（实存），intelligibele Tat（行为），intelligibele Besitz（占有），intelligibele Ding（物），intelligibele Absicht（意图），intelligibele Natur（自然），intelligibele Bewußtsein（意识），intelligibele Urheber（创造者），intelligibele Substrat（基

---

① 如：康德．判断力批判．邓晓芒，译．北京：人民出版社，2004: 200, 最后一行；康德．康德著作全集（第 5 卷）．李秋零，译．北京：中国人民大学出版社，2016: 368.

② Krallmann, D. *Wortindex zu Kants gesammelten Schriften*, Band 1. Berlin: Walter de Gruyter Verlag, Berlin, 1967: 519.

底），intelligibele Prinzip（原则），intelligibele Anschauung（直观）[①]等。

从这些用法来看，intelligibel后似乎主要接的是世界、存在物、客体之类，简言之，似乎主要关涉对象。值得注意的是，这些用法中，康德常用sensibel跟intelligibel相对照，这与sinnlich或sensitiv跟intellektuell形成的对照组相映成趣。但是我们也不能不注意到，康德既大量谈到过intellektuellen Anschauung，也个别谈到过intelligibele Anschauung；既个别谈到过intellektuellen Welt，也大量谈到过intelligibele Welt；既个别谈到过intellektuellen Kausalität，也个别谈到过intelligibele Kausalität；既个别谈到过intellektuellen Vermögen，也个别谈到过intelligibele Vermögen；等等。怎么来理解康德的这种"随意"用法？笔者不妨先对intelligibel的含义做一番辨析。

首先，与intellektuell相对，康德对intelligible的基本界定是"那种在一个感官对象上本身不是现象的东西"[②]，即"当对象自身只是被思维为……只被给予知性而根本不被给予感官的东西"[③]，也即"是指只能通过知性来表现的对象说的，这些对象是我们任何一种感性直观都达不到的"[④]。这点初看起来还好理解。柏拉图的理念大概就是这样一种范例，它们只通过知性来思维。对于所有这种对象，康德既称之为intelligibele Welt，也称之为Verstandeswelt（知性世界）。但对康德来说，这里面临某种困难。我们的认识总是依赖感性，我们认识到的永远是依赖感性直观的现象。现象之外的对象本身是什么，根本不可知。或者说，知性世界不可知。

但是，康德谈到intelligibele Welt不是仅仅为了表明我们不能认识这样的世界。事实上，如康德在《纯粹理性批判》二版序言中说的，我不得不取消（aufheben）知识，以便给信仰腾出位置。以意志自由为例，一方面人受自然规律支配（康德称之为拥有经验性的品格），服

① intelligibele Anschauung这一用法我们在康德文著中只找到一处，见：Kant, I. *Kritik der reinen Vernunft*. Darmstadt: WBG, 2011: B 836 A808.

② Kant, I. *Kritik der reinen Vernunft*. Darmstadt: WBG, 2011: A538.

③ Kant, I. *Kritik der reinen Vernunft*. Darmstadt: WBG, 2011: B312-313.

④ 康德．未来形而上学导论．庞景仁，译．北京：商务印书馆，1982: 88, 脚注．

从因果律，会有生老病死等；但另一方面，人有自由，人能依据理性、自由选择道德行为（康德称之为拥有 intelligibele 品格）。这一点当然不能从理论上阐明，但确确实实是实践所必需的。说到底，人既是 intellektuellen Welt 中的现象，又是 intelligibele Welt 中的对象，是自在之物。intelligibele 一词也因此具有了特别的实践功用。

3. intellektuell、intelligibel 的差别

由上可见，康德文中 intellektuell 和 intelligibel 的差别首先在于是不是感性可以通达，是不是可经由感性。可经由感性并通达知性的，那就是 intellektuell，那是可以认识的。反之，感性无法通达而只能通达知性的，那就属于 intelligibel，原则上那是不可认识的。前面引述的他同时使用 intellektuellen Anschauung 和 intelligibele Anschauung、intellektuellen Kausalität 和 intelligibele Kausalität、intellektuellen Vermögen 和 intelligibele Vermögen 的做法，理应也从这个角度给予不同理解，即分别从是否可由感性通达来理解。这当然意味着，intelligibele Anschauung、intelligibele Kausalität、intelligibele Vermögen 等其实根本不可知、根本无法谈（但当然并非无意义！）。甚至也意味着，intellektuellen Anschauung 之类也不可能存在。进一步来说，在康德这里，这种差别也对应着现象（认识）和本体（自在之物、对象）的差别，甚至对应着自然和自由、他律和自律的差别。

康德对两者的这种理解明显有别于之前的哲学传统。首先，无论是古希腊还是中世纪哲学传统，其实并未对这两个词做严格区分。其次，古希腊和中世纪哲学传统虽然也区分现象和本体，但并不认为这就完全是 intellektuell 和 intelligibel 间的差别。相反，正如前文笔者反复强调过的，他们的一种主要理解是，intellektuell 和 intelligibel 间的差别更多是认识官能和认识结果间的差别：侧重认识的主体角度，更多用 intellektuell；侧重客体角度，更多用 intelligibel。但康德根本上要突出的是，认识和对象、现象和本体、理论理性和实践理性之间的区别。康德习惯旧瓶装新酒，在这里，他再次赋予了它们不同于传统的含义。很自然，不同的含义或理解会使得我们给出不同的译法。前述讨论过的新

中国成立后康德中译文或中文研究论著中的不同译法，说到底就源于此。这就对笔者提出了一个问题：是应该依据康德的独特理解还是依据哲学史上的一般用法来译这两个词？这其实是哲学术语翻译的一个较为普遍的问题：术语翻译的统一性。

（五）哲学术语翻译的统一性和尝试性结论

众所周知，哲学家们常为了明述某个道理而刻意强调或突出某个哲学术语的特定含义，如康德的 transzendental、黑格尔的 aufheben、海德格尔的 Dasein 等。这在母语中最多是理解问题，但对翻译，像中译，却可能带来理解之外的另一层困难。同一个词 aufheben，在黑格尔那里一般中译为“扬弃”，但在康德那里却更多应遵循基本含义译为“取消”或“否定”而非“扬弃”。同一个词 Dasein 在康德那里更多被译为“存在”，在黑格尔那里更多被译为“定在”“实存”，而在海德格尔那里则一般被译为“此在”。不同译法的最大问题在于，遮蔽了概念间的历史联系，让人无法看出是在讨论同一概念，无法看到不同思想家思想的同异。术语翻译的统一性由此就显得特别需要。

一般来说，术语翻译的统一性包含两层含义。其一，同一作者同一术语翻译的统一性。这点相对较好理解，也相对较易处理。其二，不同作者同一术语翻译的统一性，这就是本书所要关注的这种术语翻译的统一性。这种统一性，前辈学者已有讨论，笔者不妨以孙周兴、倪梁康和陈嘉映为代表进行简要梳理。

1. 孙周兴、倪梁康、陈嘉映论哲学术语翻译的统一性原则

孙周兴是公认的海德格尔、尼采翻译家和研究者。在他看来，同一个术语在不同哲学家笔下，含义可能不一样，但我们不必随不同哲学家的不同用法而自造出不同译法，而应尽可能采取统一的译法，即采用统一的译名。此即：“译名的统一性原则”[①]或者“译名一贯性和统一性”[②]。

---

① 孙周兴 . 译无止境 . 读书 , 2002(1): 101.

② 孙周兴 . 学术翻译的几个原则——以海德格尔著作之汉译为例证 . 中国翻译 , 2013(4): 72.

问题在于，怎么统一？孙周兴认为，译名的统一更多是统一术语的字面意思。字面意思区别于解释意思。比如，Dasein 按字面意思就是“在此存在”，解释意思可以是“人的实在”（海德格尔）。统一于字面意思就是说，我们完全可以将其统一于“此在”这个译名，而不是在黑格尔那里译为定在，在康德那里译为存在，在海德格尔那里译为人的实在。再比如，就 Ereignis 而言，“本有”译法就更接近字面，而“大道”则更接近解释。比较起来，前者会更妥当一点。

倪梁康是著名的现象学研究专家，翻译过胡塞尔的大量著作，积累了丰富的翻译经验。他谈到了多种情形的“译名统一性”，其中就包括“哲学概念中译名的历史统一性”①，或者说：译名的连续性。比如 Verstehen，胡塞尔用过，海德格尔用过，伽达默尔用过，一般都译为理解，但在海德格尔那里却译为领会，这会对读者造成阅读上的困难。他建议“维持译名的历史统一性”，即用某个较为合适的译名统一各位哲学家间某个相同的概念，而不是一人一译。这里所谓的“较为合适”，在倪梁康看来是不能通过格义的。他认为，将 Ereignis 译为大道，将 Dasein 译为缘在，就是通过格义或者说解释概念的含义来给出译名。格义的最大问题在于，给出的中译“语词中的每一个都具有一定的合理性，都在或大或小的程度上与原意部分相合，但都不会完全相合；同时它还会或多或少地限定着概念原意的范围”②。根本上，他认为，我们要从词根的含义出发，求同存异。以 Ereignis 为例，词根是 eigen，指涉本己、本原中的本。因此，翻译上，应包含“本”字。至于词根之外的译法，可以仁者见仁、智者见智。

陈嘉映是哲学家，同样也是翻译大家，在翻译的统一性上，他有意接续倪梁康的话题展开。他也主张，“用同一个词来翻译同一个外文

---

① 倪梁康. 关于海德格尔哲学翻译的几个问题之我思 // 中国现象学与哲学评论（第二辑）：现象学方法. 上海：上海译文出版社, 1998: 258-279.

② 倪梁康. 关于海德格尔哲学翻译的几个问题之我思 // 中国现象学与哲学评论（第二辑）：现象学方法. 上海：上海译文出版社, 1998: 270.

词"[①]。不过在陈嘉映看来，这不只是个翻译原则，更牵涉到哲学观："哲学的中心任务，或至少中心任务之一，是澄清基本概念语词所含内容的多重联系。"[②] 如果我们想弄明白同一个词为什么指称不同的意思，那我们就不能对同一个外文词采取不同译法，比如，将 Sein 一词依据不同哲学家如亚里士多德、黑格尔、海德格尔赋予的不同含义分别给出不同译名：是、有、在。换言之，我们要遵循某个术语在某种学术语言中的基本用法。陈嘉映更深地看到了统一术语翻译的必要性。同样，对如何统一，陈嘉映也反对通过解说义，而主张"翻译在于字面对应"。这种字面对应是形式的对应，但不是音译这种形式，因为音译之后把某个概念和其他同根词之间的联系取消了。所以，原则上，概念词或者术语，"非万不得已，更不宜采用音译了"。字面对应更多意味的是，贴着概念的表面含义，贴着日常用法来翻译。比如 Dasein，译为"此在"比译为"亲在"和"缘在"更靠近日常用法，或者说更自然一点，因为 da 的表面含义、日常用法就是"在此"。总之，陈嘉映从多个角度反复强调，如果哲学家"用的是传统的术语，甚至就是日常用语，同时突出或挖掘出某种特别的意思，我们就不得不考虑这个用语在别的哲学家那里乃至在日常交往中是怎样用的"[③]。

总结三位学者的论述，大致可以说，哲学术语翻译应尽量统一译名，这是我们理解某种学术语言中某个哲学概念的必需。哲学术语翻译统一的途径是通过字面意思而非解释义，而字面意思的翻译应注意约定俗成或贯通日常用法。笔者认为，这是极有说服力的论述。就此，笔者将回到 intellektuell 和 intelligibel 的中译之争问题，并尝试给出一些结论性意见。

---

① 陈嘉映 . 也谈海德格尔哲学的翻译 // 中国现象学与哲学评论（第二辑）：现象学方法 . 上海 : 上海译文出版社 , 1998: 286.

② 陈嘉映 . 也谈海德格尔哲学的翻译 // 中国现象学与哲学评论（第二辑）：现象学方法 . 上海 : 上海译文出版社 , 1998: 286.

③ 陈嘉映 . 也谈海德格尔哲学的翻译 // 中国现象学与哲学评论（第二辑）：现象学方法 . 上海 : 上海译文出版社 , 1998: 292.

2. 尝试性结论

首先，尽管康德对 intellektuell 和 intelligibel 的理解不同于希腊和中世纪哲学，但这并不意味着我们在翻译康德文著时定要赋予其不同的译法。译名的统一性仍是我们首要的努力方向，除非那样会导致严重误解。为此，我们需要回到这两个词的字面意思。

其次，就字面含义而言，intellektuell 是 Intellekt 的形容词，康德基本将 Intellekt 和 Verstand 等同起来，并称其为一种非感官的认识能力。在这点上，他延续的是之前的传统，只不过他做了更多区分（推论性的和非推论性的）。与之相关，他对 intellektuell 的使用也遵循此含义。邓晓芒基于 Intellekt 和 Verstand 的等同，出于使它与 Verstand 保持音形一致的目的，将 intellektuell 译为“智性的”，从而与“知性”保持音形上的一致。笔者认为，这更多是照顾了解释义而非字面义，而且没有实现与该词常用译名的统一。实际上，Intellekt 一般约定俗成的字面意思是“理智”，因此 intellektuell 理应译为“理智的”。

反观 intelligibel，固然此前的哲学传统有时将其与 intellektuell 等同起来，但从字面上看这是两个词，康德也确实将两者区分了开来，因此，明显不能同样译为“理智的”。实际上，笔者在前面的诸多考察中已经指出，intelligibel 更多是侧重认识的客体或者结果，它更多意味着“非感官把握”的对象，意味着通过知性（Verstand）把握的对象。但这里我们不宜过于突出康德的用法而径直译为“知性可知的”，因为这一译法主要还是从解释义出发，适合康德的却不太适合康德之前的用法。我们仍需考虑译名的统一性。这里的字面意思是什么？实际上，考虑到 Verstand 的一般译法是“理智”，考虑到传统哲学中 intelligibel 关涉理智，考虑到 intelligibel 是 Intelligibilität 的形容词，于是“理知的”——“理智可知的”或许是个可接受的译法。

康德文中还常用到另一组词 sensitiv 和 sensibel，都跟感性有关。一般来说，sensitiv 和 intellektuell 相对，而 sensibel 和 intelligibel 相对，故此，笔者主张，不妨将前者译为“感性的”，后者译为“感知的”。

三、Ontologie 和 Dasein

如我们所知，近十几年来，有关 Ontologie 和 Dasein 的译名产生过较大争论。从近年来的康德译作看，大陆的韦卓民、韩水法、邓晓芒和李秋零等均将 Ontologie 译为本体论，而我国台湾地区的牟宗三、李明辉则一概译为存有论。而在康德学术界之外，如在现象学界，学者们普遍将其译为存在论。甚至有些学者主张译为“是论”。同时，Dasein 的译法也十分多样化，邓晓芒译为存有，韦卓民、李秋零译为存在，韩水法译为此在，牟宗三则译为存有，李明辉译为存在；在黑格尔哲学中则被译为定在、限有、实存等，而在海德格尔哲学中则更多被译为此在。译名的多样化迫使我们审视背后的深层原因并努力给出自己的回应。为此，笔者将从回顾 Ontologie 和 Dasein 的译名来源展开讨论。

字面上，Ontologie 来自希腊语 ὄντα（=beings），而 ὄντα 是希腊语 ὀν（=being、Sein）的变体。不过，不同于同源的希腊语 εἶναι（= to be）、ειμι（= am）、εστιν（= is），ὀν 是一个重要的哲学概念。对 ὀν 的研究相应也就成为一门重要的学问，即：Ontologie（ontology）。要想澄清 Ontologie 的译法，首先就需要梳理 ὀν（being、Sein）的译法。如前所述，汉语学术界已有广泛讨论，这种讨论甚至能追溯到 20 世纪 40 年代，主要的争论是，西方哲学中的 ὀν 或 being、Sein 是译为“存在”（或“有”）恰当还是译为“是”恰当？

陈康在《尼古拉·哈特曼》一文中首先提到：“……Ontologie 一字在中文中不易寻得相当的译名。识者皆知‘本体论’‘形上学’‘万有论’等等都不能成为定译。根本困难乃是 on 和它的动词 einai 以及拉丁、英、法、德文里和它们相当的字皆非中文所能译，因为中文里无一词的外延（Umfang）是这样广大的。比如‘有’乃中文里外延最广大的一词，但‘有’不足以翻译 on 或 einai 等等。若人将‘有’复译为外国文，则此点彰彰可见。‘有’相当于 habitus，habere，这两个字成为哲学上的名词乃是中世纪对 hexis，echein 的翻译，但 hexis 虽列于亚里士多德的范畴表中，却远在 usia，poion，poson（substantia，qualitas，quantitas）之下，这就是说：人、马、白、黑、多、瓜等等皆非 hexis，也非‘有’所能包括；但它们皆是 onta。再者，任一范畴皆是 on 的范畴，若以 on 之一范畴译 on 之自身，直如呼‘人’为‘少’呼‘马’为‘良’、为‘白’，错误显然可见。这也许不仅是翻译上的问题，进而牵涉到可怕的问题。但著者很希望这个困难是只由个人的学薄才寡所致。凡这一类字多不敢强译，唯有以音代替或是将原文写下，以待通人指教。”① 应该说，这是近代较早对 Ontologie 和 **ὀν** 的梳理和研究。虽然此处他觉得尚找不到合适的译词，因而主张采用音译，但他后来在译注柏拉图《巴曼尼德斯篇》时，最终还是选择了万有论的译名。②

从历史的角度看，1949 年以前，这个概念更多被译为“有”，当然也被译为“存在”等。但是，随着 20 世纪 50 年代马克思主义经典的翻译，随着马克思主义在国内的发展，**ὀν**（being、Sein）主要被译为“存在”，并被作为与“思维”相对的一个概念。

但正如有些研究者指出的，如果我们追溯 **ὀν** 的词源，追溯希腊哲学思想的发展，会进一步看到，**ὀν** 及其相关的希腊文在希腊语中更多具有系词作用，**ὀν**（being、Sein）似乎主要应该译为“是”，而不是“存在”或“有”。他们认为，固然 ὀν 也有“存在”“有”的意思，但是，“有”的译法容易被理解为“拥有”，即：将 being 理解为 having，而这显然会带来较大混淆。类似地，“存在”的译法也会导致我们将 **ὀν** 或 being、Sein 的含义压缩在较小范围。

从义理上来说，这些研究者的说法有道理。但他们没有考虑到的是，从实际来说，如果都译为“是”，会给很多中译带来巨大的困难，导致译文无法卒读。如陈嘉映举的翻译海德格尔的例子：Das Ontologisch—sein des Daseins ist… 能译为：“此是之是论之是是……”吗？正因此，更多学者考虑权变。有的着眼于翻译的顺利进行、着眼于读者的阅读，在译作存在的同时，“有时把名词性的 Sein 译作‘是’，有

---

① 陈康 . 论希腊哲学 . 北京 : 商务印书馆 , 1990: 476.

② 陈康 . 巴曼尼德斯篇（附录一）:“少年苏格拉底”的“相论”考 . 北京 : 商务印书馆 , 1985: 372. 也可参见：陈康 . 论希腊哲学 . 北京 : 商务印书馆 , 1990: 108.

时也把动词形式译作‘存在’”[①]。有的则认为，应区分日常语言用法的 ὀν 或 being、Sein 和作为哲学概念的 ὀν 或 being、Sein，并“主张按照 eimi 的多义并存特征，联系不同的语境，多数场合译为‘是’，有时则译为‘有’或‘存在’，有时可以学习英译者二者并用，将 being 或者 exist 置于括号之中”[②]。

正是对 ὀν 或 being、Sein 的这些不同的理解和译法，导致 Ontologie 有不同译名，如：“‘有论’‘万有论’‘存在论’‘存有论’‘本体论’‘是者论’等等”[③]，也导致 Dasein 存在诸多译名。那么，我们究竟该怎么译呢？为此，笔者通过回顾历史、追根溯源来逐一回答。

（一）Ontologie

首先值得注意的是“本体论”的译名，毕竟，这是目前最常见的译名。而且，“有论”“存在论”“是者论”等作为 Ontologie 的译名似乎都好理解，都是顾名思义，唯独“本体论”的译名有些奇怪，因为它似乎不是直接由 ὀν 的译名而来。这个译名是怎么来的呢？笔者首先回顾了下近代英汉辞书中的相关译法，见下表 2.12，辞书名和译名后括号中分别写明出版年和译名出现的页码。

表 2.12　近代英汉等类辞书中 Ontologie、ontology 的中译

编者	辞书名	译名
罗存德	英华字典（1866—1869）	物性学、博物性（1250）
井上哲次郎	订增英华字典（1884）	物性学、博物性（763）
颜惠庆	英华大辞典（1908）	原本夫有之学、原有学、生存学、实体学、超性学、物性学、哲学（1561）
卫礼贤	德英华文科学字典（1911）	物性学、万有学（1911）
商务印书馆	英华新字典（1913）	实体学（355）
季理斐	*A Dictionary of Philosophical Terms*（1913）	本体论（生命学）（44）

① 陈嘉映．哲学概念翻译的几个问题 // 陈嘉映．思远道．福建：福建教育出版社，2000: 168.

② 宋继杰．Being 与西方哲学传统（上册）．保定：河北大学出版社，2002: 271-272.

③ 宋继杰．Being 与西方哲学传统（上册）．保定：河北大学出版社，2002: 288.

续表

编者	辞书名	译名
赫美玲	官话（1916）	物性学（新）、万有学（新）、生命学（新）、本体论、原有学（新）（964）
樊炳清	哲学辞典（1926）	本体论，并注明：亦作实体论（118）

可以看到，从辞典来说，本体论的译法最早出现于1913年左右，到1926年基本被固定下来。值得注意的是，收录本体论译法的这3种辞典均直接或间接参考过日语辞典。季理斐基本就是依据日语的《哲学大辞书》编辑而成，赫美玲除了参考季理斐的辞典外，还参考过矿物学类日语辞典，而樊炳清所据的原文就是朝永三十郎的《哲学辞典》。不难得出结论，他们的这种译法来自日文译名。实际上，笔者在日本哲学家西周翻译的《心理学》中就找到了ontology的译名：本体学[①]。虽然两年（1881年）和五年（1884年）后，井上哲次郎出版的《哲学字汇》中尚未收入该译法，而译为实体学，但朝永三十郎1902年所著的《哲学纲要》就在"第二编 形而上学"下单列了"本体论"一章。[②]朝永三十郎1905年还出版了《哲学辞典》，较之《哲学字汇》，它的译文更为精确，因而一版再版。它的译法就是"本体论或实体论"。可见，其时该译法已被日本学术界接受。反之，井上哲次郎到《哲学字汇》第三版，才在收入"实体学"的同时，收入"本体学"的译名。不过当页上，德文ontologische Methode和英文ontological argument的译文倒是译成了"本体论的方法"和"本体论的证明"。[③]

日语中，本体论的译法大量出现于20世纪20—30年代，以后逐渐被存在论的译法取代。存在论的译法出现于30年代，其时，康德研究专家海因茨·海姆塞特（Heinz Heimsoeth）的《康德哲学中的人格性意识和物自身》已传播到日本，其中对康德所做的存在论式解释对日本学术界产生了重要影响。这点，笔者在1930年出版的伊藤吉之助的《哲学小

① 約瑟·奚般．心理學（上）．西周訳．東京：文部省，1879: 11.
② 朝永三十郎．哲学綱要．東京：宝文館，1902: 68.
③ 井上哲次郎，元良勇次郎，中島力造．哲學字彙：英獨佛和．東京：丸善株式會社，1912: 106-107.

辞典》中已经可以看到端倪了。[①]

此后中日交恶，存在学或存在论的译名基本不太可能传入国内。而从国内来说，“本体”原就是中国哲学的词汇，本体论的译名显然更易为人接受。那么，在康德这里，Ontologie 该怎么译？译成本体论还是别的？在此，有必要回到康德文本。

在康德看来，Ontologie 是“关于一切事物更普遍属性的科学”[②]。他这么说时，心中想到的应该是沃尔夫等人。沃尔夫所理解的 Ontologie 就是：它属于普遍形而上学，它能直接把握最普遍的东西。不过康德显然另有想法。随着思想方式的转变，也即哥白尼式转变，Ontologie 的可能性受到他的质疑。“迄今为止，人们假定，我们的一切知识都必须遵照对象；但是，关于对象先天地通过概念来澄清某种东西以扩展我们的知识的一切尝试，在这一预设下都归于失败了。因此，人们可以尝试一下，如果我们假定对象必须遵照我们的认识，我们在形而上学的任务中是否会有更好的进展。”[③] 康德的想法是，Ontologie 作为科学，乃是所有知性概念和原理构成的一个体系，这些概念和原理适用于感官所给予的对象，但不适用于普遍之物。《纯粹理性批判》中，这样一种科学被归结为纯粹知性的分析论。[④]

将以前的 Ontologie 扭转为知性的分析论，这实际涉及了康德所理解的批判哲学的主要问题：先天综合判断如何可能？康德认为，正是这类判断撑起了传统形而上学命题及其学科。但它们被错误地视作分析判断。作为先天综合判断，它们既不能建基在纯粹的概念上，也不能通过援引经验来确立。传统形而上学试图先天地通过概念来澄清某种东西无疑是不可能的。只要先天综合判断能够成立，那它们就是经验认识的非经验性原理。经验性认识与感性形式相关，由直观中作为现象的对象给出，同时借助于纯粹知性概念的运用，通过作为对象的现象得到思考或

---

① 伊藤吉之助．哲学小辞典．東京：岩波書店，1930. 该书第 239 页的译法是本体论，而在第 761 页则译成了存在学。

② 康德．康德著作全集（2）．李秋零，译．北京：中国人民大学出版社，2016: 312.

③ 康德．康德著作全集（3）．李秋零，译．北京：中国人民大学出版社，2016: 10-11.

④ 康德．康德著作全集（3）．李秋零，译．北京：中国人民大学出版社，2016: 201-202.

者说以客观有效的方式得以认识。这实际就说明了纯粹知性分析论的特点及这样一个重要结论："知性先天地可以做到的，永远无非是预先推定一般可能经验的形式，而既然不是显象的东西就不可能是经验的对象，所以知性永远不可能逾越感性的界限，只有在感性的界限内部对象才被给予我们。知性的原理只是一些对显象做出说明的原则，自以为能够在一个系统的学说中给关于一般而言的物提供先天综合知识（例如因果性原理）的本体论（Ontologie），其自负的称号必须让位于仅仅一种纯粹知性的分析论。"①

由此我们大致可以明白，在康德那里，Ontologie 并不是在讨论与现象相对的本体，而是一些知性的概念和原理体系或者说先天综合知识，倒可以说跟事物如何存在相关。本体论看起来不太合适。结合前面对这个词构成的探讨，笔者认为，译为"存在论"可能更为妥当。

（二）Dasein

Dasein 这个词在中文的康德文献中谈的不多，虽然我们经常会谈到康德的"上帝存在的本体论证明"。其实这里的"存在"一词原文就是 Dasein。那我们岂非直接将其译为"存在"即可？且慢。接触过海德格尔哲学的人，多半都知道他说的"此在"原文就是 Dasein，而且都知道"此在"的译法很妥帖。那么，我们是否需要这么做：在海德格尔那里就要把它译为此在，而在康德这里就译为存在？但毕竟是同一个词，为什么不考虑统一译名呢？对此，有必要简要回顾一下 Dasein 的中译史。

查近代英汉类辞书，只有卫礼贤的《德英华文科学字典》收录了该词，书上的解释是："being，实在、现在；being existence，存体、存在"②。早期康德研究中，Dasein 一般被译为存在③，特别是谈及康德有关上帝存在的证明时，一概译为存在。这当然是因为，历史上讨论这个问

① 康德．康德著作全集（3）．李秋零，译．北京：中国人民大学出版社，2016: 201-202.

② Wilhelm, R. *Deutsch-Englisch-Chinesisches Fachwörterbuch*. Tsingtau: Deutsch-Chinesischen Hochschule, 1911: 92.

③ 参见：姚璋．康德哲学浅说．光华大学半月刊，1933(4): 42；郑昕．康德学述．北京：商务印书馆，2001: 53-60.

题时，一般的说法都是：上帝存在的证明。出于某种约定俗成，康德相关讨论自然也被纳入这一范围来理解及译出。但是在 20 世纪 50 年代至 70 年代黑格尔著作集中引入国内时，为了区别黑格尔著作中的 Sein 和 Dasein，译者们给出了 Dasein 的新译法：限有、定在[①]、实有[②]，并成为黑格尔哲学中的常见译法。Dasein 一词及其译法广为传播肇始于 20 世纪 80 年代，主要原因是海德格尔《存在与时间》中译本的出版。对海德格尔的这个重要概念，中译者陈嘉映采用了与黑格尔或康德哲学中不同的译法，即译为：此在。此后，随着存在主义和现象学在中国的传播，这个译法深入人心。这也一定程度上影响到之后康德哲学的翻译。比如，韩水法在 1999 年所译的《实践理性批判》中就采用了"此在"这一译法，这表明译者完全接受了这个译法。这也进一步促使笔者思考，康德文著中的 Dasein 究竟应该怎么译出？实际上，邓晓芒 2004 出版的《纯粹理性批判》译本中就有意识地将 Dasein 译为"存有"。而且，他在译为"存有"的同时，还做了一番解释。他指出，这个词在黑格尔那里译为定在、限有、有限的存在，在海德格尔那里译为此在，"这些译法都是要表达出一种具体的现实的存在"，但他主张译为存有。主要原因是与存在（Sein）相区别，存在可以作系词，但存有不作系词，它更具体，表示存在的东西或存在者。这是个台湾译名，不过我国台湾地区学者是用来译 Sein，而他则用来译 Dasein。[③]这当然有一些道理，但是这样做似乎抹去了 Sein 和 Dasein 之间字形、字义上的内在关联，而且一定程度上又将 Sein 分别译作有和在了，似乎多少有些不妥。

查阅 *Dictionary of Untranslatables: A Philosophical Lexicon*[④] 和《哲学历史辞典》，Dasein 在德语中相对出现得较晚，一直到 17 世纪才出现。

---

① 前两个译法均出自贺麟。"限有"译法参见：黑格尔 . 小逻辑 . 贺麟，译 . 北京：商务印书馆，1959: 210. "定在"译法参见：黑格尔 . 小逻辑 . 贺麟，译 . 北京：商务印书馆，1996: 200.

② 黑格尔 . 逻辑学（上）. 杨一之，译 . 北京：商务印书馆，1991: 100.

③ 邓晓芒 . 康德《纯粹理性批判》句读 . 北京：人民出版社，2010: 118，569.

④ Cassin, B., Apter, E., Lezra, J. & Wood, M. *Dictionary of Untranslatables: A Philosophical Lexicon*. New York: Princeton University Press, 2014: 195.

之前，德语中有的是动词 dasein，它的意思是现存、现有（vorhanden）。沃尔夫（Chr. Wolff）最早用 Dasein 来翻译拉丁语的 existentia。不过，沃尔夫当时用得更多的还是 Existenz 或 Wirklichkeit 这种词。沃尔夫把 existentia 理解为可能性的补充（complementum possibilitatis），他也在行为和能力的相互关系这种意义上将 existentia 称为 actualitas。可能的东西就是可以无矛盾思考的东西；现实的东西，就是不仅在一个个物体的不间断的序列中有其充分根据，而且是完全确定的东西。概念“ens”和“possibile”的差别，就 Dasein 而言，无非是必然和偶然存在者间的差别。鲍姆加登（A. G. Baumgarten）同意这种定义但是将 existentia 简明扼要概括为某种东西的普遍规定的总和，这些规定源自它们的内在可能性而且就它们当下在此而言，是相互一致的。立足于这一学说，兰贝特（J. H. Lambert）从一种具有思维的存在者的意识出发，得出结论说，实存这个简单而明确的概念同时给出了确定性的概念和标准。对实存来说，除了纯粹的可能性外，还需要的东西是这个概念的简单性，也就是：我们确实能够清楚感觉，但只能通过这类语词传达，这类语词不是实存这个词的同义词，就是已经预设了这个概念。

与之相对，克鲁修斯（C. A. Crusius）将“某物的现实性 Dasein”与它作为“思想中的纯粹存在”的可能性区分开来。因为“我们理智的本质”强迫我们，当我们把某物表象为实存的时候，除了考虑该物的形而上学本质外，还要思考此时此地他所获得的东西并将其设定为现实的存在。因此，他说，实存是某物的那样一种谓词，它使我们也有能力在思想之外的某个地方以及某个时候碰到它。实在的标志最终总是我们理智中的感觉，也就是说，Dasein 具有的一切，只能按照普遍有效的空间和时间概念被思考为本质上属于理智的抽象实存（abstracta der Existenz）。而在门德尔松（M. Mendelssohn）看来，我们理智中同样始终存在一种鸿沟，用他的话说，是可能性和现实性之间的可怕鸿沟，这样我们决不能用理智解释某物所有可能的规定，因而偶然物的 Dasein 就只能通过经验来获取不过自我本身所看的东西，是他的感觉和概念，它们显然表明着他不可解释的 Dasein，于是 Dasein 就成了一个同时指涉行为主体和行为客体的词了。[①]

从康德文本来看，这个词在康德 1763 年的《证明上帝存在唯一可能的证据》中有较多讨论。其中，康德同样用 Dasein 来翻译拉丁语的 existentia。按康德自己的说法，“Dasein 是对一个事物的绝对肯定”[②]，它也“不是某一个事物的谓词或者规定性”，而是“人们关于该事物的思想的一个谓词”。值得注意的是，康德也常这么说 Sein。《纯粹理性批判》的“范畴表”中，康德把 Dasein 作为模态范畴中的一个，并与 Nichtsein 相对。在“一般经验性思维的公设”中，与 Dasein 相关的第 2 条说的是，“凡是与经验的（感觉的）质料条件相关联的，就是现实的（wirklich）”。Dasein 就这样作为现实存在的。显而易见，在康德文中 Dasein 或 Sein 更多强调的是存在的含义，故而我们的译文也应由此入手。那是否意味着需要均译为存在？从康德文中来看，既然他用了两个词，我们理应也译作两个词，而且，在黑格尔那里这也是两个不同的词。鉴于字面上“da 表示某个确定的时间、地点或状态”，更多强调“在此不在彼”[③]，笔者参照陈嘉映的建议，用“此在”来翻译康德的 Dasein。这样做的好处是：首先，统一了译名；其次，更多照顾的是字面意思，而这应该是哲学术语翻译的重要原则。

四、Bild 和 Schema（Schematismus）

Bild 和 Schema 是康德《纯粹理性批判》中一组相对的概念。康德将两者对举的目的是，通过与 Bild 对比，阐明 Schema 的独特含义。所以 Bild 虽然不是康德的重要术语，但对它的讨论也有助于理解 Schema。

（一）Bild

《纯粹理性批判》中的 Bild 译法主要表现为各种各样的象或像：心象

---

① 以上两段主要援引自：Ritter, J. & Gründer, K. (Hrsg.). *Historisches Wörterbuch der Philosophie*, Bd. 2. Darmstadt: Wissenschaftliche Buchgesellschaft, 1971: 15.

② 康德 . 康德著作全集（2）. 李秋零 , 译 . 北京 : 中国人民大学出版社 , 2016: 80.

③ 海德格尔 . 存在与时间 . 陈嘉映 , 王庆节 , 译 . 北京 : 商务印书馆 , 2015: 539.

（蓝公武）、意象（韦卓民）、形象（牟宗三、邓晓芒）、图像（李秋零）。单纯从字面看，似乎很难判断哪种译法更好。从康德文本来看，康德对 Bild 的一个定义是："Bild 是再生的想象力（Einbildungskraft）这种经验性能力的产物"[①]，这听起来似有主观意味，但实际上，从德语来说，这更多像康德玩的文字游戏，毕竟想象力（Einbildungskraft）和 Bild 天然具有一种构词上的联系。而且，更重要的是，再生的想象力在他那里并不是主观的代名词。[②] 此外，他还说到五个点一个连一个标出来就是五这个数的 Bild，说到三角形的 Bild，说到一切量的纯粹 Bild 是空间，等等。从这些用法来看，心象或意象的用法太偏重内在，主观意味太强，反之形象更多侧重于人的面貌，只有图像相对客观、中性，更符合康德语境含义。笔者建议采纳李秋零的译法。

（二）Schema

Schema（Schematismus）是康德哲学中一个重要而又令人费解的概念。循以往做法，笔者先将各种译法陈列出来。首先我们不妨回顾下各类近代英华字典中的中译，见表 2.13，辞书名和译名后括号中分别写明出版年和译名出现的页码。

表 2.13　近代英汉辞书中 Schema 的中译对照

编者	辞书名	译名
马礼逊	华英字典（1822）	图、计策、机谋（378）
卫三畏	英华韵府历阶（1844）	计策、图谋（248）
麦都思	英华字典（1847—1848）	筹策、希图、画策、究、拘、谋、谋度、算、图、经营、图度、咨、唯、惟、图究、谋莫、咨询、打扮（1127）
罗存德	英华字典（1866—1869）	谋、计、计谋、策、图策、谋略、术、猷、计策、筹策、心术（1545）
卢公明	英华萃林韵府（1872）	计策、捕风捉影（425）

① Kant, I. *Kritik der reinen Vernunft*. Darmstadt: WBG, 2011: B181.

② 想象力（Einbildungskraft）在康德哲学中具有重要作用，因而吸引了海德格尔等一众哲学家的关注和讨论。其中，再生的想象力被认为是整合感性和知性等各种能力从而形成知识的一种心灵能力，是所有心灵能力的一种形而上学根源或一种先验条件。

续表

编者	辞书名	译名
井上哲次郎	订增英华字典（1884）	谋、计、计谋、策、图策、谋略、术、猷、计策、筹策、心术（938）
邝其照	华英字典集成（1899）	计、谋、计策、心术（315）
颜惠庆	英华大辞典（1908）	谋、计、策、谋略、术、计画、谋画、经营、布置、方法、办法、办事之条理、图谋、谋计、妙计、妙策、千方百计、深计、害人之计、巧计、直线图、算学图、布算图式、大略之形图、只有外形之图样（1993）
卫礼贤	德英华文科学字典（1911）	pattern、图形、定式、表（443）
季理斐	*A Dictionary of Philosophical Terms*(1913）	图型（57）
商务印书馆	英华新字典（1913）	谋、计、策、谋略、术（447）
赫美玲	官话（1916）	计策、计、计谋、谋略、方法、计画、图型（新）（1267）

可以看到，从1822年马礼逊开始的《华英字典》给出的大部分是目前我们不太熟悉、较罕僻的中译，直到1911年卫礼贤的《德英华文科学字典》和1916年赫美玲的《官话》才首次出现“图形”“定式”“图型”这几种新的释义。反观国内早期康德研究者们对Schema的译法，我们发现，它很早就被译成图形。

据查，1902年王国维在他所译的桑木严翼的《哲学概论》中，将Schema的日译名“图形”译为图形。[①] 不过，日文的“图形”译名实际上出现得相当早，井上哲次郎1881年的《哲学字汇》中已经收入这一译法，但这一译法并未被朝永三十郎吸收。1905年朝永三十郎的《哲学辞典》中并未将该词单独列出，而是以短语形式列出了scheme of opposition，给出的译名为：“對當图式”[②]。

20世纪20年代至40年代间，Schema的译名主要有：图式[③]、模

① 王国维 . 王国维全集（第 17 卷）. 杭州 : 浙江教育出版社 , 2010: 235.
② 朝永三十郎 . 哲學辭典 . 東京 : 寶文館 , 1905: 232.
③ 范寿康 . 康德知识哲学概论 . 学艺 , 1924(5): 16.

形[①]、方式[②]、纲律[③]。如前所述，樊炳清的《哲学辞典》译自朝永三十郎，故他的书中保留了图式的译名，但他还单列了 Schema，并译为图型。1935 年，余又荪在其所译的《康德与现代哲学》中沿用桑木严翼的译法，译为图形。胡仁源的译本中，Schema 译为轮廓，Schematismus 则译为轮廓论[④]。1936 年，张铭鼎中译为图型[⑤]。

值得注意的是，如果考虑到井上哲次郎 1881 年的《哲学字汇》中 Schema 的释义就是图形，而朝永三十郎的译法是图式，且季理斐译自日文的《哲学大辞书》，不难看出，这些译法均来自日语。正是日语的翻译塑造了 Schema 的中译，并且，其影响持续至今。为此，我们不妨回顾下新中国成立后，康德主要著作中译本和其他译著中 Schema 的译法，见表 2.14。

表 2.14　康德主要著作中译本和其他康德相关文著中 Schema 的中译

译者	中译名
蓝公武（2017）	图型
韦卓民（2000）	图型
牟宗三（2003）	规模、图式
邓晓芒（2004）	图型
李秋零（2016）	图型
王玖兴（2018）	图式
庞景仁（1982）	图式
李明辉（2012）	图式
关文运（1960）	概型
韩水法（2001）	图型
宗白华（1996）	图式
韦卓民（1996）	模型

① 胡嘉 . 纯粹理性批评梗概 . 民铎 , 1925(4): 16.

② 虞思 . 康德不可知论述评 . 新中华 , 1949(6): 28. 虞思还加注说，“此字原义有计划、组织之意，在康德哲学中为种专门术语，迻译颇难，昔王国维氏译日本桑木严翼哲学丛书，尝翻此字为方式，故权仍之。方式者，一种印象也，然别于普通之印象”。

③ 周辅成 . 康德的审美哲学 . 大陆杂志 , 1932(6): 15.

④ 康德 . 纯粹理性批判（第 3 册）. 胡仁源 , 译 . 北京 : 商务印书馆 , 1935: 8.

⑤ 康德 . 实践理性批判 . 张铭鼎 , 译 . 北京 : 商务印书馆 , 1936: 84.

续表

译者	中译名
贺麟、王太庆（1997）[①]	图式、格式
齐良骥（2000）	范型
王庆节（2011）[②]	图像
宫睿（2015）[③]	图型、图式

可以看到，Schema 的中译主要是图型和图式两种。这里值得注意的是齐良骥、韦卓民和邓晓芒对 Schema 和相关词译法的说明。

齐良骥译为：范型。他说，Schema 或译作图型、图式、构架。在康德哲学中，译作“范型”较妥当[④]，因为“范型本身并非图像，它是概念与一定的图像之间的过渡的关键性中介。想像力为一般概念获取其相应图像所采取的一般方法，就是那概念的范型”[⑤]。齐良骥提出的范型显然是个生造词，大约是取模子、模范之意，兼取模型之意，意译而成。

韦卓民将 Schema 的相关词 Schematismus 译为图型法而非图型说。他认为，旧译图型说不合适，“因旧译大概是认为 ismus（ism）这个后缀（即词尾）一般译为“主义”……，按原德文的 Schematismus 这词语是源于古希腊语的 schematismos，意即‘袭取一种形态’，而转义为一般‘窃取非自有的东西’的意思。……这是一种方法，而不是什么的说法，更不是什么学说。所以康德在后面说‘知性在图型中的进程就称为图型法’”[⑥]。可以看到，韦卓民的讨论更多是讨论后缀“-ismus”的译法，应该说，他的译法有一定道理，邓晓芒也继承了这种译法。但是遗憾的是，韦卓民并没有解释将 Schema 译为图型的原因。毕竟，图型和图形有何差别？我们很难顾名思义理解图型是什么。

邓晓芒主张，Schematismus 译为图型法比较贴切，因为康德实际就是在讨论图型，表达他对图型的看法。不过，邓晓芒并未细谈为什么

① 黑格尔 . 哲学史讲演录 . 贺麟 , 王太庆 , 译 . 北京 : 商务印书馆 , 1997: 271, 306.
② 海德格尔 . 康德与形而上学疑难 . 王庆节 , 译 . 上海 : 上海译文出版社 , 2011: 316.
③ 保罗·盖耶尔 . 康德 . 宫睿 , 译 . 北京 : 人民出版社 , 2015: 99-103, 430.
④ 齐良骥 . 康德的知识学 . 北京 : 商务印书馆 , 2000: 223.
⑤ 齐良骥 . 康德的知识学 . 北京 : 商务印书馆 , 2000: 226.
⑥ 康德 . 纯粹理性批判 . 韦卓民 , 译 . 武汉 : 华中师范大学出版社 , 2000: 185.

译为图型，显见他更多在取 Schema 的字面意思，而非立足于康德自己的论述进行翻译。因为按照康德的观点，“图型就是在我们运用自己的判断力的时候，所必须预先准备好的一套这样的规范，一套时间的先验规定”[①]，既然是规定、规范，跟图有何关联，岂非应该译为范型而非图型?

如上所述，虽然他们一定程度上都做了解释，但这里既涉及对 Schema 的一般理解，也涉及如何正确理解康德哲学中的这个概念。为此，我们需要深入探讨下。不妨先梳理下德语相关辞书的释义。

据赫尔曼·保罗所说，Schema 这个词早在 16 世纪就已出现，意思是：清楚明了的、可作为典范的展示、图表。罗特（Rot）在 1571 年最先使用了 gantz Schema（一种组织过的形式）。此外还有 Schema 的术语等用法，即指语法上的变格、变位。还有一种歌德用过的较旧的用法：提纲。而到了 18 世纪末，还出现了“nach Schema F”（机械的）。该词显然具有了贬义。翻查另一本词典：《杜登德汉大词典》，Schema 的意思主要是：模式、格式和图表、图解。

进一步翻查《哲学历史辞典》，Schema 和 Schematismus 源于希腊语 σχῆμα 和 σχηματισμός，它的拉丁语形式是 schema、Schematismus，英语是 schema、schematism。与其说它是个哲学概念，不如说是个日常语言的用词。你没法定义它，只能用别的同样没法定义的概念，比如 Gestalt、Ordnung 或 Struktur 等来界定它。它主要也是用来定义其他一些概念。在哲学史上某些个别但是要紧的地方，Schema 才会成为术语，然后用其他概念来界定。而这就构成了其最重要的术语意义：刻画某种首先应该用概念来规定的东西之轮廓。但是 Schema 作为理解的工具，也指向一种理解的限度，这是 19 世纪末发生的情形。[②] 问题在于，康德那里这个词应该如何翻译呢？不妨按时间先后顺序检索并归纳下康德著作全集中 Schema。

---

① 邓晓芒．康德《纯粹理性批判》句读（上）．北京：人民出版社，2010: 522.

② Ritter, J. & Gründer, K. (Hrsg.). *Historisches Wörterbuch der Philosophie*. Darmstadt: Wissenschaftliche Buchgesellschaft, 1971: 1246.

前批判时期，1755 年的《形而上学认识各首要原则的新说明》中，康德把 Schema 看作是宇宙中各种实体存在及其相互关系的起源，这种 Schema 来自神圣理智，因而被称为神圣理智的 Schema。1770 年的教职论文《论可感世界与理知世界的形式及其原则》中，康德对 Schema 的使用开始接近成熟时期的标准用法。其中，Schema 被理解为与对象的形式和种类不同的素描，不过还没被视作范畴运用于直观所必需的一种中介。1778 年左右的一些手稿中，康德还把世界中的行为称为理智的纯粹的 Schema，并把现象本身称作 Schema。

Schema 出现最多的是《纯粹理性批判》。也正是在这里，Schema 才具有了标准含义，即介于概念和直观中被给予的现象间，使概念可应用于经验对象即将经验对象归属于概念的一种表象。从康德的文本来看，他将概念区分为 3 种，即经验性的、纯粹感性的和纯粹非感性的，所以相应就有 3 种 Schema：经验性的 Schema、纯粹感性的 Schema 以及纯粹知性概念的或者说范畴的或者先验的 Schema。第一种 Schema 被康德定义为："按照某个一定的普遍概念……规定我们直观的规则。" 这种 Schema 在知性的表象（即概念）和形象间起中介作用，使得形象被归属到相应的概念下。而第二种康德定义为："想象力在空间的纯粹形状方面的……综合规则。"[①] 这种 Schema 同样在纯粹感性的数学概念和形象间起作用，因为纯粹感性概念并非以形象为基础。至于先验的 Schema，康德定义为"先验的时间规定……，后者作为知性概念的 Schema，对现象被归摄到范畴之下起了中介作用"[②]，其中，知性概念是纯粹知性概念，而现象则是"一般内感官"的表象。

值得注意的是，前两种 Schema 和第三种 Schema 存在根本区别。前两种被定义为，"想象力为一个概念取得它的形象的某种普遍的处理方式的表象"[③]，因为这两种表象和相应的概念是同质的，都含有归摄于其下的那个对象所表现出来的东西。反之，第三种概念与形象完全是

① 康德 . 纯粹理性批判 . 邓晓芒，译 . 北京：人民出版社，2004: 140.
② 康德 . 纯粹理性批判 . 邓晓芒，译 . 北京：人民出版社，2004: 139.
③ 康德 . 纯粹理性批判 . 邓晓芒，译 . 北京：人民出版社，2004: 140.

不同质的，“纯粹知性概念的 Schema 是某种完全不能被带入任何形象中去的东西”[1]，这种 Schema 的中介作用在于调和异质性，“它一方面必须与范畴同质，另一方面与现象同质，并使前者应用于后者之上成为可能。……必须是纯粹的（没有任何经验性的东西），却一方面是智性的，一方面是感性的。这样一种表象就是先验 Schema”[2]。能实现这点的唯有先验的时间规定，因而这种先验 Schema 说到底就是先验的时间规定。

不过，先验 Schema 既是智性又是感性的说法带来很多理解上的困难。往智性方向考虑，不免认为它就是纯粹概念；往感性方向考虑，又会认为它是纯粹直观。由此引发了众多解释和争论。格哈德·塞尔（Gerhard Seel）将这些争论归结为两种[3]，一种认为先验 Schema 是纯直观的，它是先验想象力依据先天规则通过空间和时间的中介表象出的，纯粹知性则依据特定范畴给出了这些先天规则。另一种则认为，先验 Schema 是具有结构特点的概念，只要它们按空间尤其是时间排列好，那这些概念就具有感官材料的形式。每一种都有多位研究者站队。

作为研究者，我们能保持两种解读间的张力吗？很难，因为翻译很大程度上代表着一种理解和解释。不过，不管作哪一种理解和解释，有一点可以肯定，它不是 Bild，不能带入形象或图像，然而康德又似乎特别想要使 Bild 和 Schema 靠近，无疑是想尽可能保持其格式和图表之意。为此，笔者认为，将 Schema 译为图式较好，既取了 Bild 的通常含义图像，又适当保留了其作为格式的意思。只是我们始终要注意，Schema 的译名虽然带有图，但不是图象那样一种存在。

五、Kategorie 和 kategorisch（Satz、Imperativ）

众所周知，Kategorie 很早就被中译为“范畴”。然而引起笔者困惑的是，kategorisch 与 Kategorie 字形如此相近，但中译上的差距却非常大。

---

① 康德 . 纯粹理性批判 . 邓晓芒 , 译 . 北京 : 人民出版社 , 2004: 141.

② 康德 . 纯粹理性批判 . 邓晓芒 , 译 . 北京 : 人民出版社 , 2004: 139.

③ Willaschek , M. (Hrsg.) .*Kant-Lexikon*. Berlin: DE Gruyter, 2015: 523.

kategorisch 经常和 Satz 或 Urteil 等组成固定说法，同时与 hypothetisch 相对，被译为“定言的”。显然，它的中译完全看不到与范畴有任何关联。这是因为它们实际上完全不具有词形上的联系吗？笔者查阅刘易斯和肖特的 *A Latin Dictionary* 发现，kategorisch 源自拉丁语 căt ē gŏrĭcus，而 căt ē gŏrĭcus 的意思是 relating to a category，用英语写就是 categorical。这似乎表明，Kategorie 和 kategorisch 确实同源，其区分无非是名词和形容词之分。如果范畴是 Kategorie 的定译，那可否将 kategorisch 也译为范畴的？康德研究或译文中，kategorisch 是否有过这种译法？如果没有，又是为何？

为此，笔者首先尝试回顾 kategorisch 及其英译词 categorical 的翻译史。

近代英汉类辞典中，kategorisch 的译法主要出现在卫礼贤《德英华文科学字典》中，它的英文和中文译法是：categorical，必然者、直说者。与之相对，categorical 出现的次数要远胜于此，详见表 2.15，表中辞书名和中译名后括号中分别为出版时间和页码。

表 2.15　近代英汉类辞书中 categorical 的中译名

编者	辞书名	中译名
罗存德	英华字典（1866—1869）	类嘅、类序嘅、历序嘅、类序的；定然、必然；定实嘅、实说的、直说的（336，其中“嘅”相当于“的”）
井上哲次郎	订增英华字典（1884）	释义同上
颜惠庆	英华大辞典（1908）	必然的、确说的、绝对的；汇类的、门类的、范畴的（323，该辞典将 category 译为：种类、汇类、范畴）
商务印书馆	英华新字典（1913）	类的、类序的、必然的、定实的、实说的（77）
赫美玲	官话（1916）	无待的、无上的、定言的（198，1684，如：～ proposition 译为“无待辞”，～ imperative 译为“无上命法”，～ judgment 译为“定言的判断”）

不同于上述辞典，各种译注和论文中，译者和作者往往给出一些不同译法，不妨先回顾下近代康德主要研究者们的一些译法，见表 2.16。

表 2.16 近代康德主要研究者们有关 categorical 和 hypothetical 的中译

译者	categorical 中译	hypothetical 中译
严复①	径达之词、有待之词 categorical proposition	未定之词、设言之词 hypothetical proposition
王国维②	无上命法 kategorischer Imperativ	/
姚璋③	断言的	假定的
范寿康④	定言的	假言的
胡嘉⑤	直言的	假言的
张铭鼎⑥	无上命令（kategorischer Imperativ）	/
叶启芳⑦	直言的、	假设的
牟宗三⑧	定然的	假然的
瞿菊农⑨	直言的	假设的
虞愚⑩	必然的	假设的
杨人杞⑪	无上的	/
罗鸿诏⑫	断言的	/
余又荪⑬	断言的（定言的）	/
郑昕⑭	定言的	设言的

大致来看，kategorisch（categorical）的中译早就有断言的、定言的、直言的等多种译法，但几乎没有被译为范畴的。这些译法在相当程度上影响到之后的译者和研究者。

实际上，康德《纯粹理性批判》中译本中的译法无非就是这几种：断言的（蓝公武）、直言的（韦卓民）、定然的（牟宗三）、定言的（邓晓芒、

① 穆勒 . 穆勒名学 . 严复 , 译 . 北京 : 生活·读书·新知三联书店 , 1959:73.
② 王国维 . 原命 // 王国维 . 王国维集（第一册）. 北京 : 中国社会科学出版社 , 2012:282
③ 姚璋 . 康德哲学浅说 . 光华大学半月刊 , 1933(4): 40-43.
④ 范寿康 . 康德知识哲学概说 . 学艺 , 1924, 6(5): 36.
⑤ 胡嘉 . 纯粹理性批评梗概 . 民铎 , 1925(4): 13.
⑥ 张铭鼎 . 康德批判哲学之形式说 . 民铎 , 1925(4): 17.
⑦ 叶启芳 . 康德范畴论梗概及其批判 . 民铎 , 1925(4): 4.
⑧ 牟宗三 . 传统逻辑与康德范畴 . 理想与文化 , 1946(8): 24-25.
⑨ 瞿菊农 . 康德的纯粹理性批导（一）. 哲学评论 , 1928(2): 121.
⑩ 虞愚 . 康德不可知论述评 . 新中华 , 1949(6): 27.
⑪ 杨人杞 . 实践理性批判梗概 . 民铎 , 1925(4): 8.
⑫ 罗鸿诏 . 康德伦理说略评 . 学艺 , 1924(5): 5.
⑬ 桑木严翼 . 康德与现代哲学 . 余又荪 , 译 . 上海 : 商务印书馆 , 1935: 80.
⑭ 郑昕 . 康德学述 . 北京 : 商务印书馆 , 2001: 119.

李秋零），在《道德形而上学奠基》中基本也都译为定言的。而且，在这几种译本中，“定言的”似乎是 kategorisch 的固定译法了。但是，作为逻辑概念，它在其他逻辑学书中却被译为直言的。[①]而在各类期刊中，它还经常和 Imperativ 一起用，并被译为“绝对命令”。这意味着，该词的译法实际并没有实现统一。原因何在？我们究竟该怎么翻译呢？

从逻辑学的角度，逻辑学中有一类命题是 categorical proposition，字面意思就是范畴的命题，或者更准确说是：“一种能被分析为关于类或者范畴的命题，这个命题肯定或否定某个类 S 全部或部分地包含于另一个类 P 之中。直言命题传统的四种标准形式为：A：全称肯定命题（所有 S 是 P）；E：全称否定命题（没有 S 是 P）；I：特称肯定命题（有 S 是 P）；O：特称否定命题（有 S 不是 P）。”[②]从这个角度，categorical 译为“范畴的”其实没什么不可以的。《逻辑学导论》的译者张建军显然注意到了这个问题，所以他在译者后记中说，“categorical proposition，无论是大陆学界的通译‘直言命题’，还是台港学界的通译‘定言命题’，都未能体现出 categorical 的本原语义”[③]，也就是“关于范畴的”这种语义。不过，译者更多还是采取了“从众”原则，即译为“直言的”。那么在康德那里呢？为此，不妨回到康德著作，看看在他那里这个词的用法。

kategorisch 出现在康德的《纯粹理性批判》《道德形而上学奠基》《道德形而上学》等书中。总体看来，它基本都是和 hypothetisch 对举。两者的区分首先是判断种类上的区分，其次是命令上的区分。先说判断种类上两者的区分。康德对 hypothetisch 判断的理解，强调的是“如果 p，那么 q”的形式，其中，p 和 q 是根据和结果的关系。[④]正因为它是“如果 - 那么”这样一种形式，所以中译一般都译为假言判断。而在康德看来，kategorisch 判断强调的是“无条件”。从条件角度，假言判断实际在强调“有条件”。

---

① 柯匹，等．逻辑学导论．张建军，等译．北京：中国人民大学出版社，2014: 706.
② 柯匹，等．逻辑学导论．张建军，等译．北京：中国人民大学出版社，2014: 710.
③ 柯匹，等．逻辑学导论．张建军，等译．北京：中国人民大学出版社，2014: 750.
④ 康德．纯粹理性批判．邓晓芒，译．北京：人民出版社，2004: 66.

在有条件和无条件的意义上，康德提出了 hypothetisch 和 kategorisch 两种命令。hypothetisch 命令说的是，把一个可能的行为的实践必然性表现为手段，即表现为人们想要的某种别的东西的手段。比如，我为了讨好某人而帮助某人。反之，kategorisch 命令说的是，“把一个行为表现为自身就是客观必然的，无需与另一个目的相关”①。比如，不许说谎。前文所说的判断中有有条件和无条件之分，在这里经历了一定的转换，即变成行为是否客观必然。行为不是客观必然的，若不是 kategorisch 命令，那就是 hypothetisch 命令。从原来判断的角度，kategorisch 判断显然不意味着客观必然的判断。比如，“敌人会无条件投降”，这话意味着客观必然吗？意味着敌人客观上必然投降吗？似乎很难说。所以 kategorisch 判断和 kategorisch 命令可能有一定的语义关联，但从逻辑上来说，恐怕不能完全等同起来。对 kategorisch 命令，康德有不少论述，笔者大致梳理如下。

在康德看来，kategorisch 命令作为行动的法则，就是道德法则，它具有如下特征：“普遍性、必然性、先天性、强制性、义务、综合性、形式性、无条件的合目的性、自由、自律性，以及一般来说的道德性”②，所以康德也用道德命令、必然命令、诫命、义务命令等多种说法来表达类似含义。在康德那里，kategorisch 命令最一般的表述方式是：“要只按照你同时能够愿意它成为一个普遍法则的那个准则去行动。”③ 类似的说法还包括：“要这样行动，使得你的意志的准则不在任何时候都能同时被视为一种普遍的立法的原则。”④

以上讨论的是 kategorisch（categorical），但尚未涉及译法。不妨再梳理下 Kategorie 在康德文中的含义，并以此看能否给出适当译法。

康德对 Kategorie（范畴）的界定主要有：范畴是先天表象，范畴是概念性的表象，范畴是纯粹概念，范畴是最初的概念，范畴实现直观杂

---

① 康德 . 康德著作全集（4）. 李秋零 , 译 . 北京 : 中国人民大学出版社 , 2016: 421.

② Willaschek, M. & Stolzenberg, J. et al. *Kant-Lexikon. Studienausgabe*. Berlin: De Gruyter, 2017: 261.

③ 康德 . 康德著作全集（4）. 李秋零 , 译 . 北京 : 中国人民大学出版社 , 2016: 428.

④ 康德 . 康德著作全集（5）. 李秋零 , 译 . 北京 : 中国人民大学出版社 , 2016: 33.

多的综合等。由此可见，康德文中的 kategorisch 含义确实与其名词“范畴”距离较远。我们是要延续范畴这种译法来进行统一，还是延续逻辑学中 hypothetisch 和 kategorisch 中的译法（定言的、直言的）进行统一，抑或就根据康德这里的独特含义译为“绝对命令”等？日文的《康德事典》中就将 kategorischer Imperative 译为“范畴的命法”，我们可否借鉴？从康德原意来看，他的描述更侧重于 hypothetisch 和 kategorisch 的对比，就此，笔者认为直言的或定言的更妥当。同时，从命题形式来看，kategorischer Satz 表示的是四种肯定或否定的命题，就此而言，将 kategorisch 译为“定言的”最妥当。

六、intuitiv 和 diskursiv

众所周知，除了牟宗三译本外，康德哲学中的 Anschauung 一般都被译为直观。[①] 与之相关，康德哲学中还出现另一个词 intuitiv，极个别情况下还出现 Intuition。从这两个词的译法来说，一般也被分别译为直观的和直观，如李秋零、韦卓民等，当然也有译为直觉的，如邓晓芒、宗白华等。很难说哪种译法更好。译为直观是照顾到在康德哲学中其与 Anschauung 同义，译为直觉则是考虑到它和 Anschauung 是不同的字。而且，总体来说，intuitiv 在康德著作中译为直观和直觉都不太会产生误解，所以一般大家也不会就此展开争论。

但 diskursiv 的中译相对要复杂一点。笔者梳理了它的不同译法，见表 2.17。

表 2.17　康德译著中 diskursiv 的中译

译者	中译名
张心沛[②]（1924）	论辩的
庞景仁（1982）	论证性的
蓝公武（2017）	论证的

① 虽然牟宗三译为直觉并由此阐发出他的智的直觉思想，但一般认为他的译法不贴切，甚至有误导性。

② 张心沛 . 康德之目的论 . 学艺 , 1924(5): 1.

续表

译者	中译名
韦卓民（2000）	论证性的、推论性的
邓晓芒（2004）	推论（性）的
李秋零（2016）	推理的
牟宗三（2003）	辩解的
李明辉（2008）	辩解的
丁三东、陈虎平[①]（2014）	曲行的

可见，目前的译法大致有 4 种：推论（性）的、论证性的、辩解的、曲行的。如果说，前 3 种译法大致看得明白，大致差不多的话，最后一种译法就显得有点奇怪了。diskursiv 为何译为“曲行”了？如果说，这出现在很久以前的中译本中，或许可以理解。问题是，它出现在 2015 年出版的中译本中。而且，如果我们费点心思进一步检索的话，实际上主张译为“曲行的”绝非个例，而且主要出现在香港地区的学者中。

劳思光在《康德知识论要义新编》就将 diskursiv 译为“曲行的”。[②] 关子尹接受了这一译法，他认为 diskursiv 来自拉丁文中的 discursivus 和 discurrere，意思是往返而行，“因此‘曲行’极为切合原义”。而且，相对于自行（观），曲行“可以表示一种‘间接性’，即指思想之思想……‘间接地’（曲行地）作用于某一意义的‘被给予’之上而构成对象”。[③] 进一步，他指出，“曲行”更是思想一般之基本模式。由于人类的有限性，人知不能无往而不利和直接施行，只能在一定限制中展开，即是一种曲行理解。

粗一看，“曲行的”这一译法似乎也有道理。但是，其他译法似乎也有理由。所以，我们依旧需要回到原著仔细考察它的含义。从康德文著来看，这两个词主要出现在《纯粹理性批判》《未来形而上学导论》《判断力批判》等书中，次数不多，以下不妨仔细梳理下。

首先，正如关子尹指出的，在康德看来，人类认识中存在两种表

---

① 阿利森 . 康德的先验观念论 . 丁三东，等译 . 北京：商务印书馆，2014: 651, 661.

② 劳思光 . 康德知识论要义新编 . 香港：香港中文大学出版社，2001: 61, 81.

③ 里夏德·克朗纳 . 论康德与黑格尔 . 关子尹，编译 . 上海：同济大学出版社，2004: 111-113, 注 1.

象对象的方式，一种是直观的（intuitive）表象，另一种是 diskursive 表象。这种区分是他对认识进行概念分析所得到的。对人的认识来说，直观是必不可少的。因为凭借直观，对象被给予主体。康德区分了两种直观，感性的和非感性的。人类的直观是一种感性的直观。人类的直观建立在刺激的基础上。[①] 就它受对象的作用而言，它有赖于对象的此在。但是就人的直观是感性的而言，它还不能解释主体怎么能拥有有关对象的一种自我意识。在康德看来，diskursive 表象就能完成这项任务。因为 diskursive 表象是包含概念的表象，而概念的机能是，“把各种不同的表象在一个共同表象之下加以整理”[②]。因为一种杂多的联结的表象“绝不能通过感官进到我们里面来”，所以对 diskursive 表象的产生来说，一种主动的能力，也就是一种其现实化不是由表象的对象所产生而是由主体本身来实现的能力，就是必不可少的。康德称这样一种主动的表象能力为知性。产生 diskursive 表象的知性叫作 diskursiver 知性。借助 diskursive 表象，这是一种感性存在者力图去拥有本身已被意识到的感性直观。因为借助于 diskursive 表象它可以把它们结合起来，从而它能结合在一个自我意识中。[③] 显而易见，当康德区分两种表象，也就是区分直观和 diskursive 表象时，他实际采纳的是哲学传统中一直以来确立的一种区分，即感性和非感性表象的区分。不过康德认为，柏拉图一脉的传统哲学中，这一区分根本上被误解了。亦即，传统哲学中，一方面把感性表象理解为混乱、模糊的表象，另一方面把 diskursive 表象理解为明白、清楚的表象，从而贬低了直观表象，抬升了 diskursive 表象。康德批判了“莱布尼茨、沃尔夫关于直观感性的概念”，他认为两者并无优劣之分，而是直观的表象和 diskursive 表象描述了人类知性的两种必不可少、地位相当的部分。

其次，除了两种表象外，《纯粹理性批判》中，康德还区分了直观的知性和 diskursiver 知性。人的知性是一种 diskursiver 知性。它是凭借

---

① Kant, I. *Kritik der reinen Vernunft*. Darmstadt: WBG, 2011: A 68 / B 93.

② Kant, I. *Kritik der reinen Vernunft*. Darmstadt: WBG, 2011: A 68 / B 93.

③ Kant, I. *Kritik der reinen Vernunft*. Darmstadt: WBG, 2011: B 134.

概念把给定的杂多联结为意识的统一体的一种能力。在康德看来，统一体的基本形式就是联结概念而成的一个判断。因此，diskursiver 知性就是概念、判断的知性。如我们所知，在康德看来，源自知性的表象是自发的，因为它们在因果上独立于表象的对象。diskursiver 知性对人的认识来说始终是必不可少的，因为人拥有的是感性直观，而单单凭借 diskursive 表象，人就能够有意识地指向某种感性直观给予的对象。而拥有直观知性，亦即拥有一种产生非感性直观的知性的存在者（也许是上帝那样的存在吧），不需要 diskursive 表象。个中缘由在于，它们的直观对象的此在完全不是独立于它们的自我意识，而是源自其本身。[①] 拥有直观知性的存在者，必定只通过直接观看对象就能认识它。而对人这样一种拥有 diskursiver 知性的存在者来说，就需要一种进一步的能力，亦即感性的能力，以便认识对象。[②]diskursiver 知性因此不是那样一种已有的认识类别，而是我们凭借它们来规定一种感性直观的对象。因此一种 diskursiver 知性是一种有赖于感性和对象的认识能力，而一种直观的知性是一种独立于对象的认识。

由上可见，diskursive 表象是包含概念的表象，diskursiver 知性就是概念、判断的知性。从这个角度来说，译为“论证性的”或者“论辩的”恐怕都不太合适。那么“曲行的”呢？从字面意思来说，diskursiv 的拉丁语确实有往复运动、四散而跑之意，用来形容思想的时候，说的是依据逻辑从一种表象推进到另一种表象由此构成一个思想的整体，但是这离“曲行”还是有点远，而且无法反映概念的运作方式。当然，康德不用 begrifflich 之类的词，而沿用源自拉丁语 dicursivus 的 diskursiv，或许是为了强调拉丁语概念中原有的“遵循逻辑的”“论证的”这种意味。因此，结合词源和康德赋予的含义，笔者认为，译为“凭借概念的”最为合适。

---

① Kant, I. *Kritik der reinen Vernunft*. Darmstadt: WBG, 2011: B138.

② Kant, I. *Kritik der reinen Vernunft*. Darmstadt: WBG, 2011: A 51 / B 75.

七、Aufheben

（一）从康德谈起

如我们所知，aufheben 的一个重要译法是“扬弃”。这一译法无疑称得上深入人心：大家在哲学著作中一看到 aufheben 首先就会想到“扬弃”的译法，反之亦然；而且实际上，“扬弃”一词已被吸收进了现代汉语并成了一个重要概念（一个证据是，它收录进了《现代汉语词典》《新华外来词词典》等权威辞书）。但“扬弃”是 aufheben 的定译吗？随便翻下德语辞典，大概就会做出否定回答。那么在哲学中，甚至更精确地讲，在德国古典哲学中它是定译吗？比如，康德哲学中“扬弃”是否可作为 aufheben 的定译？笔者的答案仍然是否定的。为什么？笔者拟从康德文著中的相关译法谈起。

1. 康德哲学中“扬弃”的译法及其可疑处

笔者从俞吾金先生的论述说起。俞吾金在《aufheben 的翻译及其启示》一文中介绍了 aufheben 的含义，并以此为基础，举例说明了它在康德、黑格尔、马克思著作中的译法。他指出，aufheben 的含义中，除了“捡起”的基本意思外，主要有两种含义，即保存和去除，而“扬弃”的译法恰包含着这双重含义，因而是一个合适的译词。以康德《纯粹理性批判》第二版序言中的名言“Ich mußte also das Wissen *aufheben*，um zum Glauben Platz zu bekommen”为例，他指出，这里的 aufheben 恰“具有辩证的、双重的含义”，一方面康德承认知识仅限于现象领域，另一方面康德又确实承认信仰在现象之外，因而不管康德本人是否意识到，只有译为“扬弃”才能准确传达它在康德那里的辩证含义。进一步，结合黑格尔《小逻辑》等文著中对这个词的论述，他指出：“在哲学著作，尤其是德国古典哲学著作的翻译中，把 aufheben 译为‘扬弃’应该是不言而喻的。”[①] 此后，俞吾金重复了这一观点，但做了更细致的论述。他认为：“康德选择 aufheben 这个具有辩证法潜力的动词，用以表达知识与

① 俞吾金 . aufheben 的翻译及其启示 . 世界哲学（增刊）, 2002: 329. 该文中，俞吾金给出的译文是：我必须扬弃知识，使信仰获得地盘。

信仰的复杂关系，是有其深意的。事实上，只有把这个词直译为扬弃，才能充分展示出康德思想的丰富含义和内在张力。”[①] 无论如何，俞吾金始终认为，aufheben 在康德著作中应译为扬弃。

俞吾金并非最早讨论康德著作中该词译法并建议将其译为“扬弃”的人。实际上，俞吾金引用过的韦卓民[②]、古留加[③] 都表达过类似意见。

几位学者的意见不可谓不重要。但问题是，他们将康德那里的 aufheben 译为“扬弃”更多来自该词在黑格尔哲学的译法（或许还有马克思主义的影响）。或许，aufheben 译为“扬弃”在黑格尔哲学中颇为证据确凿，是定译（是否确实是定译下文详谈），但问题恰恰是，它与黑格尔的过度贴合倒可能使它颇不贴合康德。这里的原因在于，译名的过度贴合恰可能是过度照顾原词的解释义而非字面义，如果过于照顾黑格尔的语境和特殊含义，那在另一种不同语境和一般含义下，比如康德哲学中，就极有可能存在不适合的问题。就俞吾金的论述，笔者有几点疑问。

首先，俞吾金主张康德的 aufheben 应译为“扬弃”时，仅举了康德原著中的一处例子，即前文提到的名言：“Ich mußte also das Wissen *aufheben*，um zum Glauben Platz zu bekommen.” 类似地，韦卓民笼而统之说 aufheben 应译为扬弃时，所依据的也只是这一句名言。仅通过一处例子就得出结论说，该词在康德文著中应译为扬弃，这是否有点以偏概全？实际上，aufheben 在康德原著中多次出现，在科学院版《康德全集》（9 卷本）中，aufheben 共出现 73 次，其变位 aufgehoben、aufhebe、aufhebende、aufhebender、aufhebt 等共出现 155 次，其名词 Aufhebung

① 参见：俞吾金 .《纯粹理性批判》翻译与研究中的若干问题 . 复旦学报（社会科学版），2014(4): 4.

② 康德 . 纯粹理性批判 . 韦卓民，译 . 武汉：华中师范大学出版社，2000: 25. 第 25 页译者注 3 中写道：“‘扬弃’是原德文 aufheben 之译，英译为 deny（否定）失去了康德的原意。aufheben 有提高而改变之后加以保留其实质的意思，不是否定，更不是取消。这词以后在黑格尔的辩证法中是非常重要的。”

③ 参见：古留加 . 康德传 . 贾泽林，等译 . 北京：商务印书馆，1997: 132, 226.

则出现 39 次[①]，应该说次数不少。但这些地方似乎都不能译为扬弃，也不应译为扬弃。为此，我们不妨先回顾下康德著作各中译本在这个问题上的处理。

翻检韦卓民《纯粹理性批判》译本，除上述名言外，其余地方 aufheben 的英译词主要被译为“去掉”“停止”等；翻检《纯粹理性批判》外其他康德著作中译单行本，aufheben 的译法几乎清一色都是“取消”“废止”等[②]；翻检《康德著作全集》中译本，aufheben 也只在《纯粹理性批判》第二版序言中被译为“扬弃”（“因此，我不得不扬弃知识，以便为信仰腾出地盘”[③]），而其他地方出现的 aufheben 及 Aufhebung 等一般被译为取消、抵消等[④]，并未被译为：扬弃。

就此，笔者差不多可以断言，目前中译本中，aufheben 一般被中译为取消、否定等，但唯独在《纯粹理性批判》第二版序言中存在译作扬弃的情况。这是因为这些译者不知道“扬弃”的译法，还是他们在所有其他地方都错了？前者也许部分可能，但从后者来说，笔者随便核对上面几处有关 aufheben 的译文，就能确定那些地方并不能译为扬弃，而应译为取消、抵消等。因此，主张康德那里的 aufheben 都应译为“扬弃”无疑值得商榷。

进一步，与上一个疑问相关，笔者有理由问：康德的文著那么多，怎么偏偏就在一个序言中强调了 aufheben 的辩证、双重含义呢？更何况，康德还是一个对辩证法持否定意见的人。此外，从译者角度看，一个词的译法可随上下文调整，但仅在这一处调整，却着实可疑。这里确

---

① 参见：Krallmann, D. & Martin, H.A. *Wortindex zu Kants gesammelten Schriften*. Berlin: Walter de Gruyter & Co., 1967: 92-93, 95.

② 如：康德 . 实践理性批判 . 韩水法 , 译 . 北京 : 商务印书馆 , 1999: 42 ; 康德 . 道德形而上学奠基 . 杨云飞 , 译 . 北京 : 人民出版社 , 2013: 29 ; 康德 . 通灵者之梦 . 李明辉 , 译 . 台北 : 联经出版公司 , 2014: 18（译法 :“废止”）; 康德 . 道德底形上学之基础 . 李明辉 , 译 . 台北 : 联经出版公司 , 1990: 24（译法 :“撤销”）.

③ 康德 . 康德著作全集（3）. 李秋零 , 译 . 北京 : 中国人民大学出版社 , 2016: 18.

④ 如取消 [康德 . 康德著作全集（2）. 李秋零 , 译 . 北京 : 中国人民大学出版社 , 2016: 332] 或抵消 [康德 . 康德著作全集（4）. 李秋零 , 译 . 北京 : 中国人民大学出版社 , 2016: 562]。笔者核对了中文版《康德著作全集》中 aufheben 各种变格和名词 Aufhebung 的译法，主要译为取消，有时也译为抵消、消除、否定、结束等。

实需要给予 aufheben 特别译法吗?

2. 各译本和研究者的译法

不妨先来看看各种译本或研究者对序言中这句话的译法。正如俞吾金提到过的,《纯粹理性批判》汉译本中,此处译为“扬弃”的,目前仅有韦卓民(2000)和李秋零(2004),此外除了邓晓芒(2004)译为悬置,其他人主要译为“否定”“否决”。当然,笔者可以补充,李明辉、王玖兴同样译为“扬弃”[①],而反例也可以找到郑昕(译法:“取消”)、列宁《哲学笔记》(译法:“贬低”)[②]。

俞吾金也提到过各种英译本的译法,分别是:abolish(废除)(Meiklejohn),deny(否定)(Norman Kemp Smith;Paul Guyer & Allen W. Wood),annul(宣告无效)(Werner S. Pluhar),这些译法均无法看出“扬弃”这种双重含义。

笔者还可以补充一些日译的情况。虽然“扬弃”的中译源自日译“揚棄(ようき)”,但目前的多种《纯粹理性批判》日译本和日文《康德事典》中,这句话中的 aufheben 并没有被译为“揚棄”,而更多译成:“取り除”(天野贞祐)[③]、“除去”(高峰一愚)[④]、“廃棄”(《康德事典》)[⑤]。

笔者甚至还能补充母语为德语的一些思想家或学者对此的理解。比如,尼采就将这句话改写为“Wir müssen uns von der Moral befreien,um

① 李明辉.“穷智见德”——劳思光先生的思想纲领 // 郑宗义.中国哲学与文化(第十七辑)——劳思光哲学.上海:上海古籍出版社,2019: 3;康德.纯粹理性批判.王玖兴,译.北京:商务印书馆,2018: 26.

② 郑昕.康德学述.北京:商务印书馆,2001: 58;列宁.哲学笔记.北京:人民出版社,1990: 142-143.

③ 天野贞祐的译文为:すなはち私は信仰に場處をあけるために知識を取り除かねばならなかつたのである。(徐芳芳博士参考中译:我为了给信仰腾出空间,就不得不去除掉知识。)(カント.純粋理性批判(上卷).天野貞祐,訳.東京:岩波書店,1939: 47.)

④ 高峰一愚的译文为:したがってわたくしは、信仰に余地を求めるために、知識を除去しなければならなかった。(徐芳芳博士参考中译:所以,我为了寻求信仰的余地,不得不去除掉知识。)(カント.純粋理性批判.高峯一愚,訳.東京:河出書房新社,1989: 36.)

⑤《康德事典》的译文为:それゆえ私は信仰の場所を獲得するために,知識を廃棄しなければならなかった。(徐青博士参考中译:因此,为了获得信仰的空间,我不得不放弃知识。)(石川文康,等.カント事典.東京:弘文堂,2014: 266.)

moralisch leben zu können”[①]（参考中译：为了能有道德地生活，我们必须从道德中解放出来），甚至直接化用为“Ich mußte die Moral aufheben, um meinen moralischen willen durchzusetzen”[②]（参照上一句，这里的 aufheben 显然不能译为具有双重含义的扬弃，而应译为“去除”“舍弃”等。因此参考中译：我必须去除道德，以便贯彻我的道德意图。）。又比如，伽达默尔将这句话理解为“Er dem Wissen seine Grenzen gewiesen habe, um dem Glauben seinen Platz zu gewinnen”[③]（参考中译：他给知识指明了界限，为的是给信仰赢得地盘）。伽达默尔所谓的康德“给知识指明了界限”，显然并不是在说，发扬知识中的积极因素同时抛弃知识中的消极因素，因为，请知识留地盘给信仰只需要直接跟知识说“麻烦让下，这是我的地方，你的地方在那里”，哪里需要告诉它：在抛弃这块不属于自己地盘的同时，还要继续发扬自己的地盘。知识要真的发扬它的地盘，说不定又会侵犯信仰的地盘！相互存在地盘纠纷的人，绝对不会这么跟对方说。这其实是笔者质疑“扬弃”译法的一种最初直觉。

当然，直觉是不够的，上面的各种引用也根本不能证明什么。笔者的旁征博引并不是想说明，真理一定掌握在大多数人手中，并非想直接通过反对者众来证明“扬弃”译法存在问题。笔者的想法首先是，提请主张“扬弃”译法的人应注意这两个问题：这么多反对者，难道都错了吗？他人，难道不可能是对的或者有道理吗？

实际上，方新民、邓晓芒等就此句中扬弃的译法明确持不同意见。

方新民认为，“扬弃”是“黑格尔辩证哲学的专名翻译”，用来翻译康德“容易犯高估康德哲学的辩证法意义的错误”，他认为应参照张世英的意见译为“限制”。[④]

---

① Nietzsche. *Sämtliche Werke. Kritische Studienausgabe in 15 Bänden (Bd.10)*. München: Dtv, 1999: 17.

② Nietzsche. *Sämtliche Werke. Kritische Studienausgabe in 15 Bänden (Bd.10)*. München: Dtv, 1999: 359

③ Gadamer, Gesammelte Werke, Band 3, *Kant und die hermeneutische Wendung*. Mohr Siebeck, 1999: S.214.

④ 方新民．“aufheben”与康德知识观要义．云南财经大学学报（哲社版），2006(3): 144-147.

邓晓芒则认为，这里的 aufheben 应译为“悬置”。[①] 他从这个词的构词出发，指出：aufheben 由 auf 和 heben 组成，前者意为“起来”“往上”，后者意为“抬高”“提升”，由此 aufheben 就具有“捡起来”“抬起来”“置于高处”等意思。固然 aufheben 由此衍生出取消、撤回以及保留、保存这两类相反的意思，但是，“康德在这里用这个词当然还不会像黑格尔那样有意识地对它作辩证的理解，他应该更多的是从该词的基本含义来使用它的，所以我们译‘扬弃’恐怕也有过度解释之嫌，在这里宁可改译作‘悬搁’或‘悬置’”，“他不是要否定知识，知识还在那里，但是要把知识放到它应该放的地方，剩下的地方要留给信仰”。[②]

可以看到，两位学者都认为，这里的 aufheben 不应参照黑格尔对它所做的辩证理解来翻译。笔者认为，他们点出了一个关键问题，即：“扬弃”译法出自黑格尔，是否适合于康德显然存疑。不过，他们的反驳也存在不足。最重要一点，他们过于强调这一处的特殊译法，因而他们的译法看似有一定道理，但是，两种译法似乎又都过于独特，不仅不见于各种辞典，而且仅仅局限在这句话。以邓晓芒为例，他所译的“三大批判”中其他地方的 aufheben（包括变格）和名词 Aufhebung，一般被译为“取消”[③] 或“消除”[④] 等。这让我们不禁又纳闷起来，为什么康德只在前面提到的第一个地方用了 aufheben 的特殊含义，即限制、悬置，而其他都用的另一个含义？

究其原因，笔者认为，首先一点，他们没有从根源上，即从汉语“扬弃”的译法本身来进行反驳。从汉语来讲，“扬弃”包含的是发扬（保存）和抛弃（取消）的双重意思，然而当我们请某人或某物搬离，以便留出地方给另一人或另一物时，我们根本不会跟某人或某物说，你要发扬（保存）自己的地盘，这根本是多此一举。从语义来说，留出与抛弃（取消）是一个对子，但留出根本不能与发扬并抛弃的合体——扬

① 康德 . 纯粹理性批判 . 邓晓芒 , 译 . 北京 : 人民出版社 , 2004: 22.
② 邓晓芒 . 康德《纯粹理性批判》句读 . 北京 : 人民出版社 , 2010: 63.
③ 如：康德 . 纯粹理性批判 . 邓晓芒 , 译 . 北京 : 人民出版社 , 2004: 34, 175, 489 ; 康德 . 实践理性批判 . 邓晓芒 , 译 . 北京 : 人民出版社 , 2004: 52.
④ 康德 . 纯粹理性批判 . 邓晓芒 , 译 . 北京 : 人民出版社 , 2004: 339.

弃——成对子。要留出，只需要抛弃，而不需要在抛弃（取消）时让抛弃的东西自己再发扬（保存）一下。我们在从事哲学研究时，也要经常关注日常语言的表达方式。这是笔者对康德名言中“扬弃”译法的首要质疑处。但当然，目前笔者只是破，并没有立。笔者的论证仍然存在两个不明处：其一，aufheben 的一般含义和这里的译法是什么？其二，为何不少人会将康德这里的 aufheben 译为“扬弃”？

为此，有必要梳理一下 aufheben 的含义。

（二）aufheben 的含义和特殊中译史

1. 各类词典中 aufheben 的含义

鉴于要讨论的是该词在康德文中的含义，笔者不引当代的杜登德语词典，而引述收罗更多古老用法的《格林兄弟德语词典》（后文简称为 *DWB*）以及其他权威词源词典。

据 *DWB*，aufheben 有如下几种含义。

① in die höhe heben（抬起），比如，抬起眼睛看、抬起手等。

② einen liegenden，knienden aufheben，vom boden in die arme nehmen（扶起），比如，扶起某人。反身用法 sich erheben 表示起身。

③ geräth aufheben，in die höhe heben，voraus glas，becher，was aber wegbleiben kann（举起），比如，举起酒杯。由此也产生了 den tisch，die tische heben（收起桌子，即：吃饭结束）这类用法。

④ kleider und gewand aufheben，entdecken，detegere（揭起），比如，揭起盖头。

⑤ steine aufheben，wieder mit folgendem und werfen（捡起），比如，捡起石头。

⑥ stab，spiesz，schwert aufheben（拿起），比如，拿起剑。

⑦ sich aufheben，von wasser，flut，meer，wolke，nebel，wind bedeutet aufsteigen，aufschwellen，sich erheben（升起、产生），如云彩升上去。

⑧ in vielen fällen wird das aufheben gedacht als ein davon tragen（franz.

emporter），behalten（很多情况下，aufheben 被理解为一种带着、具有或保留），引申义：收留、抓住等。

⑨ noch häufiger ist die abstraction des aufhebens，wegnehmens，tilgens und abschaffens（更常见的是 aufheben 的抽象用法，即意为拿走、清除、废止或取消），在哲学的语言用法中，aufheben 表示否定，一如 setzen 表示肯定。例如，康德在《逻辑学讲义》（1800）中就将“假言判断中的联结形式”分为肯定式（setzende）和否定式（aufhebende）。

⑩ 固定搭配 mit einem aufheben，一个意思是：打破、解除迄今与他的现有关系，这个意思源于古代的一种“解除授权仪式”（exfestucation），解除时需要将授权仪式的象征物退还给国王；另一个意思是：当两个部分都放开，它们最后会处于一条线上。引申开去，有相同的意思。

⑪ 固定搭配 einem etwas aufheben，意指责备、指责。如，指责某人撒谎。

⑫ aufheben = erheben（征收、提高），如：征收税金、提高声调。

⑬ entgegengesetzt der neunten bedeutung，dem wegnehmen scheint die des aufhebens，bewahrens，behaltens，即：与上面的用法 ⑨ 相反，意为保存、保持。但是上面的用法 ⑧ 可以促成这两者。第一个行为是拿走，接下来第二个行为是保留。

⑭ für auffangen，aufhalten，即表示阻击、阻挡。

⑮ 矿业、司法、农业上的特殊用法，如 den stollen aufheben=den verschütteten wieder öfne（再次打开填没的隧道），aufheben = die leiche aufheben（捡起尸首）等。[①]

总体来看，*DWB* 罗列的用法固然丰富，但似乎稍显杂乱。其实，用法 ① 至用法 ⑥ 很接近，归为一类未尝不可。对笔者有启发性的，首先是用法 ⑨，即 aufheben 表示否定。而且，此处 *DWB* 所引的例子就是康德。当然，与用法 ⑨ 相对的用法 ⑬ 也值得注意。这里，也许有人会

---

① Grimm, J. & Grimm, W. *Deutsches Wörterbuch, Band 1.* München: Deutscher Taschenbuch Verlag, 2007: 663-667.

回护说，康德名言中的 aufheben 不一定是用法 ⑨，也许康德就是选择 ① 至 ⑥ 中的用法呢？或者，凭什么康德不能是在辩证理解，即同时理解为 ⑨ 和 ⑬ 两种对立用法呢？那凭什么黑格尔那里我们就能认为是辩证理解，且译为扬弃呢？别的词典又是怎么解释这个词的呢？为此，笔者又翻查了赫尔曼·保罗的权威词源词典，书中，该词大致有如下几种意思。

① 与 erheben（举起、抬起）的意思部分相同，只不过后者没有举起某个摆放的对象之意，或者拿起某个遮盖物之意。在德国中部地区以及西部德语中，常用的是 auflesen 而非 aufheben。路德的经常性用法：seine Stimme aufheben（抬高声调），现在已经渐旧。此外，尽管早期新高地德语中也有 aufheben 的反身用法（sich aufheben，意为升起、站起），但现在，这种反身用法的含义一般保留在 erheben sich 中。

② 特殊用法

其一，jmdn. aufheben（抓住某人），这里的 aufheben 意为立刻抓住和抓获。不过这种用法目前已渐旧。

其二，Zoll，Zinsen aufheben（征收关税、赋税），这是早期新高地德语中的用法，这里的 aufheben 等于 erheben，意为收取、征收。此后，还有 Ehre，Schande aufheben（赢得尊重、蒙羞）等用法，这里的 aufheben 等于 erlangen，意为获得、得到。

其三，Tisch，Tafel aufheben（收起桌子、餐桌），这里的 aufheben 意为收起。

其四，einen Vertrag aufheben（终止合同），这里的 aufheben 意为终止、结束。

其五，Unterschied，Gewinn aufheben（取消差别，抵消收益），这里的 aufheben 意为取消、抵消等。在哲学上，尤其是黑格尔那里，这个词是一个重要概念，它所指的不仅是否定，而且是如黑格尔在《小逻辑》中所说，“有时含有取消或舍弃之意”，有时“又含有保持或保存之意”[①]。

其六，etw. zur Erinnerung aufheben（为纪念而妥善保管），这里的aufheben意为妥善保管。这种意思可转用于指妥善安置或照料某人。

其七，aufheben sich（相互抵消），如：aufheben sich geteilte Qualen（痛苦得到分担就相互抵消），类似用法是Zehn gegen Zehn hebt sich（auf）（10与10相互抵消）。

其八，mit jmdm. aufheben、gegen jmdn. aufheben（跟某人算账），这里的aufheben意为算账、清算。这种用法渐旧。

其九，名词Aufheben的用法出自“举起（aufheben）武器战斗，然后反复发出一种夸大的咆哮声”，目前用法是：viel Aufhebens machen（大肆宣扬），即Aufheben目前意为宣扬。[②]

赫尔曼·保罗的词源词典同样提到aufheben是哲学上的重要概念，可惜只是一笔带过。这提示我们从哲学上来考察下该词，为此笔者又翻查了下《哲学历史辞典》（*Historisches Wörterbuch der Philosophie*，简称：*HWPh*）。果然，其中就收录了aufheben的词条。

据*HWPh*，首先，日常语言用法中aufheben主要有5种含义：其一，抬起、举起（in die Höhe heben）；其二，揭开、掀起（aufdecken），其三，获得、赢得（davontragen）；其四，拿走（wegnehmen）、取消、撤销（abschaffen）；其五，保存、保护（bewahren）。

其次，哲学术语aufheben作为与setzen（安放、放置、确立等）相对的概念，与第4种含义相关，意思跟negieren（否定、否认）差不多。黑格尔则采用上面第4种和第5种对立含义，表达他辩证法的一个基本概念，由此他赋予了aufheben一种特殊的含义。[③]《哲学历史辞典》引用的黑格尔原文就是前文引述的《小逻辑》中的段落。*HWPh*还指出，在英语中，哲学术语aufheben的译法通常是sublate、absorb、superseding，

---

① 中译参见：黑格尔．小逻辑．贺麟，译．北京：商务印书馆，1997: 213.

② 参见：Paul, H. *Deutsches Wörterbuch: Bedeutungsgeschichte und Aufbau unseres Wortschatzes*, Berlin: De Gruyter, 2002: 104.

③ 参见：Ritter, J., Grunder, K. & Gabriel, G. *Historisches Wörterbuch der Philosophie*, Bd. 1. Berlin: Schwabe , 2007: 618-619.

法语中则是 enlèvement、suppression、dépassement，意大利语中则是 soppressione、superamento。

据 *HWPh* 的梳理，黑格尔之前，从低级存在到高级存在的过程从未用“Aufheben”或类似说法来表示。直到康德，Aufheben 的表述还主要是相对地用于主词的谓词或蕴涵前件（否定后件）。绝对的 Aufhebung 只存在于对善（通过恶）和此在（通过不存在）的描述。只有费希特使“Aufheben”也成为哲学发展中的一个方法论概念。知识学是从全面对立出发的，在知识学的推导过程中，如果诸命题或诸命题中包含的概念相互对立，就必须对这些命题加以限制。然而，限制就是通过否定来取消现实性，不过不是完全取消，而是部分取消。通过对这种“综合”方法的批判，黑格尔就可以得出“Aufheben”这一思辨性概念。因为，如果在“自我”中构想的统一不被归结为最终的、不可调和的对立，那么它的各个组成部分就不能被构想为仅仅以“部分同一”的方式联系在一起，因为现实性是在部分对立中被部分取消的。它们必须形成完全的对立面，同样完全相互抵消，才能被理解为原本合而为一。这样，“Aufheben”就成了系统学的一个基本概念，它既是方法论，也是事实论。不仅我们从哲学角度对思维规定进行处理，而且对立面也对自己进行处理。由于它不是为了统一的目的而从外部进行的，因此它本身就具有了统一保存的意义。

“这个概念的命运取决于，黑格尔的辩证法能否保证概念规定的‘内在进步’，从而与矛盾逻辑保持一致。特伦德伦堡和哈特曼对此给出了否定回答，他们把这种思辨性的‘aufheben’视为‘不可能的要求’。可能主要由于这一决定性的批判，‘aufheben’的术语和技巧在欧洲黑格尔学派和黑格尔复兴运动中才不再发挥作用。通过马克思，这一表述获得了实践地消除那些不再符合合理社会要求的条件的含义。一般的意识已经接受了这一用法，马克思主义文献尤其使用了这一用法。然而，如果我们仍然认为它是辩证的，那就需要有一个标准，使我们能够判断，消除一种已经过时的状态是保留了其内在的合理性，还是抛弃了它。”①

通过这一番梳理大致可以看出，黑格尔赋予了 aufheben 辩证含义，并使其成为一个哲学概念。但在黑格尔之前，aufheben 并无特殊之处并被赋予特殊理解。马克思似乎继承了他的某些看法。黑格尔的特殊理解使得不少译者或研究者对它给出了特殊的中译，问题在于，这一特殊中译史是怎样发生的呢?

2. aufheben 的特殊中译史——从止扬、奥伏赫变到扬弃

目前国内有关 aufheben 的中译史，特别是有关“扬弃”译法的来源，仍然主要停留在主观臆断、众说纷纭的程度。② 背后的原因，很大程度上是相关资料淹没在历史洪流中，而且论者较少虑及日语对此的影响。为彻底探明该词的中译史，笔者依据国内外各种资料，进行了细致的考察。首先从 aufheben 的一般中译展开论述。

aufheben 的中译最初并不起眼。笔者不确定它的中译最初出现在哪本书中，但在 1911 年卫礼贤的《德英华文科学字典》中，它的中译大致就是笔者上面列举的几种主要意思：拾起、取起；举、提；保存、收藏；袭、虏；停止、废。并无特殊之处。不过，在 20 世纪 20 年代，通过日语，它的特殊译法开始在中译中出现。简单来说，它在被一般性地译为消灭、取消、废除等的同时，也被理解为特殊的概念，并被专门音译为“奥伏赫变”（偶有“恶伏黑变”这种译名）以及意译为“止扬”“弃扬”以及最终的“扬弃”。我们不妨来回顾一下这一特殊的中译史。

---

① Ritter, J., Grunder,K.& Gabriel, G. *Historisches Wörterbuch der Philosophie*, Bd. 1. Berlin: Schwabe , 2007: 619-621.

② 例如，徐海清认为：“‘五四’前后随着‘西学’进一步‘东渐’，翻译工作者创造了‘扬弃’和‘止扬’这两个新词，借以引进德语词 Aufhebung 所包含的十分复杂的哲学概念。”（徐海清 .“扬弃”的语词义 // 辞书研究编辑部 . 疑难字词辨析集 . 上海 : 上海辞书出版社 , 1986: 303. ）; 也有人（如 : 范捷平）认为扬弃是朱光潜先生最早提出的，当然也有人认为扬弃译法始于贺麟 , 毕竟，这两位是翻译大家，而且都翻译过黑格尔；更新一点的说法是陈兆福提出的，他认为扬弃译法始于 1951 年，首创者为李季。目前来看，最接近事实的当属史有为在《新华外来词词典》中的提法，即扬弃、止扬等译法来自日语，但何人最早提出，仍语焉未详。

（1）止　扬

如前所述，汉译“止扬”源自日译“止揚（しよう）”[①]，笔者查找多种资料后确认，日译“止揚”最早出现于1905年纪平正美和小田切良太郎在日文《哲学杂志》发表的译文：『ヘーゲル氏哲学体系』[②]。这是黑格尔《百科全书》第一部分即《小逻辑》的节译本，译文以附录形式在第2期至12期上连载。这一节译本虽然只译到《小逻辑》第126节，但原书中多次出现的aufheben已被译为“止揚”。

这一日译直到1922年才被收入辞典，目前可考最早收入在《岩波哲学辞典》[③]，词条的撰写人正是纪平正美。此后，这一译法在日语中被普遍接受而且显示了持久生命力，现在的《黑格尔事典》中，aufheben的日译仍写作“止揚（揚棄）”[④]。

这一日译在20世纪20年代经由中国留日学生而流传到国内并产生中译“止扬”，但似乎并不普及。据笔者目前查考，该中译似乎最早出现于1925年甘浩所译的安岛健《宗教问答》。该书第七章第七节题为“生成止扬的宗教观”，所讨论的是黑格尔（原文作黑智儿）的宗教观。大致来说，止扬被理解为黑格尔辩证法的一个关键步骤，即对积极方面（正）和消极方面（反）所做的一种统一。[⑤]此后，1929年魏肇基在《日本之哲学界》中介绍纪平正美思想时也提到了该词，“他（即：纪平正美）又说Kant由于知之止扬Aufheben而从认识理性转入到实践理性去”[⑥]，这似乎就是在说康德《纯粹理性批判》第二版序言中的名句。1933年的《新文艺辞典》、1934年的《新名词辞典》都收录了该词[⑦]，不过都标明是

---

① 史有为．新华外来词词典．北京：商务印书馆，2019: 1402. 史有为说，“日文见1930年书证。创词可能在日本明治时期（1868—1912）”，据笔者查找、确认，创词在1905年。

② 哲學會．哲學雜誌，第貳拾卷，第貳佰貳拾號，明治三十年六月十日發兌，附錄：ヘーゲル氏哲學躰系，第76頁，文末。有关日本黑格尔研究可参见：山口诚一．日本黑格尔研究一百年．张桂权，译．哲学动态，1997(9): 41-44.

③ 宫本和吉，等．岩波哲学辞典．東京：岩波书店，1928: 481.

④ 加藤尚武，等．ヘーゲル事典．東京：弘文堂，2014: 231.

⑤ 安岛健．宗教问答．甘浩，译．上海：商务印书馆，1925: 84. 查安岛健原著，此处就是“止揚”，见：安岛健．宗教の話．東京：世界思潮研究会，大正12年：88.

⑥ 魏肇基．日本之哲学界．一般，1929(3): 362.

⑦ 顾凤城，等．新文艺辞典．上海：光华书局，1933: 57；邢墨卿．新名词辞典．上海：新生命书局，1934: 20.

奥伏赫变（aufheben）的日译。

总体来看，虽然日译“止揚”在日文中得到广泛认可，但汉语“止扬”的使用情况远少于笔者下面要讨论的奥伏赫变等译名，其原因或许要归结到笔者下面会说到的日本共产主义理论家、活动家福本和夫以及国内受其影响的后期创造社成员们。笔者先从后期创造社的 aufheben 音译——“奥伏赫变”——说起。

（2）奥伏赫变

这是 aufheben 的地道本土汉语音译。汉语音译是陌生概念传入中国初期的一种临时做法，就翻译概念而言，不易成功，但奥伏赫变的译名自 20 世纪 20 年代出现后确实流传了较长时间。据目前研究，aufheben 在中文中被理解为重要概念并音译为奥伏赫变（其名词形式 Aufhebung 被类似地音译为奥夫赫朋），须追溯到 1928 年创造社主办的《文化批判》。[①] 其时的创造社成员已在日本受马克思主义影响，他们回国后创办的《文化批判》就是一份马克思主义启蒙刊物，其中有一个栏目是“新辞源”，所介绍的都是马克思主义相关词汇。奥伏赫变收录在创刊号的该栏目中，位居 9 个词条中的第 4 个，并注明是音译自 aufheben，同时注明其意译：“抑扬、弃扬或止扬。”据其释义，奥伏赫变的译法首先出自黑格尔：

> 它本是黑格尔哲学的特有的用语，用以表示辩证法的进程的。就是一个思考必然地包含与它相矛盾的思考，对于这两个相反的矛盾的思考，丢弃了矛盾的不合理的部分，表扬它的合理的部分，形成一个较高级的综合的思考，这个丢弃、蓄积及表扬的过程，就叫作奥伏赫变。

不过，它又具有鲜明的马克思主义辩证法色彩：

> 在辩证法的唯物论上，所谓思考，……是事物自身的必然的发展，……思考发生于它自己相矛盾的思考时，就是物质自身的发展

① 参见：王璞．从“奥伏赫变”到“莱茵的葡萄”——“顿挫”中的革命与修辞．现代中文学刊，2012(5): 25-36.

的发现，有了这个物质自身的矛盾发现，才发生两者的斗争而反映于人的思考上，使人们有不得不奥伏赫变二者间的矛盾而形成一个较高级的综合思考了。[1]

上述词源释义总体上还是比较抽象，除非读者对黑格尔和马克思主义有一定了解。不过我们由此已经可以看出，aufheben 的音译奥伏赫变要归结到黑格尔，而它之所以受到关注，更多是因为它对理解马克思主义辩证法的作用。

虽然鲁迅在《“醉眼”中的朦胧》中对这个拗口的音译表示了批评，并给出了自己的译法：“除掉”[2]，但他的译法其实更多给出的是 aufheben 的一般意思，而非给出它在黑格尔和马克思主义那里的特殊含义。因此，后期创造社的成员彭康专门写了篇《“除掉”鲁迅的“除掉”》予以回应，并指出基于黑格尔和马克思主义的特殊含义，该词不能译为除掉。彭康后来在他的论文和译著中一直采用这一音译。笔者甚至禁不住怀疑，《文化批判》上的那个“奥伏赫变”词条，其实就是彭康执笔。无论如何，此后，伴随着各种思想争论，尤其是伴随着马克思主义的传播，奥伏赫变的译法得到较广流传，其接受程度远大于上文的止扬，甚至一段时间内也大于下文的扬弃译法。1934 年的《新知识辞典》和《新名词辞典》所详细解释的就是这一译名，而扬弃或止扬的译名仅一笔带过，甚至 1979 年出版的钱锺书《管锥篇》、1984 年出版的冯友兰《三松堂自序》、2016 年出版的《完全解读哲学用语事典》中仍采用这一音译。当然，从目前来看，大家普遍接受的还是下面的译法：“扬弃”。

（3）扬　弃

首先，虽然创造社对 aufheben 的介绍中提到了弃扬、抑扬的译法，但其实这两种译法无论在日语还是汉语文本中都十分罕见。抑扬一词，汉语中本来就有，但更多用于指声音高低或者褒贬等，将 aufheben 译为“抑揚”（日语）或“抑扬”（汉语）的，笔者没有找到任何文本；“棄

---

① 以上两段引文参见：新辞源. 文化批判（上海）（创刊号）, 1928(1): 100.

② 鲁迅 .“醉眼”中的朦胧 // 鲁迅 . 鲁迅全集（第四卷）. 北京 : 人民文学出版社 , 2004: 64.

揚”（日语）或“弃扬”（汉语）则属于新造词，但将 aufheben 译为“棄揚”（日语）或“弃扬”（汉语）的，笔者仅在日语和汉语找到极个别的文本[①]，而且并无任何对译法的解释，笔者怀疑这种译法其实是记忆差错，即将日语“揚棄”或汉语“扬弃”的译法记错了。真正值得讨论的还是扬弃的译法。

其次，如笔者前面提到过的，“扬弃”这一中译，源自日语“揚棄（ようき）”。据福本和夫 1973 年 2 月的自述，“揚棄”是他于 1925 年首先创制的：“辩证法里有‘Aufheben’一词。在我之前，‘止扬’已是‘Aufheben’的定译。但是，如果这样翻译的话，辩证法就不复存在了。因此，我认为应该翻译成‘扬弃’。这是 1925 年发生的事情。”[②]福本和夫显然对这一译法颇为自得。在这段论述的结尾，他还专门提到参阅他的相关文著『自主性· 人間性の回復を目指して四十五年』一书的第三章“私の訳語、『揚棄』『端初』『人間疎外』の半生物語”。查该书，福本和夫花了整整 3 节讨论“止揚”和“揚棄”两种译法在日本的来龙去脉以及在日本和中国的接受史，同时在对比了“止揚”和“揚棄”这两种译法的差异后，他认为“揚棄”的译法更能反映唯物辩证法中的 aufheben 含义。[③]

福本和夫“揚棄”译法首先借由受其影响的后期创造社成员传入国内，并使汉语“扬弃”同样刻上了马克思主义辩证法的烙印。汉语“扬

---

① 就“弃扬”（汉语）而言，笔者查到的最早译法出自 1928 年的《社会思想史 ABC》，其中说，社会制度的否定要素在和社会制度本身“争斗底过程中，否定的要素不断地发展成长底结果，结局，‘弃扬’（aufheben）了该社会制度本身”（徐逸樵 . 社会思想史 ABC. 上海 : 世界书局 , 1928: 66）。日译“棄揚”也很罕见。

② 福本和夫 . 私の辞書論 . 東京 : 河出書房新社 , 1977: 184. 原文 :“弁証法に「アウフヘーベン（Aufheben）という語がある。私以前には、これが「止揚」と訳されて、それが普及していた。しかしそう訳したのではこの一語で弁証法は死んでしまうと考えて、これにかえる事に「揚棄」の訳語をもってすべきであると私が主張したのは、一九二五年のことであった。”

③ 笔者查阅的是该书 1977 年版（福本和夫 . 革命回想 第三部 自主性・人間性の回復をめざして . 东京 : インタープレス株式会社 , 1977: 240-261），其中，他指出，“揚棄”一语最早由他创制于 1925 年 11 月的一篇论文中，不过他并未指出“止揚”译法源自纪平正美，他只说西周那里没有，然后依据桑木严翼的说法，认为与“黑格尔主义的复兴”有关，继而推断产生于 1910 年左右。

弃”的译法，目前可见最早出现在成仿吾1927年的《从文学革命到革命文学》一文中，原文是：“历史的发展必然地取辩证法的方法(dialektische Methode)。因经济的基础的变动，人类生活样式及一切的仪式形态皆随而变革；结果是旧的生活样式及意识形态等皆被扬弃（aufheben 奥伏赫变），而新的出现。”[①] 尽管后期创造社成员更多以音译形式引进辩证法的aufheben，但扬弃的译法实际也被引进了。

1934年的《新知识辞典》和《新名词辞典》[②] 就以词条形式收录了这一译法，不过详细解释都放在“奥伏赫变”词条下。简单来说，两种辞典都提到，“扬弃”或者说“奥伏赫变”源自黑格尔，均表示辩证法的过程，即由对立转变为更高的阶段，或者说，“舍弃旧的不适用的部分，而升扬到新的最高级的阶段——新的综合体或统一体”。

此后，随着马克思主义和黑格尔著作中译本对“扬弃”译法的大量采用，“扬弃”或多或少成为aufheben的某种定译，而“奥伏赫变”这种音译则渐渐式微。但是，其中也带来另一个问题，那就是将扬弃的译法泛化，即用扬弃来一般地翻译aufheben，而很少注意到这只是一种特殊文本下的中译。什么特殊文本呢？黑格尔和马恩著作。

（三）回到黑格尔和马恩

1. 黑格尔著作中的 aufheben 译法

为什么在黑格尔那里，aufheben要译为扬弃呢？前面论述中，笔者多少已经提到过一些缘由。为了更细致、全面地探究“扬弃”译法的缘由，笔者拟依据“理论著作版”《黑格尔文集》(20卷)(以下简称《文集》)考察黑格尔有关aufheben的说法和用法，然而初步核查就能发现，该词在《黑格尔文集》中出现非常频繁，而且呈现出各种变位，包括：aufhebt、aufgehobet、aufgehöbet等以及Aufhebung。如果逐一核查所有这些说法和用法，不仅工作量巨大，而且很大部分工作可能重复或者徒

① 成仿吾. 从文学革命到革命文学. 创造月刊, 1927(9): 2.

② 顾志坚. 新知识辞典. 北京: 北新书局, 1934: 294（正编）; 邢墨卿. 新名词辞典. 上海: 新生命书局, 1934: 138.

劳无功。为更具说明性，笔者拟从《黑格尔文集》中的一些典型说法出发来看相关译法。

例 1 Die Unterschiede von Entzweiung und Sichselbstgleichwerden sind darum ebenso nur diese Bewegung des Sich-Aufhebens（3: 133）[①]

译文：因此分裂为二过程和自身等同过程同样仅是一种自身扬弃的过程。[②]

例 2 Das Aufheben stellt seine wahrhafte gedoppelte Bedeutung dar, welche wir an dem Negativen gesehen haben; es ist ein Negieren und ein Aufbewahren zugleich（3: 94）

译文：扬弃在这里表明它所包含的真正的双重意义，这种双重意义是我们在否定物里所经常看见的，即：扬弃是否定并且同时又是保存。[③]

例 3 Aufheben hat in der Sprache den gedoppelten Sinn, daß es soviel als aufbewahren, erhalten bedeutet und zugleich soviel als aufhören lassen, ein Ende machen. Das Aufbewahren selbst schließt schon das Negative in sich, daß etwas seiner Unmittelbarkeit und damit einem den äußerlichen Einwirkungen offenen Dasein entnommen wird, um es zu erhalten.—So ist das Aufgehobene ein zugleich Aufbewahrtes, das nur seine Unmittelbarkeit verloren hat, aber darum nicht vernichtet ist.（5: 114）

译文：扬弃在语言中，有双重意义，它既意谓保存、保持，又意谓停止、终结。保存自身已包括否定，因为要保持某物，就须去掉它的直接性，从而须去掉它的可以受外来影响的实有——所以被扬弃的东西同时即是被保存的东西，只是失去了直接性而已，但它

---

① 此处引自：Hegel, G.W.F. *Werke in zwanzig Bänden.* Frankfurt am main: Suhrkamp, 1986. 引文后面括号中的数字 3:133 分别表示该书第三卷，第 133 页，后文的书写方法同此处。

② 黑格尔 . 精神现象学（上）. 贺麟，王玖兴，译 . 北京：商务印书馆，1981: 111.

③ 黑格尔 . 精神现象学（上）. 贺麟，王玖兴，译 . 北京：商务印书馆，1981: 75.

并不因此而化为无。[①]

例 4 Unter aufheben verstehen wir einmal soviel als hinwegräumen, negieren, und sagen demgemäß z. B., ein Gesetz, eine Einrichtung usw. seien aufgehoben. Weiter heißt dann aber auch aufheben soviel als aufbewahren, und wir sprechen in diesem Sinn davon, daß etwas wohl aufgehoben sei.（8: 204）

译文：扬弃一词有时含有取消或舍弃之意，依此意义，譬如我们说，一条法律或一种制度被扬弃了。其次，扬弃又含有保持或保存之意。在这种意义下，我们常说，某种东西是好好地被扬弃（保存起来）了。[②]

看起来，上面几处引文中的 aufheben 译为扬弃没有问题，原因在于这时黑格尔经常在强调它内含的一对相反含义：舍弃、取消与保存、保持。很多时候，黑格尔在这种意义上使用 aufheben。或许这就是为什么我们见到黑格尔的 aufheben 总会很自然地译为扬弃。但黑格尔所用的 aufheben 是否总是必须从双重含义的角度来理解，是否总是应该译为扬弃？实际上，很多引文中我们无法判断他到底是在双重含义上使用还是仅在使用该词的日常用法。还有些甚至肯定不能在双重含义上来理解。比如下面的引文。

例 5 Denn die bloße, abstrakte Negation des Seienden wird in der Seele zu einem Aufgehobenen als aufbewahrten;—ein Übergang, der im Begriffe und zeitlos ist.（11: 545）

译文：因为对存在的事物的纯粹、抽象的否定，成了灵魂中一种被舍弃又被保存的东西——一种在概念中的永恒过渡。

例 6 der Geist, ist nur, insofern die durch Aufheben der Unmittelbarkeit für sich seiende Idee ist.（11: 549）

译文：精神，只不过是舍弃了直接性的自为存在的理念。

① 黑格尔 . 逻辑学（上）. 杨一之，译 . 北京：商务印书馆，1981: 98.
② 黑格尔 . 小逻辑 . 贺麟，译 . 北京：商务印书馆，1996: 213.

上面第一句，因为与“保存”共用，译为“舍弃”较合适。而第二句，强调 aufheben 的结果是自为存在的理念，译为扬弃会让人误解为对“直接性”同时作了舍弃和保存，误解为“自为存在的理念”包含在“直接性”中，倒不如译为“舍弃”更好理解。

这进一步提示我们：如果黑格尔文著中的 aufheben 都应该理解为否定兼有肯定，黑格尔何必还经常强调该词的双重含义？对德语使用者而言，他们阅读黑格尔时恐怕多半会仅从 aufheben 的一种日常含义，特别是从舍弃、取消这种哲学含义来理解。正因此，黑格尔有时就会来提点一下读者，让读者注意他的某些上下文里 aufheben 的特殊含义。从读者或者译者角度，由于黑格尔经常强调双重含义，我们为了理解的统一或者译名的统一，自然会采用某种固定理解或者译法，比如扬弃，甚至将其固定理解为那样一种含义的术语。

这也牵涉到一个问题：日常语言和哲学语言的关系问题。是不是真有某种供哲学家专门使用的语言，其中包含只有哲学家才能懂的概念、术语？哲学家可以不用日常语言论理吗？从哲学史来说，虽然大哲学家们经常发明概念，但他们仍然免不了要用日常语言来表达，而他们发明的概念，往往也是通过对日常语言的改造，就像黑格尔所用的 aufheben。这应该能给我们某些提示。黑格尔有时强调双重含义的 aufheben，并不代表 aufheben 被完全剥离了日常理解并永远具有这样一种双重含义，否则他其实完全可以发明一个新的概念 X 来代表取消和保存的双重含义，而没必要用容易引起误解的 aufheben。

总之，我们在将 aufheben 译为扬弃时，需要注意作者是否专门强调了兼具双重含义或者是否在具有双重含义上使用，否则，即便是黑格尔，我们其实也大可从日常用法角度来理解该词，比如理解为：取消或舍弃等。这点不仅适用于康德、黑格尔，也适用于马恩著作。

2. 马恩著作中的 aufheben 译法

马恩不少著作谈到黑格尔，其中自然也少不了谈到黑格尔的 aufheben。《1844 年经济学哲学手稿》中“对黑格尔的辩证法和整个哲学的批判”部分，大量谈及黑格尔意义上的 aufheben，并且认为这种“把否定和保存即肯定结合起来的扬弃起着一种独特的作用”[①]。这种 aufheben 被马恩接纳后，作为辩证法中的一个重要步骤为人熟知。恩格斯在有关费尔巴哈的论述中给出了其经典表述：“像对民族的精神发展有过如此巨大影响的黑格尔哲学这样的伟大创作，是不能用干脆置之不理的办法来消除的。必须从它的本来意义上‘扬弃’（aufheben）它，就是说，要批判地消灭它的形式，但是要救出通过这个形式获得的新内容。”[②] 这种 aufheben 就是我们通常在马克思主义中理解的扬弃。

但我们是否由此可以将马恩文集中的 aufheben 译法统一为“扬弃”？有些学者力图这样来统一。俞吾金就主张马克思早期文本中的“消灭哲学”（die Philosophie aufheben）应改译为“扬弃哲学”[③]，张殿清也主张《共产党宣言》中的 Aufhebung 应译为扬弃，即：原意为扬弃私有制[④]。两位学者为说明这一字之差，不惜花费大量篇幅。

然而这并不能担保他们的论述为人公认。彭玉峰结合马恩著作文本，主张应维持中央编译局“消灭哲学”的译法[⑤]，而殷叙彝同样从马恩著作具体语境出发，主张《共产党宣言》中的 Aufhebung 应译为消灭，原意为消灭私有制[⑥]。

问题在于，这种情况下，我们该如何取舍？管新潮和王金波通过对《资本论》德汉语料库的分析，给我们展示了《资本论》中 aufheben 译法的复杂性，以 2004 版《资本论》为例，译法中不仅包括扬弃，也包括消灭、废除、否定、抵消等。[⑦] 其背后，牵涉到对文本的各种解读，对此笔者只能一笔带过。但这些讨论，足以使我们认识到马恩著作中 aufheben 译法的复杂性。限于篇幅，笔者在此无法逐一讨论马恩全集中 aufheben 及其各类变格的译法。但基于之前的讨论，笔者以为，“扬弃”

---

① 中央编译局 . 马克思恩格斯文集（1）. 北京 : 人民出版社 , 2009: 214.

② 中央编译局 . 马克思恩格斯文集（4）. 北京 : 人民出版社 , 2009: 276.

③ 俞吾金 .“消灭哲学”还是“扬弃哲学”？ . 世界哲学（增刊）, 2011(3): 49-59.

④ 张殿清 . 对私有制是扬弃而不是消灭 . 炎黄春秋 , 2010(4): 41-42.

⑤ 彭玉峰 .“消灭哲学”与“扬弃哲学”之辩及其意义 . 宜春学院学报 , 2014(7): 12-15.

⑥ 殷叙彝 .“扬弃”私有制还是“消灭”私有制 . 探索与争鸣 , 2011(4): 29-31.

⑦ 管新潮 , 王金波 . 论《资本论》百年汉译进程中的时代政治语境与文本语境 . 外语电化教学 , 2017(6): 44.

的译法有其特殊的背景，即黑格尔的具体文本，虽然此后被马恩吸收进辩证法，并被固定成新概念，但是不宜以此作为 aufheben 等词的定译，不宜逢 aufheben 就译为扬弃。原因在于，作为日常语言的 aufheben 本身具有多重含义，我们首先应从其在日常语言中的含义来理解并翻译，除非我们有足够的文本证据确定马恩在着意突出其双重含义，而这有赖于我们紧扣原文，有赖于我们细致地分析文本。行文至此，笔者再次回到康德的名言，并尝试回答本文开头的问题。

（四）回到康德名言

如前所述，既然扬弃译法源自黑格尔，那么将康德文著中的 aufheben 译为扬弃就颇为可疑，更可行的似乎是采纳《哲学历史辞典》的倾向性意见，即：aufheben 在康德那里应该表示"取消""否定"。不过，词典中列举的含义众多，为何康德这句话里表示的不能是别的含义？所以，单看 aufheben 的含义我们毕竟无法确定该怎么译。但是，我们应该注意到，这里还有个关键词：知识（Wissen），我们需要弄清楚 das Wissen aufheben 在这里到底指什么。为此，有必要仔细考察下康德著作中 Wissen 的含义。

论者们倾向于依据自己的理解而非文本来理解康德所说的 Wissen。但其实，《纯粹理性批判》中康德对 Wissen 有过详细论说和界定："视其为真(Fürwahrhalten)，或者判断的主观有效性，在与确信(Überzeugung)（它同时又是客观有效的）的关系中有如下三个层次：意见（Meinen）、信仰（Glauben）和知识（Wissen）。意见是一种被意识到的既在主观上、又在客观上都不充分的视其为真。如果视其为真只是在主观上充分，同时却被看作在客观上是不充分的，那么它就叫作信仰。最后，主观上客观上都是充分的那种视其为真就叫作知识。"[①]《逻辑学讲义》中对"知识"还有进一步补充："由主客观两方面都充分的知识基础而来的认以为真或

---

① 康德．纯粹理性批判．邓晓芒，译．北京：人民出版社，2004: 622-623. 同样的说法出现在康德的《逻辑学讲义》中，详见：康德．逻辑学讲义．许景行，译．北京：商务印书馆，1991: 58。

确认，不是经验的就是理性的（empirisch oder rational），不是根据经验（Erfahrung）（自己的或他人传达的）就是根据理性（Vernunft）。这种区别与我们全部知识由以取得的两个源泉——经验和理性——有关。”[①] 通过以上这两段文字，我们可以发现，主观一词和理性等同，客观和经验等同。不过更重要的是，它们同时论及了信仰和知识这两个词，直接关联了笔者前面讨论的那句名言。

上述段落透露的思想是，知识和信仰都是一种“视其为真”，它们的区别是：客观上是否充分。知识在客观上的充分性在于经验，信仰显然没有。根据康德的认识论，外在于时空形式的对象我们无法认识，无法获得知识，比如，对上帝的思辨认识或理论认识外在于时空形式，因而是不可能的。那么信仰的主观充分性在哪里呢？他在 1796 年《论哲学中一种新近升高的口吻》（“Von einem neuerdings erhobenen Vornehmen Ton in der Philosophie”）的一个脚注中强调，“关于超出一切可能经验界限的东西，既不能说它或然，也不能说它非或然，因而关于这样一个对象来说，信仰（Glauben）这个词绝非在理论意义上出现。……因此，不存在对超感性的东西的理论信仰。但在实践（道德实践）意义上，对超感性的东西的一种信仰则不仅是可能的，而且它甚至是与这种意义不可分割地结合在一起的。因为我心中的全部道德性，尽管是超感性的，因而不是经验的，却是以显而易见的真理性和权威（通过一个定言命令式）被给予的……不过，在道德实践上相信这个世界统治者，并不就是事先在理论上假定他的现实性为真，……而是为了按照那个目的的理想而行动”[②]。

从上述引文看来，知识的客观和主观充分性在于经验和理性，而信仰只有主观充分性，即理性的主观确定性、主观意志。以此观照《纯粹理性批判》第二版序言中的那句引文，笔者认为，此处的 das Wissen 并不是一般性指所有知识，而是特指有关意志自由、灵魂不朽、上帝存在的知识。康德此处想说的是，关于上帝存在、意志自由等超感性的存在

① 康德 . 逻辑学讲义 . 许景行，译 . 北京：商务印书馆，1991: 62.
② 康德 . 康德著作全集（8）. 李秋零，译 . 北京：中国人民大学出版社，2016: 404.

我们必须放弃、取消或否定原有的理论证明、理论知识，而回归到原本的理性的主观确定性，回归到理性的信仰，并视之为实践的前提。只有在这种意义上，才说得上取消或否定知识从而为信仰留出地盘。

笔者的这种解释还可以从引文的上下文找到证据。实际上，引文的上文先是讨论了意志自由作为现象是不可能认识的，但作为自在之物、作为道德实践的前提却是可以思维的。康德指出，唯有抛弃将意志自由作为知识的看法，才能真正给予道德信仰以地盘。质言之，必须抛弃有关“上帝、自由和灵魂不死”的“形而上学独断论、也就是没有纯粹理性批判就会在形而上学中生长的那种成见”，而仅将“上帝、自由和灵魂不死”作为道德信仰。在这种意义上，笔者认为，康德名言中“扬弃”的译法很大程度上忽视了康德上下文，忽视了康德对知识和信仰的界定。当然，另一方面也是因为，汉语中“扬弃”的译法偏重黑格尔一个哲学家的界定，且该译法太过深入人心，反倒忽视了该词的基本意思，忽视了它在康德文本中的通常用法。可见，术语或其他词的翻译，确实应当非常慎重。

总之，就康德文本而言，笔者认为 aufheben 完全可采取康德文著中的一贯译法，即简单译为“否定”或“取消”。个别地方可稍作变通，比如译为“消除”等。

八、konstitutiv 和 regulativ

这是康德哲学中一对重要的概念。在康德那里，konstitutiv 和 regulativ 主要被用来指知性原理、理性原理或者理性的使用。不过有时候，理念或经验统一性之类的概念也会被用这组概念来刻画。

从中译来说，这组概念的译法较多，我们不妨从新中国成立前开始讨论，笔者找到的中译如表 2.18 所示。[①]

① 范寿康 . 康德知识哲学概说 . 学艺 , 1924, 6(5): 30.

表 2.18 新中国成立前 konstitutiv 和 regulativ 的中译

译者	konstitutiv 中译	regulativ 中译
范寿康 ①	造成知识对境的	指导我们研究的
于文伟 ①	设立的	规正的
张心沛 ②	构成的	统整的
余又荪 ③	规制的	/
张铭鼎 ④	基本的	规正的
郑昕 ⑤	训导的	/

可以看到，这些中译各种各样，全然没有统一性可言。新中国成立以来的各种康德著作译本中，这种特点依然存在，而且同样完全看不到统一的局面，见表 2.19。

表 2.19 新中国成立后 konstitutiv 和 regulativ 译名对照

konstitutiv 中译	译者	regulativ 中译	译者
构成的	蓝公武（2017）、牟宗三（2003）、齐良骥（2000）、韩水法（2001）	规整的	蓝公武（2017）
构成性的	庞景仁（1982）、宗白华（1996）、邓晓芒（2004）	限定性的 / 制约性的 / 限制性的	韦卓民（2000）
组织性的	韦卓民（2000）	轨约的	牟宗三（2003）
建构性的	李秋零（2016）、高小强（2014）	调节性的	宗白华（1996）、邓晓芒（2004）
组成的	关文运（1960）	范导性的	李秋零（2016）
构造的	李明辉（2016）	指导性的	齐良骥（2000）
		规范的	韩水法（2001）
		调整的	关文运（1960）
		制约性的	庞景仁（1982）
		规制的	李明辉（2016）

与之相反，日语中的译法要统一得多。konstitutiv 均被译为构成的，

① 于文伟 . 康德所谓经验的类比及其批评 . 民铎 , 1927(1): 2.

② 张心沛 . 康德之目的论 . 学艺 , 1924(5): 5.

③ 桑木严翼 . 康德与现代哲学 . 余又荪 , 译 . 上海 : 商务印书馆 , 1935: 2（哲学名词中西文对照表）.

④ 康德 . 实践理性批判 . 张铭鼎 , 译 . 上海 : 商务印书馆 , 1936: 189.

⑤ 郑昕 . 康德学述 . 北京 : 商务印书馆 , 1984: 20.

而 regulativ 虽然有“统制的”和“统整的”两种译法[①]，但在最新的《康德事典》中该词已被统一为“统制的”[②]。

中译名的多样化说明什么问题？说明研究者和译者们更多各自为阵，缺乏传承，深入交流不够；这进一步表明，研究者和译者们在康德研究上整体不够深入，彼此缺乏对他人研究的探讨。译法的多样化迫使笔者回到对这两个概念本身的讨论。

不妨先来看词典上对这两个词的释义。据《哲学历史辞典》，康德提出的这对概念在概念史上具有重要意义。实际也确实如此。康德之前的哲学中，konstitutiv 和 regulativ 的区分并不存在。只是到了康德，才区分了 konstitutiv 和 regulativ 两类原理，并提出了“理念的 regulativ 使用”。这两个概念主要出现在康德文著《纯粹理性批判》《未来形而上学导论》《判断力批判》中。相对而言，konstitutiv 是个更早引入的用语，在《纯粹理性批判》前就被康德用来指组成部分或本质属性。反之，据考证，regulativ 这个用语首先出现在《纯粹理性批判》中并和 konstitutiv 联系在一起，两者首先被用来指称知性的两类原理，即数学性原理和力学性原理。为说明问题，这里不妨稍微展开下。

首先，数学性原理包括：直观公理和知觉的预测，它们“根据现象的单纯可能性而指向诸现象，并且告诉我们这些现象是如何……按照某种数学性综合的规则而产生出来”[③]。在这种数学性综合中，“我在整体前思考部分”。从 konstitutiven 部分中，一个整体能被先天地构造出来：“所以我将有可能从例如 20 万个月亮照明度中复合出并先天确定地给出、亦即构造出对太阳光的感觉的程度。因此我可以将前面这两条原理称之为 konstitutive 原理。”[④] 可以看到，konstitutiv 原理有权运用概念从现象先天确定地给出对象，亦即构造出对象。它们是我们获得认识的前提和基础。

---

① 如：《实践理性批判》的日译本中，樫山钦四郎译为“统制的”，波多野精一、宫本和吉、筱田英雄译为“统整的”。

② 石川文康 等 . カント事典 . 東京 : 弘文堂 , 2014: 168.

③ 康德 . 纯粹理性批判 . 邓晓芒 , 译 . 北京 : 人民出版社 , 2004: 167-168.

④ 康德 . 纯粹理性批判 . 邓晓芒 , 译 . 北京 : 人民出版社 , 2004: 168.

力学性原理则包括：经验的类比和经验性思维的公设。这两个原理“带有某种先天必然性的特征，……是间接的而非直接的”，亦即“在某种经验中的经验性思维的条件之下”[①]。两者联合起来成为这类原理，“它们要将现象的存有先天地置于规则之下”[②]。因为，既然“现象的存有不可构造”，那么这些原理和对象就只会涉及“存有的关系”[③]。可构建就意味着可被构造。没有这种可构建性，它只能充当单纯 regulative 原理。[④]所以，regulative 原理“仅仅有权按照某种类比而用逻辑的和普遍的概念统一性来组合诸现象”[⑤]，它们不能扩展我们的知识，但它们可以引导我们思考并组织我们的思想。

与知性的力学性原理相似，理性的这一原理：“如果有条件者被给予了，那么它的所有条件的整个序列也就被给予了”[⑥]，说到底也属于 regulative，因为它设定“作为规则在回溯中应当由我们做的是什么，……因而它是一条理性的 regulative 原则”[⑦]。

可以看到，上面讨论的 regulativ 更多具有这种含义：“指导自己行动的一种规则而非制约现有对象的一种法则”，也就是说它不指向具体对象。世界和灵魂等先验理念的运用也具有类似的 regulativ 特点：它们“永远也不具有这样一种 konstitutiv 运用，……与此相反，它们有一种极好的、必要的而不可或缺的 regulative 运用，就是使知性对准某个目标”[⑧]。这种理念的 regulative 运用说到底在于，想象地使知性对准一个焦点，在这个点上，一切知性规则的路线都汇集起来。[⑨]换言之，先验理念的 regulative 运用无助于产生知识，但有助于知性的运用。

总体来说，康德对 regulativ/konstitutiv 的阐述，较为艰深，正因此，

---

① 康德 . 纯粹理性批判 . 邓晓芒 , 译 . 北京 : 人民出版社 , 2004: 153.
② 康德 . 纯粹理性批判 . 邓晓芒 , 译 . 北京 : 人民出版社 , 2004: 168.
③ 康德 . 纯粹理性批判 . 邓晓芒 , 译 . 北京 : 人民出版社 , 2004: 168.
④ 康德 . 纯粹理性批判 . 邓晓芒 , 译 . 北京 : 人民出版社 , 2004: 169.
⑤ 康德 . 纯粹理性批判 . 邓晓芒 , 译 . 北京 : 人民出版社 , 2004: 169.
⑥ 康德 . 纯粹理性批判 . 邓晓芒 , 译 . 北京 : 人民出版社 , 2004: 408-409.
⑦ 康德 . 纯粹理性批判 . 邓晓芒 , 译 . 北京 : 人民出版社 , 2004: 416-417.
⑧ 康德 . 纯粹理性批判 . 邓晓芒 , 译 . 北京 : 人民出版社 , 2004: 506-507.
⑨ 康德 . 纯粹理性批判 . 邓晓芒 , 译 . 北京 : 人民出版社 , 2004: 507.

他在《未来形而上学导论》中说，“由于枯燥无味，难以推荐给业余爱好者，因而只是为行家里手提出”①。但从笔者上面的论述多少已经能够明白 regulativ 和 konstitutiv 之分，也能给出我们自己的译法。konstitutiv 更多起的是构造、组成作用，即将部分构成整体，就此而言，译为“构成性的”当较为合适。反之，regulativ 更多起规范、引导作用，就此而言，译为“范导性的”较为合适。

九、Hang 和 Neigung

Hang 和 Neigung 是康德道德哲学的两个概念。先说 Hang 的译法，见表 2.20。

表 2.20　康德译著中 Hang 的中译

译者	译名
樊炳清（1926）	习癖
蓝公武（2017）	倾向
韦卓民（2000）	倾向、偏向
牟宗三（2003）	趋向
邓晓芒（2004）	倾向、偏好
李秋零（2016）	倾向、癖好
李明辉（1990）	癖好、性癖
杨云飞（2014）	偏好
唐钺（2012）	倾向
苗力田（2002）	倾向
关文运（1960）	偏向
韩水法（2001）	偏向
宗白华（1996）	倾向

可见，Hang 的译法相对较为单一，主要是：倾向、偏向、偏好、癖好。倾向侧重于客观方面，而偏好侧重于主观方面。从字面意思看，似乎都可以，那它在康德原文中，究竟是指什么呢？虽然该词出现在康德的多种著作中（最早是《纯粹理性批判》），但《纯然理性界限内的宗教》

① 康德．康德著作全集（4）．李秋零，译．北京：中国人民大学出版社，2016: 370.

中的论述更为集中也更为明确。在康德看来，人心中有向善的原初禀赋（Anlage），但同时有趋恶的 Hang，禀赋必定是与生俱有的，而 Hang 可以是由人自己招致的。康德随之对 Hang 做了这样的界定："我把 Hang 理解为一种 Neigung（经常性的欲望）的可能性的主观根据，这是就它对于一般人性是偶然的而言。"[①] 这种 Hang 因为普遍地属于人，属于人的族类特性，所以可以说是一种自然倾向。另外，Hang 先在于本能和 Neigung，它"本来只是对一种享受的欲求的易感性（Prädisposition）"[②]。比如，大多数人对毒品就有一种 Hang，尝之前没有 Neigung，而尝过有了欲望就会产生 Neigung。比较来说，Hang 是没有欲求对象，Neigung 是有熟悉的欲求对象，比如毒品、烟草。与之相关，康德着重谈了 Hang zum Bösen，即"趋恶的 Hang"。因为恶必定源于自由，所以"趋恶的 Hang"必定也与自由的概念相结合。

康德论述的 Hang，差不多是一种改头换面的人性本恶论。康德正是由此展开他的伦理学，因而如何理解、翻译这个概念具有相当重要的学术意义。容易看到，Hang 表示的是一种欲求的易感性，人有趋向于恶的易感性，Hang 没有欲求对象。这种种对 Hang 的理解提示我们，偏好、癖好的译法不是最妥当的。偏好、癖好强烈导向主观，导向对某种特定对象的喜欢，但人性中"趋恶的 Hang"却不意味着"趋恶的偏好"，不意味着人对恶有一种特别的喜欢，而是一种更普遍、更自然的特点。康德对该词标注的拉丁语是 propensio，基本意思是倾向。从意思上，或许"性向"更贴切。但这个译法也比较生僻，一般而言，笔者认为译为"倾向"就可以了。

接着，再来梳理下 Neigung 的译法。该词是康德伦理学中的重要概念，在康德著作的中译本中也有多种译法，见表 2.21。

---

① 康德．康德著作全集（6）．李秋零，译．北京：中国人民大学出版社，2016: 27-28. 原文是：Unter den Hange (propensio) verstehe ich den subjectiven Grund der Möglichkeit einer Neigung (habituellen Begierde, concupiscentia), sofern sie für die Menschheit überhaupt zufällig ist.

② 康德．康德著作全集（6）．李秋零，译．北京：中国人民大学出版社，2016: 28. 据原文对译文有改动。

表 2.21　康德译著中 Neigung 中译表

译者	中译名
蔡元培（1997）[①]	性癖
胡仁源（1931）[②]	感官欲望 / 倾向
樊炳清（1926）	偏向
张铭鼎（1936）	嗜好
蓝公武（2017）	利害好恶 / 性向
关文运（1960）	好恶 / 所好
宗白华（1996）	倾向性
韦卓民（2000）	欲望 / 痴好或意向
庞景仁（1982）	趋势、感情
牟宗三（2003）、苗力田（2002）	性好
韩水法（2001）	禀好
唐钺（2012）、李明辉（1994）、杨云飞（2013）	爱好
邓晓芒（2004）	爱好、意向
李秋零（2016）	偏好、倾向

可以看到，Neigungen 的译法非常多样化，不仅不同译者采取不同译法，同一译者在康德的不同译著中也采取了不同译法。邓晓芒和李秋零虽然尽可能在自己的单个译本中实现了译名的统一，但在其不同译本中仍然存在多种译法。原因或许在于各译本并非同一时期译出，随着理解的不同，译法上也有不同。不管怎么样，总体来看这两位译者对 Neigung 的翻译，一种译法是往倾向性角度靠，另一种译法是往爱好、欲望角度靠。反之，其他译者有的注意到了译词的统一问题，有的则随上下文而采取不同译法。此处不妨再梳理下相关译者对各自译法给出的理由。

苗力田在《道德形而上学原理》译者后记中指出，Neigung 在康德伦理学中与责任相对，是道德行为的另一大动机。行为不是出自责任就是出自 Neigung。“就这词的内涵来说，康德把它规定为：习惯性的感性欲望。就这词的构成来说，它源于动词 neigen，根本的意思是倾向。……在汉语里，不敏的我，实在搜索不出一个现成的恰当、贴切的辞儿，

---

① 蔡元培 . 蔡元培全集（第 1 卷）. 杭州 : 浙江教育出版社 , 1997: 508.

② 康德 . 纯粹理性批判（第一册）. 胡仁源 , 译 . 北京 : 商务印书馆 , 1931: 28（原序二）, 25（绪论）.

只有遵从唐钺先生和大多数，作‘爱好’。然而心里总是不安的。因为，爱好虽然可解释为一种感性欲望，但它不能像德语 Neigung 和英语 inclination 和‘倾向’这一事物客观性质直接联系起来，并把感性欲望派生出来。”[①] 因此，他总觉得爱好的译法减弱了倾向的客观性，不够确切。牟宗三译为性好，似乎恰是要弥补苗力田译法上客观性不足的缺点，但性好的译法似乎生造的意味太大。[②] 正如在苗先生的感受中，这里的最大困难是找到一个汉语词，同时兼具习惯性欲望和倾向两方面意思。

与之相似，韩水法先生在翻译《实践理性批判》中，同样对这个词的译法做了特别说明："Neigung，意指一种与生俱来的自然倾向，而非人后天的选择。人的自由体现在抗拒这种禀好，而听从道德法则的决定。"据此，他指出了目前若干译法的问题。他认为，首先，牟宗三自造"性好"译法，似乎意在表达本性之好（音：hào）的意思，但"将 Neigung 理解为本性之好是不符合康德原意的，因为 Neigung 至多只是人的秉性的一个方面，即相对于道德来说，是消极的方面。人的本性还包括积极的方面，这就是自由意志及道德法则"。其次，苗力田译为爱好，过于偏重主观性，无法传达其客观含义。最后，关文运采用了多种译法，译名不统一，"从而使康德实践哲学中的一个非常重要的概念消失在毫无定见的随意之中"，从而会极大影响我们对康德哲学的理解。韩先生因而最终自造这一译法："禀好"。"'禀'一词用其本义，表示所受于天或自然，而非人自己的选择，'好'则表示倾向，'禀好'则意指一种自然的、客观的倾向。"[③]

虽然韩水法对爱好的译法表示了质疑，但邓晓芒在后出的"三大批判"中，却一仍其旧，译为爱好。原因何在？邓晓芒说，Neigung 有那个意思，"就是出于感性的动机，或者是出于本能，或者是出于情感、欲望、情欲，等等。你喜欢什么东西，你欲求什么东西，这都属于爱好，Neigung。我们把它翻译成'爱好'"[④]。显然，邓晓芒更多将 Neigung

① 康德 . 道德形而上学原理 . 苗力田，译 . 上海：上海人民出版社，2002: 147-148.
② 康德 . 道德形而上学原理 . 苗力田，译 . 上海：上海人民出版社，2002: 147-148.
③ 康德 . 实践理性批判 . 韩水法，译 . 北京：商务印书馆，2001: 196-197.
④ 邓晓芒 . 康德《纯粹理性批判》句读（下）. 北京：人民出版社，2013: 1188.

理解为感性的动机，而非倾向，所以他在“三大批判”中译为了爱好。

由上可见，译法的不同很大程度上源自对 Neigung 的不同理解。看来，有必要对这个概念做点深入讨论。不妨先介绍下《哲学历史辞典》中的解释。

Neigung（拉丁语：inclinatio naturalis，pronitas，propensio，proclivitas；英语：propensity；法语：inclination，penchant；古高地德语：hnîgan；中古高地德语：nîgen）最初指称实施其特定活动的灵魂能力的情绪状态和指向状态。这个德语词最早大概是由 14 世纪的德国神秘主义者引入并用来翻译拉丁语的表达式：“inclinatio naturalis”和“pronitas”（animi，voluntatis）。此后，首先受英国道德—感觉—哲学影响，该词在通常用法外还具有了更多含义，人们也会说一种习惯性的 Neigung，这点上，它和“Hang”“爱好（Leidenschaft）”“冲动（Trieb）”这类词的含义接近。

Neigung 命名了伦理学中的一种核心事实情况，这一事实情况的进一步确定有赖于，我们是把人性视作腐化堕落，视作一种由于原罪而损害了的类上帝性，还是认为人性本善。与此相应就产生了 Neigung 在天性与德行关系中发挥的作用。按照托马斯·阿奎那，人由于原罪而有一种间接趋向恶的意志的 Neigung（quadam pronitate voluntatis ad malum），有一种亚当和天使最初不存在的 Neigung，因此他一开始从神那里的跌落完全来自自由选择。神秘主义者中，艾克哈特大师首先拾起了托马斯·阿奎那和邓·司各特的观点，即承认人也有一种向善和追求德行的 Neigung，而陶乐（Tauler）则跟随另一种传统路线并强调了恶的 Neigung。由于原罪，人有一种恶的 Neigung（geneiglich ist ze gebresten）。人类的感官和最原始的力量倾向于外部和过去的世界（neigent sich nider zuo ussern dingen）。专心致力于自我认识的人类，必须与这种 Neigung 战斗。艾克哈特明确区分了 Neigung 和罪恶：趋向罪恶的 Neigung 本身不是罪恶，但它会由于意志而成为罪恶。Neigung 就其本身而言还不是一种强制性的力量，而是一种重要的限制条件，这点后来为莱布尼茨所接受。在艾克哈特大师看来，人不应该希望他趋向罪恶的 Neigung 消失；因为否则也就不会有德行了。然而向善的 Neigung

已像“灵魂的火星”那样扎根，即便在地狱中它也会发挥作用。

由此，伦理学上重要的是设定好较高的 Neigung。莱布尼茨认为，德行的前提是，我们有一种按照理智来发挥作用并因而能使所有的东西实现真正终极目的的 Neigung 和技巧，这一终极目的指向真正的知识和上帝的爱。莱布尼茨将意志定义为“inclinatio intelligentis，sive proclivitas”并将其作为一种理智的欲望（appetitus intellectualis）而与感官的欲望（appetitus sensitivus）区别开来。精神始终倾向于更大的善看来恰好所处的那面；但是他的倾向是自由的，所以他也能作出不同的选择；因为他自发地行动。Neigung（propensio）是一种当着其他东西的面思考某种东西的精神的规定，因为这种思想在此已与其他同时存在的思想不同。与之相反，在沃尔夫那里，理性和 Neigung 之间的联系被否定了；因为 Neigung——也被称为感性欲望和偶然意志——纯粹是灵魂的 Neigung，它不是我们对之拥有善的模糊概念的那种东西。Neigung 产生感觉，理性因此与之毫无瓜葛。

留待英国道德哲学去做的，是系统阐发有关道德感觉的看法，其中 Neigung 和德行之间的对立被德行和幸福之间的联系所取代。夏夫茨伯里、哈奇森和休谟极大地影响了赫尔德、莱辛、康德、歌德、席勒以及温克尔曼。夏夫茨伯里建议跟随自然，同时采用了今天仍有效的利己的、利他的和高级 Neigungen 这个三分法。哈奇森在他对爱这个概念的分析框架中，区分了三类愿望：一是平静的愿望，它没有伴随乐趣，或者疼痛感；二是情绪，它伴随着反思引起的感情；三是狭义上的激情，其中出现了强烈而混乱的感觉。在哈奇森看来，Neigung 通常情况下与最后一类愿望相关。不过，Neigunen 区别于愿望之处在于：当我们确定对象或行为时，我们不需要把 Neigunen 的任何表象看作某种善的东西或者看作摆脱某种糟糕东西的工具，也不需要它们是某种特殊愿望的对象。他也将此类 Neigungen 称之为激情。为此，哈奇森还举了这样的例子：出自愤怒和好奇心的行为、因恐惧而发出的喊叫、本能反应（动物也有）。在哈奇森看来，Neigung 与习俗有关。这可能与下面这点有关：哈奇森不再将原罪解释成道德上的坏事，而是最终将其看作克服利已愿望和 Neigungen 的一种可修改的优势，这些愿望和 Neigungen 并非源自人类本性，而是源自习俗、习惯以及表现能力之类的“超自然原因”。卢梭稍后强调说，野蛮人和文明人的差别在于他们的心地和 Neigungen。此外，天性善良的人相信他们的自然感受更甚于相信他们由于社会而败坏了的理性。一般来看，人性中不仅有自利主义，而且也有对幸福等其他东西的无私快乐。只是，后者意味着，遵从良心的 Neigungen，同时真正满足于这点。对休谟来说，道德情感不是由有用性思想引导，而是由对人类幸福的同情情感所引导。与具有创造性的 Neigung 相对，冰冷而淡漠的理性不是行为的动机。按休谟的理解，Neigung 或厌恶源于愉快或不愉快，而理性就它决定最想实现的目标之手段而言，只能驾驭由 Neigung 传导的行动冲动。对于“道德的赞同是通过理性还是通过 Neigung 实现”这个众说纷纭的问题，休谟给出的答案是通过 Neigung。他认为，很有可能，基于自然一般赋予我们整个人类的某种内感官或情感，我们最终判定哪些人物或行动令人喜欢或令人讨厌。

与之相反，特藤斯（Tetens）宁愿将 Neigung 看作受理念引导、指向客体的本能。不过 Neigung 还是和本能有一定区别，因为 Neigunen 常把理念引向对象，而对象恰是未被引导、完全由模糊的情感决定的、愿望所竭力摆脱的东西。对哈奇森来说，理性同样扮演着一种积极的角色；因为根据由前批判时期的康德划分的一种判断，由理性设定的目标会反作用于情感。不过，在其文著《一位视灵者的梦》中，康德已经远离英国人的想法，认为道德原理不是源自情感，而单单源自理性。①

可以看到，历史上，对 Neigung 的理解存在较大偏差，而且更多牵涉着对道德的理解。这点在康德这里尤为突出。康德文著中，Neigung 较早出现在《一位视灵者的梦》（5 次），此后《纯粹理性批判》（5 次）、《未来形而上学导论》（3 次）、《判断力批判》（12 次）、《永久和平论》（5 次）等也有一定数量的提及。出现最多的则是康德有关道德的论著，尤其是《道德形而上学奠基》《实践理性批判》《道德形而上学》等中。

---

① 以上参见：Ritter, J., Grunder, K. & Gabriel, G. *Historisches Wörterbuch der Philosophie* , Bd. 6. Berlin: Schwabe , 2007: 707-709.

下面笔者结合这些康德文著对这个概念做进一步梳理。

首先，正如笔者上面提到的，Neigung 有熟悉的欲求对象。正因此，康德把 Neigung 界定为“习惯性的感性欲望”[①]、“欲求能力对感觉的依赖性”[②]，这意味着，“它在任何时候都表现出一种需要”，或者说，它能提供一种非理性的运动根据，尤其是意志的一种非理性的决定根据。如果行动受 Neigung 引导，那就表明对象令行动者愉快，行动者感兴趣的不是行动本身，而是行动的对象或目标。

其次，因为与感性、感觉相关，因为它的非理性，康德认为，“它们（Neigungen）对于一个有理性的存在者来说在任何时候都是累赘”，因为在涉及道德事情时，理性还需要充当它们的监护人；而且它们是盲目、奴性、变易的，“总是留下一个比人们想到去填满的还要更大的罊洞”。[③] 所以如果我们基于 Neigung 行动，如果我们的意志只受 Neigung 支配，那这样的行动不可能是符合道德的，因为这种行动满足的只是欲望。真正来说，意志只有受道德法则支配，只有出于道德法则或者义务来行动，而不受任何感性冲动影响，才算得上道德行为，因为这时它们听从的是定言命令。

如果说，Hang 意味着倾向也可被译为倾向，如果说，哲学史上 Neigung 曾表示过倾向的意思，那么在康德这里 Neigung 就不只是倾向，而且还与欲望联系在一起，与盲目、非理性联系在一起。日本哲学界对康德的研究远较我们深入，《康德事典》中分别将 Hang 和 Neigung 译为性癖和倾向性，但从汉语字面意思及康德赋予的含义看，我们觉得也不够恰当，当然也有可能现在日语中这两个词的意思与汉语有较大差距。笔者认为，基于前面的讨论，不妨选用“好”（音：hào）作为 Neigung 译名中的一个构成词。那么是否可译为爱好？恐怕不行。康德基本将 Neigung 与理性相对，并用一些贬义性的词语来形容它，译为爱好恐怕无法体现这种含义。毕竟，爱好在汉语中更多还是褒义性的。那么性

① 康德 . 康德著作全集（7）. 李秋零，译 . 北京：中国人民大学出版社，2016: 246.
② 康德 . 康德著作全集（4）. 李秋零，译 . 北京：中国人民大学出版社，2016: 420.
③ 康德 . 康德著作全集（5）. 李秋零，译 . 北京：中国人民大学出版社，2016: 125.

好、禀好、偏好、嗜好、喜好这些译法呢？性好、禀好侧重于欲望的客观性，嗜好、喜好侧重于主观，康德似乎更侧重于主观层面，而且喜好较之爱好语义更弱一点，笔者因此倾向于将 Neigung 译为喜好。

十、Wille、Wollen、Willkür

Wille 被中译为意志，在当下汉语中几乎没有疑问。和现象这个词一样，意志一词也是日本启蒙思想家西周的汉字新造词。推算起来，这个词从日本流入中国已是百年有余。[①] 意志是康德实践的核心概念，与之相关的名词 Wollen、形容词 willkür 和 willkürlich 因而也有一定的讨论价值。

先看 Wollen，从现有译本来看，译法存在一定差异，见表 2.22。

表 2.22　康德译著中 Wollen 的中译

译者	中译名
张铭鼎（1936）	意向
关文运（1960）	意向
唐钺（2012）	立志作用
韦卓民（2000）	愿望 / 行使意志的力量
蓝公武（2017）	意欲
宗白华（1996）	意欲
牟宗三（2003）	决意、意愿
李秋零（2016）	意欲
李明辉（1994）	意欲
苗力田（2002）	意愿
高小强（2013）	意愿
邓晓芒（2004）	意愿
杨云飞（2013）	意愿
韩水法（2001）	愿欲

如上，Wollen 的译法大致有意向、意欲、意愿以及决意、愿望等，且译为意愿和意欲的居多。意愿更侧重于愿望，而意欲更侧重于欲望，

① 参见：颜惠庆 . 英华大辞典 . 上海：商务印书馆，1908: 2656，will 词条释义：志、意、意志、意向、心君、主意、心之主、主意、意向、心志、定志之才。

我们该如何抉择？

对此，邓晓芒有过一番说明："意志（Wille）和意愿（Wollen），这两个词在康德那里有一种原则性的区别。意愿从 wollen 变过来的，是泛泛而谈的，意思是一个动词而意志是一个名词，动词也可以名词化，wollen 把第一个字母大写就是名词了，翻译成'意愿''愿望''愿意''想要'，这是一个情态动词，我想要怎么怎么样；这两个词虽然有词源上的关系，但是 Wollen 这个词是泛泛而谈的，凡是我的欲望、想法、追求和目的都可以称为 Wollen；那么意志就不一样了，意志有广义和狭义之分，狭义的意志跟一般的意愿不同。"①

这里，邓晓芒一方面着重从 Wille 与 Wollen 区别的角度谈后者的译法，另一方面又谈了 Wollen 词义的来源，应该说有一定道理。但他没有解释为什么把 Wollen 译为意愿。笔者要问的是，可否译为意欲或愿望等？或者，这些译法都可以？

我们不妨梳理下相关德语词典的解释。但实际上，笔者在 Duden 等的当代德语词典中根本找不到 wollen 用作名词的用法。这意味着，wollen 作名词的用法在当代也极为罕见。但康德在《道德形而上学原理》中却大量使用该词。这需要我们考察康德时代该词的用法。幸好，《格林兄弟德语词典》收入了该种用法。据《格林兄弟德语词典》，Wollen 是动词不定式 wollen 的名词形式，与 Wille 是近义词，但是更具有动词意味。值得注意的是，其中的释义 b 说道："作为哲学术语，Wollen 意谓意志支配的行为（Willensakt），通过这种行为并基于先前针对特定目标的行为可能性的考虑，人们作出选择，但是心灵的力量也会作出这种决定，它与思考和感觉相对。"② 此处引文中还收录了康德的论述。不过，由于康德未对该词做过专门论述，笔者很难从文本出发进行讨论，但是不管怎样，从它的动词意味来看，意欲较意愿、愿望更恰当，毕竟汉语中意愿和愿望更多作名词而非动词。同时，意欲与意志保持了词形上的

① 邓晓芒.《道德形而上学奠基》句读.北京：人民出版社，2012: 75.

② Grimm, J. & Grimm, G. *Deutsches Wörterbuch*, Band 30. München: Deutscher Taschenbuch Verlag, 2007:1363.

近似，所以也优于愿意之类中译。就此，笔者建议将该词译为“意欲”。

再来回顾下 Willkür 的中译情况，见表 2.23。

表 2.23 康德译著中 Willkür 的中译

译者	中译名
张铭鼎（1936）	随意行动
唐钺（2012）	立意
李明辉（1994）	意念
关文运（1960）	选择
牟宗三（2003）	选择
蓝公武（2017）	意志
韦卓民（2000）	自由选择、自行抉择的意志
宗白华（1996）	意图
邓晓芒（2001，2004）	任意 / 任意性、意志
杨云飞（2013）	任意
韩水法（2001）	意愿
苗力田（2002）	意愿
李秋零（2016）	任性
高小强（2013）	决意

可以看到，各中译本中，这个术语的译法出现极大差异。单看中文，我们很难想到这会是同一个术语的译名。而且其中有些明显是意译，而有些则多半错了。相比较，日文的译名仍然很统一：“選択意志”[①]。那究竟该怎么翻译这个词呢？

为此，我们先介绍下《哲学历史辞典》的梳理。

Willkür 的拉丁语是 arbitrium，英语是 arbitrariness，法语是 arbitraire。跟源自拉丁语名词 arbitratus 的法语词 [l']arbitraire 和英语词 arbitrariness 一样，Willkür 作为贬义词时用来指在行动理论、伦理学和法哲学（更确切说，政治哲学）中无缘无故做出的选择或者意志表示；它也能用来指完成那类行为的能力；中性意义上，说的是语言哲学中语言符号的任意性及其含义的确定。

① 石川文康，等 . カント事典 . 東京 : 弘文堂，2014: 303.

古代哲学存在好些对无缘无故的意欲做否定性评价的说法。但是要对贬义概念的 Willkür 做清楚归类根本不现实，因为所有表示贬义的希腊语和拉丁语说法都能指称非贬义的意志行为或意志能力。所以 ἐξουσία（本义：能力、自由、力量）也能用于称呼专制的、难以捉摸的行为，特别是在政治语境中（意指专制独裁和权力滥用）。有时，贬义意味的强调是通过一种特殊的补充来清楚说明的（如 ἄγαν ἐξουσία：权力过度干预）。至于用来固定表达行动理论或政治的 Willkür 概念的术语，在希腊哲学中还没有出现——神学中上帝的最高统治权有时候会通过意志自由的概念来说明，而这跟我们对 Willkür 的理解有关。对新柏拉图主义者中的异教徒杨布里丘来说，使至高无上的神性凸显出来的就是 αὐτοεξούσιος，也就是拥有无限权力和无限的意志自由。对基督教神学家来说，保罗的学说——上帝任意（ὑπὲρ τῆς εὐδοκίας）分配和收回恩宠是神学唯意志论的出发点，后者就被认为是一种 Willkür- 上帝的学说。

拉丁语中，名词 arbitratus 和 arbitrium 可以在 Willkür 的意义上使用。此外，libido（随心所欲的愿望）、licentia（自由自在）或 insolentia（任性）这些说法也表达了某些 Willkür 的特定含义；它们也被用于哲学文献。所以西塞罗在解释伊壁鸠鲁原子下落运动学说时，对他自然哲学思辨的那种 Willkür 作了精辟概述：这大概是任意组装吧。

德语复合词 Willkür 的出现时间不早于 12 世纪。它的基本意思首先是自由选择或自由决定（freie wahl oder entschlieszung）。在法律语言用法中，Willkür 意指一种法律的调整，它随城市不同而不同而且可随便取消，诸如市场或服装规则之类。哲学语言用法中，Willkür 首先是刻画意志所具有的这种选择（küren）能力，亦即能在各种各样（行为的）可能性中“选择”。德语中，这个表达经历过一个贬义化过程，这种贬义化看来完成于 18 世纪下半叶：Willkür 现在意指无视法律的、个体的、无原则的、不讲方法的意欲和行动。虽然形容词 willkürlich 到今天还保持着两层意思，但名词目前仅在贬义上使用。

值得一提的是，从启蒙哲学直到后唯心主义围绕意志自由的讨论示范性地指出了，德语中 Wille 和 Willkür 的关系是怎样被从语义上进行反思和规定的。肖特利乌斯（J. G. Schottelius）就把 Willkür 理解为一种选择能力（vis electiva），凭借这种能力，意志按理智行事。[①] 至于康德，一般认为他对 Willkür 的理解与其同时代人的理解并无不同，接下来不妨来梳理下他的相关论述。

在 1763 年的《证明上帝存在唯一可能的证据》中，康德已经谈到了第一因的 Willkür、最高创造者的 Willkür、睿智的 Willkür，这些表述归根到底其实说的都是上帝的 Willkür。1766 年的《一位视灵者的梦》中，他说"一切生命都建立在 nach Willkür 自行决定的内在能力之上"[②]。大致来说，在这些早期著作中，他用 Willkür 来指能"自行设定主动目的和公理以及自由决定自己行动的那种能力"。

在《纯粹理性批判》中，该词主要出现在"纯粹理性的二律背反"部分第九节和"纯粹理性的法规"部分。其中，他区分了 Willkür 的各种各样的形式，如感性的、动物性的、自由的。对人的 Willkür，他还特意强调其是自由的，即一种独立于感性冲动同时自行规定自己的能力。[③] 无论如何，这些地方的 Willkür 我们仍不易把握。康德在《实践理性批判》中讲到了 Willkür 的主观条件（根据）和客观条件（根据），前者被称为 Willkür 的自律，后者被称为 Willkür 的他律。

Willkür 出现最多的著作是《纯然理性界限内的宗教》和《道德形而上学》，原因在于这两本著作都着重讨论道德，而这恰与 Willkür 的本义紧密相关。《纯然理性界限内的宗教》中，Willkür 首先意味着自由（因此康德总是用 frei 来修饰 Willkür），善是 Willkür 在道德法则方面的运用，而恶则是 Willkür 在道德法则方面的滥用。[④] 这大致表明，Willkür 本身可善可恶或者说无善无恶，它是我们所采纳的道德准则的源初根据，它可自由地导致善或恶。在这种意义上，Willkür 就是选择的意志，

---

① 以上参见：Ritter, J., Grunder, K. & Gabriel, G. *Historisches Wörterbuch der Philosophie*, Bd. 12. Berlin: Schwabe, 2007: 809-810.

② 康德 . 康德著作全集（2）. 李秋零 , 译 . 北京 : 中国人民大学出版社 , 2016: 330.

③ 康德 . 纯粹理性批判 . 邓晓芒 , 译 . 北京 : 人民出版社 , 2004: 434.

④ 康德 . 康德著作全集（6）. 李秋零 , 译 . 北京 : 中国人民大学出版社 , 2016: 19.

它代表着一种能力。因此，《道德形而上学》中，康德将 Willkür 称作欲求能力，即“一种根据喜好有所为或者有所不为的能力”[①]，或者说，与行动相关的欲望能力。这就使它有别于意志，因为意志虽然也是欲求能力，但它是在主体的理性中，是与使 Willkür 去行动的那种规定根据相关的，而不是与行动相关。而且，意志是原则的能力，能够规定 Willkür，意志会“与它的产生客体的行为的能力意识结合在一起”，所以就是实践理性本身。Willkür 虽然和愿望（Wunsch）一起均是欲望能力，但两者也存在差异，主要是，“我们仅仅凭借愿望是不能产生出愿望的客体”[②]，而 Willkür 要“与它的产生客体的行为能力的意识相结合”[③]。

总体来看，大概可以说，康德所用的 Willkür，其核心内涵就是选择或者说选择的能力，而一般所说的意志与它的差别在于：意志是自由或自我立法，而非与行动相关的选择。虽然一些当代德语辞典均将该词译为任性、任意，但笔者认为这不是康德所用的含义，而是历经语义演变、被赋予贬义后的含义。实则 Willkür 在康德那里并无贬义。由此笔者认为，前述若干译法任性、任意且不够确切。反倒是韦卓民的“自由选择”译法更能体现该词含义。但是康德经常会用自由来形容 Willkür，如果按韦卓民的译法就成了“自由的自由选择”，语义上显然冗赘了。因此，“自由选择”的译名同样不太合适。倒是日文《康德事典》中的译法“選択意志”更为准确。而且，《康德事典》直译了这个复合词的两部分含义 Will 和 -kür，同时与意志保持了关联，与自由意志还形成对应，能清楚凸显该词含义——虽然这样的译法在汉语中自造的意味稍稍大了一点。据此，笔者建议，参照该译法，将 Willkür 译为“选择意志”。

十一、Vollkommenheit

该词主要出现在 1763 年的《证明上帝存在唯一可能的证据》及之后的“三大批判”、《道德形而上学奠基》《理性限度内的宗教》《道德形而

---

① 康德 . 康德著作全集（6）. 李秋零 , 译 . 北京 : 中国人民大学出版社 , 2016: 220.
② 康德 . 康德著作全集（5）. 李秋零 , 译 . 北京 : 中国人民大学出版社 , 2016: 187.
③ 康德 . 康德著作全集（6）. 李秋零 , 译 . 北京 : 中国人民大学出版社 , 2016: 220.

上学》中。从中译来看，主要的译法有如下几种，见表 2.24。

表 2.24　康德译著中 Vollkommenheit 的中译

译者	中译名
张铭鼎（1936）	完备性
蓝公武（2017）	完全性、完成
邓晓芒（2004）	完善性、完善
李秋零（2016）	完善、完善性
杨云飞（2013）	完善性
韦卓民（1996，2000）	完善性、圆满性
关文运（1960）	圆满
牟宗三（2003）	圆满性
李明辉（1990，2015）	圆满性
唐钺（2012）	完满
韩水法（2000）	完满性
宗白华（1996）	完满性
苗力田（2002）	完满性
高小强（2013）	完满性

由上述译法来看，该词的主要译名为：完善（性）、完满（性）、圆满（性）。单从中译名看，都是一字之差，似乎也很难说孰优孰劣。反之，日文《康德事典》则译为完全性，倒是跟蓝公武的译法一样了。“完全”似乎侧重程度，“完善”似乎更侧重于达成目的所采取的行为手段，而“完满”“圆满”似乎更侧重行为已实现的结果。从康德原文来说，究竟更侧重哪种含义呢?

我们不妨回顾下《哲学历史辞典》的用法。据考证，沃尔夫使用的 Vollkommenheit 这个概念在哲学的广泛领域中发挥基础性作用。沃尔夫对 Vollkommenheit 的定义是，“多样性中的协调一致或自身包含差异的杂多的协调一致”（Vollkommenheit ist die Übereinstimmung in der Mannigfaltigkeit oder des Vielen，das unter sich different ist）[①]。这使 Vollkommenheit 带有目的论意味。据说，沃尔夫的整个体系就是

① 参见：Ritter, J., Grunder, K. & Gabriel, G. *Historisches Wörterbuch der Philosophie* , Bd. 11. Berlin: Schwabe , 2007: 1124.

围绕怎么促进 Vollkommenheit 这个原理构造起来的。沃尔夫的思想影响深远，鲍姆加登和迈尔等人都这么来理解 Vollkommenheit，即把 Vollkommenheit 理解为带有目的论意味的内在的协调一致。康德大体延续了这种对 Vollkommenheit 的目的论理解，Vollkommenheit 被称为对象的"完全合目的的统一性"（vollständige zweckmäßige Einheit）。不过他也按自己的理解对 Vollkommenheit 做了各种各样的区分。《康德辞典》（*Kant-Lexikon*）对此做了详细的讨论，大致包括如下几方面。①

首先，康德区分了绝对和相对意义上的 Vollkommenheit 以及在此基础上的理论上和实践上的两种 Vollkommenheit。前一种区分更多取决于实在性的大小，而后一种区分在于：到底它是对事物特性的纯内部考察还是对它的目的适用性的考察。康德重点讲述的是后一种区分。理论上的 Vollkommenheit 意指"每个事物在其种类上的完备性（Vollständigkeit）（先验的完备性）"或者"一个事物仅仅作为一般事物的完备性（形而上学的完备性）"②，这种意义上的 Vollkommenheit 可以说是量的或者说质料的，因为它是"一个纯然的量的概念"③，亦即，它涉及的只是，属于一个事物的所有这些特征是否存在。与之相对的，则是实践上的 Vollkommenheit，它意指，"一个事物对各种各样的目的的适用性和充足性"，它可以说是质的或者说形式的 Vollkommenheit，也可以说是目的论的 Vollkommenheit。

基于对 Vollkommenheit 的目的论理解，康德也区分了 Vollkommenheit 和美。Vollkommenheit 是客观内在的合目的的，评价质的 Vollkommenheit 必须考虑其目的。美同样指涉目的，但美却是主观的合目的性。两者的区别是，"通过美这样一个形式的主观合目的性，绝对没有把对象的完善性设想为所谓形式的、尽管如此却还仍然是客观的合目的性"④。一个例子是数学实体。数学实体涉及一种客观的合目的

---

① Willaschek , M. (Hrsg.). *Kant-Lexikon*. Berlin: DE Gruyter, 2015: 2550-2552.
② 康德 . 康德著作全集（5）. 李秋零 , 译 . 北京 : 中国人民大学出版社 , 2016: 44.
③ 康德 . 康德著作全集（5）. 李秋零 , 译 . 北京 : 中国人民大学出版社 , 2016: 235.
④ 康德 . 康德著作全集（5）. 李秋零 , 译 . 北京 : 中国人民大学出版社 , 2016: 236.

性，亦即对各种各样的（无限多样化的）目的的适应性[①]，它可以说有 Vollkommenheit，但一般无所谓美不美。

Vollkommenheit 所具有的目的论意义，一般会让人认为，它在道德哲学中也具有重要作用。在这点上，康德与传统上对 Vollkommenheit 的理解拉开了距离，或者说康德反对将 Vollkommenheit 作为道德的基础这一传统。康德指出，以往对道德的理解不是去幸福中寻找就是去 Vollkommenheit 中寻找。沃尔夫和斯多葛学派的道德哲学就是立足于 Vollkommenheit 的典型例子。[②] 道德要求大概可算一种“属神的、最完善的意志”[③]，因此，道德的神性根据暗含着某种 Vollkommenheit。但是，基于 Vollkommenheit 来为道德奠基的这种尝试，没有认识到道德要求的不是一种感性的而是一种理性的奠基。因此，康德反对所有以 Vollkommenheit 概念为道德基础的想法。道德之为道德根本上是一种定言命令。

当然，康德也在道德中赋予了 Vollkommenheit 一个重要作用。他把他人的幸福和自己的 Vollkommenheit 视作两种同属于义务的目的。其中，对自己的 Vollkommenheit，康德又区分了身体的 Vollkommenheit 和道德的 Vollkommenheit。身体的 Vollkommenheit，也称作自然的 Vollkommenheit，主要是“培植自己作为达成各种可能目的的手段的自然力量”[④]。这看来像是一种内在的 Vollkommenheit，“他在自己的权力中使用自己的一切能力，以便使这种使用服从他的自由的选择意志（Willkür）”[⑤]。而道德的 Vollkommenheit 在于一种无条件服从法则的意志，亦即主观上“义务意向（Pflichtgesinnung）的纯洁性”，“法则独自就是动机”。客观上，它是一种诫命，一个目标，它“永远只是从一种 Vollkommenheit 向另一种 Vollkommenheit 的前进”。[⑥]

---

① 康德．康德著作全集（5）．李秋零，译．北京：中国人民大学出版社，2016: 380.
② 康德．康德著作全集（5）．李秋零，译．北京：中国人民大学出版社，2016: 40.
③ 康德．康德著作全集（4）．李秋零，译．北京：中国人民大学出版社，2016: 451.
④ 康德．康德著作全集（6）．李秋零，译．北京：中国人民大学出版社，2016: 455.
⑤ 康德．康德著作全集（7）．李秋零，译．北京：中国人民大学出版社，2016: 136-137.
⑥ 康德．康德著作全集（6）．李秋零，译．北京：中国人民大学出版社，2016: 457.

此外，康德在逻辑学中也谈到了 Vollkommenheit，不过他的用法与同时代人在逻辑学中的用法有较大差异。他受迈尔影响，谈到了各种各样的知识的 Vollkommenheit，一种是审美的 Vollkommenheit，另一种是逻辑的 Vollkommenheit。[①] 前者关涉感性，基于知识与主体的一致，基于普遍有效的法则；后者关涉知性，基于它与客体相一致，建立在人的感性基础上，没有普遍和客观有效性。

如上，可以看到，在康德那里，Vollkommenheit 一般来说指的是一个对象的“完全合目的的统一性”（vollständige zweckmäßige Einheit），也就是“一个事物中杂多与该事物作为目的的内在规定的协调一致”。[②] 可见，“合目的”是这个概念的一个基本界定。这点同样适用于康德之前的哲学家们。因此，尽管康德对这个概念作了多种区分，比如：质的 Vollkommenheit 和量的 Vollkommenheit，或者说形式的 Vollkommenheit 和质料的 Vollkommenheit，但总体上都暗含“合目的性”。据此来看“完善（性）、完满（性）、圆满（性）”等译名，容易看出，只有完善（性）更多具有目的指向。所以笔者建议，Vollkommenheit 译为“完善（性）”较妥。

十二、pathologische

这个词的译法呈现出有趣的特征。有人译为“病理学的”，有人译为“感性的”。这两种译法差距之大，几乎使笔者想说，必有一种译法是错的。问题是，“病理学的”这种译法似乎是后出现的，那是否意味着“感性的”译法错了？但为什么会有人译为感性的？为什么又被转译为“病理学的”？原因何在？而日文的《康德事典》同样译为“感受的”，难道日本学者也弄错了？为此，我们有必要通过细致的文本考察来探求真正的译法。

---

① 康德．康德著作全集（9）．李秋零，译．北京：中国人民大学出版社，2016: 35.

② 康德．康德著作全集（5）．李秋零，译．北京：中国人民大学出版社，2016: 324-325.

（一）文本和译法

从文本来说，pathologische 一词主要出现在:《纯粹理性批判》《实践理性批判》《判断力批判》《道德形而上学》和《道德形而上学奠基》中。不同于前述术语或语词，该词在康德原著中出现的次数不多，笔者拟进行较为细致的考察。

我们不妨先梳理下该词在各重要中译本中的译法，见表 2.25。

表 2.25 康德译著中 pathologische 的中译

译者	中译名
蓝公武（2017）	病理学的、受动的、机械的
牟宗三（2003）	病理学的、感性的
韦卓民（2000）	病理学的、情欲的
邓晓芒（2004）	病理学的、病理学上的
李秋零（2016）	病态的、病理学的、生理变异的方式
杨云飞（2013）	病理学的
张铭鼎（1936）	病态的
唐钺（2012）	情感上的
苗力田（2002）	情感上的、被动的
关文运（1960）	感性的
宗白华（1996）	感性的
李明辉（1990，2015）	感受的、感性的
韩水法（2001）	本能的
高小强（2013）	本能的

由上可见，pathologische 的译法中，“病理学的”成为较多的一种译法，其次是“感性的”“情感上的”“本能的”。不仅如此，《纯粹理性批判》的各译本中，该词都出现了至少两种译法，而且每种译本有且仅有一处将 pathologische 译为“病理学的”。原因何在？不妨先来看看若干译者的解说。

（二）译法之争

邓晓芒曾对《纯粹理性批判》中的 pathologische 做过讨论。他说，

pathologische 虽然译为“病理学上”，但“如果要粗略一点呢，也可以翻译成‘感性的’。但是这个‘感性的’跟一般的感性的还不大一样。它特别地着眼于自然的、本能的和体质上面的、器质上面的”。这表明，它有强烈导向疾病的意味。在康德文中，这种意味在很多场合都会带来理解上的问题，所以“病理学的”这种译法说到底是不够贴切。但是，邓晓芒最终还是妥协并采用了这种译法，因为“你用别的译法呢，都很难表达出这一层含义。就是说，它是生理学上面的，它完全是一种生理学的现象”[①]。

杨云飞作为邓晓芒的学生，延续了他的译法。他也注意到，有些场合译为“病理学的”不很贴切，为此，他在自己的译本中加注说，“‘病理学的’在此的意义是指依赖于感性的，或由感性冲动所规定的，具有生理情绪的性质”[②]。

显然，邓晓芒和杨云飞都意识到，虽然 pathologische 有“病理学的”这层含义，但这种译法在若干场合会带来理解上的问题。只不过，似乎由于很难找到更贴切的词，他们最终都选择保留“病理学的”这个译名。但是，作为读者，我们深感统一译为“病理学的”不但无助于我们对康德哲学的理解，甚至会带来极大的误解。笔者不禁要怀疑邓晓芒等译者对 pathologisch 含义的粗略解释是否准确。为此，完全有必要从该词的含义出发来细细考察下该词的译法。

（三）pathologisch 在德语辞典中的含义

赫尔曼·保罗曾指出，pathologisch 是 Pathologie 的形容词，后者首先用作科学术语，指的是“疾病的科学”（Wissenschaft von den Krankheiten）。相应地，pathologisch 首先也用作科学术语，意思是：“疾病的、有关病源学的”（krankhaft，die Pathologie betreffend）[③]。这么说，

---

① 邓晓芒．康德《纯粹理性批判》句读．北京：人民出版社，2010: 1153.

② 康德．道德形而上学奠基．杨云飞，译．北京：人民出版社，2013: 21.

③ Paul, P. *Deutsches Wörterbuch: Bedeutungsgeschichte und Aufbau unseres Wortschatzes*, Auflage: 10. Berlin: De Gruyter, 2002: 737.

从科学术语讲，“病理学的”这一译法似乎没什么问题。但是，会有不用作科学术语的情况吗？就康德而言，似乎更多不是在科学术语意义上使用。而且我们容易发现，pathologische 和 Pathologie 又都是源自另一个名词 Pathos，而这个词的意思是：“强烈的感受刺激、庄严的崇高”（leidenschaftlich Gefühlserregung, feierliche Erhabenheit）[①]。如果从这个词衍生的话，“病理学的”译法看起来又不太合适了。怎么办？赫尔曼·保罗的辞典似乎不太能帮助我们了。

那就让我们进一步查看《哲学历史辞典》中 pathologisch 的释义。

首先，希腊词 παθολογικός 在古代医学中仅指涉有关疾病的学说（Lehre），不指涉生病之类非正常的状态。后者通常（即便不在术语上等同于疾病）被称作不自然的或诸如此类，那是因为 normal 这个概念意指自然概念从而不可避免地引发了它的语义改变。此外，首先在古希腊思想中——同时在古代希波克拉底式医生那里——各种非正常的、非疾病的状态是用 ἀλλο- 或 ἀλλοτριο- 前缀来表示的。

拉丁语的通常写法是 praeternaturalis，也跟药物有关。拉丁语的 pathologicus 以及名词 pathologia，跟古希腊语中一样，更多涉及学说而非相应的状态。转变为今天的口语用法的关键似乎是 18 世纪末的概念 Physiologia pathologica。此后，19 世纪时，大学里兴起了 Pathologische Anatomie 专业。此外，对 pathologisch 进行概念定义的困难同样适用于 normal。

其次，对 παθολογικός 的基本含义具有决定性影响的是斯多葛派，他们将 Pathos 定义为灵魂的一种反理性的激情（vernunftwidrigen Affekt der Seele）。这一定义源于芝诺，但首先通过西塞罗而被众所周知并产生影响的“激情”，也就是他所说的 Pathos，是灵魂偏离了正确理解后的一种反自然运动。由此基本含义出发，斯托拜乌斯（Joannes Stobaeus）和伊壁鸠鲁分别这样使用 pathologisch 这个词：斯托巴欧斯在“灵魂受到巧妙影响”的意义上把它作为 παραμυθητικός 的替换概念，伊

---

① Paul, P. *Deutsches Wörterbuch: Bedeutungsgeschichte und Aufbau unseres Wortschatzes*, Auflage: 10. Berlin: De Gruyter, 2002: 737.

壁鸠鲁在有关激情的意义上把它作为与 αἰτιολογικός 相对的概念。进一步的发展首先是由伊壁鸠鲁的语词用法决定的。拉丁语的释义法学家使名词 Patologia 流传下来，他们的定义是：Pathologie 是对激情的认识（Patologia: passionis ratio）。

鲍姆加登也沿用了这个定义，他在其《形而上学》中将研究情感、忧虑、狂热的科学称为 Pathologia：源于不明确知识的渴望和反感就是激情（狂热、情感、精神的迷惘），而研究它们的科学就是 Pathologie。这样规定的 Pathologie，当它作为解释情感的理论，那就是 Pathologia psychologica；当它描述在演说中唤起情感、以修辞方式克制和以诗歌形式表达情感的那些规则，它就是 Pathologia aesthetica；当它基于激情来探讨人的义务责任，它就是 Pathologia practica。与之相应，鲍姆加登在他的《伦理学》中把 pathologus practicus 规定为这样一种东西，它通晓情绪运动并有能力成为其激情的主人。①

（四）康德对 pathologische 的界定

对历史的追溯使我们大致了解了该词的含义。下面来看康德相关论述中该词的使用情况。

首先，从康德原著来说，pathologisch 尽管在《纯粹理性批判》（3次）、《实践理性批判》（12 次）、《判断力批判》（1 次）、《道德形而上学》（2 次）等著作中均有出现，但其主要出现在《实践理性批判》中。这或许并非偶然。康德一般用 pathologisch 来形容“一种基于内部感官的感受（Gefühlen）”②，而他这样来界定，实质是通过刻画一种以感受为基础的意志，来阐明理性的意志，也就是真正能产生道德法则的意志，从而阐明纯粹实践理性的动机。从这个角度来说，这实际上是康德道德哲学的一个重要概念。

---

① 以上参见：Ritter, J., Grunder, K. & Gabriel, G. *Historisches Wörterbuch der Philosophie*, Bd. 7. Berlin: Schwabe, 2007: 191-192.

② 参见：康德．康德著作全集（5）．李秋零，译．北京：中国人民大学出版社，2016: 85. 译文据原文有改动。

具体来说，康德在《实践理性批判》中严格区分了理性的意志和pathologisch意志，他指出，后者既不自由也没能力产生一种符合道德法则的行为。“理性惟有自为地规定意志（不是为倾向服务），才是受pathologisch决定的欲求能力所从属的一种真正的高级欲求能力，并且现实地甚至在种类上与前一种欲求能力有别，以至于哪怕与后者有丝毫的混杂，都会损害它的强大和优越。”[①]对于这种pathologisch意志的特点，他说：“也就是说，有一种选择的意志是纯然动物性的（arbitrium brutum），它只能由感性冲动来规定，也就是说，从pathologisch来规定。”[②]

《道德形而上学》中他做了类似的区分。理性的意志产生道德法则并且是自己规定自己的，而pathologisch决定的意志不是这样，如果愉快先于道德法则，那道德法则就是pathologisch而且不是由理性决定的：“也就是说，为了使人依照法则行动而必须走在对法则的遵循之前的愉快是pathologisch的，而且行事方式遵从的是自然秩序。”[③]

pathologische意志与感性冲动和愉悦相关，而非与理性相关，因此可以说它是主观的，就是说，它给出的这种准则，不是遵从道德的一般法则，而是纯粹基于行为主体的感受、不具有合理性的法则。不过，《判断力批判》中唯一一处谈到pathologische的地方，康德还从对象角度说明了pathologische是主观的：pathologische的快乐纯粹涉及主观感受或者刺激——这是就适意者而言，反之，就善者而言，不仅对象，而且对象的实存都让人喜欢。[④]也就是说，pathologische意志是主观的，因为它既不针对普遍的道德法则，也不涉及对象。所以，在康德看来，道德秩序的发展有赖于是否能超越“pathologisch上被迫的协调一致”[⑤]，也就是超越“道德辨别的一种粗糙的自然禀赋”，并且为实现“一种道德的

---

① 康德．康德著作全集（5）．李秋零，译．北京：中国人民大学出版社，2016: 26. 译文据原文有改动．

② 康德．康德著作全集（3）．李秋零，译．北京：中国人民大学出版社，2016: 512.

③ 康德．康德著作全集（6）．李秋零，译．北京：中国人民大学出版社，2016: 390.

④ 康德．康德著作全集（5）．李秋零，译．北京：中国人民大学出版社，2016: 217.

⑤ 康德．康德著作全集（8）．李秋零，译．北京：中国人民大学出版社，2016: 28.

整体”而奋斗。

在这点上，“Pathologisch”不同于“感性的”，因为pathologisch不仅涉及主体独立于对象的感受激发，而且涉及主体受感受推动去实施特定的行为，而我们一般说的感性更多是那种接受对象刺激的能力，不管它是涉及理论的感性直观还是涉及倾向，也不管它是否通过主体的行为决定主体。

（五）结　论

上文基本上就是康德对pathologisch的一般性说明。将这种意义上的pathologisch一概译为病理学的，显然是不合适的。同时，它不同于感性的，所以也不宜译为感性的。笔者认为，这种意义上的pathologisch可以采纳李明辉先生的译法，译为“感受的”。

但是，如前面提到过的，《纯粹理性批判》中有一处所有人都译为“病理学的”。那显然不是因为大家都犯了同样的错误，而是因为那句话中的pathologisch确实应该译为病理学的。那句话原文：Ein Arzt daher，ein Richter，oder ein Staatskundiger kann viel schöne pathologische，juristische oder politische Regeln im Kopfe haben（直译：因此，一位医生、一位法官或一位政治学家头脑中可以有许多出色的病理学的、法学或政治学的规则）①。显然这句话中，由于有了医生（Arzt）的限定，pathologische此处是作科学术语用的，只能译作病理学的。但是我们不能因为这个地方译为“病理学的”就将“病理学的”这种术语的用法推广到康德文著中所有的pathologische。恰恰相反，那些地方这个词并不在科学术语的层面使用。而以笔者检索所见，这也是康德文著中唯一一处可译为“病理学”的地方。

十三、Tugend和Sittlichkeit

Tugend是康德伦理学中的一个重要概念，主要出现在“三大批判”、

---

① Kant, I. *Kritik der reinen Vernunft*. Darmstadt: WBG, 2011: B173.

《道德形而上学奠基》《纯然理性界限内的宗教》《道德形而上学》等书中。该词的译法见表 2.26。

表 2.26　康德译著中 **Tugend** 的中译

译者	中译名
邓晓芒（2004）	德行
杨云飞（2013）	德行
韩水法（2001）	德行
李明辉（2015）	德行
韦卓民（2000）	德行
蓝公武（2017）	德行
牟宗三（2003）	德行
苗力田（2002）	德行
李秋零（2016）	德性
关文运（1960）	德性
唐钺（2012）	美德
张铭鼎（1936）	德

通过表 2.26 可以看到，除了关文运和李秋零译作“德性”外，译者一般均将 Tugend 译为“德行”。这里，我们明显能感受到，“德行”这种译法影响深远。但是，德行的译法有将其作外在行为理解的强烈导向。而德性的译法显然更侧重于内在。单从字面上，不难感觉到某种差别。而且，从目前汉语学界来说，Tugend 似乎更多被译为“德性”而非“德行”。那是否因为康德赋予了 Tugend 以不同的含义？在此之前，有必要考察下康德文著中另一个词：Sittlichkeit。该词所属的康德文著与 Tugend 所属的文著大体重合，但中文译法却有明显差异。具体来说，大致有如下几种，见表 2.27。

表 2.27　康德译著中 **Sittlichkeit** 的中译

译者	中译名
邓晓芒（2004）	德性
杨云飞（2013）	德性
韩水法（2001）	德性
李明辉（2015）	道德性、道德

续表

译者	中译名
韦卓民（2000）	道德
蓝公武（1997）	道德
牟宗三（2003）	道德
李秋零（2016）	道德性、道德
苗力田（2002）	道德
关文运（1960）	道德
唐钺（2012）	道德
张铭鼎（1936）	德

有趣的是，除了邓晓芒等个别人将 Sittlichkeit 译为“德性”外，其他人一般都译作“道德”，呈现出与 Tugend 译法上相似的情况。显然，译者们为了区分这两个词，都尽量在译法上做出区别。

问题是，这两个词究竟怎么译较好？为此，不妨简单梳理下它们在康德文著中的含义。

总体来说，在康德那里，Tugend 意指“人在遵循自己的义务时的准则的力量”①。康德强调 Tugend 是种力量而且不可或缺，原因在于：“斗争中的道德意向（Gesinnung）”具有这种倾向，即“把人诱导到可能与义务相悖的目的”。人时常会因欲望、利益而选择不遵循自己的义务。不过，康德有时候也把 Tugend 直接等同于善良意向，并称其为“意向与义务法则的一致”。此外，康德还说道，“Tugend 有时也可以叫做有功德的，而且值得称赞，但它毕竟必须独自就像它是它自己的目的一样，也被看作它自己的酬报”②。Tugend 可分为很多种，或者说有很多种 Tugend，具体而言有：对名誉的爱、贞洁、易于交往、健谈、礼貌、好客、婉转等，这些 Tugend 产生自“不同的道德对象，意志被从 Tugend 的唯一原则出发导向这些对象”③。

反之，Sittlichkeit 意指真正的、无条件的自由行为或人格的道德价

① 康德 . 康德著作全集（6）. 李秋零，译 . 北京：中国人民大学出版社，2016: 407.
② 康德 . 康德著作全集（6）. 李秋零，译 . 北京：中国人民大学出版社，2016: 418.
③ 康德 . 康德著作全集（6）. 李秋零，译 . 北京：中国人民大学出版社，2016: 418.

值[①]。作为人格价值，Sittlichkeit 是"配享幸福"[②]。一种行为的 Sittlichkeit 是"行为准则和法则的一致"[③]。Sittlichkeit 的原理是定言命令。康德在实践关系中区分了 Sittlichkeit、技巧和机智——不同于后两者，Sittlichkeit 不关涉主观目的。因此，不同于技巧和机智的规则，Sittlichkeit 的规则是实践法则并且在绝对命令中表达出来。[④]

可见，Tugend 更多是内在的力量，更多与道德意向关联，所以译为德性更贴切。反之，Sittlichkeit 更多与行为关联，更多涉及实践，所以译为德行可能更好。当然，也有研究者立足于 Sitten 的词源和它在康德文本中的用法，主张 Sitten 译为伦理，Sittlichkeit 译为伦理性，而 Moral 应译为道德。[⑤]这一主张有赖于对康德文本进行极其细致的考察，笔者认为，目前的文本证据还不够充分支持这一论证。

上文笔者讨论了 23 个中译名存在较大分歧的康德哲学术语，并给出了建议中译名，现将所有建议中译名列表展示如下，见表 2.28。

表 2.28 存在较大分歧的康德哲学术语的建议中译名

序号	术语德语原文	建议中译名
1	phaenomenon（Phänomen）	现象
2	Erscheinung	显象
3	Schein	假象
4	Ding an sich	自在之物
5	intellektuell	理智的
6	intelligibel	理知的
7	Ontologie	存在论
8	Dasein	此在
9	Bild	图像
10	Schema	图式

① Willaschek , M. (Hrsg.) .*Kant-Lexikon*. Berlin: DE Gruyter, 2015: 2121.

② Kant, I. *Werke in sechs Bänden*, Band II. Darmstadt: WBG, 2011:A810 / B 838

③ 康德 . 康德著作全集（6）. 李秋零 , 译 . 北京 : 中国人民大学出版社 , 2016: 233.

④ 参见：康德 . 康德著作全集（3）. 李秋零 , 译 . 北京 : 中国人民大学出版社 , 2016: 525.

⑤ 邓安庆 . 再论康德关于伦理与道德区分及其意义 . 北京大学学报（哲学社会科学版）, 2019(9): 24-36.

续表

序号	术语德语原文	建议中译名
11	kategorisch	定言的
12	diskursiv	凭借概念的
13	aufheben	否定（取消）
14	konstitutiv	构成性的
15	regulativ	范导性的
16	Hang	倾向
17	Neigung	喜好
18	Wollen	意欲
19	Willkür	选择意志
20	Vollkommenheit	完善（性）
21	Pathologische	感受的 / 病理学的
22	Tugend	德性
23	Sittlichkeit	德行

第七节　中译论争已结束的术语

与上述尚有争议的术语不同，康德哲学中尚有若干术语目前已结束争议，其译名基本已经固定下来。简单考察这些译名被固定的原因和过程，有助于我们从另一个角度理解术语论争的实质。

一、Kritik

Kritik 一般被固定译为批判。对于它的含义，康德在《纯粹理性批判》中做过这样的解释：“我所理解的纯粹理性批判……，是对一般理性能力的批判，是就一切可以独立于任何经验而追求的知识来说的，因而是对一般形而上学的可能性和不可能性进行裁决（Entscheidung），对它的根源、范围和界限加以规定（Bestimmung）。”[①]

可见，批判的主要含义是裁决和规定。从《纯粹理性批判》来说，

① 康德 . 纯粹理性批判 . 邓晓芒 , 译 . 北京 : 人民出版社 , 2004: 3-4.

也就是区分主体自身的能力和条件，澄清知识的界限和范围。这点，乔治·托内利（Giorgio Tonelli）在“‘Critique’and Related Terms Prior to Kant: A Historical Survey”①中有过详细论述。据托内利，Kritik 源于希腊语 κριτική（τέχνη），拉丁语中主要指 ars iudicandi。希腊语中，这个词具有某种医药、医疗意味，这种含义经由拉丁语，在 Kritik 这个词中保留了下来。所以康德有时会把 Kritik 的功能定义为心灵的泻药。同时，希腊语中含有的司法含义，也经由拉丁语而保存在这个词中。正因此，康德会在《纯粹理性批判》中将理性比作法官，将纯粹理性批判比作法庭。古希腊语中，这个词还具有某种“判断能力”和“文学评判”的意味。到了文艺复兴时期，这个词具有了文字学的意味。到了 17 世纪，该词的含义不断丰富起来，逐渐扩展到对《圣经》的考订，并具有了“通过理性来进行严格考察”和“判断能力”等含义，在美学中也逐渐有了给予肯定或否定评价的意思。随后，该词扩展到了历史、哲学领域。到了 18 世纪，这个词变得非常时髦，而且更多具有规则讨论及美术作品的赞扬等含义，同时在哲学中也具有了“判断”的意思。不过原有的文字学意味逐渐被转移到文字学一词中。总之，按托内利，康德选择 Kritik 作为他主要著作的书名，这进一步说明了，他从事的是以证实和纠错为中心的逻辑学工作②，也就是上面说到的裁决和规定的工作。

康德哲学 20 世纪初开始传入中国时，“批判”作为 Kritik 的译名也首次从日本传入中国。梁启超在他 1903 年编译自日文的《近世第一大哲康德之学说》中就引用了日文译名：“纯理性批判”，但他也给出了自己的译法：纯性智慧之检点。此后，1904 年王国维在他的《汗德之哲学说》中采用的译名是“纯粹理性批评”。译为检点和批评的主要原因是，其时

---

① 参见：Tonelli, G. “Critique” and Related Terms Prior to Kant: A Historical Survey. *Kant-Studien*, 1978, 49(1-4): 119-148.

② 原文：“he selected it as a qualification of his work as a work primarily on logic, and in particular on a logic centered on verification and correction.”（p.147）. 这一点，托内利在其“Kant's ‘Critique of Pure Reason’ within the Tradition of Modern Logic”（Chandler, D. H. *Kant's “Critique of Pure Reason” within the Tradition of Modern Logic*. Hildesheim: Georg Olms Verlag, 1994）中有较详细说明。

Kritik 或 critique 在各类英汉辞典中也尚未被译为批判，相反一直被译为批评、检点等。反之，批判一词则更多是译 decide、decision、sentence、verdict 等词。我们不妨回顾下当时一些主要英汉辞典对 critique 和 Kritik 的释义，如表 2.29 所示，表中辞书名和词条后括号中分别为出版时间和页码。

表 2.29　近代英汉类辞典中 critique 和 Kritik 译名对照

译者	辞典	译名
颜惠庆	英华大辞典（1908）	评阅、批评之理、鉴定、鉴识、评论（517）
卫礼贤	德英华文科学字典（1911）	检点、批评、鉴识、评论（280）
季理斐	*A Dictionary of Philosophical Terms*（1913）	批评（16）
商务印书馆	英华新字典（1913）	辩论、评阅、批评、考订、判断、鉴定学（124）
赫美玲	官话（1916）	批评（1698）

可以看到，截至 1916 年，各类英汉辞典中尚未出现 critique 或 Kritik 专译为批判的译法。但是，若干与 critique 相关的名词、形容词、动词已经出现批判的译法，见表 2.30，表中辞书名和词条后括号中分别为出版时间和页码。

表 2.30　近代英汉类辞典中与 critique 相关词语译名对照

译者	辞典名	译名
季理斐	*A Dictionary of Philosophical Terms*（1913）	critical idealism 批判的观念论；criticism 批判说（批评术）（16）
赫美玲	官话（1916）	critical realism 批判的观念论（新）；criticize 批判（新）、评陟（1698）；Neocriticism 新批判学派（新）（24）

季理斐的辞典编译自日文的《哲学大辞书》，而赫美玲又参考过季理斐，不难理解，跟其他许多译名一样，批判的译名传自日文。实际上，1896 年清野勉就已出版『韓図純理批判解説：標註』，Kritik 显然已被译为批判。无论如何，经由日文，批判作为 Kritik、critique 及其相关词的译语逐渐进入中国。以《纯粹理性批判》为例，虽然 20 世纪

20、30 年代还有《纯理的批评》(张铭鼎，1924)、《纯粹理性批评》(胡嘉，1925；王骏声，1937；熊伟，1933)、《纯粹理性批导》(叶启芳，1925；周辅成，1932；瞿菊农，1928；郑昕，1948)、《纯理检核》(虞愚，1949)、《纯理论衡》(齐良骥，1947)等译名，但更多的译名却是《纯粹理性批判》(吴致觉，1924；张水淇，1924；范寿康，1924；张心沛，1924；陈掖神，1924；周昌寿，1924；张铭鼎，1925；杨人杞，1925；罗鸿诏，1924；姚璋，1933)并被接受下来。1936 年时，胡仁源直接采用《纯粹理性批判》作为译名也就不难理解了。虽然胡仁源的译本一向被评价质量不高，但是他的这一译名与现在并无不同。可见其时，批判已较为普遍地被接受为 critique 等的译名。

虽然"批判"的译名当时已大致为人接受，但也有人提出怀疑。

贺麟 1936 年就针对胡仁源译本指出，"'批判'二字在康德不可用，……康德只可说是批而不判，或批而不断的批评主义或批导主义者"，他因此改译为古文中的"论衡"[①]，亦即"系统的、严重的批评"。同时他认为，相关的 critical、criticism 应取《庄子》养生主篇"依乎天理，批大郤，导大窾"，主要译为"批导"，即加以批评的研究以领导到正的或负的结果，因为康德"只是批评研究知识的能力、限度、前提、性质，为'未来的形而上学的导言'(康德书名)奠立基础，以作先导，而自己不建立形而上学的系统"[②]。

此后，1939 年，张东荪同样提出怀疑。他认为，康德说的 Kritik 无非是"分别知识中之各成分。康氏译为知识中有起源于经验以前者，亦有起源于经验者。对于此种分剖，名之曰 Kritik 故译为'批判'，实为不妥"，"盖康氏并不批评他人之学说，而止分析知识之各成分而已"[③]。基于"检查而后加以分别"之意，他改译为"检别"。

显见，贺麟和张东荪虽给出了对 Kritik 的不同理解，但均认为批判

① 贺麟 . 康德名词的解释和学说的概要 // 贺麟 . 哲学与哲学史论文集 . 北京 : 商务印书馆 , 1990: 258.

② 贺麟 . 康德名词的解释和学说的概要 // 贺麟 . 哲学与哲学史论文集 . 北京 : 商务印书馆 , 1990: 258.

③ 张东荪 . 康特哲学之专门名词 . 研究与进步 , 1939(1): 3-8.

一词不适合用来译康德的 Kritik。只是，不知是读到的人少，还是别的原因，这些意见终究没有被接受。批判一词似乎有其自身的发展逻辑。正如陈兆福指出的，当时“时兴批判旧世界，这正合我国人民意：反对帝制、反对军阀，致力共和，建设新国家。对于 criticism 一词，选‘批判’二字译之，爱憎分明、铿锵有力，新鲜确当，众人视为当然”，而且“社会整个大范围显露壁垒端倪，对立氛围正浓”，由此批判一词在社会各方面作用下成为定译[①]，进而影响到对康德哲学的界定。可以说，就 Kritik 而言，比起研究者们的细致探讨，文化和社会环境对译名的确定和传播似乎起着更重要的作用。

这提示我们，康德术语汉译的确定，虽然经常有赖于考察它们在康德文中的含义，但同样需要遵循“约定俗成”的原则，尤其是需要考虑它们在中文中的一般性译法。

二、Verstand、Objekt 和 Gegenstand

Verstand 曾有理智、悟性等译名，但现在康德哲学中已被定译为知性。原因大概有如下两点：

首先，理智[②]虽然也出现在其他哲学家的译著中，但在康德哲学中，它与感性、理性两词的对照不如知性来得工整、显豁。

其次，悟性容易产生误导作用。正如邓晓芒说的，Verstand“在蓝公武的译本里翻译成‘悟性’，很多人喜欢它，但是并不是很恰当的。悟性有点禅宗的意味，‘顿悟’，好像不通过语言就可以悟到什么东西。可是恰恰相反，不是不通过语言，恰好是要通过概念和逻辑。……知性这个词恰好是要讲逻辑的”[③]。

可见，对概念来说，易理解、避免误解也是翻译过程中重要的衡量指标。

---

① 陈兆福 . 一词之译七旬半世纪（之一）. 博览群书 , 2001 (5) : 27-28.

② 庞景仁译为理智，参见：康德 . 未来形而上学导论 . 庞景仁，译 . 北京 : 商务印书馆 , 1982: 188.

③ 邓晓芒 .《道德形而上学奠基》句读 . 北京 : 人民出版社 , 2012: 21.

Objekt 和 Gegenstand 这两个词在英译中不易分别，更多被统一译成 objekt。这就导致原先根据英译本翻译的若干康德著作在此处均被译成了对象。但随着黑格尔著作和马恩原著的大量翻译和研究，这两个词各自的微妙区别受到重视，相应的译法也逐渐定型为客体和对象。依据德文翻译的译本接受了这种译法，于是目前统一译为客体和对象，较好地传达了各自的含义。

这里，容易发现，译名的确定和接受很大程度上有赖于某个共同体，因此“约定俗成”必定是需要考虑的一个原则。问题在于，约定的是什么，怎么俗成的？也就是大家接受的中译标准来自哪里，或者说约定俗成背后的原因是什么？概念或语词本身的含义肯定是一个标准或原因，能否在相关的概念或语言体系中较为清楚地区别出来也是一个原因。知性的译法使它能与感性和理性形成清楚对照，对象和客体又能使两者实现区分。康德喜欢构造一组组对立的概念，这要求我们翻译时除了注意内涵外，还要注意体现译名彼此间的对照。甚至，如果有时我们要找到合适的译名，还要特意结合概念内涵去查找康德所用概念的对立者。如果我们找到了对立的概念，我们的译名可能就容易译出了，也会更加贴切。

第三章 国内康德著作译者的哲学术语翻译经验及原则

国内康德著作中译者甚多，目前几乎所有的康德著作都有中译版本，有的著作甚至有七八个中译本。尽管如此，有关译者的翻译经验及原则的信息还是相当有限，部分译者的宝贵意见还没有得到足够重视。

从译者的经验中，我们可以发现哲学术语的多重翻译困境，这对于厘定哲学术语的翻译原则至关重要。但是，由于年代久远，早期的康德译者，比如说胡仁源和蓝公武（他们都翻译过《纯粹理性批判》），他们翻译康德著作的经验和原则已经无从查起。目前仅能从各个中译本的前言和译后记、译者访谈以及报刊上找到部分译者的翻译经验及原则的相关信息，但是为防止误读译者要旨，本书在介绍时尽可能不做过多诠释。

第一节 韦卓民

韦卓民（1888—1976）是康德著作的重要中译者之一，曾任华中大学（现在的华中师范大学）校长。他学识渊博，是“一位学贯中西、博古通今的杰出学者，其重要业绩在于中西文化之沟通”[①]。他曾先后就读于哈佛、伦敦、牛津、柏林等世界著名大学，精通英、德、法、俄、拉丁文等外语，是第一个获得美国“鲁斯教授”荣誉称号的中国人。正如

① 韦卓民．韦卓民全集（第一卷）．武汉：华中师范大学出版社，2016: 总序 1.

年轻一代学者王宏维所描述的那样："集翻译、研究、教学于一体，熔'三大批判'于一炉，风雨如磐，运动迭起。精译、深耕、勤教，始终无怨无悔。"[①] 他对西方哲学史上的亚里士多德、培根、康德和黑格尔四位哲人均有研究，但花时间最长、耗精力最多的乃是康德，他留下的近百部（篇）总计七八百万字的中英文遗著中，关于康德哲学的占二分之一左右。[②] 他认为康德是马克思以前在西方哲学思想发展中一个承前启后的最关键人物。他曾向王元化先生讲过，他对康德的评价远远超过黑格尔。[③]

一、韦卓民对西方思想尤其是康德哲学的定位

韦卓民认为，要真正认识康德哲学一定要读原著，尤其是要读康德批判哲学思想之精髓所在的"三大批判"：《纯粹理性批判》《实践理性批判》和《判断力批判》。韦先生曾著文专门分析"三大批判"的前提基础和背景，提出了独到的见解。在他看来，"科学家康德是哲学家康德的前提和基础，没有前者，就不会有哲学大师康德，也就没有宏伟的'批判哲学'体系"[④]。

韦卓民还认为，"在介绍西方文化、西方哲学时，要避免把西方的观念'解说成中国的观念'，过分追求中国化、通俗化，以致把人家的文化变质变味"[⑤]。诚然，康德思想中有部分内容与中国思想存在些许相似之处，但韦卓民显然认为二者间异大于同，因而他反对将二者进行比附，因为过多的比附必然导致对康德思想的曲解。所以，他主张要阅读原著，通过认真阅读康德哲学原著才能体验到德语的特征及德国文化背

---

① 转引自：韦卓民 . 韦卓民全集（第一卷）. 武汉 : 华中师范大学出版社 , 2016: 总序 1.

② 曹方久 . 韦卓民与康德哲学——《韦卓民：康德哲学著译系列》简介 . 华中师范大学学报（人文社会科学版）, 2001(2): 139.

③ 曹方久 . 韦卓民与康德哲学——《韦卓民：康德哲学著译系列》简介 . 华中师范大学学报（人文社会科学版）, 2001(2): 139.

④ 曹方久 . 韦卓民与康德哲学——《韦卓民：康德哲学著译系列》简介 . 华中师范大学学报（人文社会科学版）, 2001(2): 140.

⑤ 曹方久 . 韦卓民与康德哲学——《韦卓民：康德哲学著译系列》简介 . 华中师范大学学报（人文社会科学版）, 2001(2): 141.

景，才能逐渐领会康德独特的思维方式，从中学到原汁原味的康德思想；在领悟到康德思想的实质之后才能做到真正意义上的沟通中西。

他反对在沟通中西时进行随意比附，这点不仅适用于对康德思想的解读，也适用于中西方交流时对中国思想的解读。韦卓民曾指出：

> 由于不够严谨地解释中国文字中若干名词，或是无意地把若干我们自己的意见掺杂到中国哲学宗教文献之中，我们假中国文化之名，表达我们自己的思想。……如此我们犯了理解上的谬误，翻译上的谬误，这尤其是在引用上最恶劣的谬误，因为在翻译原著时，你等于有效地告诉读者，这是原作者的意思。……最著名的汉学家，往往是最大的罪人。但是谁肯带头来批评呢？①

可见，韦卓民对西方"饱学之士"，诸如 19 世纪的理雅各（Legge）与罗约翰（Ross），20 世纪的卜道成（Bruce）和乐灵生（Rawlinson）未点名的批评，实际上是批评他们理解中国思想不到位以及比附解读中国思想，特别是觉得他们的翻译，尤其是对一些中国哲学名词的翻译不够严谨、不够准确，导致外国人读到的中国思想已经走了样。韦卓民的批评关注的不只是对中国经典中个别词语翻译的考订纠误。他特别强调：

> 我要指出的，不只是语言文字而已。整个的文化背景，必须也要加以考虑，诸如思想形式、思想规则、研究方法、哲学、宗教、艺术及社会结构等。（以上均据老校友沈宝寰译文）因此，这种批评就不是口舌之争，更不是意气之争，而是力图实现层次更高而收效更为深远的东西文化高层交流。②

二、韦卓民有关康德哲学翻译的认识和实践

（一）通顺而不失忠实于原文

韦卓民在沟通中西的过程中为国人所做的最大贡献就是他对康德的

---

① 转引自：韦卓民. 韦卓民全集（第一卷）. 武汉：华中师范大学出版社，2016: 总序 3.

② 转引自：韦卓民. 韦卓民全集（第一卷）. 武汉：华中师范大学出版社，2016: 总序 3.

研究，他研究康德一个突出的特点是，“把研究寓于翻译之中，翻译的过程也就是他的研究过程”[①]。在“文革”前，韦卓民翻译出的有关康德的专著就已经达10部，300余万字。他在翻译康德著作时力求“以信为主”，尽力忠实于原著，不会为了追求“达”“雅”而损伤原著本意。为了更忠实于原著，他始终不断地修订自己的译文，刻苦钻研、精益求精。[②]韦卓民在《康德〈纯粹理性批判〉解义》的译后记中声称他在翻译该书时所遵循的原则是“译文力求通顺而不失忠实于原文”[③]。

学界较为熟悉的是他翻译的康德“三大批判”中的《纯粹理性批判》。这本书是他于1962年应商务印书馆之约开始翻译的，翻译过程中，他主要以康蒲·斯密（Norman Kemp Smith）1929的英译本为蓝本，同时对照本诺·埃尔德曼·莱布齐格（Benno Erdmann Leibzig）1878年的德文版和恩斯特·卡西尔（Ernst Cassirer）1922年的德文版，并参考了马克斯·缪勒（F. Max Müller）1881年的英译本以及胡仁源、蓝公武两个中译本，“旨在于这次翻译中不失康德原书的本意”[④]。韦卓民懂德文，也翻译过德国人卡斯拉（H. W. Cassirer）所著的《〈判断力批判〉解义》，但他为何在翻译《纯粹理性批判》时却主要根据康蒲·斯密的英译本呢？一个原因或许是他已经在此前的1959年5月翻译完了康蒲·斯密所著的《康德〈纯粹理性批判〉解义》，估计对这本书及其作者都比较看好，所以接下来主要参考康蒲·斯密的英译本来译《纯粹理性批判》了，当然，他也谈到了另一个原因：

> 我对于英语比较有把握。读德文本时，虽能理解，但稍不留意，便错误难免，而读英文本时则言从意顺，没有隔阂。依我的翻译经验，在我译外文时，如作者写作水平远远超过我写这种外文的水平，则我的翻译是有些靠不住的。康蒲·斯密所写的英文，我自

① 曹方久．韦卓民与康德哲学——《韦卓民：康德哲学著译系列》简介．华中师范大学学报（人文社会科学版），2001(2): 140.

② 斯密．康德《纯粹理性批判》解义．韦卓民，译．武汉：华中师范大学出版社，2000: 6.

③ 斯密．康德《纯粹理性批判》解义．韦卓民，译．武汉：华中师范大学出版社，2000: 719.

④ 康德．纯粹理性批判．韦卓民，译．武汉：华中师范大学出版社，2000: 中译者序 2.

感也勉强能写出，故不难翻译。[①]

韦卓民翻译的《纯粹理性批判》初版是由华中师范大学出版社在1991年出版的，所有译稿是由曹方久等人整理、校订。韦译本《纯粹理性批判》的校订版于2000年出版，是由邓晓芒“根据德国费利克斯·迈纳（Felix Meiner）出版社出版的‘哲学图书馆’第37a卷（汉堡1956年版，1976年重印），对译文作了一些修改订正”[②]后完成的。杨祖陶对韦译本《纯粹理性批判》的评价是：

> 韦译本的初稿于1962年译出，直到1991年才经曹方久教授等人校订整理出版。这个本子是用现代汉语译出的，对康德的某些术语、概念虽有译者异于通常的译法，但仍明白易懂，所加注释也有益于增进理解，从而使康德这部艰深难读的著作对于中国读者初次有了可读性，这是我国康德译事中明显的进展。[③]

可以看出，杨祖陶对韦译本《纯粹理性批判》的评价是很高的，优点主要在于其可读性强，其原因可以概括为三点：其一，用现代汉语翻译，比起用古汉语及半文半白的语言好读；其二，尽管对康德的某些术语、概念进行了改译，但是仍然易懂；其三，韦卓民译本中的大量注释有益于读者增进对康德哲学的理解。韦译本《纯粹理性批判》是21世纪之交国内的一个质量较高、较为通行的译本。

（二）重视概念术语的中译

除《纯粹理性批判》之外，韦卓民还翻译了《一切未来的形而上学导论》《自然科学的形而上学初步》，以及3位国外学者的专著，即英国人康蒲·斯密所著的《康德〈纯粹理性批判〉解义》、佩顿（H. J. Paton）所著的《康德的经验形而上学》和德国人卡斯拉所著的《〈判断力批判〉解义》。

---

① 康德.纯粹理性批判.韦卓民，译.武汉：华中师范大学出版社，2000: 中译者序 2.
② 康德.纯粹理性批判.韦卓民，译.武汉：华中师范大学出版社，2000: 735.
③ 康德.纯粹理性批判.邓晓芒，译.北京：人民出版社，2004: 中译本序 7.

在翻译英国人康蒲·斯密《康德〈纯粹理性批判〉解义》[①]和加拿大人华特生（John Watson）主编的《康德哲学原著选读》的过程中，最让他犯难的是二人对康德原著的德文名词、术语的英译不尽相同，中译者需要反复斟酌才能把二者统一起来，为此他曾煞费苦心。这其实就是韦卓民研究康德的另一大特征：对概念术语的重视。据曹方久回忆：

> 当年听他讲康德、黑格尔哲学时，对一些重要概念、词语，他总是反复地从结构、词根讲到语义，从英文、德文追溯到拉丁文，那时觉得他有点“咬文嚼字”“烦琐考证”，后来，才逐渐体会到其中的奥妙和深刻。[②]

他对康德哲学中概念术语的重视还体现在翻译中的咬文嚼字。曹方久曾经提到两个典型的译例，其一是韦卓民将 a priori 由旧译“先天”改译为“验前”[③]。韦卓民认为 a priori 的本义是“先于经验”，旧译“先天”容易被误解为带有“与生俱来”的意思。为此，他根据 a priori 的义理及用法，将其改译为“验前”，既能揭示该词“在经验之前”的本义，对读者来说又还明白易懂。

曹方久提到的另一个典型的译例是韦卓民对德文词“aufheben”和“Glaube”的改译。

> 五六十年代，学术界有一种观点，说康德是个反对科学知识的信仰主义者，说他在《纯粹理性批判》中说过：“我否定知识，以便给信仰扫清地盘。”韦先生认为，这根本不是康德的原意，这句话应译为“我要扬弃知识，以便替信念留有余地”。即用“扬弃”代替“否定”，用“信念”代替“信仰”。“扬弃”乃德文“aufheben”之译，其含义较复杂，意指“把某个东西从不属于它的领域中排除，抓住它、保存并加以发扬提高”，英文错误地译为“deny”，国内有人据

---

① 韦卓民将译者署名为“绰然”。

② 曹方久 . 韦卓民与康德哲学——《韦卓民 : 康德哲学著译系列》简介 . 华中师范大学学报（人文社会科学版）, 2001(2): 140.

③ 曹方久 . 韦卓民与康德哲学——《韦卓民 : 康德哲学著译系列》简介 . 华中师范大学学报（人文社会科学版）, 2001(2): 140.

英文而译为“否定”，跟着别人犯错误。至于“信念”与“信仰”，韦先生说，德文“Glaube”一词在康德著作中，如果论述一般问题时是指“信念”，而只有专门讲宗教问题时，才指“信仰”。康德在这里谈的并非宗教方面的问题，故应译为“信念”。可见，康德既未否定知识，又未给信仰扫清地盘。这样，韦先生更正了两个词语的误译，为康德在中国的“错案”平了反。①

曹方久为此还为“aufheben”的翻译写了一个补充说明的注解：

“aufheben”在各国文字中均无恰当的词来译。抗战时期，我国曾直译为“奥伏赫变”。当时我还在读中学不解此词的含义，误以为是“辩证”之意，但总还没有误为“否定抛弃”之意。苏联学者古留加在《康德传》一书中说，俄文有的译为“消火”，有的译为“限制”，他本人则译为“抬高”。实在有点混乱了。当前，国内不少人赶时髦，把“扬弃”当作“否定”“抛弃”乱用，实在遗憾。②

此外，《韦卓民全集（第八卷）》第二部分收录了韦卓民的《关于康德哲学的研究论文》，其中有韦卓民关于 aufheben（扬弃）和 Glauben（信念）的译名解释：

人们通常把信念和宗教的信仰联系起来，而说康德提到信念就是谈宗教信仰。不错，康德是一个宗教信徒，然而不是一个顽固的正宗宗教的信徒，他 69 岁出版的《单纯理性范围内的宗教》一书就证实这一点。而他在《纯粹理性批判》的第二版序文曾说过：“因之我觉得有必要来扬弃知识，为得要使信念有其他位。”他这句话引起了多少误会，原因是在于这句话里面两个词的解释和翻译。一个是德文的 aufheben，一般译为“废去”，其实应该译为“扬弃”，即提高因质变而消失其原有性质的意思，是黑格尔后来在辩证法里很爱

---

① 曹方久．韦卓民与康德哲学——《韦卓民：康德哲学著译系列》简介．华中师范大学学报（人文社会科学版），2001(2): 140.

② 曹方久．韦卓民与康德哲学——《韦卓民：康德哲学著译系列》简介．华中师范大学学报（人文社会科学版），2001(2): 140.

用的一个词。像蓝公武先生把它译为“否定”，就失去了康德的原意了。第二个是德文 glauben 这词，它是复数前置词受格，原词形为 glaub，可作为“宗教信仰”用，也可作为一般的“相信”用，例如“我相信你所说的”。康德说这句话时，不是在谈宗教而是在谈形而上学和道德的实践，所以我们应从第二种意义来理解他的 glauben 这一词。他是要说，在道德的实践上，我们不能拘于知性的知识，要每每是要相信某一种行动是应该如此的。纯粹理性和实践理性不是完全同一的，因为所谈的问题在性质上不相同。①

虽然“aufheben”的中译名至今并未统一②，但是“扬弃”译法确实被广泛传播（笔者对此持保留意见，可参见本书前文对该词的讨论）。为一个词而大费周章，足见译者在翻译上追求严谨的态度。

尽管有这样两个典型的改译例子，但是为了避免造成学术译名的混乱，对于哲学名词他尽量沿用“旧译”，这里的“旧译”是指蓝公武所译的《纯粹理性批判》中的译名。在《康德〈纯粹理性批判〉解义》中，他申明“其中出自《纯粹理性批判》一书的引文，大都是依三联书店 1957 年出版的蓝公武中译本，但中间也有本书译者自译的”。大体上，只有遇到旧译确实不合理的名词，韦卓民才采用自译。

可见，韦卓民对学术译名的统一是非常重视的。《韦卓民全集（第四卷）》包含韦卓民翻译的两本书：康德的《判断力批判》和德国人卡斯拉所著的《〈判断力批判〉解义》。韦卓民介绍，他翻译的《判断力批判》（下）与宗白华所译的《判断力批判》（上）采用的是不同德文原本：

本书导论与第一部分由宗白华同志译出。第二部分由我译出。宗白华同志是根据 Grossherzog Wilhelm Ernst Ausgabe, Druck von Breitkopf und Härtel in Leipzig 版译出的。由于借书不易，我是根据 Karl Vorländer 1922 年 Leipzig 版译出的，该书两部分的中译所根据的德文版本既不相同，而在翻译的过程中，我又未能与宗白华同志

① 韦卓民 . 韦卓民全集（第八卷）. 武汉 : 华中师范大学出版社 , 2016: 257.

② 参见：陈兆福 . 奥伏赫变（aufheben）的译运 . 博览群书 , 2001(6): 14-15.

> 好好地当面商榷以求得译文的前后一致，这是要请读者原谅的。
>
> 我翻译时，还参照 James Creed Meredith 1952 年 Oxford 版的英译本。①

从他请求读者原谅未能同宗白华统一《判断力批判》的译名看，一方面他重视译名的统一，尽力想避免译名混乱；另一方面他在翻译中非常重视读者阅读时的感受。

韦卓民在《康德〈纯粹理性批判〉解义》（以下简称《解义》）的译后记中声称，对于哲学名词，他的原则是：

> 名词尽量沿用通行旧译，但旧译与康德所有原文意义不符的，则另拟新译以表达原意，例如德文 Vorstellung 英文有译为 Phenomenon，而中译为“现象”或“表象”，皆不甚合康德原意。应依英译 appearance 而译为“表现”；又如拉丁文的短语 a priori，旧译为“先天”，但按康德用这词的意思，似译“先验”为适当。②

韦卓民在其所译的《纯粹理性批判》中修正了蓝公武原译本中某些不妥之处。3 年之后，又对译文中的个别重要语词、概念做了重大的修改。例如在《解义》中将蓝公武所译的“先天”改为“先验”，3 年后在《纯粹理性批判》中又改为“验前”；将蓝公武所译的“现象”“表象”在《解义》中改译为“表现”，在《纯粹理性批判》中又改译为“出现”；等等。③

总的看来，韦卓民在翻译中将不少精力用在康德哲学术语名词的翻译上，因此他的译著中常常出现他为这些专门名词进行的义理剖析以及译名的商榷所精心撰写的注解。在《解义》中有不少这样简短的注解。

> [309]A11，即 B24。（蓝译本第 41 页，译 Organon 为“机官”，今译“工具”似较妥）。
>
> ……

① 参见：韦卓民．韦卓民全集（第四卷）．武汉：华中师范大学出版社，2016: 200.

② 斯密．康德《纯粹理性批判》解义．韦卓民，译．武汉：华中师范大学出版社，2000: 719.

③ 曹方久．韦卓民与康德哲学——《韦卓民：康德哲学著译系列》简介．华中师范大学学报（人文社会科学版），2001(2): 141.

[314] 参看花亨格尔上引书，第一卷，第 461—462 页，关于康德“任性地”使用工具、法规、教义和锻炼这些名词的种种不同的意义。

[315] A11，即 B25。（蓝译 Propaedeutie 为“预备学问”今译为“前论”。）[①]

书中像这样简短的注解较多，与国内其他康德著作译者相比，韦卓民撰写的注解数量明显多于其他译者，可以说这是韦卓民译著的特色之一。[②] 这些注解里面凝结着韦卓民本人对康德研究的成果，有助于读者和研究者精准地把握康德著作的思想。除开一些记录韦卓民对这些哲学专门名词心得体会的简短注解外，读者还可发现，韦卓民经常会为了区分两个术语名词而深思熟虑。韦卓民在其所译的《纯粹理性批判》第 230 页上写了这样一个注解：

①“对象”和在后面一句的三个“对象”都是康德所用的 objekt 这个词之译，而在这下一句，在康德谈到 gegenstände des bewüsstsein 的时候，这个 gegenstände 斯密英译为 object，而穆勒尔亦这样英译，这样就易于与英译为 object 的 objekt 相混淆，虽然康德常常是把这两个德文名词混淆的，但这两词是有区别的。所以我们只得译 gegenstände 为“事物”，而译 objekt 为“对象”。——中译者

在这个注解里面，韦卓民认为康德常常把德文名词 Gegenstände 与 Objekt 混淆，斯密与穆勒尔在其各自的《纯粹理性批判》译本中都将 Gegenstände 英译为 Objekt，但是韦卓民认为这两个德文名词是有区别的，主张将 Gegenstände 译为“事物”，将 Objekt 译为“对象”。

在《纯粹理性批判》第 231 页上，韦卓民再次为 Gegenstände 与

① 斯密 . 康德《纯粹理性批判》解义 . 韦卓民，译 . 武汉：华中师范大学出版社，2000: 638.

② 倪胜评价韦卓民对个别术语的改译时说：相对而言，韦译也是比较出色的，他的译名如“验前”等虽不大为学界采用，杨邓译也从众译成“先天”，但韦先生的译名其实是更为准确更为深刻的。更有价值的则是韦先生精彩而切实的译注，这一点尤使该译本不可替代。参见：倪胜 . 评《康德三大批判精粹》. 世界哲学，2004(6): 131.

Objekt 写了 3 个注解：

> ①这里的“对象”却是原德文的 gegenständ，因这词是 gegen（对面）+stand（站着）的意思，对认识来说，就是认识所面对的，故译“对象”。——中译者
>
> ②这里的“对象”也是 gegenständ 之译。——中译者
>
> ③这里的“对象”是原德文的 objekt 之译，其意义见下两句。由此可见康德使用德文的 objekt 与 gegenständ 这两词常常是没分清楚的。——中译者

在第一个注解里，他从构词法角度解释了将 Gegenstände 译为“对象”的原因；在第三个注解里，他通过上下文不同语境下的比对，得出康德使用 Gegenstände 与 Objekt 两名词时常常是没有区分开来的。

韦卓民除了翻译康德哲学原著之外，还翻译了大量讲解康德哲学思想的著作，但他往往并不盲从这些国外学者的观点，而是经常提出自己的独特见解。在其翻译的《解义》第 463 页上，他就为德文名词 Geist 的翻译提出了自己的看法。韦卓民所译的卡斯拉的原文是：

> 我将翻译 Geist 为英语的“灵魂”（soul）而译德文 ohne Geist 这个词组为“无灵魂的”（soulless）。但是我可以说，依我的意见，英语的“spirit”（精神）和“without spirit”（缺乏精神）这种翻译至少也行，或者更确切地说，也不大行①。[①]

韦卓民为德文名词 Geist 的翻译所写的注解是：

> ①本译者认为德语 Geist 在康德的用法上可译为“精华”或“精意”。——中译者注

从这里可以看出，卡斯拉主张将德文名词 Geist 英译为 soul 或者 spirit，他更倾向于前者，对后者还有点纠结。韦卓民对于卡斯拉的观点并不盲从，根据他对 Geist 在德语中的具体用法的考察，提出了他自己

---

① 韦卓民 . 韦卓民全集（第四卷）. 武汉 : 华中师范大学出版社 , 2016: 463.

有别于原书著者卡斯拉的理解，主张将其译为“精华”或“精意”。

《韦卓民全集（第八卷）》收录了韦卓民关于康德哲学的六次演讲的讲稿，其中《康德的〈纯粹理性批判〉之先验感性论》的第一部分用较长的篇幅剖析了康德第一批判书名标题中所包含的三个关键术语：“批判”“纯粹”和“理性”，其中对“批判”（Kritik）一词的词源和义理的分析解读篇幅最长。

> 首先，让我们来读读这本书的标题。
>
> 这本书的标题，原来的德文是Kritik der reinen Vernunft，直译应为“纯粹的理性的批判”，标题中“批判”，“纯粹”和“理性”这三个词都是要加以解释的。中译为“批判”德文Kritik这个名词，原是法语上的critique这个词，是从希腊语的κριτική这词而来的。作为批评的一种技术来讲是用希腊语κριτικής这个词，意思是对于某一个题目的仔细彻底分析，是从作为审查判定的裁判者的κριτής这个名词转变为一个形容词的。在用语的过程中由形容词而变为名词，由属于审查判定的而变成审查判定的本身。据康德的注释专家康蒲·斯密的研究，康德所用“批判”（德文Kritik）这词是从英文来的。我们检查牛津英文大词典，critique这词是从原来critick这个词在17世纪至18世纪的时期里逐渐变更而成为现在的词形的，原来是指“批评”的技术或“批评”的活动，1856年英国人Meiklejohn英译《纯粹理性批判》的时候是用critique，德文的Kritik的。斯密认为在德文中康德是用这个名词的第一个人。他在他得意的英国诗人薄的（Pope）的诗集中看见这个词的，就“把它从著学的范围扩广到一般哲学的范围”里去，而把这个词这样在广泛的范围上使用是英人荷姆（Heuig Home）1762年出版的《批评原理》（*Elements of Criticism*）一书所暗示的。
>
> 康德的所谓“纯粹理性批判”是指对于纯粹理性进行批评，含有消极批评纯粹理性，即指出其限度和缺点的意思，但是在书中某些地方，“批判”又常常有积极的意义，即判定纯粹理性的能力与作用，而不是限于它消极结果的研究。有时候，如斯密指出，这个名

词，尤其是在“辩证论”里，是指纯粹理性的一种锻炼，使它限制于应有的范围之内。康德使用这词通常是作名词用，很少把它变为“批判的”这个形容词来用。他用形容词时，不是用 Kritisch 而是用“先验”（transcendental）这个词来代替它。可见康德所谓“纯粹理性批判”是指判定纯粹理性的限度，决定它的能力所及，并使之不越出它的范围而起应有的作用的。[①]

韦卓民对德文 Kritik（批判）这一名词的词源及演变，以及在康德哲学中的具体使用情况做了剖析，指出其不仅含有消极批评（纯粹理性）的使用，也有积极的意义（即判定纯粹理性在限定的范围内的能力与作用）。韦卓民的这番剖析可谓是对 Kritik 这一名词进行了正本清源，消除了普通读者对 Kritik 这一名词只有消极使用的误解。

《韦卓民全集（第八卷）》第二部分收录了韦卓民的《关于康德哲学的研究论文》，其中有他对感性和理性中重要名词的解释：

康德把认识分为感性和理性两个不同的阶段，其中有几个重要名词须要解释一下。

康德所谓“心（Gemüt）”，是能够为人经验到的，相当英文的 mind，不同于超验的“灵”（德文的 Seele，英文的 soul），也不可和现代心理学中所用的“意识”混为一谈。康德谈到意识时，是用的 Bewußtsein，完全是现象的，而“心（Gemüt）”则是能对自己起作用并产生“内觉（innere Sinn）”的。这样，好像“心”又是超经验的存在，很难和“灵”分别开来。康德把心理活动大致分为三类：

（1）Erkenntniss vermogen 相当于英文的 Intellect（理性）。

（2）das Gefühl der Lust und Unlust 相当英文的 Pleasure and pain（乐与苦）。

（3）das Begehrungsvermögen 相当于英文的 will（意志）。

理性（Erkenntnissver mögen）分为被动方面，德文为 Sinnlichkeit，相当于英文 sensibility（感性），是理性的下层部分。理性的上层部

① 韦卓民 . 韦卓民全集（第八卷）. 武汉 : 华中师范大学出版社 , 2016: 21-22.

> 分是积极主动的，康德称为 intellektuell Erkenntnissvermögen，其活动是思维（Denken），是理性的主要部分，他有时用 Verstand、有时用 Vernunft 来表达，《纯粹理性批判》里用的是后者。“理性（Vernunft）”包括着“感性（Sinnlichkeit）”的先验成分。严格地说，Verstand 乃是理性的三种上层活动之一，康德用 Verstand、Urtheilskraft、Vernunft 来分别表示这三种活动，是很难准确翻译为中文的。
>
> 在《纯粹理性批判》中，康德谈到了“心（Gemüt）”怎样和作为认识对象的事物（Gegenstand）发生关系，“心”的功能被康德称之为“感性（Sinnlichkeit）”。在关于理性上层部分的探讨中，康德将通过“感性”来到认识中的外界所与（geben）按一定形式为心所理解、并把在判断中得出对象统一性的认识称为 Verstand，一般中文译为“悟性”。我个人认为这种译法不很恰当。“悟”在佛书翻译里用得最多，和“觉”同一意义，“悟”就是“觉”，是认识的最高造诣。对 Verstand，用“理性”是较为妥当的。在感性、理性和悟性之中，悟性是把理性原理作更广泛的概括，使认识达到最高的统一性的层次。[①]

从这里可以看出，韦卓民对康德哲学研究的细致而深入，尤其是在对康德哲学术语的梳理和界定上；他的研究和翻译是密不可分的，他已经对哲学术语翻译中的困难，尤其是不同语言中的概念的不对等有充分的认识。

杨祖陶在《纯粹理性批判》中译本序中对韦卓民所译的《纯粹理性批判》译本以及其所译的概念术语有过非常高的评价。

> 韦译本的初稿于 1962 年译出，直到 1991 年才经曹方久教授等人校订整理出版。这个本子是用现代汉语译出的，对康德的某些术语、概念虽有译者异于通常的译法，但仍明白易懂，所加注释也有益于增进理解，从而使康德这部艰深难读的著作对于中国读者初次

---

① 韦卓民 . 韦卓民全集（第八卷）. 武汉 : 华中师范大学出版社 , 2016: 193-197.

有了可读性，这是我国康德译事中明显的进展。[1]

当然，韦卓民的翻译特点也不可避免有其可商榷之处。最重要一点大概是，他过于突出概念术语在康德这一特定哲学家身上的含义，因而更多从概念术语的解释义出发来翻译。这导致，这些译法常常因其狭小的适用范围而行之不远。这似乎是很多哲学翻译者的一个共同问题。

第二节　庞景仁

庞景仁是20世纪40年代毕业于法国巴黎大学的哲学博士，他翻译过威廉·詹姆士的《彻底的经验主义》，也翻译过笛卡尔的《第一哲学沉思集》、伽森狄的《对笛卡尔〈沉思〉的诘难》，更重要的是翻译过康德的《任何一种能够作为科学出现的未来形而上学导论》（商务印书馆1978年初版，1982年再版，以下简称《导论》），这些译著如今仍一版再版，这充分说明译者的译文品质较高。就康德的《导论》而言，他的译文相对流畅、易懂，很长一段时间内，都是国内读者了解康德思想的重要资料。而且特别值得注意的是，庞景仁在《导论》中译本的译后记中对自己如何翻译有过详细叙述，因此，我们依据这本书讨论他有关康德著作翻译的想法。

一、庞景仁论理解和翻译康德哲学的困难

庞景仁指出，康德著作的费解之处根本上在于他所用的术语。他往往采用旧瓶灌新酒的方式使用术语，即在使用已有的术语时赋予其新的含义。这导致我们对这些术语的理解，不能完全依据哲学史上的传统用法，特别是不能依据我们相对比较熟悉的马克思主义哲学，而是需要贴合他的著作来理解。否则可能因为忽视了一些哲学术语在康德那里可能存在的特殊用法，而导致许多误解。他还特别以自己年轻时读康德走弯路为例子，“一些康德研究者不少是按照柯恩的意思来‘修正’康德的；

① 康德．纯粹理性批判．邓晓芒，译．北京：人民出版社，2004：中译本序 7.

况且，当时还缺少西方哲学术语的统一译名，尤其是康德用的主要术语又和传统的意义不同，比如有的人常讲 Gegenstand，我慢慢体会才知道这就是‘对象’，但是，当时一些研究者是按照柯恩的意思把‘对象’和‘客体’（这两个术语当时中国还没有正式译名）混为一谈的”[①]，提醒后人注意误读问题。特别地，他列举了康德哲学中 11 组重要术语的翻译来做详细说明：

①“形而上”“形而下”；

②“纯粹理性批判”中的“纯粹”和“批判”；

③“感性”“理智”“理性”；

④“先天”（a priori）、“后天”（a posteriori）；

⑤“直观”（Anschauung）、“经验的”（empirisch）、“经验”（Erfahrung）；

⑥“内在的”（immanent）、“超越的（超验的）”（transzendent）、“先验”（transzendental）；

⑦“自在之物”（Ding an sich）、“客体”（Objekt）、“对象”（Gegenstand）；

⑧“本体”（Noumena）和“现象”（Phanomena、Erscheinung）；

⑨“理念”（Idee）；

⑩“设想”（Ideal）；

⑪“辩证法”（Dialektik）。

这里仅以其中几个为例来予以考察和解读。不妨先举其中的第①组译法：“形而上”和“形而下”。庞景仁指出，“形而上学在这里……指对灵魂不灭和上帝存在等问题从理论上进行研究的学问。康德给这词下的定义是：形而上学知识是从理性得来的全部知识，这种知识完全是从概念出发的，既不借助于经验，也不借助于空间和时间等直观。相反，形而下知识不是从理性，而是从理智和感性得来的知识，这种知识既要借助于经验，也要借助于空间和时间等直观”，“中文这一对词是根据我国

① 康德．未来形而上学导论．庞景仁，译．北京：商务印书馆，1982: 199-200.

古代《易·系辞》里‘形而上者谓之道，形而下者谓之器’这句话翻译过来的”。[①]

从他的论述可以看到，首先，康德书中的“形而上学”用的是古义，并不是在与“辩证法”相对的意义上使用。其次，康德区分了形而上学知识和形而下的知识，前者是从理性得来的知识，后者是从理智和感性得来的知识，前者是从概念出发的，既不借助于经验，也不借助于空间和时间等直观，而后者恰恰是既要借助于经验，也要借助于空间和时间等直观的。最后，他点明了“形而上”与“形而下”这对词语中文译名的来源。从这里可以看出，他关注概念的古今义及用法的差异，注重辨识区分概念在体系中的相对意义。

再看他举的第②组例子：“纯粹”和“批判”。他针对读者和研究者容易产生误解的根源指出，在康德那里，所谓“纯粹”，是看是否掺杂有经验的成分。至于“批判”一词，据笔者推断，他之所以要刻意对其进行解释，是因为当时的国人所理解和使用的“批判”，具有很强的批评、否定含义，具有较强的贬义。康德“三大批判”的书名中的“批判（Kritik、critique）”是具有中性色彩的一个词语，其大致意思是“判断、审视、权衡”，“批判”一词在“纯粹理性批判”中的确切含义是“对于不掺杂任何经验成分的理性的检查，看看它的认识能力究竟有多大”，这样的解释有助于消除读者的误解，能够帮助读者扫清理解上的障碍。

在第③组例子中，他则用了很长的篇幅对“感性”“理智”“理性”这一组词进行辨析。他指出，这三个术语分别对应的是人的认识能力的三个阶段。他引用康德《纯粹理性批判》和《导论》中的内容来帮助读者对这三个概念进行对照性理解，并指出如下几点注意事项。

首先，这三个概念既相互勾连又相互区别，它们共存于一个概念体系中。庞景仁特意对“理性”这一词的意义进行了详细解读，他指出康德自己的用法存在前后不一致的情况，他揭示该词的使用有广义和狭义之分：从广义上讲，即按哲学上传统的用法，“理性”包括理智，指人类

---

① 康德．未来形而上学导论．庞景仁，译．北京：商务印书馆，1982: 192.

全部认识、理解的作用；从狭义上讲（绝大部分场合是狭义的，即康德所赋予该词的特殊意义），它是比理智更高一级的认识阶段，专门对待理智所提出的、超出经验以外的问题。从广义上讲时，“理性”相当于马克思主义哲学中关于人的认识的“理性阶段”。

其次，他剖析了“理智”和“理性”的区别和关联，并始终把康德哲学中的术语（比如这里的“理性”）与当时读者大都熟悉的马克思主义哲学思想进行对照理解，他充分考虑到了读者既有的知识背景（这类似于伽达默尔所谓的“前见”）。

在第⑩组中，他又对 Ideal（英文 ideal，法文 idéal）的词义进行了辨析，并结合该词在康德文中的意思指出，Ideal 在日常语言中的通常含义是“理想，完美的典型，典范”等意思，故而容易让读者根据其日常语义产生的语义联想而对该词产生误解。

在第⑪组中，他对“辩证法（Dialektik）”在康德哲学那里的特殊含义进行了辨析。由于“Dialektik”一词在康德哲学中和马克思主义哲学中的含义存在明显差异，鉴于当时国内读者大多对马克思主义哲学理论较为熟悉，对“Dialektik”在马克思主义哲学中的含义也较为了解，庞景仁担心这可能导致多数读者对康德的“辩证法（Dialektik）”一词的确切含义产生误解，所以他在这里将“辩证法（Dialektik）”这一术语在康德哲学中的特殊含义给予了精准明白的解析。

除上述提及的几组术语外，其余的术语至今仍然在理解上和翻译上存在较大争议，鉴于前面的术语译名分歧考察的章节对这些术语已经有综合论述，此处不再赘述。

总的来说，从他对这 11 组术语的意义辨析过程中可以看出，他在翻译过程中发现了导致读者对康德哲学著作误解的根源：一些哲学术语在康德那里有着极其特殊的用法。而这些术语之所以能产生这些“特殊含义”，是因为这些术语存在着古义、今义之别，中文含义、外文含义之别，以及哲学含义和日常语义之分别。如果留意这些差别，并对这些词义的特殊之处有精准的把握，那么就可以消解读者对这些术语的误解。基于这样的理解并结合自己对康德《导论》的翻译，他提出了自己的翻译原则。

二、庞景仁有关哲学著作翻译特别是康德著作翻译的原则

简言之，庞景仁指出，要把西方古典哲学的翻译工作做好，“一定要吃透原文每一句、每一字的真实意义和精神实质，还要用精确的汉语表达出来”[①]。

这句话，看似平常，真正做起来却相当不易。“吃透原文”要求译者具有相当的语言功底，而且要对古典哲学传统和具体的哲学家思想具备相当的知识储备。这其实意味着，译者一定程度上应是研究者。而“用精确的汉语表达出来”，则意味着译者要具有良好的目的语（汉语）语言功底，而且能用读者理解的语言表述出来。仔细体会，不难看出，他更多从避免读者误解出发，尽量去减少读者的理解困难。可以想见，他的译文在可读性上花了不少工夫。这与苗力田、李秋零师生二人所采用的翻译路径不同。苗力田、李秋零师生二人翻译时尽量向原著靠拢，在字句及行文上严格按照原著的表述方式；而庞景仁则会兼顾到读者阅读时的感受，会尽力帮助读者排除阅读困难，因而会在表述和行文上进行灵活变动。这点也特别表现在他对康德哲学术语含义和译法的仔细推敲和改译上。我们不妨以他在译后记中列出的 10 个术语的译法为例来看下这一过程。

他首先提及的是：

> 1. Verstand（英文 understanding，法文 entendement），有人译为“悟性”或“知性”。这样译法本无不可；但我总觉得不那么通俗易懂，而外文这个词本来是人人能懂的普通名词，我们为什么不能用意思相当通俗易懂的汉语名词“理智”来译呢？因此，改来改去，最后定稿我还是译为“理智”。[②]

对此笔者的解读是，庞景仁认为 Verstand 是大众熟悉的普通词语，

---

① 康德 . 未来形而上学导论 . 庞景仁 , 译 . 北京 : 商务印书馆 , 1982: 209.

② 康德 . 未来形而上学导论 . 庞景仁 , 译 . 北京 : 商务印书馆 , 1982: 209-210.

而现有的中译名“悟性”和“知性”是哲学专门词语，因此，最好改用同样也是普通词汇的“理智”来翻译它。

接下来，他解释了将 Idee（英文 idea，法文 idée）译为“理念”的弊端。[①]

他认为，Idee 在柏拉图、康德、黑格尔那里的意思各不相同。在康德讲理性的部分里，Idee 只是从人的理性产生的一些既不能通过经验来证实，也不能通过经验来否定的一些“想法”。虽然如此，他还是担心这样译（估计是译为“想法”，与该术语在柏拉图、黑格尔那里被普遍译为“理念”不一致），可能会招致许多非议，因此仍然采用旧的译名“理念”，好在“康德自己在他的书里也说 Idee 是‘理性概念’。那么就算‘理念’是‘理性概念’的简称吧”。其实，关于 Idee 的译名至今仍然是分歧颇大的，《形而上学读本》的编选说明中提到，“还有一些翻译没有采取通常的译名，例如关于柏拉图的 idea，通译‘理念’常为人所诟病，陈康先生译作‘相’，在本读本中余纪元教授译作‘形相’”[②]。另外，在该书第 10 页有一注解，解释了为何编者要采用“形相”这一译名。

之后，庞景仁简短地解释了他为何要将 Ideal 译为“设想”。他认为 Ideal 这一词来自 Idee，意思是“Idee 的东西”，是仅仅存在于“想法”的东西。他据此主张将其译为“设想”，并认为这样译既合乎 Ideal 一词的原义，也合乎康德对上帝的想法的原义。

随后，他简短地谈了对 Paralogismus（英文 paralogism，法文 paralogisme）的改译意见。他的依据是：

> 该词的原义是“不合逻辑的论断”“错误的论证”。康德说，灵魂不灭这种论断只能在人死了以后如果灵魂还活着才能得到证明，而在人还活着的时候，谁也没有经验过灵魂不灭，因此这种论断是不合逻辑的、错误的。其他书中把这个词译为“悖论”或“谬误推

---

① 康德．未来形而上学导论．庞景仁，译．北京：商务印书馆，1982: 210.

② 参见：张志伟．形而上学读本．北京：中国人民大学出版社，2010: 10. 原文如下：Idea 译作“理念”有误，译作“相”有些别扭。在此处译作“形相”，一是与 form 相连，二是与亚里士多德的 form 相关。

论”，本来也未尝不可；可是我觉得还是译为“错误推论”更通俗易懂些。[①]

从他认为译为“错误推论”比译为“悖论”和“谬误推论”更通俗易懂些可以看出，他的译名取向更关注读者的理解情况。这一点也体现在他接下来对 Antinomie（英文 antinomy、法文 antinomie）这个术语的译名改译上。他首先界定了该术语的含义：

> Antinomie（英文 antinomy，法文 antinomie），原意是两条法规互相冲突。康德在这里第一条就谈“世界在时间上有始、在空间上有限’和‘世界在时间上无始、在空间上无限”是对立问题。在这个问题上，两种说法，各执一端，各自的论证是互相矛盾的。[②]

接下来分析了该术语译名的现状：

> 日文译本把这个词译为“二律背反”，我国也一贯采用“二律背反”这个译法（“律”，我国古文是法律条款）。这个译法本来不错。因此，我在本书中也想按约定俗成之规采用这种译法。[③]

之后他提出了他的改译理由。[④]他认为，除开对该词语具体语义的考虑外，还需要关注两个因素：一是既合乎原义，又通俗易懂；二是不引起新的混淆。所以既不宜译为“二律背反”，又不宜译为“互相对立”“互相矛盾”。因为“二律背反”的译名与原文讲的“第一对立”之类不符合，而“互相对立”“互相矛盾”又容易与原文的 Widerspruch（矛盾）和 Widerstreit（对立）淆乱。这一点足以说明，庞景仁是很注意概念在概念体系中的勾连与区别的。

其中的第 7 条是对 Dogmatismus(英文 dogmatism，法文 dogmatisme) 这一术语的译名进行辨析。他的分析是，从词源上看，该词来自 Dogma（教条），是指中世经院哲学的教条说的，因此，旧译“独断论”比较费

---

① 康德 . 未来形而上学导论 . 庞景仁 , 译 . 北京 : 商务印书馆 , 1982: 210.
② 康德 . 未来形而上学导论 . 庞景仁 , 译 . 北京 : 商务印书馆 , 1982: 210-211.
③ 康德 . 未来形而上学导论 . 庞景仁 , 译 . 北京 : 商务印书馆 , 1982: 211.
④ 康德 . 未来形而上学导论 . 庞景仁 , 译 . 北京 : 商务印书馆 , 1982: 211.

解，“为了通俗易懂起见，我按人人都懂而且恰合原义的现代汉语译为‘教条主义’”[①]。的确，旧译“独断论”可能会使不了解西方哲学史的读者，联想到日常语言“独断”与“武断”“专横”以及“独断独行”“独断专横”等词语的意义，从而造成语义错误迁移所产生的误解。另外，他考虑到 Dogmatismus 这一术语来自 Dogma（欧洲大陆的各民族语言的词汇中普遍存在大量的同根词现象，这对其中的译名也会产生一定影响，那就是译者会在其选择的译名中尽可能地反映出词语间的这种联系），而 Dogma 通常被译为“教条”，所以，Dogmatismus 应译为“教条主义”，应该说是更顺理成章的选择，而且不违背 Dogmatismus 的本义。

其中的第 8 条是对 Subjekt 和 Prädikat（英文 subject 和 predicate，法文 sujet 和 prédicat）这组词提出改译。他认为，很多书中将 Subjekt 和 Prädikat 译为“主词”和“宾词”不妥当，原因一是“宾词”是指及物动词后面的名词受事位（补语）。原因二是：

> Subjekt 和 Prädikat（英文 subject 和 predicate，法文 sujet 和 prédicat），这两个词现在在语法上叫做“主语”和“谓语”，在逻辑上叫做“主项”和“谓项”，而康德在本书里所谈的正是逻辑上的判断问题，而不是语法上的问题。[②]

基于上述两条主要原因，他建议把这两个词译为“主项”和“谓项”。从这里可以看出，他是注重术语在其对应的学科中所处的话语体系中的对应表达方式的。

其中第 9 条是对 Prädikamente（英文 predicaments，法文 prédicaments）的改译提出建议。他指出，康德在《导论》里说 Categorie 又名 Prädikamente，是指亚里士多德的十个范畴说。由于 Categorie 通常被译为“范畴”，本来也可以把 Prädikamente 译为“范畴”；但是亚里士多德后来又加上五个范畴，叫作 Postprädikamente。于是，他觉得：“不译又不好，译又不知道怎么译好，只好暂时按照本书的日文译本

---

① 康德 . 未来形而上学导论 . 庞景仁 , 译 . 北京 : 商务印书馆 , 1982: 212.

② 康德 . 未来形而上学导论 . 庞景仁 , 译 . 北京 : 商务印书馆 , 1982: 212.

将 Prädikamente 译为‘云谓关系’，把 Postprädikamente 译为‘后云谓关系’。这个问题想留到以后再解决。”[①] 从这些表述可见他的纠结，翻译很多时候确实是处于两难境地的。

最后一条是对 Physiologische（英文改译为 physical，法文译为 physiologique）的改译。他改译的理由是：

> 康德这一词的意义，不是现在使用的意义（生理学的），而是根据字源的意义，指“有形体界的”“物体界的”事物或原则说的，正和“形而上的”相对，因此我把它译“形而下的”，也符合《易·系词》中“形而下者谓之器”的意思。[②]

从这里可以看出，他既注重区分术语的古今义（即术语的词源意义和在现代语言的通用意义），也会把该术语在康德哲学中的具体含义与中国语言（尤其是古汉语）中的话语意义结合起来理解，并利用这种桥接关系来沟通翻译所要传达的理解。这种方式曾经为老一辈学者如贺麟等人所采用，也为近代学人如韩水法等所倡导（详见本书介绍韩水法翻译思想的相关章节）。

总之，因为追求“吃透原文”和“精确表达”，他往往会在对术语既有译名的细心斟酌基础上，提出自己的改译意见。也正是有了这种反复推敲，他的改译实际非常慎重，而且有一定原则。当对康德哲学术语的既有译名持有不同翻译意见时，或者说发现术语被误译时，他的改译原则是：“一是要恰合原义；二是要通俗易懂。”[③]

庞景仁先生在翻译上的这种兢兢业业、一丝不苟让笔者感佩。他的这两个原则尤其值得我们仔细体会。先说“恰合原文”。

哲学术语可能是某位哲学家专门的术语。哲学家们有时会自创概念，这种情况下，相应的术语就可能只属于这位哲学家的语境，属于这位哲学家的具体原文。对译者来说，只要揣摩清楚原文中作者怎么用这

---

① 康德 . 未来形而上学导论 . 庞景仁 , 译 . 北京 : 商务印书馆 , 1982: 212.
② 康德 . 未来形而上学导论 . 庞景仁 , 译 . 北京 : 商务印书馆 , 1982: 212.
③ 康德 . 未来形而上学导论 . 庞景仁 , 译 . 北京 : 商务印书馆 , 1982: 212.

个术语就可以了。但更多的情况显然不是这样的。哲学家们更喜欢的是取用现成概念。这种取用，不像从井里打上一桶水或者直接取用别的物件那样，原封不动；恰相反，概念体现的是理解，取用现成的概念并加以使用时，难免加入哲学家们自己的理解。这就导致有时候会与原概念有所差异。再以康德的 Idee 为例，它在康德原文的意思是："从人的理性产生出来的一些刨根问底的'想法'，这些想法都不是经验之内的东西，它们既不能通过经验来证实，也不能通过经验来否定，因此只能是些想法。"[①] 按照恰合原文的原则，这意味着，康德的 Idee 和黑格尔的 Idee 不一样，所以要采用不同译法，比如，将康德的 Idee 译为"想法"。但这里稍有问题。哲学家取用现成概念，难道不正是要借用原来概念中包含的理解吗？如果每个人使用不同的概念术语，我们究竟该怎么来达成沟通？笔者认为，这里在操作上存在可商榷之处。实际上，庞先生虽然认为 Idee 从原文出发是指想法，但他最终还是觉得不太妥，于是延续了黑格尔和康德那里的"理念"译法。庞先生并没有完全遵守他的这个原则。这里的问题似乎是，恰合原文之后怎么办？

庞先生的通俗易懂原则，似乎就是部分用来回答这个问题的。

恰合原文的术语可能有很多个，我们最后能选出的必定要有助于我们理解。再以 Verstand 为例，可译为悟性或知性，但庞先生认为，不如译为"理智"来得通俗易懂，所以他最终译为"理智"。问题在于，这么做，固然可能通俗了，但它的原义有可能就被遮蔽了。实际上，"用一种语言（例如汉语）去翻译另一种语言（即欧语系及其所属的英、法、德、俄、希腊语等）时，应该考虑到它们各自不同的文化传统，以及由此带来的词的含义的区别"[②]。康德说的理智和我们平常理解的理智完全不同。这意味着，通俗易懂原则可能恰恰导致无法恰合原文。两者可能存在冲突。就此而言，这两条原则其实更像是方法，指导我们怎样翻译，但并不具有全然的强制性。翻译实践中我们可能会遇到各种问题，需要谨慎行事。

---

① 康德 . 未来形而上学导论 . 庞景仁 , 译 . 北京 : 商务印书馆 , 1982: 210.

② 范明生 . 王太庆师的"天鹅之歌" . 读书 , 2005(2): 4.

除了上述两个原则，庞景仁还提到了译名的统一。相比科学技术上译名的基本统一，哲学社会科学上名词术语颇不统一，庞景仁希望国内康德著作的术语译名也能够统一，为广大读者“创造出更好的条件，以便于他们对外国哲学学习、研究和批判之用”。他呼吁哲学工作者和哲学著作的译者们“同心协力，商讨出一套统一的哲学译名，在哲学研究上将是一个很大的贡献”。①

但是在译后记末尾，庞景仁也表达了他对哲学术语译名的民主原则，他说：“关于我对康德哲学的看法，特别是对于康德哲学术语的译法，我是遵照‘百家争鸣、百花齐放’的方针做的，提出以上一些意见，很不成熟，目的仅仅是抛砖引玉……”②

在《导论》书后，庞景仁还煞费苦心地为读者列出了较为详尽的（长达 17 页）术语译名对照表，在中文、德文、英文、法文四种文字的术语名称对照之后还标出了其在文中的出处。仔细考察庞景仁的术语对照表，可以发现他在编排上花了很多心思和工夫，为读者和研究者考虑得相当周到，可谓是用心良苦。下面是他对术语对照表的说明。

> 条目按拼音顺序排列。根据辨义的必要性，细目或者归于中心词条目，或者并于修饰词条目。术语包括：多义类、一般类、特殊类，以及，单就外文或译文一方而言，严格说不是术语者。多义术语，异义交叉并用，易引起误会；一般术语，译法尚未统一，所用未必妥当；康德常用专用者，尤宜辨明原义。凡此应明辨者，异译并列。本书异译，以顿号隔开；他书异译，用方括号表示。请注意，本对照表之不宜脱离本书单独使用，在这一点尤其明显。最后酌注出处（见正文外侧、原书德文第一版页码），亦小补主题索引之不足。③

从这里可以看出，从语法角度上，他把术语区分为用作中心词的术

① 康德 . 未来形而上学导论 . 庞景仁 , 译 . 北京 : 商务印书馆 , 1982: 212

② 康德 . 未来形而上学导论 . 庞景仁 , 译 . 北京 : 商务印书馆 , 1982: 213.

③ 康德 . 未来形而上学导论 . 庞景仁 , 译 . 北京 : 商务印书馆 , 1982: 214.

语和用作修饰词的术语；从语义角度上看，他非常重视对术语的辨义，他把术语区分为“多义类、一般类、特殊类，以及，单就外文或译文一方而言，严格说不是术语者”。至于为什么这样做，也就是为何要对这几类术语的意义进行明辨，他的解释是：“多义术语，异义交叉并用，易引起误会；一般术语，译法尚未统一，所用未必妥当；康德常用专用者，尤宜辨明原义。”怎样帮助读者和研究者明辨术语的含义？怎样帮助读者和研究者了解这几类术语的翻译情况？他的举措是：“凡此应明辨者，异译并列。本书异译，以顿号隔开；他书异译，用方括号表示。其后外文，以德、英、法为序供对比各国译本之用。”最后，他还特别提醒读者和研究者务必注意：“请注意，本对照表之不宜脱离本书单独使用，在这一点尤其明显。最后酌注出处（见正文外侧、原书德文第一版页码），亦小补主题索引之不足。”这个提醒，庞景仁虽然没有明言，但实际上是在提醒读者和研究者要注意术语使用的语境性，因为在不同的语境下，术语的确切含义可能会有一定的差异。

以笔者之见，庞景仁是对康德哲学术语中译情况关注最多、分类最细的一位译者，也是对待翻译工作兢兢业业的老一辈翻译家中的一位代表人物。

第三节　韩水法

韩水法翻译过康德的《实践理性批判》，也写过《康德物自身学说研究》《康德传》等多本有关康德的专著，差不多算得上是康德研究的一位专家。但是，就翻译康德著作来说，他自陈：艰难。

一、韩水法论翻译康德著作的困难

作为一位熟悉康德哲学的学者，他在《实践理性批判》译后记中这样写道：

> 翻译《实践理性批判》这样一部著作，即使在研究康德十余年

之后，对于笔者来说，依旧是一个艰难的任务，而使笔者怀有诚惶诚恐之心。因为我们的职业固然有谋生的重负，但学术却忽然置之而颁行自身的法则，它并不承认这个外在的理由可以为一切投机取巧滥竽充数的东西辩护。[①]

翻译康德著作为何困难呢？首先是语言层面的：

康德句式的繁复与佶屈聱牙是读过康德著作的人都深有体会的，有时长长一个段落只有一个句号，其中包括着许多分句和插入语，所谓十个手指不够用的笑话就是指此而言。[②]

其次是概念层面的：“术语一向是翻译哲学著作的难点。”[③] 正因为存在这些文本方面的困难，所以当前康德著作的汉译现状是，“无论于译者还是于读者，都是一桩难以轻言搭开手的事情。译者之所以放心不下，乃是因为迄今为止，尚无一部堪称经典的译本出世，其中原因多多，不一而足”[④]。

除了文本的困难外，康德著作汉译的另一重困难来自读者。他说：“康德研究至今仍是哲学领域的显学；即使在中国，至少康德的‘三大批判’不知为人们逐字逐句地爬梳了多少遍，批评者是一字一句来挑剔译文的遣词造句的，而不必替译者费心全书的照应，更遑论康德整个体系的照应。”[⑤] 读者和批评者的眼光是挑剔的，他们可能并没有留意到译者那样翻译是煞费苦心地考虑到了全书前后的照应，甚至考虑到了其在康德整个体系中的照应。然而康德著作的汉译本又非常重要：“中国绝大多数读者是借助汉译来阅读和研究康德的，即使专家中间，单凭原文无需汉译之助研究康德的也在少数。这样，汉译对于多数研究和喜爱康德的读者，便是进入康德哲学堂奥的唯一门径。”[⑥] 因此，中译者需要做很多

---

① 康德 . 实践理性批判 . 韩水法 , 译 . 北京 : 商务印书馆 , 2001: 199.
② 康德 . 实践理性批判 . 韩水法 , 译 . 北京 : 商务印书馆 , 2001: 197.
③ 康德 . 实践理性批判 . 韩水法 , 译 . 北京 : 商务印书馆 , 2001: 196.
④ 康德 . 实践理性批判 . 韩水法 , 译 . 北京 : 商务印书馆 , 2001: 194.
⑤ 康德 . 实践理性批判 . 韩水法 , 译 . 北京 : 商务印书馆 , 2001: 194.
⑥ 康德 . 实践理性批判 . 韩水法 , 译 . 北京 : 商务印书馆 , 2001: 194.

工作来克服这些困难。

二、韩水法解决康德著作翻译困难的一些做法

韩水法非常重视康德著作的版本。他在《实践理性批判》的译后记中首先介绍了此书有关的版本、术语和缘起。他的译本主要根据普鲁士科学院的《康德全集》第5卷，参考了德国费利克斯·迈纳出版社“哲学图书馆”中1993年版的《实践理性批判》。后者是由著名新康德主义者和康德研究专家卡尔·福兰德（Karl Vorländer）校订。他同时还参照了贝克（Lewis White Beck）[①]英译本的第三版，以及阿博特英译本第六版。他发现：

> 贝克译文比较注重英文的流畅和可读性，因而对于德文原文的句式结构有较大的改动，而艾博特的译文相对而言较为注意保持康德原文的风格。不过，笔者注意到，贝克的译文实际上受艾博特的影响颇大，在一些较为艰涩的段落，贝克的行文往往与艾博特的几乎一致。牟宗三的汉译主要依据艾博特的英译，同时参考贝克译本。关文运译本从版权页上看是依据卡西尔主编的康德文集本第五卷译出的，但从其译文来分析，其实在相当大的程度上参照了艾博特的英译本。[②]

由于康德的句式具有繁复与佶屈聱牙的特征，有时一个很长的段落仅仅由一句话构成，当中却包括许多分句和插入语，译者在处理这类情况时的做法可能迥然不同。“艾博特的英译较为尊重原文的语势，而贝克译本对康德原文的语势和句子结构做了较大的改动，有流畅简练之美，然而尽管这种更动大多有充分的根据，却也有不少出于主观的推测。”[③]

韩水法对此类情况的应对做法是：

---

① 牟宗三将其译为拜克，本书引文中尽量按原文转引。
② 康德．实践理性批判．韩水法，译．北京：商务印书馆，2001: 196.
③ 康德．实践理性批判．韩水法，译．北京：商务印书馆，2001: 197.

> 以尊重原著句式、语势和风格为准则，而不做过分的改写，同时也力图避免笨拙的欧式句子，遣词造句以符合汉语的规范为准；如果规范尚付阙如的话，就采取汉语的习惯用法。①

从这里可以看出，他主张原则上尽量保持原著的行文风格，不对原文做过分的改写；但是，他也尽量避免出现让读者不满意的欧化文翻译腔，尽量让译文的遣词造句符合汉语习惯。可见，在译者究竟是倾向于原著作者还是译文读者上，他选择的是走中间道路，他在翻译时除了考虑译文与原文在意义上的对应关系外，还尽力使译文在句式、语势和风格上与原文保持一致。要兼顾这些因素，译者委实不容易，这也间接揭示了为何他说翻译是一项艰巨的任务。

至于康德术语的翻译困难，他给出了这样的解决原则：

> 第一，基本术语的翻译力求一以贯之，而不随意变换；第二，术语尽可能采用哲学界公认或普遍采用的成译，只要所用术语基本切合所译德文原辞的本义及其在具体语境中的语义功能；第三，几乎不生造新词，而采用汉语既有的词汇，尤其是古汉语里面既有词汇。后者本是一个巨大的宝库，可惜由于文化断代，现代汉语使用者竟大多无力很好地运用其中的资源。②

由此可见，韩水法所遵循的术语译名原则的第一条是，同一个术语，在不同的上下文语境中要采用同一个译名，不随意变换。原因何在？从他在译后记中针对康德哲学中 Neigung 的译名分歧进行的详细剖析可以查看出端倪。

在康德《实践理性批判》的汉译诸本里，对于 Neigung 这个词的译法各不相同，韩水法认为：

> 此词的德文原文是 Neigung，意指一种与生俱来的自然倾向，而非人后天的选择。人的自由体现在抗拒这种禀好，而听从道德法则的决定。

① 康德．实践理性批判．韩水法，译．北京：商务印书馆，2001: 197.

② 康德．实践理性批判．韩水法，译．北京：商务印书馆，2001: 196.

对于该词究竟该如何翻译，他建议译为“禀好”，因为：

> 笔者“禀好”之译，也出于自造。“禀”一辞用其本义，表示所受于天或自然，而非人自己的选择，“好”则表示倾向，“禀好”则意指一种自然的、客观的倾向。

而在此前，牟宗三译为“性好”[①]；苗力田先生译作“爱好”[②]；而关文运则

> 没有通译，由好恶，爱好，喜好，而至情欲等等，从而使康德实践哲学中的一个非常重要的概念消失在毫无定见的随意之中。基本概念译法的不统一，这是关译的最大缺陷之一，而对于像《实践理性批判》这样的著作来说，这往往会产生致命的误解。[③]

从这里可以看出，他主张哲学术语应当一名一译，反对根据语境的变换将哲学术语一名多译，因为概念术语属于固定名词，如果一名多译，则会使概念术语变得像普通词语那样具有使用的随意性了。

韩水法所遵循的术语译名原则的第二条是，对于学界所普遍认同的译名，不做轻易改译，除非术语译名不切合所译原辞的本义及其在具体语境中的语义功能。

韩水法所遵循的术语译名原则的第三条是，不生造新词，尽量采用汉语既有的词汇，使用古汉语里面的既有词汇。这条主张实际上是鼓励译者向前辈哲学家贺麟等人学习，充分利用古汉语里的既有词汇。正因为如此，余亮认为“韩译注重从古汉语中借字，使译文颇有古雅之风”[④]。

---

① 韩水法认为“性好”是一个自造的词。如果“性”按其本义，乃指人之本性，那么将Neigung理解为本性之好是不符合康德原意的，因为Neigung至多只是人的禀性的一个方面，即相对于道德来说，是消极的方面。人的本性还包括积极的方面，这就是自由意志及道德法则。参见：康德 . 实践理性批判 . 韩水法，译 . 北京 : 商务印书馆 , 2001: 197.

② 韩水法认为苗力田先生译作“爱好”，其缺点正如苗先生自己所说，“减弱了倾向的客观性”。参见：康德 . 实践理性批判 . 韩水法，译 . 北京 : 商务印书馆 , 2001: 197.

③ 康德 . 实践理性批判 . 韩水法，译 . 北京 : 商务印书馆 , 2001: 197.

④ 余亮 .《康德三大批判精粹》的翻译理念 . 博览群书 , 2002(4): 32.

在译文之后，他参照费利克斯·迈纳本编制了一个术语索引，康德哲学中的一些基本术语的中德对照情况都可以在其中查到。从这份详细的术语对照列表，足以看出他本人对哲学术语的重视程度。

第四节　苗力田、李秋零

一、苗力田

（一）苗力田的治学原则

苗力田教授是“我国研究古希腊哲学的一位里程碑式的名家”[①]。之所以把他列为康德译者之列，一方面是因为他也翻译过康德的哲学著作——《道德形而上学原理》（上海人民出版社，2012）；另一方面，他翻译希腊哲学著作的经验以及他对哲学术语翻译的原则，值得后辈学人在译介康德著作时作为参考和借鉴。苗先生早年曾先后师从宗白华、陈康、方东美、熊伟等名家，他通晓古希腊语、英语、德语和俄语，还粗通拉丁语，精通数门外语无疑为他广泛深入地研习和译介西方哲学奠定了必备的语言基础。他晚年以强大的魄力与毅力，耗时十余载，主持翻译了数百万字的《亚里士多德全集》（10 卷本）。[②] 此后，在他的不断敦促下，李秋零才开始着手翻译《康德全集》。

苗力田先生有一条著名的治学原则：“多读、多想、少写”，这条原则不仅为他自己所奉行，而且也是他指导学生的“家训”。[③]“多读”，是指多读原著。为何要多读原著呢？他的观点是：

> 而凡治思想史者，皆以他人的思想为对象。认识对象，是研究对象的前提。斯人已逝，其思想多以著作的方式传世。故而多读

① 姚介厚 . 苗力田教授与古希腊哲学的研究方法 . 中国人民大学学报 , 2001(6): 49.

② 苗力田先生主持翻译的《亚里士多德全集》中文版（10 卷本）获得了国家哲学社会科学基金优秀成果“工具书、译著、学术资料类”一等奖。

③ 李秋零 .“多读、多想、少写”及其他 . 中国人民大学学报 , 2001(6): 48.

书，尤其是多读原著，是研究思想史必不可少的基础。[①]

在苗力田先生看来，一个哲学家做出的结论对研究者来说并不是最重要的，最重要的是他的观点如何被论证，而要弄清楚哲学观点的论证过程，研究者就必须通读原著。“只有从原著出发，才能得出真实的见解。”[②]姚介厚认为，苗力田教授研究古希腊哲学首先采用的是“我注六经”的方法，就是“首要地要钻研原著，吃透希腊哲学思想的本义，从中引出自己的解释和见解来。他认为这是希腊哲学翻译与研究的最基本的扎实方法，并且是在自己的工作中身体力行的”[③]。这条经验值得康德著作译者效仿。苗先生发表的论文以及所出版的论著，无一不是他研读原文原著的结果。

何为原著？李秋零等人觉得苗力田先生对原著的要求“近乎苛刻”，在苗先生看来，译本只能作为研究的参考，更别提那些二手材料了。原著必须是“地地道道的‘原’著，是‘原’文‘原’著，原汁原味”[④]。这里的“原汁原味”指的是外文原著中的“原汁原味”的语言。因为语言是思想的家园，要想真正理解思想家的思想，必须熟悉思想家所使用的语言。

苗力田先生治学原则“多读、多想、少写”中的“多想”就是要带着思想去读，它要求研究者要学会沿着思想家的思路去思想。苗先生主张哲学史研究要有历史感，要根据历史主义的“移情原则”去设身处地站在他人的立场上思考问题。“一方面要把哲学家的思想置于历史的长河中，从发展的角度把握其思想的内容和价值；另一方面要深刻体验哲学家所处的具体历史背景和所要解决的问题，学会与哲学家一道思考。”[⑤]其实，笔者觉得哲学著作的译者也应该从历史主义的“移情原则”出发，设身处地站在哲学家所处的历史背景去思考问题，去揣摩体会哲学家所

---

① 李秋零 .“多读、多想、少写”及其他 . 中国人民大学学报 , 2001(6): 48.
② 李秋零 .“多读、多想、少写”及其他 . 中国人民大学学报 , 2001(6): 48.
③ 姚介厚 . 苗力田教授与古希腊哲学的研究方法 . 中国人民大学学报 , 2001(6): 50.
④ 李秋零 .“多读、多想、少写”及其他 . 中国人民大学学报 , 2001(6): 48.
⑤ 李秋零 .“多读、多想、少写”及其他 . 中国人民大学学报 , 2001(6): 49.

使用的语言，在此基础上从目的语里精心寻求对应的译语，以期原汁原味地再现哲学家的思想。

苗力田先生告诫研究者在做哲学史的研究时必须做到“人我分清”，即：

> 把研究者的“思”与被研究者的“思”分清，不能借着被研究者的观点大讲自己的观点，更不能没弄明白就随意杜撰，按照自己的想法任意编织被研究者的思想。①

笔者觉得，如果译者也能分清译者的“思”与哲学家的“思”，必然可以避免翻译中的过度诠释。

苗力田先生治学原则中要求“少写”的原因何在呢？在李秋零看来，研究者的精力和时间毕竟是有限的，“多读、多想”，就不可避免地要“少写”。最主要的是苗先生主张“要更多地让哲学家自己说话”，“与其写一部亚里士多德哲学的研究专著，不如把亚里士多德的著作翻译过来，让亚里士多德自己来讲述他的哲学”。“即便是撰写研究著作，苗先生也主张尽量让哲学家自己说话，让材料说话，材料组织好了就是一篇好文章，研究者甚至用不着说什么话。”②

苗先生也将自己的治学原则贯彻在对研究生的培养工作中。“他主张治西方哲学必须置外文于首位。通过中译本可以大略地知道一个哲人的思想，但要进行研究则不可以以译本为依据，不懂哲学家的原文就不要写关于他的论文，这是先生对自己的严格要求。”③他培养研究生，总是要求他们必须从原文去领悟哲学家的原意。治西方哲学将外文置于首位，应该是出于两个方面的考虑：一方面是便于阅读外文原著，领悟哲学家的原意；另一方面是便于将外文原著译成中文。

苗力田先生是非常重视翻译在研究西方哲学中的重要性的，他主张，从事哲学研究的人，应该首先从哲学著作的翻译做起。在他看来，

---

① 李秋零 .“多读、多想、少写”及其他 . 中国人民大学学报 , 2001(6): 49.
② 李秋零 .“多读、多想、少写”及其他 . 中国人民大学学报 , 2001(6): 49.
③ 余纪元 . 哲学史家——苗力田 . 中国人民大学学报 , 1989(5): 123-124.

"翻译是外国哲学研究的一项基本功。研究者不仅要能够用原文读懂外国哲学家的著作，而且还要善于用自己的母语把它准确地表达出来"。就一个民族的发展来看，苗力田先生认为，翻译的作用更大，尤其是对国外重要古籍的翻译。在他看来，"国外古籍的翻译是一个民族意欲开拓自己的文化前途、丰富自己的精神营养所不可缺少的"①。

在学术界，翻译往往不算作研究；在各大高校每年的科研成果统计和成果奖励时，翻译成果的分值远远无法与研究性论文和研究性著作的分值相提并论。与学术研究相比，苗力田先生是极少数更加重视翻译工作的学者之一。笔者认为，目前对西方哲学研究工作和翻译工作之间的关系论述比较中肯的观点是：

> 我们特别应当注意克服中国目前重研究、轻翻译的倾向，提倡研究家同时做翻译家，积极开展对哲学术语翻译的讨论，用翻译促研究，做到研究和翻译并举，两者相辅相成。②

汪子嵩也持有类似的观点，他认为：

> 学术上的翻译工作和研究工作是密切结合、不可分离的。翻译者是根据他对原著的学习研究得到的理解来进行翻译的。研究者当然首先应该研究原著，但也得参考各种有价值的译本，尤其是研究成果是要用汉语写出的，便要求研究者必须将原著的文字译为汉语，也必须参考已有的有价值的中文译本。研究方法和翻译方法是有所不同的，但二者又有很密切的联系，甚至可以将翻译方法看作是研究方法的一个组成部分。希望学术界能够重视西方哲学的翻译方法。尤其是古代希腊哲学的翻译方法的研究和讨论。③

诚然，对于绝大多数西方哲学研究者来说，翻译工作与研究工作是

---

① 李秋零 ."多读、多想、少写" 及其他 . 中国人民大学学报 , 2001(6): 49.

② 周晓亮 . 西方哲学在中国 // 卞崇道 , 藤田正胜 , 高坂史朗 . 中日共同研究 : 东亚近代哲学的意义 . 沈阳 : 沈阳出版社 , 2002: 280-281.

③ 汪子嵩 . 陈康、苗力田与亚里士多德哲学研究——兼论西方哲学的研究方法和翻译方法 . 中国人民大学学报 , 2001(4): 43.

紧密相关的。

（二）苗力田的翻译原则

1. 对关键概念术语的重视

苗力田先生在研究和翻译西方哲学时特别注重对概念术语的把握。据余纪元回忆：

> 在哲学课上他往往从哲学家的专门概念着手，运用自己的多门外语，依靠对几千年西方哲学的精深了解，剖析这些概念的词根、本来含义及其演化，继而阐明由概念到命题以及从命题到命题的论证过程，挖掘出哲学家本人的思维线索，往往使人感到耳目一新，茅塞顿开，深受学生们的欢迎。①

另据陈波教授回忆，他 1982 年在中国人民大学哲学系读逻辑学研究生时，苗先生给他们讲授西方哲学史课程，当时他们所用教材为一本打印的英文教科书，苗力田先生已经年迈，但是依然站着讲课，让陈波教授至今记忆犹新的是：

> 他特别注意讲清关键性的哲学概念，从其希腊或拉丁语词根开始梳理它的含义的来源、派生和演变，以及包含这些概念的哲学命题的意思。他给我们讲解“modify”及其名词化形式“modification”的情景仍历历在目。②

可见，在教学中，他是通过梳理概念术语的源流及其演变的历史来引导学生精准把握西方哲学概念的内涵。在翻译西方哲学著作时，他同样非常重视对概念术语的把握，据李秋零先生回忆：

> 在一些重要术语的翻译上，苗先生常常殚精竭虑，反复推敲，力求准确再现西方哲学家的原意，有时为一个词的翻译改动多次。用苗先生自己的话说，发现一个词的准确译法，其喜悦程度不亚于

---

① 余纪元 . 哲学史家——苗力田 . 中国人民大学学报 , 1989(5): 123.

② 陈波 . 垂垂老者 , 成就一次辉煌——悼苗力田先生 . 社会科学论坛，2000(8): 55.

天文学家发现一颗新星。[①]

2. 翻译原则：确切、简洁、清通可读

作为《亚里士多德全集》中文版（10卷本）的主持和译者之一，苗力田积累了丰富的哲学著作翻译经验，他在不断总结过往宝贵经验的基础上，提出了自己独特的翻译原则：确切、简洁、清通可读。[②]这些原则有文字可考的出处是在《亚里士多德全集》的序言中。由于这些原则从字面上看上去确实平淡无奇，尤其是对那些没有足够翻译经验的人来说，是很难明白其中深意的，所以在当时的学术界未能引起足够重视。正如汪子嵩所说：

> 实际上，苗先生这篇“序”的后半部分就是讲的翻译亚里士多德著作的方法问题。他提出了一些重要的意见和问题，但一直没有引起重视。我是近几年才开始认识到翻译方法的重要意义的……[③]

学术界仅有少数几人提到过他的翻译原则，余纪元在《哲学史家——苗力田》一文中提到：

> 苗先生作为一名翻译家，还提出了自己独特的翻译原则，这乃是他数十年翻译工作的结晶：（1）“确切”，即既要忠实传达原作者当时的本意，又要能为现代读者所无误地把握。（2）“简洁”，即在翻译时不随意对原文加字衍句，严禁任己意去铺陈。（3）“清通可读”。[④]

李秋零在《“多读、多想、少写”及其他》一文中是这样解读他的老师苗力田的翻译原则的：

> 作为一名翻译家，苗先生也提出了自己独特的翻译原则，这是他数十年翻译工作的总结：一要“确切”，即要忠实地、完整地传达

---

① 李秋零．“多读、多想、少写”及其他．中国人民大学学报，2001(6): 49.

② 苗力田．《亚里士多德全集》序．哲学研究，1989(7): 62.

③ 汪子嵩．陈康、苗力田与亚里士多德哲学研究——兼论西方哲学的研究方法和翻译方法．中国人民大学学报，2001(4): 42.

④ 余纪元．哲学史家——苗力田．中国人民大学学报，1989(5): 124.

原作者当时的本意。二要“简洁”，即在翻译时不随意对原文加字衍句，严禁任己意去铺陈。三要“清通可读”，即要能为现代读者准确无误地把握。四要有“历史感”，即对一些关键性的术语，一定要考虑到它的词源学渊源和思想家使用时的特殊语境，不可仅仅从其现代词义出发简单翻译。[①]

将余纪元和李秋零的表述进行比较，就会发现差异在于对第一条原则“确切”的解读上，此外，李秋零还根据自己的理解，额外增加了一条原则：“历史感”。这一条其实也是与第一条“确切”紧密相关的，这得结合前面所提到的西方哲学概念的历史演变以及文本的历史性特征来理解，换言之，译者如果没有“历史感”，他的翻译是无法达到“确切”的。

一提到翻译原则，大多数人都会联想到严复的翻译三原则：“信、达、雅”。在笔者看来，苗力田的翻译原则是基于哲学著作的翻译有感而发的，对哲学著作的翻译有极强的针对性和指导作用。正如对严复的“信、达、雅”三原则要结合起来解读一样，对苗力田提出的“确切、简洁、清通可读”的翻译三原则也断然不可分开、孤立地来解读。正确的解读需要考察他的翻译理论具体针对的是什么，弄清楚彼时、彼地的他，用什么样的语言翻译了哪一位哲学家的什么样的著作，也就是弄清楚他的理论的言说背景。正如苗先生自己所言：

经过商讨和思考，我们给自己的译文提出这样一个要求：确切、简洁、清通可读。这个要求看来在实质上和信、达、雅没有什么不同，但对于不同的对象，在不同的时间，须作进一步规定罢了。[②]

汪子嵩也认为，“确切、简洁、清通可读”与严复提出的“信、达、雅”相似，但苗先生的重点是在前面“确切、简洁”两点上。[③]汪子嵩在《陈康、苗力田与亚里士多德哲学研究——兼论西方哲学的研究方法和

① 李秋零.“多读、多想、少写”及其他.中国人民大学学报,2001(6): 49.

② 苗力田.《亚里士多德全集》序.哲学研究,1989(7): 62.

③ 汪子嵩.陈康、苗力田与亚里士多德哲学研究——兼论西方哲学的研究方法和翻译方法.中国人民大学学报,2001(4): 42.

翻译方法》中指出，苗力田先生的老师陈康先生认为研究前人的思想，应该以其著作为根据；在翻译前人著作时，“信、达、雅”三者中的“信”是最主要的。基于此，他认为，“苗先生所要求的主要也是这个信字，不仅在词义上要确切可信。而且在文风上也要简洁可信”[①]。

这样解读无可厚非，但是如果以为苗先生只是强调“信”，就有可能忽略苗力田先生将翻译原则作为哲学著作的翻译方法的深意，苗先生在《亚里士多德全集》序中对第一条原则“确切”用了1200字的篇幅加以阐述。何谓“确切”？译者怎样才能达乎“确切”？一般人对“确切”的理解就是把握原著的原义，但是从苗力田对确切的阐述中可以看出其实践经验意味非常浓，针对性极强。他首先从何谓“不确切”入手：

> 就确切来说，在今日汉语中，哲学词汇已经相当丰富并日臻完备的情况下，如若完全用现有词汇来对译亚里士多德的古希腊词汇，那么，遣词造句就会方便得多，读起来也会顺畅得多。但这样的译文，我们认为对亚里士多德是不确切的。[②]

这里指出，用今日之现代词汇来翻译古希腊特色词汇，是不确切的。也就是说用较浓现代意味的词汇来对译古希腊概念是不确切的，译者要注意区分词汇的古今之别。苗先生进一步解释，在亚里士多德那个时代，很难找到适当的词汇来表达自己的概念，因此：

> ……亚里士多德往往从日常生活语言撷取一个词组或一个短句来完整地表达自己的意思。对于这样一些词组或短句，如果用一个现代术语相对应，譬如说“本质”，对于译者和读者来说虽然是较为轻便了，但失去了亚里士多德语汇中所包涵的许多意蕴，失去了亚里士多德之为亚里士多德。

从这里可以看出，用现代术语来对译亚里士多德所选取的日常语词所表达的概念，也是不确切的，也就是说，用现代的专业术语来对译亚

① 汪子嵩．陈康、苗力田与亚里士多德哲学研究——兼论西方哲学的研究方法和翻译方法．中国人民大学学报，2001(4): 42.

② 苗力田．《亚里士多德全集》序．哲学研究，1989(7): 62.

里士多德所用的日常语词是不确切的。这样翻译虽然省事，但是却失去了亚里士多德语汇中所包含的许多意蕴（上文曾经提到苗力田非常注重梳理西方哲学的概念的源流及演变），失去了亚里士多德之为亚里士多德，也就是翻译绝不能让古人亚里士多德讲现代人的现代哲学话语。

怎样才算确切呢？苗力田认为：

> 翻译是一种载体，古代外国典籍的翻译向我们传递了彼时，彼地，彼民族灵魂的消息。所以，在译文里不但要使我们见到，彼时、彼地、他们的这番议论，在此时、此地、我们是什么意思。还应该，也许是更应该，使我们看到我们这番意思，他们在彼时、彼地是用什么方式说出来的。

也就是说，译文要让读者能够了解到亚里士多德在彼时、彼地的言说方式及内容。基于上述考虑，苗力田认为：

> 翻译也是种认识手段，古籍的翻译是认识的历史手段。当今时代，人们还有兴趣去阅读古代文献，除了在这里进行发掘和寻求启示之外，我们想，另一方面还在于去索解一些思想、一些概念，在其最初是个什么样子。而这一点对于哲学、对于西方哲学尤其事关紧要。因为理论思维，说到底是一种概念思维，离开了概念，没有人能认真地进行思维。而近、现代西方哲学的各种观点，可以在古希腊哲学多种多样形式中找到自己的胚胎和萌芽。同样近、现代西方哲学的各种语汇和概念，也可以在那里找到自己的根源和出处。[①]

从这里可以明白为什么苗力田先生认为翻译也是研究，西方哲学的研究者和西方哲学著作的译者都要努力地去探索了解一些思想、一些概念最初是怎样的。因为，哲学思维是理论思维，是概念思维，所以是离不开对概念的考察的。近、现代西方哲学的各种语汇和概念，基本上在亚里士多德那里都能找到其根源和出处，由此可见苗先生为何在西方哲学研究和翻译中尤其重视对概念术语的历史源流的梳理把握。

---

① 苗力田.《亚里士多德全集》序. 哲学研究, 1989(7): 62-63.

从亚里士多德那里流传下来的概念是素朴的、与生活血肉相连的，哲学研究者有必要从历史源流上去把握它们的最素朴、最根本、最本质、最核心的意义。苗先生认为，在专业语汇业已丰富的近现代，翻译中如果用现代专业语汇去对译亚里士多德所用的概念，那就“使古代典籍失去其认识的历史功能，不成其为古籍。而且，就是在专业语汇已大大丰富的近现代，用词组来表现一种较为复杂的思想和概念的办法，也难于完全避免。‘自在之物’就是一个例子”[①]。

由此可见，对概念术语的翻译是他在翻译中关注的焦点之一。正如李秋零的回忆所说，苗先生对一些重要术语的翻译常常反复推敲，力求准确再现哲学家的原意，当他发现一个词的准确译法时，其喜悦程度不亚于天文学家发现一颗新星。[②]

苗力田先生对“确切”的上述阐述基本上是围绕着翻译中如何选好词语上，也就是哲学翻译用词要确切。苗先生强调的重点是区分词汇的古今之别，日常概念与专业语汇之别。除开针对用词的考量之外，苗先生的“确切”也是针对作者和读者而言的。他认为：

> 确切不但是对作者，对原文、原意而言，还要对读者而言。古代语言和现代语言的表达方式不同，外国语言和中国语言的表达方式也是不同的，而每个著作家还有自己独特的写作习惯、表达方式。如若机械地来把现代汉语与亚里士多德的希腊语的表达方式相对译，譬如被动语态，那么就会引起歧义和误解，使现代的中国读者不能确切地理解原意。[③]

在这里，苗先生认为：“确切”对作者而言，是译者用文字准确地传达作者原文的原意；“确切”对读者而言，是译者让读者通过阅读译者所选用的文字表述来确切无误地理解作者原文的原意。由于作者亚里士多德使用的是古代西方语言，而读者使用的是现代中国语言，这两种语言

---

① 苗力田.《亚里士多德全集》序. 哲学研究, 1989(7): 63.

② 李秋零. “多读、多想、少写”及其他. 中国人民大学学报, 2001(6): 49.

③ 苗力田.《亚里士多德全集》序. 哲学研究, 1989(7): 63.

的表达方式不同；而且每个作家都有自己独特的写作习惯和表达方式，在此情况下，如果用现代汉语机械地对译亚里士多德的表述，就会引起歧义和误解，译者也就未能让读者确切地理解原文的原意，译者也就未能达乎“确切”这一翻译目标。

苗先生也意识到这里存在两难，因为译者要同时服务于作者和读者，所以他进一步指出：

> 这两个意义下的确切看来是矛盾的，但必须使之相反相成，既忠实地传达彼时、彼地、原作的本意，又能使此时、此地的我们无误地把握其本意。①

综上可见，苗先生翻译三原则中的“确切”原则意蕴丰富，其背后的学术针对性是万万不能被忽略的，否则，就会错失其“确切”原则的深意。

相对于何谓“确切”原则的阐述来说，苗先生对“简洁”原则的阐释就简短得多了。苗先生认为，由于亚里士多德的著作里大多数是一些讲授提纲、听讲摘要一类的东西，其语言言简意赅，这就为译者进一步铺陈和发挥留下了极大的空间。他举了一个例子来说明他是为何反对在翻译中对亚里士多德著作进行铺陈和发挥的。

> 正如牛津英译《亚里士多德全集》修订版编者乔纳逊·巴恩斯（Jonathan Barnes）教授在该书的序言里所说，这样的译文并不是用英语来转达亚里士多德的希腊语，而是随意地用他们自己的话来表达自己所想说的话，于是就往往把翻译变成了一种引申（Paraphrase）。在这种引申式的译文里，本文的一个词变成了串词，本文里的一句话，变成了几行话，完全失去了亚里士多德语言简洁、思想严密的风貌。②

从这里可见，他的“简洁”原则针对的是亚里士多德著作的文本特

① 苗力田.《亚里士多德全集》序.哲学研究, 1989(7): 63.
② 苗力田.《亚里士多德全集》序.哲学研究, 1989(7): 63.

征：所用语言简洁，表达的思想相当严密。把翻译变成引申或者（过度）诠释，任意对其铺陈和发挥，这样做肯定与亚里士多德语言的简洁、思想的严密严重不相符，这样做既违背了“简洁”原则，其实也同时违背了第一条翻译原则“确切”。

解读到这里，可能有人会误以为，“简洁”这条原则主要是针对亚里士多德著作翻译而言的，对于其他哲学家的著作翻译，未必有如此强的针对性，比如说，对于以佶屈聱牙、晦涩难懂著称的康德著作而言，翻译中如果一味地加以“简洁”就会被人诟病为对原作的“不信”，即与原文行文风格的不符。如果这样认为，那就是对苗力田先生“简洁”原则的误读，因为从前面李秋零和余纪元的解读可知，“简洁”原则是指：翻译时不随意对原文加字衍句，严禁任己意去铺陈。这里的“简洁”是指不对原文超额翻译（over translation），坚持这条原则可以防止在翻译中一不小心就增加了原著所没有的（冗余）信息，也可防止对原著进行个人的主观诠释。

基于“确切”“简洁”这两条翻译原则，结合亚里士多德著作的文本特征，基本上可以明白苗先生采取的具体翻译策略是什么了。正如他所言：

> 我们生也鲁钝，没有偌大的把握相信，自己的发挥会在多大程度上合乎斯它吉拉哲人的原意，所以谨约严守本文，宁愿把本文所包容的广大思辨空间保留下，奉献给捷思、敏求的读者，去思考、去想象、去填充。我们自己，除非在不增加一个词，或一个句就词意不全的情况下，就不作增加，更严禁任己意引申铺陈，尽力保持亚里士多德原来的文风。①

从上述表述可以看出，这一条原则是反对译者任凭己意对原著进行诠释，他主张译者应让读者自己来解读原著。事实上，苗先生的这一条原则还将关注的焦点转移到翻译的另一要素——文风（style），也就是说，译文的表述风格要尽力与原著保持相同的表述风格。

① 苗力田.《亚里士多德全集》序. 哲学研究, 1989(7): 63.

对于翻译三原则中最后一条“清通可读”，苗先生认为字面意思就已经很明了，不必再进一步解释了。[①] 苗先生的“清通可读”是在“确切”和“简洁”的前提下，他说：

> 至于清通可读本身就很明白，似乎没有什么进一步可说了。我们的意愿不过是用现代通用的汉语，以在理论文章中所习用的方式，在确切和简洁的前提下，把亚里士多德的希腊语转达给现代汉语的读书界。或者象人们所说，教给亚里士多德说现代汉语。[②]

可见，他认为译者的任务是用现代通用的汉语（前面已经提到，慎用专业术语），以在理论文章中所习用的方式，把亚里士多德的古希腊语言转达给现代汉语读者。这（指的是译者的任务）就是所谓的教亚里士多德说现代汉语。

从前面李秋零对苗先生翻译原则的解读“三要‘清通可读’，即要能为现代读者准确无误地把握”，可以看出，这条原则瞄准的是读者的感受，译者的文字表述要清楚、通顺，可读性强，译者为此努力的最终结果是要让现代读者准确无误地把握原文的原意。译者要帮助读者达乎对原著的“确切”理解。可见，苗力田的翻译三原则是彼此相互关联的。

上述翻译三原则的贯彻落实的难度如何呢？肯定不似其字面表述那么简单。苗先生在《〈亚里士多德全集〉结语——第 9 卷后记》里面是这样谈论他的翻译工作的：

> 我们不敢妄自称许译文一词一读毫无遗误，但能说译者时时处处对原文力求正确理解，保证不曾在译文中作随心的诠释、任意的引申。在序言中我们曾立“确切”为目标，至于“确切”的真正达到，那是文化水准提高、理论思维发展的过程；是一代接着一代人不怠的努力。如果以为可以一蹴而就，万无一失，那就把翻译古典著作的复杂艰巨劳作看得太轻易了。在神州大地为古典著作翻译辛劳终生的贺麟先生，于去秋辞世，在我翻译《黑格尔书信百封》和

---

① 请参见前文李秋零和余纪元两人对这条原则的具体解读。

② 苗力田.《亚里士多德全集》序. 哲学研究, 1989(7): 63.

康德《道德形而上学原理》时，贺先生针对我不断把译文改来改去的毛病对我说，如果每次把译文改动十处，其中有八处是改对了，改好了，但总难免有两处反而是改错了，改坏了。这是前辈终生经验的结晶，是启迪后学的肺腑金言。吾生也有涯，知也无涯；无穷迈进不可能，认识过程在一定历史时期总得有个相对终结。[①]

可见，译事艰难，达乎“确切”需要数辈人的不懈努力。

汪子嵩认为，苗先生对翻译的这些要求可能是“艰难的、过高的”[②]，译者们最好是将其作为翻译工作不断追求前进的目标，毕竟国内当时西方哲学典籍的翻译才开始不久，而且现代汉语和古希腊语的翻译之间有几个无法逾越的客观因素存在：

第一，从时间上说，从亚里士多德时代到现在已有两千多年。人类的思想和语言总是不断前进发展变化的，从简单到复杂。从一个概念分化为不同的概念。从含混的概念和思想变成比较清晰确定的概念和思想。因此用现代语言去翻译古代语言便不可能做到完全像古代语文那样言简意赅。即使是同一种语言，如中国古典著作的今译，《论语》《老子》的译者也不可能逐字逐句地依照原文，不增添为现代读者理解所必需的其他字句的。

这一条是从跨越历史的角度来说的，时代的差异导致了人类思想和语言的古今之别，为翻译增加了难以逾越的障碍。

无法逾越的客观因素的第二条是：

第二，从语言文字本身说，希腊语有严密的语法规则，变化很多，苗先生曾说过“希腊语是一种适宜于哲学的用语”，而无论古代或现代汉语都缺少这种语法变化，因而增加了翻译的难度。无论哪种语文的任何概念或范畴、术语，往往都包含有几种不同的含义；在两种不同语文中的同一概念或范畴，其所包含的含义却往往是不

① 苗力田 . 中文版《亚里士多德全集》结语——第 9 卷后记 . 学术月刊 , 1993(11): 57.

② 汪子嵩 . 陈康、苗力田与亚里士多德哲学研究——兼论西方哲学的研究方法和翻译方法 . 中国人民大学学报 , 2001(4): 43.

一样的，因此也增加了翻译的困难。

这第二条是着眼于语言文字差异的，主要差异有两个方面：其一是希腊语作为拼音文字，语法规则严密，而且变化多，而汉语则缺少这些。其二是多数概念术语具有多义性，两种不同概念体系中所对应的概念含义不尽相同，这一点导致译者很难在目的语中找到与源语中完全相对等的概念。汪子嵩为此以 being 的中译困难为例来详细说明。

无法逾越的客观因素的第三条是：

> 第三，从翻译的主体来说，作为现代人的翻译者终究不是两千多年前的亚里士多德本人，译者通过翻译传达给读者的亚里士多德的思想，乃是他经过学习研究所了解的亚里士多德的思想，其中必然有由他的经验学识等掺进的主观成分，不可能完全是当年曾经客观存在过的亚里士多德思想自身。①

这一条关注的是翻译的主体——译者，说到底，翻译本身就是诠释，由于译者是在对原著理解的基础上再用目的语来表述的，译者的理解中本身就掺杂有译者的经验学识等主观成分，所以从严格意义上说，就不可能完全做到真正客观地传达原作者的本意，译者所传达的内容是透过译者的“有色眼镜”（张东荪语）后呈现的内容。

汪子嵩认为，翻译绝不是像电脑翻译那样逐字逐句的对译，译者要在各种字和句子的组合中选择最适合表述作者原义的方式来进行翻译，这就是“实践智慧（phronesis）”（亚里士多德语）的工作。在此意义上，“翻译和写作一样，是人的创造性活动，不是机械的运动”。正是由于这个原因，汪子嵩断言，“无论将来电脑翻译发展到如何先进的程度，也不可能有一天人们可以利用电脑将亚里士多德的思想百分之百地、完全准确无误地翻译出来”。②

---

① 汪子嵩. 陈康、苗力田与亚里士多德哲学研究——兼论西方哲学的研究方法和翻译方法. 中国人民大学学报, 2001(4): 43.

② 汪子嵩. 陈康、苗力田与亚里士多德哲学研究——兼论西方哲学的研究方法和翻译方法. 中国人民大学学报, 2001(4): 43.

翻译是人的创造性活动，著名哲学翻译家王太庆也持有类似观点。汪子嵩提到，王太庆遗稿中有一篇未发表的文章《论翻译之为再创造》，较系统地阐述了他的哲学翻译理论。[①] 汪子嵩介绍，王太庆认为决定翻译好坏的关键因素有二：一个是逻辑，另一个是语言。关于逻辑，他指出：

> 西方哲学著作都是重视逻辑分析的，一篇著作有完整的逻辑结构，每个结论都是经由逻辑推理论证步骤才得出的，译者必须对这些有所研究和理解。然后才是第二步，即将原著中的逻辑用恰当的汉语表达出来。原著中的逻辑是客观存在的，用汉语表达的逻辑必须和它一致。[②]

诚然，西方哲学著作是重视逻辑分析的，不仅如此，西方语言也是重视逻辑的。一般而言，中西方语言中的逻辑感的强弱也明显不同，西方语言比汉语更重视逻辑，而且西方是形式逻辑为主，除开具有一套形式逻辑符号外，西方的形式逻辑还体现在语言的语法结构上。众所周知，西方语言的语法结构标记明显。汉语则缺少形式逻辑，语法结构标记也不如西方语言那么明显，汉语的逻辑内蕴于语义之中，因此也被称为语义逻辑。译者必须了解中西方语言在逻辑上的差异，重视逻辑分析，这样才能对西方哲学著作的内容做出精准把握，弄清它所讲的道理，避免误解或者曲解原文。

在王太庆看来，“原著和译文所表达的逻辑，在内容上应该是共同的，它们只是用不同的语言，在表述形式上是不同的”[③]。因此，译者一方面只有通晓原文的语法结构，才能正确理解原作者的逻辑论证，另一方面也要通晓现代汉语的语法结构、词汇以及习惯用法，如此才能将原

① 汪子嵩．陈康、苗力田与亚里士多德哲学研究——兼论西方哲学的研究方法和翻译方法．中国人民大学学报，2001(4): 44.

② 汪子嵩．陈康、苗力田与亚里士多德哲学研究——兼论西方哲学的研究方法和翻译方法．中国人民大学学报，2001(4): 44.

③ 汪子嵩．陈康、苗力田与亚里士多德哲学研究——兼论西方哲学的研究方法和翻译方法．中国人民大学学报，2001(4): 44.

著中的逻辑用中文恰当地表达出来。要做到这一点，就需要译者的语言功底好，这就是王太庆认为决定翻译好坏的另一个关键因素——语言。

王太庆认为：

> 一个好的译者在看懂了原著的内在逻辑以后，还必须再认真地开动一番脑筋，考虑采用什么样的汉语形式才能将原著的逻辑正确地表达，既不违背和歪曲原著的逻辑，又要符合汉语的语法结构和习惯用法。①

这个过程充分体现了翻译是一种创造性的活动。这也是王太庆为何要说决定翻译好坏的关键因素在于逻辑和语言。

苗力田、汪子嵩、王太庆三人对哲学翻译的独特思考，揭示了哲学著作翻译的特征和需要特别关注的一些因素，为时下哲学著作的翻译提供了一些方法论上的思考。

二、李秋零

李秋零1978年进入中国人民大学哲学系读本科，1982年本科毕业后赴德国留学，先是到弗莱堡歌德学院学习德语，之后到法兰克福大学哲学系进修哲学，1985年回国后在中国人民大学哲学系任教，此后又师从苗力田先生攻读博士学位。李秋零通晓德语、拉丁语，对德国哲学非常熟悉，在20世纪80年代他参与了苗力田先生组织的《亚里士多德全集》翻译工作。该项翻译工作结束后，在苗力田先生的催促下，李秋零开始着手翻译《康德著作全集》。据李秋零回忆，他自己翻译《康德著作全集》的主要动力之一，就是完成苗力田先生遗志——《康德著作全集》的翻译出版工作是苗先生倡议和启动的。

（一）李秋零的康德著作翻译贡献

李秋零是迄今为止国内翻译康德著作最多、最全的译者，他十年潜

---

① 汪子嵩．陈康、苗力田与亚里士多德哲学研究——兼论西方哲学的研究方法和翻译方法．中国人民大学学报，2001(4): 44.

心主编、主译了340余万字的《康德著作全集》(9卷本)，最终于2010年由中国人民大学出版社全部出版齐备；[①] 至此，康德生前所出版的著作全部都有了中译本。《康德著作全集》的出版，首次为国人提供了全面、系统、统一的康德著作中文译本。[②] 此后，李秋零又将康德的著作进行分门别类的整合后出版了一整套《康德文集注释版》，这套注释版包括康德的“三大批判”合集，以及《康德自然哲学文集》《康德认识论文集》《康德道德哲学文集》《康德政治哲学文集》《康德历史哲学文集》《康德宗教哲学文集》《康德人类学文集》《康德教育哲学文集》《康德美学文集》等文集。此外，李秋零选编并翻译过康德的部分书信，目前他还在翻译《康德书信全集》，不难想象，这将进一步推动国内的康德研究。

(二)李秋零的治学和翻译原则

1. 多翻译，少撰写

在治学上，李秋零深受其导师苗力田先生的影响。苗先生认为，翻译是研究西方哲学的基本功和前提，研究西方哲学家，必须能翻译，而且要力争翻译哲学家的整部著作，李秋零翻译《康德著作全集》正是受此影响。翻译哲学家的整部著作，在治学上，可避免断章取义、以偏概全。苗先生主张要让哲学家自己讲自己的思想。据李秋零回忆，苗先生甚至提出过一个看似极端(其实很合理)的观点，他认为硕士、博士论文不一定要写自己的研究，翻译一篇好文章或一本好书，就可以作硕士或博士论文。李秋零多年来翻译的东西多，撰写的研究性论文论著很少，不能不说是受此影响。

---

① 正如《康德著作全集》责任编辑李艳辉评价的一样，“在当今学界，能下这等苦功夫做事的人着实不多了”。参见：蒙彬，吕艳平．十年磨砺，为了中国哲学家的宿愿．中国人民大学校报，2010-04-19(2).

② 康德著作的统一版本也有好几种，李秋零翻译《康德著作全集》采用的在德国学界已成为标准版的皇家科学院版，因为它在校勘方面下的工夫比较大。该版本不仅收入著作全集，还有书信、手稿和遗稿等，目前已经出版了29卷。笔者全文引用的是2016年1月本。

2. 四标准：确切、简洁、清新、可读

在翻译方法和翻译原则上，李秋零同样也深受苗先生的影响。苗力田先生的“确切、简洁、清通可读”的翻译原则深深地影响了李秋零。在李秋零看来，按照“信、达、雅”的传统标准来衡量，他在“雅”上是没法跟苗先生比的，因为他们这辈人不像苗先生那样曾经受过比较系统的国学训练，能对中国语言驾轻就熟。但是在“信”“达”这两条上，他还是努力做到了。在他看来，“信”就是把意思弄明白，“达”就是把意思说清楚。①

在苗力田先生哲学翻译理念的熏陶下，李秋零为自己确立了翻译标准：确切、简洁、清新、可读。在翻译工作中，他以谨慎为基本原则，不强调“雅”，只重“信”和“达”。②比如，康德著作中有一句话的本义是“我们不能因为空气脏就不呼吸”，李秋零很自然想到“因噎废食”，但是在反复斟酌后，他决定还是按照字面意思直译，他觉得这样至少能告诉读者，德国人是如何表达“因噎废食”的。对于翻译界常常引为笑谈的将“银河”译成“牛奶路”的翻译做法，李秋零却认为，这种直译法至少透露出了一个信息：西方语言里是如何表达中国人眼中的银河的，就此而言，“牛奶河”不算十足错误的翻译。③苗力田先生的翻译原则强调的是翻译要传达出彼时彼地的人是如何言说的，这样的翻译才可谓“确切”。正是受到这种翻译观的影响，李秋零在翻译中重视“信”和“达”以达乎“确切”。因此，李秋零并不主张将西方语言中“说魔鬼魔鬼就到”和“鳄鱼流眼泪”这些具有明显异域语言特色的表达法，在翻译时变译为“说曹操，曹操到”和“猫哭耗子”这些具有中国特色的表达法。可见，基于对“确切”原则的遵守和对“信”和“达”的追求，李秋零对于翻译界的异化和归化译法之争，他是倾向于通过“异化”来存“洋气”的。

---

① 张春海．十年功夫不寻常——访《康德著作全集》主编李秋零．光明日报，2001-04-14(12).

② 张春海．十年功夫不寻常——访《康德著作全集》主编李秋零．光明日报，2001-04-14(12).

③ 陈洁．李秋零：酒酣胸胆译康德．中华读书报，2010-04-28(9).

在强调对原文的"确切"情况下，李秋零的译本基本上保持了原文的句式和结构，个别地方的译文因此难免会有繁复之嫌。这样翻译的弊端是精确性虽然提高了，但是可读性差了。在精确性和可读性之间如何权衡，是考验译者决断能力的，是判断译者究竟是把为作者服务放在首位还是把为读者服务放在首位的关键，译者"一仆二主"的身份委实难做。苗力田先生翻译原则中强调既要"确切"，又要"清通可读"，这两者本身存在冲突之处，译者很难把握这当中的度。衡量这个度的标准在哪里呢？陈嘉映先生认为，翻译的本质是传达理解，如果译者的"确切"翻译最终让绝大多数读者不理解甚至误解，那么译者所做的工作是没有多大意义的。因此，达乎"确切"的基础在于绝大多数读者是否可以理解，从这个角度来思考，"清通可读"绝对不可以被忽视。

张志扬比较了邓晓芒和李秋零翻译的"三大批判"，认为他们二人具有不同的翻译风格："邓译属意在言先，理解在先，而且将自己的理解融入了翻译，李译则是言在意先，康德怎么说，他就怎么译，还尽量让康德说中文，翻译是让原文再生。"[①] 熊伟先生曾说，翻译是给不懂外文的人看的。因此，译者的翻译工作的最终目的就是让不懂外文的读者能够读到外文原版书的确切内容，在此意义上可以理解为，康德著作的中译者的任务就是让"康德说汉语"。

李秋零认为，"翻译和研究不同，研究者可以超越康德，但译者不能，译者的最高境界，就是追踪康德，最终变成康德。回到他的时代，像他那样思维"[②]。为了让康德能"说中国话"，李秋零煞费苦心地细细斟酌每一个词句的翻译，按他自己的话说，十年的翻译，使他得到了"跟踪"康德、"理解"康德和"变成"康德的机会。[③]

翻译康德是项很艰巨的工作，在翻译中他遇到了很多不得不面对的挑战。而且由于"翻译与写作不同，写作时遇到困难可以绕过去不写，

---

① 陈洁．李秋零：酒酣胸胆译康德．中华读书报，2010-04-28(9).

② 陈洁．李秋零：酒酣胸胆译康德．中华读书报，2010-04-28(9).

③ 张春海．十年功夫不寻常——访《康德著作全集》主编李秋零．光明日报，2001-04-14(12).

但是翻译不能绕，碰到任何问题都要解决”[①]。

李秋零坦言，他遇到的第一个挑战就是康德太博学了。康德的著作涉及他那个时代几乎所有的学科领域。对于康德的批判哲学，尽管其语言晦涩，有一些与现代不一致的拼写或者句式，但是翻译的底本已经由编辑者做了大量的校勘工作，很多问题业已解决，因此翻译批判哲学这部分的难度不太大。但是，康德著作中涉及其他学科领域的知识时，翻译就变得困难了，尤其是康德前批判时期的文章和自然科学的部分，这是翻译中最困难的部分。李秋零常常为了一个现在早已废弃的度量衡单位去查好几天的资料。在翻译这部分内容的过程中，李秋零几乎完整地“复习了 18 世纪的自然科学史”[②]。这是因为：

> 在康德生活的 18 世纪，自然科学的规范与现代并不一样，他使用的很多术语现在已经淘汰了；他涉及的一些自然科学知识，早已被历史抛在后边，甚至已被历史抛弃了。翻译时必须了解他那个时代相关学科的发展水平。有些资料查起来是相当困难。在翻译的初期，互联网不发达，为了确定一个词在康德时代的具体含义，常常要到图书馆去查半天。[③]

另一个挑战就是翻译《康德著作全集》最后一卷中的《自然地理学》。这本书的内容涉及世界各地的风土人情。由于康德本人一生都没有离开过哥尼斯贝格，他所了解到的其他国家的情况主要是来自别人口述的游记。这些游记的作者并不都具有专业的知识，有些内容实际跟现代科学知识根本沾不上边，比如说遇到某些动物的名称，在现代科学里根本找不到相对应的术语，遇到这种情况国外译者是如何处理的?

> 同属于拉丁语系的英国人、法国人都是把拉丁字母照抄就行

① 张春海．十年功夫不寻常——访《康德著作全集》主编李秋零．光明日报，2001-04-14(12).

② 张春海．十年功夫不寻常——访《康德著作全集》主编李秋零．光明日报，2001-04-14(12).

③ 张春海．十年功夫不寻常——访《康德著作全集》主编李秋零．光明日报，2001-04-14(12).

了。日文的康德全集，也是把拉丁字母抄下来，在下边加一个注："不明"。后来我也只好采用这种办法，保留原文。如果勉强翻译出来，反而制造混乱。①

由此可见，李秋零遇到这种情况时，为了避免混乱，采用的办法是像国外译者普遍采用的零翻译（不译），把拉丁字母照抄下来，注明"不明"。

除开动物的名称难翻译之外，书中还有大量的地名，在翻译上也让人伤透了脑筋，日本学者牧野英二在《中国康德哲学翻译史的现状与课题》（『中国におけるカント哲学の翻訳史の現状と課題』）中提到：

据李秋零教授讲，在《康德著作全集》中最辛苦的翻译工作是翻译《自然地理学》。在此书中，收入了庞大数量的人名、地名。在18世纪的康德的时代所使用的地名标识，现如今有的已经"消失"，有的"改了名字"，这样的例子有很多，加之关于那些很难确认事实与否的拉丁语标识的地名，不得不用原文标识。②

在李秋零看来，"翻译康德最大的挑战就是如何跟上他的知识，康德时代的知识"③。正是基于此，李秋零在苗力田先生的翻译三原则基础上加上了第四条"历史感"。因此，译者首先要理解康德才能翻译康德，不仅要"把自己变成康德，沿着康德的思路去思考问题"，还要"回到他那个时代"④。在翻译康德著作的过程中，李秋零掌握了不少知识，因为"必须把那个时代再复习一遍"。在此基础上，"了解康德，把自己变成康德，然后才能让康德说汉语"。

---

① 张春海．十年功夫不寻常——访《康德著作全集》主编李秋零．光明日报，2001-04-14(12).

② 牧野英二．中国におけるカント哲学の翻訳史の現状と課題．法政大学文学部紀要，2014(68): 7.

③ 张春海．十年功夫不寻常——访《康德著作全集》主编李秋零．光明日报，2001-04-14(12).

④ 张春海．十年功夫不寻常——访《康德著作全集》主编李秋零．光明日报，2001-04-14(12).

3. 重视术语的译名统一和相互区分

受苗力田先生的影响，李秋零对康德哲学中的概念术语也非常重视，在十余载的翻译实践中，李秋零积累了很多宝贵的术语翻译经验。作为译者，他对译名混乱的现状颇为关注。他认为，除开不同的译者可能会采用不同的译名这一因素外，很多研究者在引用康德原文时并不参考中译本，而是自己把要引用的内容从德文本或英译本直接翻译出来，这样也不可避免地造成了一些关键性术语有多种译名并存，其结果必然是康德著作中很多重要名词在国内存在多种译法，毕竟对关键的词汇翻译，是与每个译者自己对康德重要思想的独特理解相关的。李秋零认为，“基本概念译法不统一，不仅给读者和研究带来极大不便，有时甚至会产生致命的误解”[①]。为了避免造成术语译名的混乱，他原则上会根据学术界约定俗成的做法，对于大多数概念术语选择从众译。他引用秦国商鞅变法时反对派中杜挚曾提出的“利不百，不变法”来表明自己在术语译名问题上所持的保守态度。对于既有译名，只要不是明显有错，不影响对康德的正确理解，就尽量采用学界约定俗成的译法。他举了两个例子来例证：

> 比如“先天”“先验”等词，我采用了大多数学者使用的、已被学界普遍接受的译法。对于有些术语，比如 Sein 有两种译法：“是”或者“存在”。实际上我们今天看到康德使用这个词时，就知道这个词本身包含了“是”和“存在”两层意思，没有必要一定规定到哪一个。[②]

根据文炳的考察，a priori 和 transzendental 这两个康德哲学概念的中文译名有 20 余种，其中在国内较为通行的译名是“先天”和“先验”，但是近年来学术界不断有学者建议将其改译为“先验”和“超越论的”[③]，李秋零采用的是为多数人所熟悉的既有译名“先天”和“先验”。至于为

---

① 陈洁 . 李秋零：酒酣胸胆译康德 . 中华读书报 , 2010-04-28(9).

② 张春海 . 十年功夫不寻常——访《康德著作全集》主编李秋零 . 光明日报 , 2001-04-14(12).

③ 争论的历史很长，原因很复杂，非三言两语可以说清，参见：文炳 . Transcendental 的中译论争历史考察 . 上海 : 上海交通大学出版社 , 2012.

什么，他用将 God 译成“上帝”这个译例来予以解释。最初，有批评者认为将 God 译成“上帝”，与中国固有的“上苍”“上帝”概念极容易混淆。但时至今日，大家都知道“上帝”这一词语指的是什么，这种情况显然就没有改动既有译名的必要了。“先天”“先验”等概念的译名情况就属于此类。

至于 Sein 的译名问题，情况就更加复杂。Sein（英文 being，德文 dasein，拉丁文 esse）这个概念，一直就没有统一的译法。其原因主要有二：其一，由于 Sein 是多义词，其本身同时包含了“是”“存在”和“有”的意思；其二，Sein 这个概念，在不同的历史阶段、在不同的哲学家那里所指不同。在黑格尔哲学里是“有”的意思，在中世纪哲学里指的是“存在”，而在逻辑学家那里则被当作“是”。学术界多年来一直在争论将其译为“是”“存在”还是“有”，由于参与讨论的学者众多，对问题切入的角度和关注的焦点不尽相同，究竟该译为“是”还是“存在”仍然未能达成共识。诚然，对于一词多义的概念术语，如果坚持一名一译的术语译名原则，要想找到一个大家都认同的译名并且能够一以贯之适合不同语境，其难度超乎想象。尽管如此，不管把 Sein 译成“是”还是“存在”，大多数研究者都知道“是”或者“存在”是指 Sein。这种情况就属于既已得意忘言，就不必过于死抠译名了。正是基于对 Sein 的翻译困境和现状的充分认识，李秋零才主张，没有必要硬性规定把 Sein 统一译为“是”或者统一译为“存在”。

李秋零在极个别的术语译名上还有他自己独特的译法，尤其是对于那些可能导致误会的概念。比如在康德那里有一对语义非常接近但又有区分的概念：Erscheinung 和 Phaenomena。[①] 这两个词过去大都被译成“现象”。[②] 李秋零将 Erscheinung 译作“显象”，将 Phaenomena 译作“现象”。其依据有二：第一，20 世纪有“现象学”（Phänomenologie）这

---

① 苗力田先生在《哲学的开普勒改革》一文中对这两个术语的联系和区分做出了详细、准确的梳理，参见：康德．康德著作全集（1）．李秋零，译．北京：中国人民大学出版社，2016: 7.

② 蓝公武把这两个词都译作“现象”，韦卓民则分译为“出现”和“现象”（“表象”），邓晓芒译作“现象”和“现相”，详见前述章节的相关讨论。

样一门学科，Phaenomena 是现象学的词根，所以得把“现象”译法留给 Phaenomena；第二，既然把 Phaenomena 译作“现象”，就需要用另外的词来译 Erscheinung，Erscheinung 的本义有“显现”出来的含义，因此就将其译为“显象”。[①] 陈嘉明非常赞同李秋零的这一做法，他认为，李秋零把 Erscheinung 译为“显象”，与译为“现象”的 Phaenomena 区别开来，终于使德文里本来为“显现”的 Erscheinung 回归本义。[②]

再比如康德在《判断力批判》中使用的 Lust 和 Gefallen 两个词，其意思大体上差不多，李秋零认为既然是两个词，就该用不同的词语来翻译以示区别，他便将 Lust 译为“愉快”，将 Gefallen 译为“愉悦”。事实上，在康德那里，Lust 是 Gefallen 的一种，这两个概念具有上下义之区别。这些情况表明，李秋零的翻译工作做得是非常精细的。

还有，康德在《纯粹理性批判》中交代他著述主旨的那句名言“扬弃知识以便为信念腾出地盘”，多年来一直众译纷纭。李秋零在翻译这句话时将“信仰”改译为“信念”，就受到学界的肯定。

对于这些改译，李秋零坦承，“这些译名能否得到学界的承认，尚需拭目以待，毕竟既有理解的差异，也有长时间养成的用语习惯问题”[③]。

李秋零翻译《康德著作全集》的主要贡献在于：

> 在《康德著作全集》中，首次解决了时人对于康德原著引用和理解不完整的缺憾，其全部的翻译都基于原文的语言，即从原汁原味的德文或拉丁文原文翻译成中文，并相对统一了康德哲学术语的译名，对一些重要术语提出了新的译法。[④]

李秋零翻译的《康德著作全集》为康德哲学术语译名的统一做出了不小的贡献，原因在于：第一，九卷共约 340 万字，其中除了康德早期的

---

① 张春海．十年功夫不寻常——访《康德著作全集》主编李秋零．光明日报，2001-04-14(12).

② 张慎．西方哲学史（学术版，第 6 卷）：德国古典哲学．南京：江苏人民出版社，2005: 140.

③ 张春海．十年功夫不寻常——访《康德著作全集》主编李秋零．光明日报，2001-04-14(12).

④ 蒙彬，吕艳平．十年磨砺，为了中国哲学家的宿愿．中国人民大学校报，2010-04-19(2).

几篇短文为他人译、李秋零校，《道德形而上学》为李秋零、张荣合译之外，其余全部为李秋零教授独自完成。与其他多人合作翻译出来的作品相比，这种情况更有利于译名统一。第二，如前所述，李秋零对哲学概念术语的翻译持谨慎保守态度，不会轻易更改既有译名，尤其是已经约定俗成的译名。

邓晓芒和李秋零翻译的“三大批判”是国内康德哲学研究者主要参考的两个中译本，他们两人在翻译康德著作中都非常重视译名的统一问题。李秋零认为，“邓晓芒和杨祖陶先生把‘三大批判’翻译出来，加上邓晓芒翻译的其他康德著作，对于术语统一有所推动”[①]。“邓晓芒一人翻译康德的‘三大批判’，加上其他康德译著，对译名的统一作出了很大贡献。”[②] 李秋零自己在翻译《康德著作全集》时非常重视术语译名的统一问题。在他的译本中，虽然少数概念的译法随语境的不同而有所变化，[③] 但核心概念的译法总的来说保持一致，他认为这非常有利于术语体系的建设。事实上，中国人对西方哲学研究是从翻译开始的，中国现代学术语言的形成也是通过翻译实现的。正如前面韩水法所提到的那样，翻译其实是在创造学术术语系统。因此，每个译者都有责任为构建统一的学术术语系统尽一己之力，这样就可以减少乃至最终消除目前的术语译名分歧为读者带来的诸多不便。

第五节　杨祖陶、邓晓芒

一、杨祖陶

（一）杨祖陶简介

杨祖陶是著名的康德黑格尔研究专家、哲学翻译家，在德国古典哲

① 张春海. 十年功夫不寻常——访《康德著作全集》主编李秋零. 光明日报, 2001-04-14(12).

② 陈洁. 李秋零：酒酣胸胆译康德. 中华读书报, 2010-04-28(9).

③ 参见前文康德主要著作中译本术语译名考察汇总表。

学的翻译、研究和人才培养等方面卓有成就。杨祖陶于 1945 年考入西南联合大学哲学系，师从金岳霖、汤用彤、贺麟、郑昕、洪谦等著名哲学家，1950 年在北京大学哲学系毕业后留校任教，1959 年调到武汉大学哲学系。

杨祖陶在德国古典哲学的研究和翻译上的主要贡献在于他与学生邓晓芒合作翻译康德“三大批判”，以及他本人对黑格尔著作的翻译，尤其是他在 80 岁高龄时首译黑格尔《精神哲学》，填补了国内黑格尔著作翻译的一项空白；之后他又翻译了黑格尔的《耶拿逻辑》，这种为了学术而奋斗终身的精神堪称学界楷模。

（二）杨祖陶的哲学翻译原则

杨祖陶翻译黑格尔《精神哲学》的原则是：第一是使全书的译文切合原书的原旨原意；第二是把译文的准确可信置于首位，在信的前提下求达；第三是务必力求使译文具有较好的可读性。[①] 杨祖陶的翻译原则大体上与苗力田的翻译原则“确切、简洁、清通可读”近似，只是没有提出译文必须简洁的要求，这与他所翻译作品的原文行文风格不同有关，毕竟黑格尔的行文并不像亚里士多德的行文那么简洁。由于黑格尔的作品艰深晦涩，为了使译文具有可读性，杨祖陶主张要“增加必要的译者注释，尽可能地减少读者在阅读中可能遇到的困难和困惑”[②]，事实上，仅仅在整理翻译初稿时他就增加了 130 余条译者注，最长的注释有 1200 多字。在其学生邓晓芒的印象中，“杨先生对待翻译工作极其认真，少有的严谨”[③]。

众所周知，黑格尔《精神哲学》是很难翻译的，杨祖陶在《译事回眸之六：黑格尔〈精神哲学〉首译的漫长岁月》一文中提到，“其中关于‘人类学’这个‘重中之重’的译事中遇到的第一个、也可以说是最大的

① 杨祖陶 . 译事回眸之六：黑格尔《精神哲学》首译的漫长岁月 . 哲学评论 , 2010(1): 357-358.

② 杨祖陶 . 译事回眸之六：黑格尔《精神哲学》首译的漫长岁月 . 哲学评论 , 2010(1): 358.

③ 邓晓芒 . 杨祖陶译黑格尔《精神哲学》的意义 . 博览群书 , 2006(6): 36.

困难就是‘译名’的问题”[①]。由于是国内的中文首译，杨祖陶只有通过英译本，间或通过俄译本或者借助于中文工具书来确定众多的译名。他始终坚持一个原则，那就是所有专门术语的译名都必须是有根有据的，不得有任何差错，不得主观臆造。他以翻译佩舍雷人（Pescherä）为例来说明确定给出其准确的译名是多么艰难。通常，译者在翻译这类词的时候往往采取直接音译了事。杨祖陶认为译者这样做留给读者的是一头雾水，是对读者不负责任的。正如陈嘉映先生所说，翻译的本质是传达理解，如果译者不能传达理解，就等于没有完成翻译的任务。当时他在图书馆里查遍了所有的辞典都找不到这个词，后来还是他的一名博士生何卫平在互联网上查到了该词的相关线索，他又顺着这些线索去查阅了很多资料才最终得以在译注中对佩舍雷人予以详细解释说明，使该词的译名问题最终得到圆满解决。他为此慨叹：

> 对一些领域的某些专门术语或专门名称、特别是生僻字作出准确的译名是多么麻烦、多么费时、多么不易！而对负责任的翻译者来说是不应该轻易绕过去的。[②]

杨祖陶认为，翻译黑格尔著作的困难还来自两个方面：（1）黑格尔“为了标明他所确定的精神的特殊方面和特殊阶段，制定了一些专门术语”，这些术语的译名需要多方面的斟酌和反复考虑。（2）黑格尔“对一个普通的词也往往根据具体情况而赋予特有的意思，这种情形在书中可以说是比比皆是”。有鉴于此，杨祖陶认为，在翻译这类词语时必须“依据黑格尔使用这一个词的全部语境、包括用它来说什么事、什么情况等，来领会其意义而给以恰如其分的翻译”[③]。但是，这样做却委实不容易。杨祖陶在翻译黑格尔《精神哲学》期间因病住院，在输液治疗期间，他满脑子思考的仍然是一些术语名词的翻译，“一些专门术语或语词，你来我往，翻来覆去，无法消停，总想给它们找到一个较为恰当合

---

① 杨祖陶 . 译事回眸之六：黑格尔《精神哲学》首译的漫长岁月 . 哲学评论 , 2010(1): 358.
② 杨祖陶 . 译事回眸之六：黑格尔《精神哲学》首译的漫长岁月 . 哲学评论 , 2010(1): 359.
③ 杨祖陶 . 译事回眸之六：黑格尔《精神哲学》首译的漫长岁月 . 哲学评论 , 2010(1): 359.

适的译法”[①]，真可谓，一名之立，旬月踟蹰。正是在翻译这些术语名词时的反复推敲，使得他后来回忆自己的翻译历程时对其仍然感到记忆犹新，“每个人名、每个术语似乎都能唤起我对当年译事的某些记忆”[②]。

杨祖陶在翻译康德、黑格尔著作时，还有一大特色，那就是，他很注重替读者考虑，其具体举措有：（1）在必要的时候增加译者注释，以便尽可能地减少读者的阅读困难和困惑；他在翻译黑格尔《精神哲学》的过程中，仅仅在整理的“初稿”中就增加了130余条译者注，最长的多达1200余字。（2）在完成正文的翻译之后，他都会坚持做“一件极为费时费力的事，是一件有利于读者的事，也是正规的学术翻译作品不能缺少的事”[③]，那就是编制汉德对照的“人名索引”与“术语索引”。

二、邓晓芒

邓晓芒是杨祖陶与陈修斋先生合招的第二届硕士研究生，邓晓芒的硕士论文《论康德人类学的核心——判断力批判》是在杨祖陶指导下进行的。杨祖陶、邓晓芒二人在康德哲学的研究和翻译上进行了长期的合作，成果丰硕，成就斐然，影响深远。杨、邓二人合作撰写了《康德〈纯粹理性批判〉指要》《康德三大批判精粹》（杨祖陶、邓晓芒编译，人民出版社出版），在此基础上，他们历时七年合作翻译（邓晓芒译，杨祖陶校）了康德“三大批判”，最终将40万字的《康德三大批判精粹》扩大到上百万字的“三大批判”全集——《纯粹理性批判》《实践理性批判》《判断力批判》三个单行本。

（一）康德著作翻译的合作模式

据杨祖陶先生回忆，他们合作翻译的基本流程是：邓晓芒电脑初译2—3万字样稿——杨祖陶手工逐一校核、改正——邓晓芒在电脑上订正，开始下一部分的初译。如此周而复始20个回合。杨祖陶认为，他

---

① 杨祖陶．译事回眸之六：黑格尔《精神哲学》首译的漫长岁月．哲学评论，2010(1): 360.
② 杨祖陶．译事回眸之六：黑格尔《精神哲学》首译的漫长岁月．哲学评论，2010(1): 361.
③ 杨祖陶．译事回眸之六：黑格尔《精神哲学》首译的漫长岁月．哲学评论，2010(1): 361.

们这种一环扣一环分段进行的流水作业式三部曲的工作方式，“对于特别巨大的、两人合作的经典名著的翻译工程，既能保证工作进度，又能保证翻译质量”[①]。他们之间的合作，遵循的是“优势互补、取长补短，尽我所能、合作双赢的共事原则”。国内康德著作的译者们，大都是自己单干，两人乃至多人合作翻译者甚少。像这种两位著名的康德研究者采用一人翻译，另外一人审校的合作方式是有利于提高译本质量的。众所周知，大部头的学术著作翻译，存在错误在所难免，正如杨绛所言，“译文里的谬误，好比狗身上的跳蚤，很难捉拿净尽”[②]。单个人对康德著作内容包括个别词句、术语的理解，难免会有出偏或者考虑不周之处，像杨、邓这种采取两人合作、反复校译的方式，肯定有利于减少错误的数量。再者，国内对译者的翻译作品普遍存在翻译批评的缺失。翻译批评和监督要么根本没有，要么流于形式，在缺少外部监管的情况下，译本质量的保证完全靠译者本人的研究水平、翻译能力以及个人责任心。事实上，国内康德著作的译本绝大多数是没有经过审校的，翻译质量上或多或少地留下了不少遗憾。

杨、邓二人翻译这套康德“三大批判”，前后共计历时七年，翻译中的每一个词、每一个句子都是经过杨祖陶“精心的思索、审视与修正的”，他说，“我的精神支柱就是我所坚持的四个负责——对康德，对学术，对读者，也是对译者负责，其实最根本的是对我自己负责”[③]。相比之前的译本，这套译本质量是非常高的，除了有杨祖陶先生的认真审校以及完全从德文译出的优势之外，还在于邓晓芒本人对所承担的翻译工作性质的清醒认识：

> 像康德这样的哲学大师的作品，我们中国人恐怕要经历好几代翻译家的埋头苦干，才有可能逐渐接近理想的译本，任何单个人的

① 康德. 康德三大批判合集. 邓晓芒，译. 杨祖陶，校. 北京：人民出版社，2009: 后记.
② 转引自：冯奇. 外语教学与文化 8. 上海：上海大学出版社，2012: 706.
③ 康德. 康德三大批判合集（下）. 邓晓芒，译. 杨祖陶，校. 北京：人民出版社，2009, 后记.

努力只能视为前进路上的路标。由此我深感任重而道远。[①]

译本质量高还源于邓晓芒对经典翻译持有一种精益求精的态度："这个译本还远不是那么完善，有很多需要修改的地方"[②]，因此，即使在译本出版之后，他仍然广泛听取各方面的改进意见。由于多年来要求研究生在课堂上把他们的中译本与德文、英文原版对照阅读，所以大多数修改意见（数以百计的）来自课堂上的讨论，这些被采纳的改进意见大部分都反映在后来的数次重印本中了，越到后面的译本，在精确度和质量上就越高。译无止境在这里得到了充分的体现。在所有国内康德著作译者中，邓晓芒的做法，即一方面有审校者对翻译质量多一道把关，另一方面能够广泛地听取并采纳潜在读者的合理修改意见，无疑会在一定程度上提高翻译的质量，这种翻译流程模式值得提倡和推广。

（二）邓晓芒的哲学翻译理念

1. 古典哲学著作翻译的四个规则

邓晓芒在丰富的古典哲学著作翻译实践中确立了自己的四个翻译规则，这些规则或许可以用"忠实"和"全局观"来概括。

（1）忠　实

针对康德和黑格尔由于思想本身的需要都喜欢写长句这一特征，他给自己的翻译立的第一个规则是：在康德没有打句号的地方，我决不妄加句号。[③]因为他在翻译康德著作的过程中发现，"任意截断句子是很危险的，很可能会导致断章取义的误解"[④]，思想原来是怎样被表达的那就还是遵守原来的表达需要。

邓晓芒给自己做哲学翻译立的规则还有：无一字无来由。他认为，做哲学翻译与做文学翻译不同，应该尽量做到"无一字无来由"。他以

① 康德 . 康德三大批判合集（上）. 邓晓芒，译 . 杨祖陶，校 . 北京：人民出版社，2009: 2（合集序）.

② 康德 . 康德三大批判合集（上）. 邓晓芒，译 . 杨祖陶，校 . 北京：人民出版社，2009: 2（合集序）.

③ 邓晓芒 . 黑格尔《精神现象学》（句读本）的翻译理念 . 中国社会科学评价，2017(1): 31.

④ 邓晓芒 . 黑格尔《精神现象学》（句读本）的翻译理念 . 中国社会科学评价，2017(1): 31.

先刚《小逻辑》译本中把 das an sich 和 das Selbst 译作“自在体”和“自为体”为例，指出，这里的两个“体”字都没有着落，“为”字也无着落，Selbst 严格说来只能译作“自”或“自己”，由于没有“身”的意思，因此连“自身”都嫌多了。他感觉先刚的这两个译名都存在随意性。

邓晓芒做哲学翻译的第三个原则是：“多直译，少意译，不到万不得已时，尤其是当你还没有琢磨透的时候，更不要意译。”①

（2）全局观

邓晓芒做古典哲学翻译的第四个要求是：考虑一个概念在哲学史上所形成的思想关联。这也就是术语译名的全局观。

在《黑格尔〈精神现象学〉（句读本）的翻译理念》一文中，邓晓芒在评论贺麟、王玖兴《精神现象学》译本的两点不足时首先详述的就是这一观点。他认为，贺麟、王玖兴的《精神现象学》中译本的第一点不足就在于术语意识不够。当然，他们翻译时所处的是 20 世纪 50、60 年代，那时候，学者对西方哲学经典著作的翻译和研究尚处于初创阶段，对许多哲学名词术语的翻译还处于探索、体会和尝试过程中，各种译名五花八门而且同一个译者的译法不一致的情况比比皆是。他们还顾不上对一个哲学家的术语在翻译上做到前后一致和统一，能够选到一个在具体上下文中解释得通的译名对他们就已属不易。

但是他认为，在 21 世纪的今天，我们理应对西方哲学经典的翻译提出更高要求。这个要求就是，“一个术语的翻译，不但要顾到它在上下文中的用法……，而且要顾到它在其他地方的上下文中贯通的用法，甚至要尽可能顾到它在与相邻术语的关联中的变形”②。这意味着，对于术语译名的选择，译者需要着眼于原作段落和术语的全局，尽可能统一译名。邓晓芒认为，尽管这一点极为不容易，但是一定要有这个意识。他以对黑格尔哲学术语用法的独特认识作了例证：

> 黑格尔对一个术语的用法是极为严谨的，他还常常从一个词的

---

① 邓晓芒 . 黑格尔《精神现象学》（句读本）的翻译理念 . 中国社会科学评价 , 2017(1): 31.

② 邓晓芒 . 黑格尔《精神现象学》（句读本）的翻译理念 . 中国社会科学评价 , 2017(1): 30.

词根中推出另一个相邻的术语，如从“思维”(denken) 到“思想”(gedacht) 到“默想”(Andacht)，不研究德语的词形变化，你根本猜不到这里面的复杂关系。[①]

他在《黑格尔〈精神现象学〉句读》每一卷后面都附上了详细的德汉术语索引以及汉德词汇对照表，对能够找到的术语做了一种统一的工作；在实在不能统一、只好一词两译甚至多译的地方，就将每种译法出现的页码分别标注出来，以便查对。可见，尽管邓晓芒总体上要求术语译名应该要一名一译，但是，当一名一译在具体语境下行不通时，还是可以一词两译甚至多译。

在对先刚的几个译名提出商榷意见之后，他还就术语翻译总结说：

在哲学翻译中我们一方面要追溯一个词的来龙去脉，推敲每个词最严谨的表达，最好多查词典（如有必要，包括希腊文、拉丁文词典），尽可能直译；另一方面要挖掘该词在西方文化中不同于中国文化的背景和语境，以免貌合神离。[②]

邓晓芒还特别告诫那些外语太好（特别是口语太好）的译者也要勤查查词典，不要凭感觉信手译来，因为哲学文本的翻译有别于一般文学作品或其他文本的翻译。

他以自己对 Pietät 一词译法的思考来对上述译名规则进行例证。他比较了贺麟、王玖兴译本和先刚译本对 Pietät 一词的译法，Pietät 一词本义为“虔敬 / 敬重”，先刚将其译作“恩爱 / 怜爱”，贺麟、王玖兴则针对不同的关系分别译作“怜爱 / 慈爱 / 孝敬”。一方面，从全局观来说，译名应该一以贯之，特别是尽量避免在同一页、同一段话中将同一个词分别译作两个或三个不同的词。另一方面，他认为这些译法都不符合黑格尔的原意，“局限于中国传统对家庭关系的理解，并把它想当然地扩展到古希腊和黑格尔所理解的家庭关系中去，不惜撇开该词原来在西文中

---

① 邓晓芒 . 黑格尔《精神现象学》(句读本) 的翻译理念 . 中国社会科学评价 , 2017(1): 30.

② 邓晓芒 . 黑格尔《精神现象学》(句读本) 的翻译理念 . 中国社会科学评价 , 2017(1): 32.

的意思而强改为中国式的用语”①。邓晓芒认为这种以中释西的做法是削足适履，也许可能让译文更具通俗性和可读性，但其实反倒是阻碍我们真正把握黑格尔思想乃至整个西方思想。基于对古希腊城邦社会和黑格尔所理解的家庭关系的认识，邓晓芒主张用“尊重”这个译名来将“夫妻关系、父母对子女的关系、子女对父母的关系”这三对关系贯通起来，这样应当比较符合黑格尔用 Pietät 这个词的原意。

2. 现象学文献翻译的 5 个原则

邓晓芒对哲学术语翻译比较成熟的思想也体现在他 2007 年发表在《学术月刊》上的论文:《关于现象学文献翻译的思考》。该文中，他提出了翻译现象学的文献要遵循的 5 条原则，其实这些基本原则也是翻译康德哲学术语乃至西方哲学术语时可以借鉴的。不妨摘录下这 5 条原则：

> 翻译现象学的文献，一是要注意其思想和术语在西方哲学史上的来龙去脉，而不能仅凭词典和想当然，对德国古典哲学的熟悉是准确翻译现象学文献的一个必要的前提。二是要注意尽可能避免用自己的文化语汇去随意附会西方学者的概念术语。三是在译名的选择上，要注意对整体义理的贯通与把握，不要纠缠于术语的精密含义而陷入几乎寸步难行的境地，没有充分的理由，不要轻易替换一个约定俗成的译名，尽可能避免新造、生造译名，要保持对于“意译”的警惕性。四是要尽可能原原本本地依照词的构词法和句子的句法来直译，必要时要“硬译”，句子要以简洁为美，朴素为美，不要多余的装饰。五是从现在起，翻译现象学的文献必须做好详细的术语索引，包括注明中外文对照及每个术语出现的页码。②

第一条，如果挪用于对康德著作的翻译，可以解读为，康德著作的译者要熟悉德国古典哲学，翻译时不能仅仅凭词典意义或者想当然来翻译，而是要结合康德思想和康德所用的术语在西方哲学史中的演变历程来翻译。第二条其实是要求译者不要进行比附翻译，避免以中释西，用

---

① 邓晓芒 . 黑格尔《精神现象学》(句读本)的翻译理念 . 中国社会科学评价 , 2017(1): 32.

② 邓晓芒 . 关于现象学文献翻译的思考 . 学术月刊 , 2007(9): 37.

中国的文化语汇去比附和翻译康德哲学术语。在邓晓芒看来，这一条其实与第一条是密切相关的，他指出，"中译者如果不注意西方思想本身的传统和脉络，就很容易按照自己的汉语文化的脉络去翻译西方哲学的词汇"，就很容易"用中国人的体验方式来诠释西方哲学的内在意蕴"。① 第三条是强调要对译名的义理进行整体把握，注意所选译名尽量能在原文的不同语境中都能贯通。译者不要过于纠缠术语的精密含义，这是因为翻译过程中很难在译语中找到与原文绝对对等的概念，如果过于纠缠术语的精密含义，则会陷入不可译的窘境。邓晓芒反对那种"过于关注从一个词的词源上来寻找对应的中文译名，而疏于对整体义理的贯通和把握"的做法，他认为对词源的探求是必要的，但要想找出一个十全十美的对应译名来"是不切实际的，也是不必要的"。② 为此，邓晓芒还引用维特根斯坦"一个词的意义就是它的使用"来提醒大家关注译名的具体用法。他指出，尽管有时候某些译名不太恰当，但是"只要不公然妨碍基本的理解，我们就应当在一定时期内给它一个宽容度，在运用中更准确地把握它的原意"③。从这里可以看出，邓晓芒其实是意识到大多数哲学术语存在一定的不可译性，或者说，他对哲学术语翻译的困难有充分的认识，才会要求对术语译名的"宽容"。同韩水法、李秋零等一样，邓晓芒在译名的选择上也持保守态度，他主张对于约定俗成的译名没有充分的理由就不轻易替换它，译者要尽量避免新造、生造译名。这种他称之为翻译上的"奥卡姆剃刀"的做法"有利于形成相对稳定的学术语言和促进更加畅通的学术交流"④。他还指出，尽管汉语在构词法上具有灵活性的优势，然而如果不加以节制，就会导致"汉语译名的爆炸或'语言狂欢'，失去译名相互之间联系的线索和脉络"⑤。除非对于像海德格尔那样喜欢生造术语的哲学家，只有跟着他去造字（词）之外，一般情况下，能够用旧译名表达的决不自创新译名。第四条强调要依照词的构词

① 邓晓芒 . 关于现象学文献翻译的思考 . 学术月刊 , 2007(9): 38.
② 邓晓芒 . 关于现象学文献翻译的思考 . 学术月刊 , 2007(9): 41.
③ 邓晓芒 . 关于现象学文献翻译的思考 . 学术月刊 , 2007(9): 41.
④ 邓晓芒 . 关于现象学文献翻译的思考 . 学术月刊 , 2007(9): 41.
⑤ 邓晓芒 . 关于现象学文献翻译的思考 . 学术月刊 , 2007(9): 41.

法和句子的句法来直译、“硬译”，句子要以简洁、朴素为美，不要多余的装饰。他提出了对严复“雅”的标准的新理解：不一定是文字本身的雅，而是文气、思路贯通的雅。显然，为了“雅”而增加“多余的装饰”会增加原文没有的含义，会不自觉地加入译者自己的看法，这是哲学翻译要忌讳的。第五条要求译者做好术语索引工作，这是为方便读者和研究者的考虑，是值得提倡的。

3. 对杨邓“三大批判”译本的评价

杨邓译本是根据德文原本译出的，译者对原文义理的探究是锲而不舍的，正如邓晓芒本人所言，“敝人不幸染上了一种‘原版癖’，即不把作者所要表达的意思彻底搞通、搞透，誓不罢休”[①]，这正是杨邓译本相比其他译本的优势所在。倪胜在评论杨邓的《康德三大批判精粹》时就说，“用德文本与《精粹》相对照，你就会吃惊地发现杨邓译本相当忠实和可靠”[②]。倪胜举出了几个术语译名的例子来说明杨邓译本的优势。

例 1 杨邓译本将 Kritik des Geschmacks 译成“鉴赏力批判”，相比韦卓民将其译作“审美批判”（易与 aesthetische Kritik 混淆），当然是更佳。

例 2 对于 Prinzip 和 Grundsatz 两个术语，韦译不作区分地译为“原理”，而杨邓则将其分别译为“原则”和“原理”，这对读者准确理解康德是更有利的。

例 3 杨邓译本把康德所用的 Dasein 译为“存有”，使之与 Sein“存在”有别，这大概是考虑到了海德格尔对 Dasein 和 Sein 的区分，这一做法是此前译本从来没有注意过的。

例 4 杨邓译本把 Gegenstand 与 Objekt 分别译为“对象”和“客体”，英译（Kemp）一律译为 object，未能看出康德对这两个词的用法是有区别的，韦译依据英译也未对此二词作出区分。尽管庞景仁所译的《未来形而上学导论》中对这两个词的区分有过说明，但

① 邓晓芒. 冥河的摆渡者——康德的《判断力批判》. 昆明：云南人民出版社, 1997: 后记.

② 倪胜. 评《康德三大批判精粹》. 世界哲学, 2004(6): 32.

是康德在《导论》中的区分与在《纯批》里的区分是不同的。[①]

这当然有一定见地。在笔者看来，邓晓芒对术语语义的细微差别可谓是体察入微，笔者印象较深的还有下列几点。

（1）关注术语用法上的比较性差异

例如，在《冥河的摆渡者——康德的〈判断力批判〉》第 119 页上有这样一段话：

> 这就在种族方面乃至在生物界方面产生出“最后目的”（ein letzter Zweck）这一概念（但还不是‘最终目的’[ein Endzweck]），即生物个体为了种族、为了整个生物圈都成了手段，可以被牺牲而不违背最后的目的性。

邓晓芒对“最后目的”（ein letzter Zweck）与“最终目的”（ein Endzweck）的区分所做的注解如下：

> 韦译本以“最终”译 letzt，以“最后”译 Ende，似不妥，德文 letzt 较 Ende 更具体些，只是指时间上“在后”，Ende 则指一般的“终结”（包括时、空上），更具哲学意义。[②]

从这里可以看出，邓晓芒区分语词在日常普通意义上的使用和在哲学意义上的使用，区分了哪些词有作为专门用语的用法，而哪些词没有。

事实上，邓晓芒为译名所做的注解大多数时候是为了区分两个不同概念而作的。例如：在《判断力批判》[③] 第 258 页上为区分词的主观和客观用法的注解：

> “置信”（Überredung）和上文的“使人确信”（Überzeugung）在康德那里是两个完全不同的概念，前者是主观的，后者是客观

① 倪胜 . 评《康德三大批判精粹》. 世界哲学 , 2004(6): 33.

② 邓晓芒 . 冥河的摆渡者——康德的《判断力批判》. 昆明 : 云南人民出版社 , 1997: 119.

③ 康德 . 判断力批判 . 邓晓芒 , 译 . 北京 : 人民出版社 , 2004. 下文中的《判断力批判》均为该译本，在举例时仅列出页码信息。

的，参看《纯粹理性批判》A820 即 B848。

在《判断力批判》第 140 页上为区分褒义和贬义的注解：

“任情使性”，原文为 Laune，意思是变幻无常的情绪，略带贬义（喜怒无常）；但由它所派生的形容词“诙谐幽默”（launig）却带褒义，所以康德把后者等同于“在好的意义上”的前者。下文的“性情乖张”（launisch）则显然是在“坏的意义上”说的。

在《判断力批判》第 249 页上的注解：

opinabile 可推测的东西；此处译为“意见的事”。

scibile 可认识的东西；此处译为“事实的事”。

mere credibile 值得相信的东西；此处译为“信念的事”。

这点值得我们所有做翻译工作的人学习。

（2）加注说明多义词的所有含义

很多德文词往往一词多义，在译为中文时需要斟酌，为此，邓晓芒经常在根据上下文选择某个词义时，加注说明所有含义。这样的好处是，让读者更全面地体味到哲学家的用词的意味。比如下面几处：

在《判断力批判》第 8 页上的注解：

Gesetz 兼有“规则”和“法律”的意义；此处译为“规则”。

在《判断力批判》第 30 页上的注解：

Interesse 兼有“利益”“兴趣”之义；此处译为“厉害”。

在《判断力批判》第 171 页上的注解：

技艺：艺术，德文为 Kunst，除了包含“美的艺术”外，还包含工艺、技术在内。

传播：德文 fortpflanzung 兼有“传播”和“繁殖”两义。

（3）根据上下文一词多译

虽然邓晓芒主张译名的全局观，也比较注意统一译名，但是他也会根据上下文适当变通。

例 1：因此“批评”（Kritik，即“批判”）在此有双重含义：作为经验的鉴赏批评，它本身就是“艺术”，即要把这种合目的性关系在一个范例上表现出来；作为先验的批判，它又是一门“科学”即批判哲学，要对判断力思维先天原则加以展开和证实。[①]

从这段文字可以看出，邓晓芒认为 Kritik（即通常所谓的“批判”）一词有双重含义，即作为“经验的鉴赏批评”和“作为先验的批判”，邓晓芒根据 Kritik 一词的两种不同语境分别将其译为“（作为经验的鉴赏）批评”和“（作为先验的）批判”。这一做法是有别于此前译本的。

邓晓芒根据 Geschmack 一词的不同使用语境，对其译名进行区别化处理，具体表现在他为 Geschmack 一词的翻译所做的 3 次注解。

在《判断力批判》第 21 页上的注解：Geschmack 兼有“味道”和“鉴赏”的意义；此处译为“味道”。

在《判断力批判》第 30 页上的注解：Geschmack 又译“鉴赏”；此处译为“品味”。

在《判断力批判》第 36 页上的注解：此处“口味”即 Geschmack，又译“味觉”“品味”“鉴赏”。

从上面的三处注解可见，邓晓芒在这三处分别将 Geschmack 译为味道、品味、口味。这显然是根据上下文语境的差别而对同一个词的译文进行区别化处理。类似的区别化处理的例子也出现在《判断力批判》第 253 页的注解中：

信仰：与上文的“信念”为同一德文词 Glaube，译者将根据情况分别译作“信仰”和“信念”。

（4）对不同的词采取多词一译

有意思的是，除开一词多译的情况外，还有多词一译的情况。在《判断力批判》第 81 页上有这样一个注解：

---

① 康德 . 判断力批判 . 邓晓芒 , 译 . 北京 : 人民出版社 , 2004: 65-66.

iucundum 惬意，pulchrum 美丽，sublime 崇高，honestum 德性；此处统译为“善”。

从这里可以看出，他将 4 个不同的德文词统统译为“善”。不同语言对概念的划分不同，正如汉语的“虫子”实际上包括了英文中的 insect（有翅膀的昆虫）和 worm（爬虫）一样。这样做，大概是为了照顾特定上下文的意思吧。

也许邓晓芒的一词多译和多词一译的做法会受到非议，毕竟其违背了一名一译的基本原则。但是，谁又能否认中西语言之间存在某些不对等（或者差异）这一事实呢？笔者认为，邓晓芒的这种处理办法，至少让读者知晓了中西语言上的某些细微差异，对读者正确理解原著大有裨益。

第六节　牟宗三、李明辉

一、牟宗三

（一）牟宗三简介

牟宗三（1909—1995），现代新儒家的重要代表人物之一，现代“新儒家”中集大成者。熊十力先生曾说：“北大自有哲学系以来，惟宗三一人为可造。”杜维明则说：“如今我们可以说，20 世纪中国的哲学家，大概牟先生（指牟宗三）的地位是最高的，他最全面、最深入、最成体系。”牟宗三弟子众多，影响颇大。他独力翻译了康德的“三大批判”和《道德底形上学之基本原则》，并且力图将康德哲学置于中国哲学的思想背景来与之对话。20 世纪 60 年代开始，他还“从头疏解中国传统的儒、佛、道三家之学，而尤重于宋明理学的研究。这以后，牟宗三较多地着力于哲学理论方面的专研，谋求儒家哲学与康德哲学的融通，并力图重建儒家的‘道德的形上学’”①。

① 唐山 . 儒之狂者牟宗三 . 北京晚报 , 2016-12-02(42).

（二）牟宗三翻译康德著作的情况介绍

由于不懂德文，牟宗三所译的康德著作，都是以英译本为依据。以他所译的《纯粹理性之批判》为例：

> 牟先生之翻译此书，主要是以 Norman Kemp Smith 之英译本为依据；遇此译本有不确、不达之处，则参考 J.M.D. Meiklejohn 及 F. Max Müller 各自的英译本，乃至德文本。牟先生中译本之特色是：不但每一句、每一片语，甚至每一字皆清楚地说明其来历；如有必要，甚且将四个版本的相关文字或片语全部译出，并加以比较。[①]

从上可见，牟宗三的翻译态度是非常严谨的，他在翻译过程中是勤于考证的，勤于将不同英译本进行比对求证，他的这种坚持类似于邓晓芒做哲学翻译时给自己所立的原则："无一字无来由。"[②]

牟宗三所译的《康德的道德哲学》包括了康德的《道德底形上学之基本原则》和《实践理性底批判》两书。牟宗三译这两书是根据英人阿博特的译本。他在翻译《道德的形而上学之基本原则》时，还同时参考了美国人贝克的英译本和英国人佩顿（H. J. Paton）的译本。由于《实践理性底批判》的英译只有阿博特译与贝克译，无佩顿译，所以他所依据的是阿博特译本，但经常附贝克译本以作参考。他之所以要依据阿博特之译而译，是因其流行已久，而且贝克和佩顿两译本与阿博特之译仅在"措辞有异，而意旨相同，小出入则有之，而相违逆者则甚少"[③]。牟宗三自述，若在翻译过程中遇到三种译文相违而不明朗处，则查对德文，直接从德文译出。但是，牟宗三不懂德文，何以据德文而译呢？

> 若遇三译相违而俱不显明者，则查质德文原文，径依德文而译，此必予以注明。于此等处，岑溢成、邝锦伦、李明辉、胡以娴诸同学帮忙甚大。直从德文译固佳，然从英文译而改正其错误，亦

① 康德 . 纯粹理性之批判（上）. 牟宗三 , 译 . 台北 : 联经出版公司 , 2003: 编校说明 .
② 邓晓芒 . 黑格尔《精神现象学》（句读本）的翻译理念 . 中国社会科学评价 , 2017(1): 30.
③ 参见：康德 . 康德的道德哲学 . 牟宗三 , 译 . 西安 : 西北大学出版社 , 2008: 1-2.

非无价值。盖英文如此普遍流行，读英文者多，而不必皆能读德文也。[①]

可见，他查证德文本所依赖的是懂德文的李明辉等弟子。

牟宗三在译出康德的《道德底形上学之基本原则》《实践理性底批判》及《纯粹理性之批判》之后，原本打算不再翻译《判断力之批判》，直到20世纪80年代中叶，他在台湾看到宗白华翻译的《判断力批判》之后，“深感宗译本不能达意”[②]，自觉年事已高，只适合做翻译工作，才产生了翻译康德的第三批判的想法。牟宗三翻译的《判断力批判》是以Meredith英译本为底本，正如他在译者之言中所述：

说道译文，吾是据Meredith之英译而译成。关此译文，吾会反复修改过好多次：先改其错误，后改其模糊不清，凡稍有疙瘩处必予以顺通抚平。英文有三个翻译，一是Bernard译，二是Meredith译，三是Pluhar译。三个译本皆有好处，亦皆有误处或不谛当处。凡遇难通处，吾必三译对刊。遇有专词或名词不谛当处，吾必对质德文原文。[③]

可见，牟宗三提高翻译质量的手段是通过反复修改以纠错，并使译文在表达上意思清楚、条理通顺。第三批判的翻译历时7年有余，译稿最终完成于1991年。根据牟宗三自述，“吾译前两《批判》时，未曾费多次修改工夫，故于译文以此译为较佳”[④]。

牟宗三以一己之力译注康德的“三大批判”及《道德底形上学之基础》，其篇幅之庞大、工作之艰难可想而知。因此，除开不懂德文的硬伤之外，他所译注的康德著作还存在一些其他缺憾。例如，牟译《康德〈纯粹理性之批判〉》并非第一批判的全译本，牟宗三没有译出康德的《纯粹理性批判》的“先验方法论”部分，因为“如此整治太费工夫，亦

---

① 康德 . 康德的道德哲学 . 牟宗三 , 译 . 西安 : 西北大学出版社 , 2008: 1-2（译者之言）.
② 康德 . 判断力之批判（上）. 牟宗三 , 译 . 台北 : 联经出版公司 , 2003: 编校说明 .
③ 康德 . 判断力之批判（上）. 牟宗三 , 译 . 台北 : 联经出版公司 , 2003: 5.
④ 康德 . 判断力之批判（上）. 牟宗三 , 译 . 台北 : 联经出版公司 , 2003: 6.

费精力”而“不想再译，期来者续成”[①]。

（三）牟宗三论康德著作的翻译

1. 翻译康德著作的独特旨趣

牟宗三认为，康德哲学著作传世 200 余年来，中国还没有“严整而较为可读之译文”[②]，这就意味着康德学尚未真正吸收到中国来，国人也就无福分参与康德学。在他看来：

> 吾人如不能由中文理解康德，将其与儒学相比观、相会通，观其不足者何在，观其足以补充吾人者何在，最后依“判教”之方式处理之，吾人即不能言消化了康德。[③]

可见，他翻译康德哲学著作的目的是帮助国人用中文来理解和消化康德思想，将康德哲学与儒学进行对比研习并将二者相会通。通过译介康德思想，可以了解其不足之处，以及康德思想可以在哪些方面对中国思想进行补充。

牟宗三在翻译过程中是如何来帮助读者消化康德呢？

牟宗三认为，翻译康德著作不易，理解康德著作亦难。尽管翻译康德著作耗费了大量的工夫，但如果翻译完毕之后不加以疏通，即使已经译成中文，读者未必能看懂，即使译文明畅可读，读者也不易理解，以“此概念语言太专门故，全部批判哲学之义理之最后的谐和统一太深奥故”[④]。

为此，牟宗三给出了这样的应对方法：一方面，在翻译过程中为译文增加大量的按语[⑤]进行疏解，正如他在《判断力之批判》译者之言中所

---

① 康德 . 纯粹理性之批判（上）. 牟宗三，译 . 台北：联经出版公司，2003：编校说明 .

② 参见：康德 . 康德的道德哲学 . 牟宗三，译 . 西安：西北大学出版社，2008：6（译者之言）.

③ 康德 . 康德的道德哲学 . 牟宗三，译 . 西安：西北大学出版社，2008：6（译者之言）.

④ 参见：康德 . 判断力之批判（上）. 牟宗三，译 . 台北：联经出版公司，2003：7（译者之言）.

⑤ 按语不同于译注，其目的在于将康德哲学与儒学相比观、相会通。比如牟宗三在其所译的《康德的道德哲学》中为“智的直觉”所作的按语长达 7 页，参见：康德 . 康德的道德哲学 . 牟宗三，译 . 西安：西北大学出版社，2008：282-288。

言，“好在关节处，吾在译文中皆有按语以点示之”[1]。再如他在《康德的道德哲学》译者之言中所言：

> 读此书亦须先有《纯粹理性之批判》之知识。吾于译此书时，多随时加按语，而于分析部第三章加按语尤多，以期与儒学相比照，使吾人对于双方立言之分际可有真切之理解。康德对于道德情感与良心等之看法是其不同于儒家正宗孟学系之重要关键，故吾将其《道德学的形上成素》之《序论》中关于道德情感、良心、爱人以及尊敬之文译出附于《实践理性底批判》之后，以作比观。[2]

可见，牟宗三在翻译康德著作时，往往会根据自己对康德哲学和儒学的理解来撰写按语，帮助读者理解康德哲学和儒学的分合，比如说，他认为康德对道德情感与良心等的看法与孟学在一些关键之处存在不同，因此他将《道德学的形上成素》之《序论》中关于道德情感、良心、爱人以及尊敬的部分翻译出来附在《实践理性底批判》后，[3]以帮助读者阅读译文时将康德哲学和儒学思想进行对比。

另一方面，他在译本前面撰写长文进行导引。比如在翻译《判断力批判》的过程中，他就审美判断之超越的原则——“合目的性之原则”写了一篇长文进行详细的疏导与商榷。他认为康德讲述此原则实有不谛处[4]，因此，他在疏释过程中“就审美判断之四相重述审美判断之本性，然后依中国儒家之传统智慧再作真美善之分别说与合一说，以期达至最后之消融与谐一”，牟宗三自信满满地认为，“此则已消化了康德，且已超越了康德，而为康德所不及”[5]。

正是基于要为中华民族完成此种伟大事业的决心，他精心撰写了《现象与物自身》和《圆善论》来分别帮助读者依据中国的传统智慧消化

---

① 康德．判断力之批判（上）．牟宗三，译．台北：联经出版公司，2003：7（译者之言）．

② 康德．判断力之批判（上）．牟宗三，译．台北：联经出版公司，2003：7（译者之言）．

③ 参见：康德．康德的道德哲学．牟宗三，译．西安：西北大学出版社，2008：405-413．

④ 不谛处何在？牟宗三认为，“康德以审美判断沟通‘自然’与‘自由’之两界，此实缺少了一层周折，他无我所说的合一说，审美判断亦担负不起此沟通之责任”。参见：康德．判断力之批判（上）．牟宗三，译．台北：联经出版公司，2003：7（译者之言）．

⑤ 康德．判断力之批判（上）．牟宗三，译．台北：联经出版公司，2003：7（译者之言）．

理解《第一批判》和《第二批判》；撰写了《商榷：以合目的性之原则为审美判断力之超越的原则之疑窦与商榷》一文（该文长达95页）置于他所译的第三批判卷首，来帮助读者依据中国的传统智慧消化理解《判断力批判》。他认为了解中西两种智慧传统殊为不易，要慢慢来。他自觉对中华民族乃至于对人类的贡献就在于他能“依中国智慧传统会通康德并消化康德。此非浅尝者所能知也，亦非浮光掠影者所可轻议也”。他的这些努力，“可引导读者去读此译文，并去接近康德之思理。读者可不赞成吾之所说，然总可借此以接近康德也”①。

2. 康德著作翻译困难的原因

在牟宗三看来，康德著作有两个显著特征导致翻译困难，其一是：“康德造句本极复杂，因插句太多，系属语太烦故也。”其二是：“康德原文代词太多，英译仍多，此最令人头痛，故于中文必须实指，否则必一团糊涂。然于明其实指时亦易闹成错误。”②因此，对于这种句子结构复杂、短语及从句间关联复杂的文本，只有煞费苦心地弄清楚其句法结构之后再重组译文。他的具体对策是：

> 其插句系属句太多，实难直接硬捏于一起者，则只有拆开，先略译纲脉，后详补述，多加重复以联系之，如此，则亦自成文气而不失其主从。然于如此多之系属语，必须谛看其关联，稍一不慎，便成错误。③

可见，他主张将康德著作中的复杂句子先行拆开，翻译出其句子主干，再往主干上添加修饰成分，并将各部分联结起来。这样句子就会主从分明而且连贯。因为系属语太多，必须仔细查看其关联，否则一不小心就会犯错。

除开在《康德的道德哲学》的译者之言中提及康德原文的代词难以翻译之外，牟宗三在其《判断力批判》译本的译者之言中再次提及康德

---

① 康德．判断力之批判（上）．牟宗三，译．台北：联经出版公司，2003: 7（译者之言）．
② 参见：康德．康德的道德哲学．牟宗三，译．西安：西北大学出版社，2008: 2(译者之言)．
③ 康德．康德的道德哲学．牟宗三，译．西安：西北大学出版社，2008: 2（译者之言）．

著作中的代词难以翻译。他说：

> 康德原文那些代词是很令人头痛的。英译亦常顺之而以代词译之。中文代词是单一直代，一看即明，不会弄错。但英、德文无此方便，虽有性别，单数、多数之不同，但以名词多端，不明其究代何者，故常出错。[①]

牟宗三在这里指出了中文代词和英、德文代词的差别：中文代词是单一直代，所指一目了然；而英、德文代词在性、数上多有分别，如果未能分清楚其所指代的具体内容，就常会犯错误。为此，他采用的对策是：

> 吾于译文皆以实字明指，虽多重复，然却清楚。即使用代词，亦必顺中文习惯，单一直代，决无错杂多端者。我经过这样多次的修改顺通，故每句皆可明畅诵读，虽络索复杂，然意指总可表达。[②]

可见，他在译文中往往根据中文习惯，用实指代词表明其所指，而且往往不嫌重复地使用代词来标明指称，尽管这会使句子结构显得繁复，然而其指代清楚、句义明了。笔者最初对牟宗三所谓的代词翻译之困难不以为然，后来看到牟宗三在《康德的道德哲学》的“二版改正志言”中有一特别说明，始觉其言丝毫没有夸大其难，兹附录如下：

> 至此，我们看到“道德”哲学已被致至一危急的生死关头之境，因为它必须保持绝对稳定，纵然它在天上或地下没有任何一物来支持它。在此，它必须如其作为“它自己的法则之绝对指导者”那样而表明其纯净性，它是其自己的法则之绝对指导者，它不是那样的一些法则之传声筒，所谓那样的一些法则即是那由一“注入的感觉”（an implanted sense，按：如一般人所假定的“道德感觉”，moral sense，此为康德所不许）所私语给它的那些法则，或由“谁知其是

① 康德．康德的道德哲学．牟宗三，译．西安：西北大学出版社，2008: 2（译者之言）.

② 康德．判断力之批判（上）．牟宗三，译．台北：联经出版公司，2003: 6（译者之言）.

什么保护人一类者”所私语给它的那些法则。①

从这段译文可以看出，牟宗三多次重复使用代词“它”，他为此段译文添加的按语如下：

> 按：此是改正文。唯须声明者，此中首句，其他两英译（拜克译与巴通译）不如此。我是依阿保特之译而译。其他两英译于“危急的生死关头之境”（危险之境）后，用关系代词 which 重说此境为必须被稳定者，不用“它”字指说哲学，亦无“因为”字。至于下句之主词，拜克译明标为哲学，而巴通译则用女性代词“她”字以指说哲学（按：哲学即道德哲学，道德两字是我所加，原文及英译皆无）。是则其他两英译显然是分别指说。查康德原文，文法上或许是如此，究竟如何，我不能定。但于义理上，若说那危急的生死关头之境（危险之境，precarious position，miplichen Standpunkt）必须坚固地被稳定，似乎不甚通。阿译或亦有见于此乎？若如阿译，则下句正说“哲学必须表明其纯净性”云云，此即是承上句中之“因为”句而明说哲学之如何坚定其自己而不使其自己歧出，即如何稳定住其自己。此则上下一律，亦甚通顺。若依其他两英译译出，则不顺适。若上句用关系代词单指处境（立足地）说，不把“危急”或“危险”算在内，则应说哲学之处境（立足地），不应只说处境，而若如此，则又不能用关系代词。只说处境即是指前文“危急之境”说。此是其他两英译之难处。究竟如何须待明者裁决。兹暂时仍依阿保特之译而译②。

此处的按语，在末尾将理解上的疑惑留给“明者裁决”，这一例子揭示了牟宗三所言代词翻译的困难之所在，也同时可以证明他在翻译中确实是“凡遇难通处，吾必三译对刊”③，足见其翻译态度之严谨。

---

① 参见：康德．康德的道德哲学．牟宗三，译．西安：西北大学出版社，2008: 7-8（二版改正志言）.

② 参见：康德．康德的道德哲学．牟宗三，译．西安：西北大学出版社，2008: 7-8（二版改正志言）.

③ 康德．判断力之批判（上）．牟宗三，译．台北：联经出版公司，2003: 5（译者之言）.

3. 康德著作译者必须具备的条件

牟宗三在《康德的道德哲学》一书中自述自己的英文并不精熟。但是，他同时又指出：

> 然英文程度高雅精熟者亦不必能译此书。吾见有好多英文程度比我好者，于译此类文字时，无法措手；勉强译出，亦不能达。[①]

为什么外文好不一定能做好翻译工作呢？在他看来，一方面，翻译本身即是一种工夫，需要耗费大量时间来进行大量的实践才能达到熟练翻译的水平，因此，年轻人不宜来做翻译。另一方面，“此种译事，除哲学训练外，完全是咬文嚼字的工夫”[②]。因此，他指出，“是以译事之难有虚有实，实者是学力，虚者是文字”[③]。翻译之困难来自译者自身的学力（即中西哲学的学养）和文字（语言素养，即中文和外语的语言功底）两个方面。

牟宗三所谓的“实者是学力”具体指什么？理据何在？据笔者考证，其“学力”的说法包括两个方面：其一，他认为，他之后的康德著作译者，“必须先精熟于儒学，乃至真切于道家佛家之学，总之，必须先通彻于中国之传统，而后始可能”[④]。其二，牟宗三对宗白华所译的《判断力批判》非常不满意。在他看来，宗译是“译文全无句法，无一句能达”[⑤]。让牟宗三最初感到疑惑的是，为何曾经留学德国、通德文、一生讲美学的宗白华先生所译的《判断力批判》会如此不堪？细思之后他认为，这是因为“宗先生虽一生讲美学，然其讲法大都是辞章家的讲法，不必能通康德批判哲学之义理”[⑥]。可见，他认为要翻译好康德著作，译者自身的“学力”很重要。而他所谓的“学力”即哲学专业知识，不具备一定的中西哲学修为，是难以翻译好哲学著作的。牟宗三以不懂德文为

① 参见：康德．康德的道德哲学．牟宗三，译．西安：西北大学出版社，2008: 4（译者之言）.
② 参见：康德．康德的道德哲学．牟宗三，译．西安：西北大学出版社，2008: 4（译者之言）.
③ 康德．康德的道德哲学．牟宗三，译．西安：西北大学出版社，2008: 4（译者之言）.
④ 康德．康德的道德哲学．牟宗三，译．西安：西北大学出版社，2008: 6（译者之言）.
⑤ 康德．判断力之批判（上）．牟宗三，译．台北：联经出版公司，2003: 6（译者之言）.
⑥ 康德．判断力之批判（上）．牟宗三，译．台北：联经出版公司，2003: 6（译者之言）.

憾，他期望以后的译者能够从德文直接译出康德著作，他希望将来的译者“必须先精熟于儒学，乃至真切于道家佛家之学，总之，必须先通彻于中国之传统，而后始可能”①。

牟宗三所谓的“虚者是文字”具体指什么？这里其实说的是译者在文字表述上要学会咬文嚼字，如果译者有严谨的翻译态度，这种困难是可以通过译者的努力来克服的。牟宗三同很多康德著作译者一样，在文字上勤于推敲和考证，即便是在很多看起来非常细小之处也是如此。正如他所言，“巴通说他于翻译之小地方曾烦扰许多朋友与学生，吾亦如此”②。他在翻译中，“凡遇难通处，吾必三译对刊。遇有专词或名词不谛当处，吾必对质德文原文”③。

4. 对译文读者的要求

他希望读者能具备一定的“能力与学力”，能具备一定的预备知识，如果读者能精熟于儒学，理解就容易，如果能“稍熟练于儒、释、道三教之义理规范，并反复熟读译文”，也能够看懂译文。如果没有这些预备知识，即使他在每一段详加疏解，读者也未必能看懂。他还强调对句法把握的重要性，“若看准句法，无有不达者”。翻译如此，阅读亦然。他要求读者“安下心去逐句顺文法结构仔细读，不可当闲文一目十行也”④。

5. 论哲学翻译的信达雅

对于哲学翻译的信达雅，牟宗三有自己独特的看法。他认为，“无误则‘信’，意顺则‘达’，信而达则‘雅’”⑤。在他看来，译者首先要尽量把握英文译本的句法，弄懂句子的句法结构关系，从而在句意理解上不犯错误，对句意的理解没有错误，自然就有可能实现译文的“信”；把句意表达通顺了，就能实现译文的“达”；确保了“信”和“达”，译文就自然而然地“雅”。牟宗三认为，康德著作所采用的是概念语言，而“此

① 参见：康德．康德的道德哲学．牟宗三，译．西安：西北大学出版社，2008: 6(译者之言).
② 参见：康德．康德的道德哲学．牟宗三，译．西安：西北大学出版社，2008: 4(译者之言).
③ 康德．判断力之批判（上）．牟宗三，译．台北：联经出版公司，2003: 5（译者之言）.
④ 康德．康德的道德哲学．牟宗三，译．西安：西北大学出版社，2008: 5（译者之言）.
⑤ 康德．康德的道德哲学．牟宗三，译．西安：西北大学出版社，2008: 4（译者之言）.

种概念语言不能出巧花样，亦不能如做文章之夸饰。若变成鼓儿词之语言，则虽通俗流畅，亦为不雅”。也就是说，对于概念语言不能随意增加文字来润色修饰，如果将概念语言译为鼓儿词（牟宗三家乡鲁南的说唱剧）般的语言，即使通俗流畅了，译文也不“雅”。如果将概念语言像严复那样以中国古文的表达方式译出，尽管译文文雅，此种做法也不可取，因为这样做必然不能达乎“信”；“达”也算不上，此非“译事之达”也。牟宗三认为，用通俗语言来翻译其他类作品是有可能的，但是用通俗语言来翻译康德著作是绝对不可能的。康德著作只适宜用结构严密的概念语言来翻译。中文的行文大多为流线型，而西方语言则大多为结构型，只有用结构严密的语言才能够展现出概念语言的句法结构。基于此种认识，他指出，当初译佛经而形成了佛经体，今译康德的书，则会形成翻译概念语言的学术文体，正如翻译科学书要用科学语言一样，这些都是有别于普通翻译的。如果把这类翻译视为“中文之染污”[①]（即破坏了中文惯有的表达方式），实则是不知道这些是不同类的翻译。

6. 重语法，倡直译

牟宗三在其译注的《康德的道德哲学》一书的“译者之言”中阐述了他在翻译康德著作时首重语法、提倡直译的主张。他指出，“世之译者未仔细看懂句法，亦未认真对过，其不信不达亦宜矣。故吾断言，若看准句法，无有不达者。译既如此，读时亦然”[②]。

可见，在他看来，普通译者如果不仔细去弄懂译文的句法，其译文就必然不信，也就不达。把译文的句法看明白了，就自然能使译文通达，翻译如此，阅读也如此。他说：“吾之此译系严格地对应英文语法而直译，务期由语法定语意，句句皆落实于英文语法之构造，决不可恍惚而臆测，语法不谛，语意不准，则差之毫厘，谬以千里。”[③]

为何要提倡直译呢？他解释说，“此种义理精严之作，概念思辨之

① 康德．康德的道德哲学．牟宗三，译．西安：西北大学出版社，2008: 4（译者之言）．
② 康德．康德的道德哲学．牟宗三，译．西安：西北大学出版社，2008: 5（译者之言）．
③ 康德．康德的道德哲学．牟宗三，译．西安：西北大学出版社，2008: 5（译者之言）．

文，只有直译，无所谓意译”[①]。在他看来，所谓直译，就是看准原文的语法结构，以相对应的中文语法结构（自然是用近代学术性的文体）的句子来表达，译文自然而然地就有可读性。合乎语法就无不可读，不可读必然是不合文法结构，或者存在错谬或矛盾之处而读不通。因此，直译虽然啰嗦，但是并非没有文气。

牟宗三反对意译，他认为，如果对原文把握不准就意译，就会“望文生义，恣意遐想，其愈引愈远、愈远愈误者多矣”[②]，从而远离原文的确定原意。他还说：

> 而况此种义理精严之作，概念思辨之文，虽就文字言，名曰语法之结构，而就义理言，则实为概念之结构，若一有不准，则义理即乖，而可随便意译乎？[③]

由此可见，他认为康德著作属于义理精严之作、概念思辨之文。对于康德原文的语法和义理如果有一个方面没有把握准，译文所传达的意思就会出偏。

（四）对牟宗三译本的评价

1. 方旭东的评价

华东师范大学哲学系教授方旭东先生指出，“牟宗三不是神，他在研究当中，有疏于了解或误解的地方，是正常现象”[④]。由于不懂德文，牟宗三翻译康德是从英译转译的，在方旭东看来，牟宗三的英文也不够好，这种语言上的弱项，不可避免带来翻译上的很多错误，甚至是低级错误。我们不妨举两个例子。

其一，是对 Ärzte（physicians）的翻译。

在《道德的形而上学》中，康德谈到所谓医者之言（in der Sprache

---

① 康德 . 康德的道德哲学 . 牟宗三，译 . 西安：西北大学出版社，2008: 6（译者之言）.

② 康德 . 康德的道德哲学 . 牟宗三，译 . 西安：西北大学出版社，2008: 2（译者之言）.

③ 康德 . 康德的道德哲学 . 牟宗三，译 . 西安：西北大学出版社，2008: 2（译者之言）.

④ 方旭东 . 牟宗三是一座高山　但并非不可逾越 . [2022-07-01](2017-03-10). https://www.thepaper.cn/newsDetail_forward_1636406.

der Ärzte），康德原文用的是 Ärzte，英译者将其译为 physicians。牟宗三根据英译转译时把 physicians 译为“物理学家”。方旭东据此认为牟宗三不知道英文词 physician 除了可以作“物理学家”讲之外还有“医生”的意思。方旭东认为这样的错误是相当低级的。不过笔者认为，对于独自一人将康德“三大批判”从英语译本转译出来的学者来说，偶有疏忽也是难免。

其二，则是对 moralische gefühl（moral feeling）与 moralischer sinn（moral sense）的翻译。

方旭东认为，道德情感（moralische gefühl）与道德认识（moralischer sinn）在德文中的差异是很明显的，英译成 moral feeling 和 moral sense 后也不易混淆。在康德那里，moralische gefühl 是主观性的，不同于总是关联着具体对象的 moralischer sinn。moralischer sinn 提供知识（Erkenntnis），与理论之维（theoretisch）有关。

方旭东反对牟宗三把 moral sense 别出心裁地翻成“道德感取”。至于何谓“感取”？牟宗三的解释是——“感性底作用”，相应地，“道德感取”就是“道德方面的感性作用，一般笼统地说为道德感觉，或更简单地说为道德感”。[①] 方旭东认为，牟宗三只知道 sense 有“感觉”的含义，不知道 sense 还有“认识”“判断”“理解”等含义。方旭东据此认为：

> 而把康德所说的“道德认识”理解为“道德感”“道德感觉”或“道德感取”，康德所赋予它的“理论之维”就难以凸显，毕竟，汉语当中的“感觉”一词很难让人联想到“理论之维”，“感性”毋宁是与“知性”相对而言的。更严重的是，如果把 moralische sinn 理解与翻译为“道德感觉”或“道德感取”，又如何再来领会康德所说的作为“自由选择意志的感受性”的“道德情感”？[②]

---

① 参见：康德 . 康德的道德哲学 . 牟宗三，译 . 西安：西北大学出版社，2008: 406-408. 另外可参见该书中的“二版改正志言”第 7 页以及该书中的《道德的形而上学之基本原则》部分第 76 页。

② 方旭东 . 牟宗三是一座高山 但并非不可逾越 . [2022-07-01](2017-03-10). https://www.thepaper.cn/newsDetail_forward_1636406. 李明辉对此专门撰文予以反驳，参见：李明辉 . 牟宗三误解了康德的“道德情感”概念吗？——与方旭东教授商榷 . 现代哲学，2016(2): 81-87.

基于上述认识，方旭东得出结论：无论牟宗三的悟性或理解力有多高，牟宗三的语言功底还不够好，是无法保证其理解与翻译的正确性的，牟宗三所言的“康德专家未必懂康德”就过于自信了。

其实，牟宗三把 moral sense 在不同的语境中分别译为“道德感取、道德感觉、道德感”肯定是不值得提倡的，毕竟是一名多译了。但是，与“道德认识”相比，“道德感取”“道德感觉”“道德感”也还说得过去，毕竟牟宗三翻译康德，主要参考的是英译本。对此，李明辉就表示过类似意见。他通过对方旭东的论述和康德原文的仔细分析，指出，“我们固然发现牟先生受限于英文译本或疏忽，的确有若干误译康德文本之处，但情节并不严重，基本上无碍于他对康德思想的正确把握”①。当然，牟宗三在术语的表述上与大陆译者明显不同，但其来有自：（1）台湾不像大陆使用白话文，台湾的文言文经过历史的演变已经变得与清代之前的文言文有别，因此大陆读者读起牟译本来，感觉牟译本与自己印象中的文言文也还有差别；（2）牟宗三个人对康德著作的理解也是与众不同的，最重要的一点是他本人对中国哲学的独特感悟使得他对康德哲学的附会理解达到的境界与他人有别。总之，他是根据他自己的语感和对中西哲学的感悟来用他自己熟知的话语表述康德；循着这些思路就能理解为何牟宗三笔下的康德术语在大陆读者看来总觉得怪异，或者别出心裁。

另外，在笔者看来，方旭东先生是主张将 moralischer sinn 译为“道德认识”的。“道德认识”可以作动词，也可以作名词用，可以分别对应于牟译的“道德感取”（动词）、“道德感觉”（名词）。只是，“认识”更似学术专门用语，与“moralischer sinn 提供知识（Erkenntnis），与理论之维（theoretisch）有关”之说法能贯通。相比之下，“道德认识”的译名更优，但是，牟译只是不佳，还不能算错得离谱之列，牟宗三只是未对哲学术语翻译的原则和规范进行深入探究而已，毕竟他属于老一辈学者，不必对其苛责。

① 李明辉．牟宗三误解了康德的“道德情感”概念吗？——与方旭东教授商榷．现代哲学，2016(2): 87.

2. 李明辉等其他学者的评价

牟宗三的弟子李明辉指出了牟译本明显的缺点："即他系透过英译本来翻译这些著作。尽管他详细比对不同的英译本，亦请人核对德文原文（笔者亦曾代为核对），但并无法完全避免误译。"[①] 李明辉在评价牟译本的特点与价值时说：

> 牟先生之翻译康德底著作，是东西两大哲人之心灵照面。牟先生对康德哲学理解的深度在相当的程度内可以弥补其德文知识之欠缺。此外，他所附的注解也大大提高了其译本底价值。其注解有两种：其一，文句和思路之顺通；其二，与中国哲学底相关义理之比较。第二类注解是最有价值的部分。尤其在《实践理性批判》底中译本中，牟先生以不少篇幅比较康德哲学与儒家义理之异同，显出他对中西两个哲学传统的深入理解。牟先生底这类注解可媲美多玛斯为亚里士多德底《形上学》所作的注解。[②]

在李明辉看来，牟译本尽管有着牟宗三不懂德文的缺陷，但是牟译本的优势在于：牟宗三有着深厚的儒学功底和对康德哲学的深度理解。而且，为帮助读者理解译文、消化康德的学术成果，他还在所译的康德著作中，添加了大量的注解和按语，比如说，牟宗三在《康德的道德哲学》中的《道德的形而上学之基本原则》部分对"尊敬"做了长达 800 余字的注解。[③] 在《康德的道德哲学》一书中的《实践理性批判》部分的译文末尾有关于"尊敬"的长达 3 页的按语。[④] 这些注解和按语是牟译本中最有价值的部分。牟译本的特点在于其中有不少篇幅将康德哲学与儒学相对照，进而相会通，牟译本的贡献可谓是使"东西两大哲人之心灵照面"，从而会通中西哲学。

---

① 李明辉．略论牟宗三先生的康德学 // 蔡仁厚，杨祖汉．牟宗三先生纪念集．台北：鹅湖出版社，1996: 527.

② 李明辉．略论牟宗三先生的康德学 // 蔡仁厚，杨祖汉．牟宗三先生纪念集．台北：鹅湖出版社，1996: 527.

③ 康德．康德的道德哲学．牟宗三，译．西安：西北大学出版社，2008: 21.

④ 康德．康德的道德哲学．牟宗三，译．西安：西北大学出版社，2008: 411-413.

王兴国在《牟宗三的康德哲学著作翻译》一文中论及牟译本的特色时说："牟氏惯常在极具古典韵味的中国哲学的语境中译述与诠释康德哲学，因此他的译文的另一大特色，就表现为尽可能以相应的中国哲学范畴或概念对译康德。"[①] 而叶秀山认为牟宗三"不仅以西方哲学文化为参照，对中国传统哲学文化多有阐发，同时也以中国哲学文化为背景，对西方的哲学文化提出了具有中国特色的理解方式"[②]。

尽管牟宗三的翻译确实有其不可磨灭的价值（尤其是在中西哲学会通上）；也有部分学者指出其诸多美中不足之处，例如，杨祖陶先生对牟宗三译本的评价是："牟译本的译者评注是一大特色，但译文所使用的近乎半文半白的文字和对康德哲学术语的个人色彩较浓的译法也偏离了一般读者（特别是大陆读者）的习惯。"[③] 牟宗三的弟子李明辉对其术语译名的评价是："由于牟宗三先生翻译康德的宗旨，并且由于他的行文在风格上与现代汉语相去较远，而且所用术语与我们现在通行的也有很大的不同，是故实有其不足之处。"[④] 诚然，牟宗三译本中有很多术语的译名都与大陆译者的译名出入较大，主要是表述上，现列举一些译例如下：

牟宗三在其所译注的《康德的道德哲学》第 71 页上将 paradox 译为"奇诡"，在第 72 页上将 obligation 译为"责成"，在第 152 页上出现了这样的译文："有两种美：或是自在美（free beauty，pulchritudo vaga），或是依待美（pulchritudo adhaerens）。"对我们大陆读者来说，这三个中译名"奇诡""责成""依待美"无疑显得陌生怪异。

牟宗三在其所译注的《判断力批判》一书第 60 页上将 taste 译为"欣趣"，在第 160 页上将 Gemeingültigkeit（general validity）译为"普遍的妥效性"，第 186 页上将 Bestimmung（vocation）译为"天职定分"，在该书第 219 页上有这样一段译文：

---

① 王兴国 . 牟宗三的康德哲学著作翻译 . 世界哲学 , 2004(6): 37.

② 叶秀山 . 古今中外有分有合 . 中国社会科学院研究生院学报 , 1998(5): 71-72.

③ 引自 : 康德 . 纯粹理性批判 . 邓晓芒 , 译 . 北京 : 人民出版社 , 2004: 中译本序 .

④ 李明辉 . 略论牟宗三先生的康德学 // 蔡仁厚 , 杨祖汉 , 主编 . 牟宗三先生纪念集 . 台北 : 鹅湖出版社 , 1996: 527.

因为审美判断确然只存于此，即：一物之被名曰“美”只在关于“那种造局”中始被名曰美，所谓“那种造局”乃是如此者，即在此种造局中，一物可使其自己适应于我们之“摄取之或领悟之”之方式（即审美品味之方式）：一物之被名曰美只在关于如此云云的“那种造局”中始被名曰美，而审美判断固确然即存于此也。

牟宗三为此写了一个译注，全文如下：

“造局”一词德文原文是“Beschaffenheit”，康德行文多用此词，其意是由如此这般之构造所呈现之征象或性格，故英译以构造（constitution）、性质（quality）、性格（character）、本性（nature）、征象（characteristic）等词译之。Meredith 在此译为“性质”（quality）。皆不能使文意明白，故参照德文译为“造局”。

这里的 4 个译名“欣趣”“普遍的妥效性”“天职定分”和“造局”都是新造词。对这 4 个新造词，笔者多少都还能从中体会出原作所要传达的含义。之所以觉得怪异，是因为这种感觉类似于：我们习惯了中国人的面孔，突然来了几个高鼻子蓝眼睛的外国人。

牟宗三的术语译名也有可取之处，例如在牟宗三所译注的《判断力批判》第 179 页上可以发现，他将 apprehension 译为“摄受”，将 comprehension 译为“综摄”。尽管大多数大陆读者在初看起来可能不明就里，但是仔细辨识，至少可以看出，牟宗三是为了用两个不同的译名来表达两个存在细微差别的同义词，从这两个中文译名可以看出二者间既有区别也有联系，这一点是值得称道的。事实上，apprehension 与 comprehension 这两个词都有“理解”的含义，但是二者之间确实存在一些细微的差异，apprehension 侧重于“领悟”，而 comprehension 则侧重于综合多种因素后的“理解”。从这里可以看出，牟宗三的英文功底并不差，这两个译名尽管怪异，但是在译者所处的社会历史文化环境下，仍属可以理解和接受的范围。

牟宗三在翻译过程中确实会比对几个译本，他的译本中常常可以读到他比对几个译本的相关信息。例如，在牟宗三所译注的《判断力批判》

第 174 页上可以看到：

> 依此而言，“关涉于认知机能”的那种心灵之激动将作为想象力之数量的拍调”而被归属于对象，而“关涉于意欲之机能”的那种心灵之激动则作为想象力之力学的拍调而被归属于对象。因此，我们遂有上面“表象一对象为崇高”这种表象之双重模式。

牟宗三为其创译的“拍调”写了这样一个译注：

> “拍调”原文是“Stimmung”，此词 Pluhar 译为“attunement”（拍调），较合；Bermard 译为“determination”（决定），非是；而 Meredith 则语为“affection”，亦不达。——译注

尽管“拍调”这个译名对大陆读者来说非常怪异，但是，从这里也可以看出其翻译态度是很严谨的。在这点上，李明辉提供了另一个例子。笔者曾认为，牟宗三在其所译注的《判断力批判》的第 305 页上将 deduction 译为“推证”不太妥当。笔者的理由是，这种译法没有将与之相对的 induction 考虑在内。因为无论是 induction（今译为“归纳”）还是 deduction（今译为“演绎”），都是一种推理方法，问题出在他没有考虑到概念间既相区别又相勾连，概念栖身于概念体系之中，概念之间可能存在上下义、相邻义乃至相对义的关系。但李明辉认为，牟宗三的翻译是正确的。康德使用 Deduktion，是借自法学，而非逻辑学，故不可译为“演绎”。它的意思相当于 justification，译为“推证”是很恰当的。

除开表述上独具特色之外，牟宗三在翻译中对康德哲学思想（尤其是个别关键概念）的理解也颇有与众不同处（个别地方不排除有失偏颇）。后来的研究者对此有过一些讨论。邓晓芒就于 2006 年以“牟宗三对康德之误读举要”为名，发表了系列论文来讨论牟宗三对康德哲学的翻译和解读。[①] 邓晓芒的论文当然引起了一些学者的异议，除开李明辉

① 这一系列论文分别讨论牟宗三的译著和文著中的几个译名：“先验的”“智性直观”“物自身”等。

奋起捍卫其师牟宗三外[1]，也有几位大陆学人发表不同意见。[2]

牟宗三确实是一位颇具争议的学者，正如前文所述，牟宗三大半生的精力用在了融通中西哲学上，支持者谈论的是他的贡献，反对者则对其以中释西颇多微词。

二、李明辉

（一）李明辉简介

李明辉于 1953 年出生于台北市，先后毕业于台湾政治大学哲学系（学士）及台湾大学哲学研究所（硕士），之后赴德国波恩大学进修，于 1986 年获得该校哲学博士学位。现为台湾“中研院”中国文哲研究所特聘研究员、台湾大学合聘教授、中山大学长江学者讲座教授。2002 年及 2008 年先后获得台湾“科学委员会”杰出研究奖，2016 年获得台湾教育相关部门颁发的学术奖。

（二）李明辉对康德译介和研究的主要贡献

李明辉译出了多种康德著作，发表了多篇论述牟宗三哲学的论文，并且多为牟宗三代表的新儒家辩护，因此如他自己所说，常被人误解为“护教的新儒家”，甚至误解为牟宗三的嫡传弟子。但实际上，他和牟宗三年龄差 44 岁，差不多相差两代人。牟宗三任职台大客座教授时，他虽在台大哲学系读硕士，也多半聆听过牟宗三的讲座，但他的导师是我国台湾地区康德研究的重要先驱黄振华，正是在后者的指导下李明辉完成了有关康德道德情感的硕士论文，也正是后者的榜样作用他才同样去德国留学并攻读康德哲学。因而就康德哲学来说，他的研究固然曾受牟

---

① 李明辉 . 牟宗三哲学中的“物自身”概念 // 李明辉 . 当代儒学之自我转化 . 台北：中央研台湾“中研院”中国文哲研究所，1994: 23-52.

② 如：徐瑾 . 牟宗三真的“误读”康德了吗？——就“智性直观”与邓晓芒老师商榷 . 江苏行政学院学报 , 2007(2): 16-19；周浩翔 . 牟宗三先生对康德“先验的观念论”与“经验的实在论”之辨析：兼论邓晓芒教授对牟宗三先生的误读 . 深圳大学学报（人文社会科学版）, 2012(3): 40-45；周建刚 . 论牟宗三对康德哲学“物自身”概念的创造性诠释 . 江西社会科学 , 2007(10): 99-102.

宗三影响，但更多恐怕是受黄振华影响。李明辉还将黄振华有关康德的论文编成了《论康德哲学》(时英出版社，2005)。

李明辉翻译的康德著作主要有:《以形上学之梦来阐释的通灵者之梦》(联经出版公司，1989)、《道德底形上学之基础》(联经出版公司，1990)、《康德历史哲学论文集》(联经出版公司，2015)、《一切能作为学问而出现的未来形上学之序论》(联经出版公司，2008)、《道德底形上学》(联经出版公司，2015)。

除此之外，李明辉还翻译了德国波恩大学教授鲍姆加特纳的《康德〈纯粹理性批判〉导读》(联经出版公司，1988)，出版了《儒家与康德》《康德伦理学与孟子道德思考之重建》等一系列融通中西哲学的著作，发表了很多与融通中西哲学相关的文章。[①]

李明辉在 2016 年联合李秋零，日本学者牧野英二，韩国学者白琮铉、韩慈卿出版了《康德哲学在东亚》一书，该书的出版是东亚康德哲学圈内的盛事。

(三)李明辉有关康德哲学术语翻译的译例举隅

李明辉在其所译注的《道德底形上学之基础》的译后记中提到:

> 译者希望此一译本能达到学术翻译所要求的严谨程度，以供不懂德文的读者研究之用。因此，在翻译专门术语时，译者尽量保留其原貌，避免个人之诠释。譬如，在此书中，康德经常使用 Triebfeder 和 Bewegungsgrund 二词。据他自己的解释，Triebfeder 是“欲求底主观根据”，Bewegungsgrund 则是“意欲底客观根据”。译者即据此将 Triebfeder 译为“动机”，而将 Bewegungsgrund 译为“动因”。因此，道德情感、兴趣、格律、感性冲动等当是“动机”，而道德法则和理念当是“动因”。但康德在此书中，却往往不遵守他自己的区分，而混用这两个术语。译者一律不加改动，以存其真。有时虽令人有弯扭之处，但读者可自行判断其义，译者亦免越俎代庖

① 例如：李明辉．儒家、康德与德行伦理学．哲学研究，2012(10): 111-117, 129.

之嫌。[①]

从这段文字可以看出，李明辉在其早期是主张"翻译专门术语时，译者尽量保留其原貌，避免个人之诠释"，他认为这样做才算是严谨的。[②] 他以将 Triebfeder 和 Bewegungsgrund 二词分别译为"动机"和"动因"为例来进一步加以说明。李明辉同时也指出，康德虽然区分了这两个词，但是却往往混用这两个词。有鉴于此，译者最好不做任何改动以存其真，让读者自己来判断该词在文中的含义。在他看来，译者不做任何诠释（可以避免译者个人主观的诠释），将辨识原文义理的工作让读者自己来完成，以免越俎代庖之嫌。

李明辉非常重视概念术语间的细微差别，在他翻译的康德著作中，常常看到这类的译注。下面以他所翻译的《一切能作为学问而出现的未来形上学之序论》来作几个例证：

其一，在该书第 18 页上有这样一个译注：

> 在康德底用法中，"经验底判断"与"经验的判断"（empirische Urteile）有所区别。相关的说明见本书 §18。

由于德文功底较好，李明辉和邓晓芒一样，能够精确分辨康德术语用法的细微差异。这样的译注，有助于一般读者体察康德用词的微妙。

此外，在该书第 83 页上针对"因此，如果纯粹的知性概念要脱离经验底对象，而牵涉到物自身（理体），那么连它们都完全不具有任何意义"这句话中的"物自身（理体）"，他加了这样一个译注：

> 在康德底著作中，有"事相"（Phänomenon）与"理体"（Noumenon）、"现象"（Erscheinung）与"物自身"（Ding an sich）两组概念。在大多数情况下（尤其是在本书中），康德将"事相"与

① 康德．道德底形上学之基础．李明辉，译．台北：联经出版公司，1990: 121.

② 但是在王兴国的《牟宗三的康德哲学著作翻译》中有这样一段文字："正如李明辉先生所说，一切学术著作的翻译不仅是语言的转换，而且是广义的'诠释'哲学著作的翻译涉及两套不同的概念系统、乃至价值系统的转换。这种转换实际上就是一种诠释，其中包含高度的创造性。"参见：王兴国．牟宗三的康德哲学著作翻译．世界哲学，2004(6): 37.

“现象”“理体”与“物自身”几乎视为同义词而互换使用。但在少数情况下，“理体”与“物自身”之间似乎又有微妙的区别。依笔者底理解，此二词之区别主要不在意涵方面，而是在行文脉络方面。大体而言，当康德要强调所涉对象与现象之对比时，多半使用“物自身”一词；当他要强调该对象只能借由纯粹知性去设想（如上帝）时，则多半使用“理体”一词。①

李明辉在这里把两对密切相关的概念放在一起辨析，有助于读者梳理出这4个词之间的联系与区别。而且，李明辉的译注往往带出他在学术研究领域的获得的最新信息。例如，在该书第105页上针对“纯粹理性在其超越的（transzendent/überschwenglich）”他作了这样一个译注：

康德在此将 überschwenglich 当作 transzendent（超越的）之同义词。根据查赫胡伯（Johannes Zachhuber）之考证，überschwenglich 一词源自中世纪的神秘主义，其后可能经由虔敬派神学家齐墨曼（Johann Liborius Zimmermann，1702—1734）之著作而影响到康德。根据查赫胡伯之归纳，在康德底用法中，此词有三种意涵：1）用作“极度”之义（übermäßig）；2）用作 transzendent 之同义词；3）用作“狂热的”（schwärmerisch）或“神秘的”（mystisch）之义。第一种用法属于日常语言，并无特别的哲学意涵。第三种用法带有贬义，涉及康德所批判的“神秘主义”。此处所涉及的是第二种用法，意谓“超越于我们的可能经验之领域”。关于此词的概念史发展，参阅 Johannes Zachhuber: “‘überschwenglich’. Ein Begriff der Mystikersprache bei Immanuel Kant”，Archiv für Begriffsgeschichte, Bd.42（2000）, S.139-154.②

这个注不仅详细说明了相关词的含义，有助于一般读者了解康德

---

① 康德. 一切能作为学问而出现的未来形上学之序论. 李明辉，译注. 台北：联经出版公司，2008: 83.

② 康德. 一切能作为学问而出现的未来形上学之序论. 李明辉，译注. 台北：联经出版公司，2008: 105.

想法，而且指明了援引的资料，对学者们来说，也颇有助益。这样的译注，更多带上了学术的意味。

例如，在第 130 页上针对“第三个先验理念为理性最重要的运用提供材料，但如果这种运用仅仅思辨地去进行，便是逾分的（超越的），而且正因此故，是辩证的。这个理念即是纯粹理性之理想”这句话的“逾分的（超越的）”有这样一个译注：

> “逾分的”一词底德文是 überschwenglich 。在康德底用法中，此词可与“超越的”（transzendent）一词互换。关于此词底涵义，可参阅 Johannes Zachhuber: “‘überschwenglich’. Ein Begriff der Mystikersprache bei Immanuel Kant”，Archiv für Begriffsgeschichte, Bd.42（2000）, S.139-154.

这虽然也是引用的前一条资料，但是通过这条注，读者们能清楚看出康德原词，而且很容易想起上一条注释和相关段落，这对理解康德真正想说的大有裨益。

另外，在李明辉的译本和论文中，读者们经常能看到成对的或者成组的概念，概念的相对性或者区别性以及概念的体系性在这里得到彰显。例如在《儒家、康德与德行伦理学》[①] 一文中，就出现了下列成对的译名：

> “智思的性格”（intelligibler）与“经验的性格”（empirischer Charakter）;
>
> “存心伦理学”（Gesinnungsethik）与“功效伦理学”（Erfolgsethik）;
>
> “自律”（Autonomie）与“他律”（Heteronomie）
>
> “义务论伦理学”（deontological ethics）与“目的论伦理学”（teleological ethics）

这样成对的概念无疑有助于读者体察相关思想。

李明辉也很重视概念术语的日常语义与哲学语义的区别，在其译注

---

① 李明辉 . 儒家、康德与德行伦理学 . 哲学研究 , 2012(10): 111-117, 129.

的《道德底形上学之基础》的“译后记”中有这样一个译例：

> “kategorisch”在逻辑中通常译为“定言的”，与“选言的”（disjunktiv）、“假言的”（hypotheisch）并列，用来说明命题或判断之形式；但在日常用语中，它往往表示“断然的”之义，如作者之所言。[①]

这个译注更多体现了译者对某个概念的独特理解。无论我们对他的译法赞同与否，我们至少知道了他这么译的缘由。这无疑在译者和读者之间也架起了一座桥梁。

最后，关于一词多义与一名一译的矛盾，李明辉的做法也值得参考。他在《儒家、康德与德行伦理学》一文中论及“德行伦理学”（Virtue Ethics）部分的一个注解里面指出：

> 在现代中文里，Virtue 一词有“德行”“德性”“美德”等译法。此词源于希腊文的 arete 及拉丁文的 virtus，包含两种涵义：（1）人的性格中之某种卓越的特质；（2）由于这种特质而表现出来的某种道德行为。前者可译为“德性”，后者可译为“德行”。若要强调这种特质或行为的价值，则可译为“美德”。但为避免行文上的不便，本文一概译为“德行”。[②]

这是个典型的一词多义的现象，按理说，在每个具体而特定的语境下，这种词会有一个相对确切的含义，这里不同语境下的 Virtue 分别有“德行”“德性”“美德”等意义，那么译者究竟是该采取一词多译还是一词一译呢？李明辉选择的是后者。

当然，总的看来，李明辉和其师牟宗三一样，在译介康德的著作时，其用语与大陆学者有较大的差异。比如把 Idee 译为“理型”[③]，把

---

① 康德 . 道德底形上学之基础 . 李明辉 , 译 . 台北 : 联经出版公司 , 1990: 98.

② 李明辉 . 儒家、康德与德行伦理学 . 哲学研究 , 2012(10): 111.

③ 李明辉 . 中西比较哲学的方法论省思 . 中国哲学史 , 2006(2): 17-20.

Ontologie 译为“存有论”[①]；再比如在“纯粹数学如何可能？”部分，其译文是：

> 但是我们发现，一切数学知识均有这种特性：它必须先在直观，确切地说，在先天的直观——亦即不是经验，而是纯粹的直观——中呈现其概念，而不靠这种办法，它便寸步难行。因此，数学知识底判断始终是直观的；而哲学能满足于纯由概念而来的辩解的（discursiv）判断，而且虽然能借直观阐明其确然的学说，但决无法由此推衍出这些学说。

从这段译文中，可以找出“辩解的”“确然的”“推衍”等大陆学术界感到陌生的译语。这是为什么呢？估计这得从社会语言学的角度来考察。除开个人的语感之外，这肯定与地域差别有关，与特定区域的历史文化有关。

总的说来，从上面诸多译例可以看出，李明辉注重概念间的区别和勾连，也注重从多方面来关注概念术语的不同用法，能不遗余力地去辨识概念术语意义上的细微差别，再加上他在中文译名用语上的考究，这使得他的译本质量堪称上乘。笔者认为，这些源于李明辉精通德文，具有中西哲学比较的视野，再加上他有深厚的儒学的功底，最终使他成为一位优秀的译者。

---

① 康德．一切能作为学问而出现的未来形上学之序论．李明辉，译．台北：联经出版公司，2008: 36.

第四章　国内康德研究者和其他译者论哲学和哲学术语的翻译

哲学广义上是论理，核心工作是概念考察。哲学无论是论理还是进行概念考察，都会涉及不同的概念。哲学术语作为哲学概念的外在体现，具有特别的重要性。

哲学术语的翻译总要遵守一定规律或者某些道理。翻译原则就是这些具体规律或道理的体现。对这些规律和道理的挖掘、分析、讨论有助于我们加深对哲学术语翻译的理解，有助于我们提高哲学译文的品质，有助于思想的传播和接受。

第一节　张东荪、贺麟论康德哲学术语的中译

张东荪和贺麟都是著名学者，而且各自都出版过译作，更重要的一点是，两人都专门就康德术语的中译写过专文。因此，本节主要围绕两人的相关专文进行论述。

一、张东荪论康德哲学术语的中译

张东荪是民国时期积极引介西方哲学的重要代表，早年留学日本，20世纪20年代翻译过伯格森的《创造进化论》《物质与记忆》，合译过柯尔的《社会论》。1939年他在《研究与进步》上发表了一篇论文，即《康特哲学之专门名词》（其时，胡仁源翻译的康德《纯粹理性的批判》早已出版），在讨论相关术语时，也展示出自己对康德哲学术语中译的独有看法。

（一）康德哲学体现在术语上

首先，在张东荪看来，康德（张东荪译为康特）哲学的关键在于他创造的专门名词，也就是术语。他认为，如果了解了这些术语，就等于了解了康德哲学的大致体系。为此，他细致考察了康德哲学中多个术语的译名，并借此解释了康德哲学。

（二）以解释义定名

其次，张东荪从《纯粹理性批判》的书名开始逐一讨论了康德的各个术语并给出了自己的译法。他的做法是，先给出每个术语的现有译名，继而详细解释它们在康德哲学体系中的所有含义，再判断原术语属于哪一种意思，现有译名适不适合用来翻译这种意思。适合则保持原译名，否则根据术语意思创造译名。如："批判（Kritik）"一词在康德书中是指分析知识的各个成分，分析它们是起源于经验还是经验之前，这更多是"检查后加以分别"[①] 的意思，而不是批评他人的相关学说，因此不宜译为批判，而应译为检别。又如，"理性"一词在康德文中有三种意思，分别是："超越 Verstand 而更进一步作彻底之会通"、"辨别审识"（Verstandestätigkeit）、"前两种意思的统称"。[②] 张东荪认为，就书名中的"理性"而言，意思是第三种。这种意思的"理性"，涉及的是人心的认识能力，而不是宇宙的道理，因而他觉得更适合的译名是"理悟"而非"理性"。看起来，在张东荪这里，译名适合与否的标准无非是现有译名能否准确体现所要译的术语的意思。这点，让我们强烈感受到，张东荪在纯用解释义来为术语定名。这似乎是每一个从事翻译的人最容易想到的一种译法。

在这些概念中，他最自得的是将 a priori 从"先天"译名改译为"事先"，将 deduction 从"演绎"译名改为"推正"。以"先天"这一译名为例，自得的原因是，a priori "往往误会为指未出胎以前而言"，这就丢

---

① 张东荪 . 康特哲学之专门名词 . 研究与进步 , 1939(1): 3.

② 参见：张东荪 . 康特哲学之专门名词 . 研究与进步 , 1939(1): 4.

失了康德的原来的含义，康德原来赋予的本义是："事先"，而且张东荪认为 a priori 原来是个普通语，而"事先"恰恰也是个普通语，用来译 a priori 最适合不过。

依据这样的译法，他将源自日语的批判、理性、感性、悟性、先天、先验、超验、演绎、直观、统觉、物自体等术语分别改译为：检别、理悟、思、感受、事先、纯粹事先、超绝、推正、直见、辏觉、物之本样等。虽然他曾留学日本多年，但总体上，他认为源自日译的这些术语都不太恰当，他建议模仿清末时期，大家"自创名词"。可惜，从现今来看，他这些自创的译名都未保留下来。实际上，笔者有理由怀疑他这种以解释义定名或创名的做法，单看他所译的推正、辏觉、物之本样、理悟、检别、直见等无疑都显得过于生僻或生造意味太强。与其说，他给我们的是正面的教益，不如说提醒我们在自创译名的做法上保持慎重。当然，他这篇文章发表于 1939 年，其时，日本已和中国交恶，有理由猜想，他的术语改译中掺杂着某种民族情感，而这实际上并不利于译名的确立。

二、贺麟论康德哲学术语的中译

贺麟先生著译等身，除了译有多种黑格尔著作外，他同样对康德哲学思想有着较为深入的研究，是较早具有中西哲学比较视野的前辈哲学家。他本人有专文对康德哲学术语的翻译本质和原则进行论述，详见其 1940 年发表在《今日评论》上的《论翻译》一文[①]，文中不乏令今人叹服的真知灼见。其实，他早在 1936 年就在《东方杂志》发表了一篇有关康德哲学术语的讨论文章：《康德译名的商榷》[②]。该文后更名为《康德名词的解释和学说的概要》，并收入《哲学与哲学史论文集》[③]。在这篇文章中，他结合当时康德哲学在中国传播时较为流行的译名以及日译名

① 贺麟．论翻译．今日评论，1940(9): 37-140.

② 贺麟．康德译名的商榷．东方杂志，1936(17): 81-196.

③ 贺麟．康德名词的解释和学说的概要 // 贺麟．哲学与哲学史论文集．北京：商务印书馆，1990: 254-276.

情况，从康德哲学与中国哲学的比较视野出发，对部分译名提出了自己独特的改译，其思路和做法值得借鉴与思考。鉴于笔者之一文炳教授已经在专著《Transcendental 的中译论争历史考察》和论文《从〈康德译名的商榷〉一文解读贺麟的早期哲学术语翻译思想》[①] 中，对贺麟的哲学术语翻译原则进行过详细解读，故而此处仅依据《康德名词的解释和学说的概要》对其翻译原则作简要概述，并以列表形式展示其译名，供参考之用。

（一）哲学翻译需要对术语厉行正名

贺麟先生在该文一开始就指出，虽然很多时候，取名遵循约定俗成的原则较好，但在引进西方哲学名著、介绍西方哲学思想时，我们务必对译名一丝不苟，特别是"厉行'正名'主义"[②]，即要对译名仔细考察、审慎斟酌。这个观点现在看来或许稀松平常，但是要知道，贺麟最早撰写该文时，还是 20 世纪 30 年代，其时我们尚处于介绍西方哲学的"草创时期"，虽然从日语借鉴了很多译名，但这些译名很可能存在水土不服问题，而且更多的哲学术语尚未约定俗成，因此，这样的观点实际上称得上富有远见。

对于如何实行"正名"，贺麟颇有一番考虑，他提出了 4 个注意点或原则：其一，"要有文字学基础"，即首先通过词源学的方法追溯西文原字的古希腊语或拉丁语含义，彻底弄清文字基本含义，然后再找寻古汉语中"有来历之适当名词"来对译。之所以强调"有来历"，大概是为了满足另一种约定俗成吧。其二，"要有哲学史的基础"，即首先在西方哲学中对相关概念进行概念史考察，梳理这个概念的各种含义，同时在中国哲学中找寻"适当之名词"来对译。这里，同样贯穿着另一种约定俗成。其三，"自铸新名以译新名"，也即当上述找寻"有来历之适当名词"

① 文炳．从《康德译名的商榷》一文解读贺麟的早期哲学术语翻译思想．岱宗学刊，2010(1): 32-35.

② 贺麟．康德名词的解释和学说的概要 // 贺麟．哲学与哲学史论文集．北京：商务印书馆，1990: 255.

失败，或者说上述约定俗成原则失效时，他也同意自创新词对译，但他建议对自创的理由予以详细说明。其四，“取严格批评态度”对待日译名词。[①] 贺麟在这里的考虑是，日译名词取用汉字来翻译西文多少有点“生硬笨拙”，国人再直接搬用日译就会打断中西哲学的可贯通性，从而影响到对西方哲学的接受。但当然，贺麟在这里仍然为约定俗成留出了一定的地盘：对于一些很好的日译名词就不用拔除了。

总体来看，贺麟的主张是对译名实行“正名”，但我们也应看到，这不意味着他完全不考虑约定俗成，相反，“正名”的背后还藏着另一种约定俗成。以此，我们来梳理下贺麟对康德术语中译名的讨论。

（二）以解释义和中国古代典籍对康德术语翻译实行正名

首先值得注意的是贺麟把康德三大名著书名中 Kritik 的译法从“批判”改为：“论衡”。这一译法显然取自王充《论衡》的书名。这么译的理由无非两条：这不是一般性的批评，而是系统的严重的批评；康德批而不判，不是批判，而更多是批评主义。比照贺麟的翻译原则，虽然他并未追述 Kritik 在希腊文或拉丁文中的含义，也未在文字学上寻找，但论衡的译法显然符合上文第二个要求，即有哲学史的基础。但是，这个译法似乎并未为人熟知，也未在学界产生任何影响。原因何在？笔者认为，一个原因是贺麟过分侧重这个词在康德哲学中的理解，过分从解释义来给出译名，这导致它不能适用于其他场合。我们能在所有出现 Kritik 的场合都译作论衡吗？似乎不太能。另一个原因是，贺麟将 Kritik 的相关词 critical、kritisch、criticism 又译作批导的，而非论衡的，没有作译名的统一，这又进一步加强了论衡译法的孤立性。最后，由于论衡一词取自古代典籍，在现代汉语中已少有相关用法，远远比不上批判之类常用，这又加剧了它行之不远的结果。类似地，取自《庄子》一书的“批导”译法虽然也其来有自，但面临的困难一点也不少。

---

① 参见：贺麟 . 康德名词的解释和学说的概要 // 贺麟 . 哲学与哲学史论文集 . 北京：商务印书馆 , 1990: 255.

其次，贺麟重点分析了a priori和transcendental的译法。这两个词最常见的译名是“先验”（或“超越”）和“先天”，这一译法源自日译。但贺麟认为，这一译法在中文中的差别并不清楚，而且日文中对这两个词的译法还经常发生混淆，这更容易使人无法区分两者。既然这样译让人傻傻分不清，而且确实很难在中文找到对应词，因此倒不如统一译为“先天”（个别地方也可分别译为“先天的”和“先天学的”），而且“先天”这个词又恰好其来有自，它是中国哲学上通用的词。为让人信服这一译法，他首先援引康德多处原文，力图证明a priori和transcendental同义；其次，他追溯了这两个词的词源和哲学史中的含义，指出：“transcendental乃‘超经验’或超越任何特殊经验或感官的内容之意”，“亦即有‘先经验’意”，而“a priori乃‘先经验’或在经验之先之意，亦即有‘超经验’意”[①]，因而二元归一，均可译为“先天的”。此外，他还从两个字的反义角度作了补充说明。贺麟之所以大费笔墨讨论“先天”的译法，其实背后还有贯通中西哲学的考虑。他认为，从西方哲学来说，这个概念不仅在康德哲学中是至关重要的，而且在德国哲学中也是最主要的，而从中国哲学来说，它同样也是宋明理学的基本概念。这样，我们就可以用它来“以中释西，以西释中”，进而完成西方哲学的中国化。

贺麟讲的可能有一定道理，但是同样，贺麟过分注重释义，而非字面意思，这与其说是翻译，不如说是解释。而且，从现在来看，从译名信、达、雅的信来说，既然康德用的是不同的词，我们也理应用不同的词来翻译。强行统一译为先天，无法看出康德原来的用词，极有可能因此造成读者的误解。

与之相关，贺麟依次讨论了与transcendental搭配的一些词的译法，如：Idealismus、Ästhetik、Logik、deduction、Analytik、Dialektik等。在贺麟看来，这些词的日文译法一般问题较多，他则更倾向于依据这些词的意思，从古代典籍中查找译法，如唯心论、观物学、理则学、推演、

---

① 贺麟．康德名词的解释和学说的概要 // 贺麟．哲学与哲学史论文集．北京：商务印书馆，1990: 265.

分析论、矛盾论等。然而，这些译名或由于出自古代典籍或哲学论著而过于生僻，或由于过分强调依据解释义翻译，真正流传下来的寥寥无几。其他如他认为 Ding an sich 最典雅的译名如“物如”，同样具有这类问题。

总体来看，笔者认为，贺麟倡导的译名之所以没有流传下来，很大程度上跟他的翻译原则有关。他的基本想法是：主要用汉语有出处的名词翻译西文原字。但这里会遇上很多问题，如：西文原字历来在哲学家那里的用法很大程度上不一样，那时该怎么译？我们是针对某个哲学家的特定用法找出中国哲学上、中国语言中对应的译名？须知，对这个哲学家适用的译名，未必适用于另一个哲学家。或者我们用中国哲学的某个基本概念译西方哲学的某个基本概念？但这样的概率显然很小。同时，他更多侧重于从解释义角度进行翻译，与字面义相对较远。这就导致他的译法即便适用于某个哲学家也很难适用于大多数哲学家，总之，行之不远。这是我们翻译哲学术语时需要特别记取之处。

最后，我们把贺麟建议的译名整理如下，如表 4-1 所示。

表 4.1　贺麟建议的康德哲学重要名词译名

西文	常见译法	贺麟建议译名
Kritik der reinen Vernunft	纯粹理性批判	纯理论衡
Kritik der praktischen Vernunft	实践理性批判	行理论衡
Kritik der Urteilskraft	判断力批判	品鉴论衡
Kritik	批判	论衡
critical philosophy	批判哲学	批导哲学
critical method	批判方法	批导方法
criticism	批评	批导主义、批评
a priori	先天	先天
transcendental	先验	先天的或先天学的
Erkenntnis a priori	先天知识 / 认识	先天知识
Transcendentale Erkenntnis	先验知识 / 认识	先天知识或先天学知识
transcendentale apperception	先验统觉	先天摄觉
transcendental Philosophie	先验哲学	先天哲学

续表

西文	常见译法	贺麟建议译名
der transcendental Idealismus	先验唯心论	先天唯心论
Die transcendental Ästhetik	先验感性论	先天观物学或先天直观学
Die transcendentale Logik	先验逻辑	先天理则学或先天逻辑
transcendental deduction	先验演绎	先天推演
Die transcendentale Analytik	先验分析论	先天分析论
Die transcendentale Dialektik	先验辨证论	先天矛盾论
Die Antinomie der reinen Vernunft	纯粹理性的二律背反	纯理的矛盾
die Vorstellung	表象	表象
Erscheinungen, phenomena	显象，现象	现象
der Gegenstand	对象	对象
der Object	客体	客体
das Ding an sich, the thing in itself	自在之物，物自体	物如
die Kategorie	范畴	范畴
die Form	形式	形式
Hypothesis	假设	假设
postulate	公设	公设
Axiom	公理	公则
maxim	准则	通则
Sinnlichkeit, sensibility	感性	感性
Verstand, understanding	知性 / 理智	知性
Vernunft, reason	理性	理性
Wahrnehmung, percept	知觉	感念
Begriff, concept	概念	概念
Idee, idea	理念	理念

第二节　陈康、王太庆论哲学翻译

陈康是著名的古希腊哲学专家，早年留学欧洲，精通古希腊语、拉丁语等多种语言，他译注的柏拉图《巴曼尼得斯篇》在学界享有很高评价。该书“序”中，陈康结合该书特点一般性谈到了他在哲学翻译上的考虑。王太庆是著名哲学史家、翻译家，出版译作《柏拉图对话集》《宗教的本质》《人是机器》《谈谈方法》《哲学讲演录》（合译）等，与汪子嵩合编《陈康：论希腊哲学》。作为陈康弟子，无论是治学还是翻译，他都受陈康很大影响，而且还根据自己丰富的翻译经验撰写了多篇讨论哲学翻译尤其是希腊哲学翻译的文章。鉴于两位先生在翻译和研究工作上的相近，笔者合为一处加以论述。

一、陈康论哲学翻译

笔者在江日新、关子尹编辑的《陈康哲学论文集》（联经出版公司，1985）和汪子嵩、王太庆编辑的《陈康：论希腊哲学》（商务印书馆，1990）中未找到陈康讨论哲学翻译的文章，故此仅依据《巴曼尼得斯篇》一书中他所作的“序”展开论述。

（一）关于“信”“达”“雅”

陈康认为，翻译的这三个条件中，“信”是首位、绝对的，是“翻译的天经地义”[①]，要翻译，必须“信”。而“达”则是相对的，特别是，它取决于读者的知识储备。比如，要看懂黑格尔著作的中译本，就必须具备一定的哲学训练。由此可以看出，陈康所谈的翻译其实是哲学翻译，更何况，这些论述本就是在谈柏拉图《巴曼尼得斯篇》的翻译。总之，陈康认为，哲学翻译中，“达”是相对于一部分读者而言的。最后，哲学翻译中，相对于“信”，“雅”是起装点、修饰作用的，甚至有时候，“雅”是为了掩盖“不信”。由此可见，在陈康看来，哲学翻译中最重要的是“信”，也就是我们平常说的“直译”。

（二）哲学著作的理想翻译要有学术价值

进一步，陈康指出，“信”“达”“雅”的条件其实预设了这样一个

---

① 柏拉图．巴曼尼得斯篇．陈康，译注．北京：商务印书馆，1985: 8.

前提："翻译只是为了不解原文的人的"[1]，但这一前提有待商榷。他认为，理想的翻译，不仅对不懂外语的人，而且对懂外语的人同样具有价值，这种价值他称之为"学说方面的价值"，他特意举到的例子是：校勘价值、文本和学说的参考价值等。按我们现在的理解，他想说的应该就是要具有学术价值。确实，具有校勘价值的翻译对能阅读原文的读者来说也具有相当参考价值，而文本、观点的参考价值则其实更为重要，因为翻译某种程度上就是解释，很多时候，特别是翻译古希腊文的时候，怎么理解、怎么翻译其实不一定有定论，译者如果能给出自己译法的根据，其实从扩充眼界来说，对任何读者都是蛮有价值的。陈康希望译者们都能尽量追求这种理想的翻译，如果真能做到"使欧美的专门学者以不通中文为恨（这绝非个不可能的事，成否只在人为！），甚至因此欲学习中文，那时中国人在学术方面的能力始真正地昭著于全世界"[2]。

（三）《巴曼尼得斯篇》的翻译

依据上述一般看法，陈康谈到，他在《巴曼尼得斯篇》的翻译上首先注重"信"，即"直译"，同时只求对了解哲学的人实现"达"，最后在确保"信"的条件下做一些"雅"，如果"雅"过头导致"文胜质"，影响"雅"，或者因为要满足"信"而无法做到"雅"（这在翻译不同语言的哲学著作时特别容易出现），那他就放弃"雅"而保证"信"。因此，他的译文会保留一些中文读来不雅、不辞或者说不习惯的词句，比如"如若一是"和"如若一不是"这种句式。他认为，这种句式恰恰可以表现出古希腊思想的特点，我们需要做的是，忠实传达出原文的意思或者说古希腊人的思考方式，而不是窜改原意或以比附方式理解西方思想。

另外，他着眼于提供理想的翻译，因而在翻译的过程中又作了多方面的学术工作，具体包括：文字的校勘、词句的释义、历史的考证、义理的探究（具体言之包括：论证步骤的分析、思想源流的探求、论证内

---

① 柏拉图. 巴曼尼得斯篇. 陈康，译注. 北京：商务印书馆，1985: 9.

② 柏拉图. 巴曼尼得斯篇. 陈康，译注. 北京：商务印书馆，1985: 10.

容的评价)。[①] 正是这些工作，使他译的柏拉图《巴曼尼得斯篇》成为一部哲学翻译的典范之作，迄今似乎还未见有出其右者。

陈康的上述看法不禁使我们想起贺麟的翻译理念。贺麟似乎同等重视"信"和"雅"，甚至有些时候更重视"雅"，因为他总是强调要从中国古代典籍中寻找"有来历之适当名词"来翻译西方术语。下文将要论及的王太庆，恰好既是贺麟的学生，又是陈康的学生，因此他的翻译理念具有综合贺麟和陈康翻译理念的特点。

二、王太庆论哲学翻译

王太庆的翻译理念集中体现在这几篇论文中:《试论外国哲学著作的汉语翻译问题》《论翻译之为再创造》《希腊哲学术语的翻译问题》《希腊专名的译法》，这些论文均收录在《柏拉图对话集》(商务印书馆，2005)，笔者根据上述论文简单梳理了下王太庆的翻译理念。

(一)一般哲学著作的翻译问题

王太庆的思考主要围绕两个问题：为什么要翻译哲学著作？怎样翻译哲学著作？我们分别论述。

1. 为什么要翻译哲学著作

王太庆通过追溯中国近 2000 年的哲学翻译历史指出，我们翻译外国哲学著作，说到底是因为"外国人有一些好东西，是我们原来所没有的，我们……可以采彼之长，补我之短，以充实和发展我们自己的"[②]，或者说"担负着兴国的重任"。特别是，外国哲学著作中有很多真理和智慧，只要我们"善于消化"，它们就是"很好的营养品"。而且，哲学著作作为智慧的结晶，是整体性的，因此需要我们全面地、系统地进行翻译，不能厚古薄今，也不厚今薄古。

---

① 柏拉图 . 巴曼尼得斯篇 . 陈康 , 译注 . 北京 : 商务印书馆 , 1985: 13.

② 柏拉图 . 柏拉图对话集 . 王太庆 , 译 . 北京 : 商务印书馆 , 2005: 722.

2. 要怎样翻译哲学著作

首先，在王太庆看来，哲学著作翻译的基本原则是："以原文的内容为内容，不增不减不走样。"[①] 与之相应，翻译方法上，不能"达而不信"，当然也不能"信而不达"，因为那其实就是没有实现"信"，根本上，我们要"既信又达"。为此，他分别以胡仁源和蓝公武的《纯粹理性批判》译本为例进行了细致说明。前者仅在词句上与所据的英译本大体一致，但内容上却让人完全读不懂，而后者不仅与所据的英译本形似，而且看得出有过深入研究，但是由于使用的语言更多是文言文，因此对读者来说仍然不好懂。说到底，哲学著作虽然是高度说理性的，但多少又具有艺术性或情感性，因此翻译上我们既要讲究技术性，又要讲究艺术性。

其次，翻译外国哲学著作任重而道远，但是又是一件严肃的、有创造性的事业，它要求译者要有研究精神，在熟读的基础上"小心地进而追出作者立论的道理，即客观存在的逻辑……从而化不懂为懂，成为内行"[②]。同时，译者要精通汉语，恰当地表达出原文的内在逻辑，从而让读者理解。因此王太庆建议：要深入研究外国哲学史，让懂哲学的人来翻译哲学；要大力提高汉语水平，改变汉语不通的人来从事翻译工作的局面；加强逻辑教育，提升逻辑思维水平。

（二）哲学术语的翻译问题

王太庆指出，术语（即专业词汇）的翻译要遵循两条原则：其一，译文要符合汉语语法和构词法，有助于读者分析、理解；其二，译文要符合原来的意旨，并尽量防止读者因译名对原文产生误解。

王太庆认为，就第一条原则而言，需要注意两类现象。一是在形容词后加"性"字变成抽象名词，如"可能性""必然性"等的译法，或者加"被"字者。王太庆主张，对这类现象"我们在非加不可的地方加，在

① 柏拉图．柏拉图对话集．王太庆，译．北京：商务印书馆，2005: 725.
② 柏拉图．柏拉图对话集．王太庆，译．北京：商务印书馆，2005: 743.

不加更顺当的地方不加”[①]。二是用“前 × ×”“后 × ×”译法来翻译英语“pre-”和“post-”结构。王太庆认为，这种译法有违汉语语法，应予废弃。

就第二条原则而言，首先应该注意到，术语译名有一个不断深入、不断改进的过程。因此，译者们翻译时要“细读前人的译文，吸取其优长而扬弃其不足”[②]。他举的一个例子是柏拉图哲学的基本术语 ἰδέα 和 εἶδος 的译法。前人曾统一译为“观念”“概念”，后改为“理念”，也有译为“理式”“理型”以及“相”，这些译法各有优劣。王太庆经过慎重考虑后认为，固然我们要注意译名的约定俗成或译名的统一，但如果译名的统一带来误解，那就是低水平的统一或者说“约定错成”，实际上，“理念”的译法就具有这种使人误解的作用。他最终采纳的是陈康先生的译法“相”，因为他认为，陈康先生的译法最有道理，陈先生遵循了“术语从本义译”[③]这样的翻译原则，也就是说，从它原来的含义来翻译。王太庆认为，这是改进术语译名的一个基本方法，据此他将 ἰδέα 和 εἶδος 分别改译为“相”和“型”。类似地，王太庆讨论了希腊哲学的另一个概念 το ὄν，并依据其原义将其译为“是者”。

王太庆的翻译理念中，最值得注意的大概就是“术语从本义译”的观点，这或许就是后文要提到的“依据字面意思进行翻译”的先声。

第三节　孙周兴、倪梁康、陈嘉映、王庆节论哲学术语的中译

孙周兴、倪梁康、陈嘉映、王庆节均是国内当代著名学者、翻译家，就翻译而言主要涉及胡塞尔和海德格尔等著作，无论是学术观点、翻译理念还是个人关系均较为接近，因此笔者列为一节进行介绍。

---

① 柏拉图 . 柏拉图对话集 . 王太庆 , 译 . 北京 : 商务印书馆 , 2005: 762.
② 柏拉图 . 柏拉图对话集 . 王太庆 , 译 . 北京 : 商务印书馆 , 2005: 764.
③ 柏拉图 . 柏拉图对话集 . 王太庆 , 译 . 北京 : 商务印书馆 , 2005: 768.

一、孙周兴论哲学术语的中译

孙周兴是公认的海德格尔、尼采翻译家和研究者。他在大量的翻译实践中总结出了不少有关哲学术语以及哲学翻译的经验，因而值得笔者特别论说。他的论述主要集中在他的若干论文中，以下笔者择要进行讨论。

（一）“基本词语”的翻译

孙周兴非常重视哲学“基本词语”也就是哲学术语的翻译，笔者以他较早的两篇论文为代表进行论述。

1.《我们如何敲打词语？》①

这篇论文中，孙周兴着重谈了哲学“基本词语”的译名统一性和硬译、软译问题。

（1）译名的统一性问题

在他看来，哲学都有基本词语，比如：“理念”“实体”“自我”“先验”“逻各斯”等是西方哲学的基本词语，而“此在”“实存”等则属于海德格尔的基本语词。因为是基本词语，所以翻译西方哲学家著作时首先需要考虑这些基本词语的译名统一性。比如，德国古典哲学中的一个重要概念，康德一个用法，黑格尔一个用法，海德格尔又一个用法，那么我们是随不同哲学家采用不同译法，还是因为它是一个概念而用一种译法？孙周兴认为，完全可以考虑将康德、海德格尔和黑格尔所用的Dasein统一译为“此在”，并通过约定俗成的方式确定下来。

（2）翻译的“方向”问题

这个问题涉及的是翻译的“上行”和“下行”策略。前者主张“硬译”，即“在做学术翻译时要自觉地突破母语表达上的限制，打破常规约束，进行必要的语言（词语）创新，为改造、营造母语学术语言和学术语境出力”，后者主张“软译”，即“尽可能自然地使用日常语言，尽量向日常语境靠拢、贴近，不求新异，只求通俗易懂，使译文可以为大众

① 参见：孙周兴 . 我们时代的思想姿态 . 北京：东方出版社，2001: 225-233.

所接受”。[①] 背后涉及日常语言和学术语言的关系问题。孙周兴认为，学术语言虽然脱胎于日常语言，但又具有相对独立性，而且能改造和提升日常语言。正因此，涉及对基本语词或术语的翻译时，孙周兴主张实行硬译，即保持原文形式上的异质性，进而丰富和改造汉语词汇。他甚至认为，哲学翻译根本上只能硬译。

2.《后期海德格尔基本词语的汉译》[②]

这篇论文中，孙周兴接续他倡导的对学术类著作的硬译，着重谈了翻译的语境原则。具体而言，主要涉及两方面，“一是原文的语境”，即根据“原文上下文的‘理’和‘路’，把本义传达出来”。他通过海德格尔 Lichtung 一词的译法说明，从原文语境来看，译为“澄明”较好；“二是母语语境”，比如，研究海德格尔就应该着眼于中译者所处的汉语语境。这实际上也就是说，研究者要自觉注意研究的汉语性，同时确定译名时，要照顾现有的学术语境，要考虑到约定俗成，要保持现有译名的连续性。这一想法在他之后的论文中不断出现。比如《存在与超越——西方哲学汉译的困境及其语言哲学意蕴》中，孙周兴同样主张，哲学术语的翻译，如果“脱离母语学术语境，无视译词在母语语境里的基本可理解性抽象地谈论某个译名，甚至丁固执一端，结果就难免沦于黑格尔对谢林的指责：黑夜观牛，凡牛皆黑”[③]。这里他主要是批评将 sein 按自行统一译为“是”的做法。他就此提出，就学术文本的翻译来说，尊重母语语感的恰当性和表达的自然性应该是一项基本的要求。

3.《译无止境》[④]

该文中，孙周兴提到了哲学术语翻译的两个准则：其一，译名的统一性原则；其二，翻译的首要考虑仍是字面。前一个原则说的是，同一个术语出现在不同哲学家那里，含义可能不一样，但我们不必随不同哲学家的不同用法而自造出不同译法，而应尽可能采取统一的译法，即采

① 孙周兴 . 我们时代的思想姿态 . 北京 : 东方出版社 , 2001: 230.

② 孙周兴 . 我们时代的思想姿态 . 北京 : 东方出版社 , 2001: 234-251.

③ 孙周兴 . 存在与超越——西方哲学汉译的困境及其语言哲学意蕴 . 中国社会科学 , 2012(9): 32.

④ 孙周兴 . 译无止境 . 读书 , 2002(1): 97-102.

用统一的译名。其二，译名的统一更多是统一在术语的字面意思，比如，Dasein 按字面意思就是“在此存在”，因而我们完全可以统一成“此在”这个译名，而不是在黑格尔那里译为定在，在康德那里译为存在，在海德格尔那里译为此在。此外，需要注意的是，字面意思的统一不是说，我们一定要强求字形上的完全统一性，比如，将 sein 和 Das Sein 均译为“是”，将 Ontologie 译为是论。这两个原则后来被多次强调，如他后来有次说的：“不同哲学家当然会对 transzendental 做不同的解释和赋义，但这并不能构成理由，让我们以不同词语（多个词语）来翻译它，也就是说，‘解释义’不能代替‘字面义’，翻译须遵守‘字面义优先’的原则，不然势必会造成混乱。”[①]

（二）哲学术语翻译的四原则

在《学术翻译的几个原则——以海德格尔著作之汉译为例证》一文中，孙周兴根据自己多年来从事海德格尔翻译的体会和困惑，阐述了学术翻译的四个原则：语境原则、硬译原则、统一原则和可读性原则。当然，要说这四个原则是原则性要求那可能稍稍过了点，“更准确地说，是我们在从事学术翻译时需要注意的四个重要的角度”[②]。应该说，这些原则或方向在我们上面谈到的论文中或隐或现地提到过，只不过，他在这里作了一次相对较为系统的阐释。

1. 语境原则

孙周兴认为，这是“学术翻译的第一原则”。这其实就是笔者上文谈到的原文语境和母语语境两个方面。就原文语境而言，他认为，我们对基本词语的翻译要充分考虑到原文语境，而不能脱离语境简单根据词义对译法下结论；就母语语境而言，他认为，翻译工作必须“母语优先”，毕竟我们中译者是通过母语来经验世界的。母语优先要求我们注意保持

---

① 孙周兴．基础存在学的先验哲学性质——从《存在与时间》的一处译文谈起 // 王庆节，张任之．海德格尔：翻译、解释与理解．北京：生活·读书·新知三联书店，2017: 49-50.

② 孙周兴．学术翻译的几个原则——以海德格尔著作之汉译为例证．中国翻译，2013(4): 70.

译名的连贯和统一，这方面，现在最大的问题是“以词语的‘解释义’代替‘翻译义’”[①]。

2. 硬译原则

如上文介绍过的，对学术著作的翻译，孙周兴持“硬译”主张：“哲学–思想类的译文就要‘蓄意地’做得‘硬梆梆’的，让一般的人们看不懂。”[②]这倒不是为了使学术著作难懂，而是因为学术著作实际上是为少数人的。硬译原则从逻辑上推演下去，很大程度上意味着，我们应该根据术语的字面意思，而不是根据对术语的解释来翻译。比如，就Ereignis而言，“本有”译法就更接近字面，而“大道”则更接近解释。比较起来，前者会更妥当一点。

3. 统一原则

正像上面讨论过的，它指的是“译名一贯性和统一性”，即对同一个术语，不管是哪位哲学家的，也不管是哪位哲学家的不同文本，我们都应该尽可能采用同一个译名。比如，将Dasein统一译为“此在”，将“Existenz”译为“实存”。当然，统一的过程可以在母语和文本的语境中自然磨合。

4. 可读性原则

虽然孙周兴强调“硬译”，强调依据字面意思翻译术语，但这不是说译文就可以让人完全无法读懂。相反，译者无论怎么样都得做到“译文是可以让人——让母语人群——读懂的，就学术翻译来说，至少是可以让专业人士读懂的”[③]。但翻译恰恰经常会遇到不可译的情况。可译与不可译之间，在孙周兴看来，是译事最难的地方。

总体来看，孙周兴有关翻译的讨论非常具有实际指导意义，特别是他谈到的译名的统一原则和依据字面含义而非解释含义来翻译更是如此。而他的这些原则说到底是为了翻译的最终目的：可读。这也是我们翻译哲学术语尤须记取的。

---

① 孙周兴. 学术翻译的几个原则——以海德格尔著作之汉译为例证. 中国翻译, 2013(4): 71.
② 孙周兴. 学术翻译的几个原则——以海德格尔著作之汉译为例证. 中国翻译, 2013(4): 71.
③ 孙周兴. 学术翻译的几个原则——以海德格尔著作之汉译为例证. 中国翻译, 2013(4): 73.

二、倪梁康论哲学术语的中译

倪梁康是著名的现象学研究专家，翻译过胡塞尔的大量著作，积累了丰富的翻译经验。他有关哲学术语翻译的讨论主要体现在《关于海德格尔哲学翻译的几个问题之我思》[①] 一文中。该文虽主要谈海德格尔哲学的翻译，但若干想法具有普遍意义，完全适用于一般的哲学术语翻译。

（一）不同译者间译名的统一性

倪梁康同样认为，术语是哲学思想的基石。术语译名的不统一会导致我们对哲学思想的理解产生分歧和混乱。不过，不同于孙周兴所说的不同哲学家在相同概念上对译名的“统一性”，倪梁康讨论的是不同译者间译名的统一性。他指出，海德格尔哲学中，基本概念的译名总体上还缺乏统一性。以最常见的“Sein”的译名为例，目前尚有多种译法，倪梁康建议，我们不妨根据西语的特征统一译为“存在”或“在”。另一个突出的例子是 Ereignis。该词有多种译法，如大道、本有、本是等等，倪梁康建议从“它所含有的、为大多数译者所认可的含义基础，也是在语言学上被称作‘词根’的东西”[②] 出发，采取“求同存异”原则进行统一。以 Ereignis 的翻译为例，词根是 eigen，指涉本己、本原中的本。因此，翻译上，应包含“本”字。至于词根之外的译法，可以仁者见仁、智者见智，可以译为“本成”，也可以译为比如“本然”。这样据词根进行翻译的做法还可用于其他与 Ereignis 相应的表达。类似地，另一个词 Lichtung 的词根是 licht，翻译 Lichtung 时，我们也应从这个词根出发，进行译名的统一。总之，在倪梁康看来，虽然每位译者可根据自己的理解，选择不同的译名，但这种选择也并非完全任意，而是要更多落在词根之上。最后，求同存异的译名也还要在各种语境中加以检验，适合之后才予放行。应该说，倪梁康从词根的含义出发进行翻译的做法与孙周

---

① 倪梁康 . 关于海德格尔哲学翻译的几个问题之我思 // 倪梁康 . 中国现象学与哲学评论（第二辑）：现象学方法 . 上海 : 上海译文出版社 , 1998: 258-279.

② 倪梁康 . 关于海德格尔哲学翻译的几个问题之我思 // 倪梁康 . 中国现象学与哲学评论（第二辑）：现象学方法 . 上海 : 上海译文出版社 , 1998: 262.

兴强调的从翻译义而非解释义出发颇为相近。

（二）译名的连续性

所谓译名的连续性，其实就是“哲学概念中译名的历史统一性”。这实际上也就是孙周兴所说的统一性原则。比如 Verstehen，胡塞尔用、海德格尔用、伽达默尔用，一般都译为理解，但在海德格尔那里却译为领会，这会对读者造成阅读上的困难。他建议“维持译名的历史统一性”，即用某个较为合适的译名统一各位哲学家间某个相同的概念，而不是一人一译。必要时，需要给出不同译名，也可加注说明。

（三）同一原作者的同一概念在同一译者那里的统一性

这个表述听起来拗口冗长，其实意思也好理解，就如倪梁康所说的，原文中的同一概念，译者应尽量用同一语词译出。同时，原文各种相近概念只要是存在差异，译者就应该用不同概念译出，如“Phänomen”“Erscheinung”应分别译出，而不是笼统译作“现象”。

（四）“格义式”译法

所谓“格义式”译法，即通过解释概念的含义来给出译名。如，熊伟将 Lichtung 译为“澄明”，孙周兴将 Ereignis 译为大道，张祥龙将 Dasein 译为缘在，等等。这实际上也就是孙周兴说的，用解释义代替翻译义、字面义。在倪梁康看来，这是“很可能永远会被许多译者保留下去”的一种译法。格义的最大问题在于，据此给出的中译中，“每一个都具有一定的合理性，都在或大或小的程度上与原意部分相合，但都不会完全相合；同时它还会或多或少地限定着概念原意的范围”[①]。因此，格义的做法只能在一定程度上充当理解作用，但它同时会造成误解，也不利于汉语的改造，因而倪梁康认为不太可取。

---

① 倪梁康．关于海德格尔哲学翻译的几个问题之我思 // 倪梁康．中国现象学与哲学评论（第二辑）：现象学方法．上海：上海译文出版社，1998: 270.

（五）译名用日常语言还是人工语言

如前，庞景仁和贺麟似乎更倾向于用自然语言翻译哲学术语，而倪梁康则明显与孙周兴的观点相近，即认为：哲学翻译中，人工语言即自造词可能无法避免。比如海德格尔的 Ereignis 一词，如果沿用德文中日常语言的含义“发生的事件”，将无法准确传达它在后期海德格尔哲学中的含义，所以这时就应该用人造词。不过，人造词还应该与自然语言保持联系，特别是保持与词根含义的联系。此外，倪梁康还谈到了译名音译和双关语问题。

总体上，倪梁康更多从实践角度讨论了翻译中应该遵循的一些规则。显而易见，他的很多观点与孙周兴不谋而合，特别是有关译名的连续性、从词根出发进行翻译、格义式译名的论述，而且颇能带给我们启发。笔者认为，这也确实是哲学术语中译的几个关键问题。

三、陈嘉映论哲学术语的中译

陈嘉映是哲学家，同样也是翻译大家，他翻译的《存在与时间》《哲学研究》不仅使许多哲学术语进入汉语学术界，并被接受，而且影响了一大批学子。他有关哲学术语中译的讨论主要集中在《也谈海德格尔哲学的翻译》一文中，该文也以《哲学概念翻译的几个问题》为题，收入《思远道》。该文有意接续倪梁康的话题展开讨论。

（一）翻译在于字面对应

陈嘉映在翻译的本质处展开思考。他指出，翻译虽然跟解说、改写有一点重叠，但本质上不同于解说和改写，“翻译要求形式上的对应”[①]。音译是最简单的一种形式上的对应，他和倪梁康一样，都认为翻译时，音译一般也不予考虑。原因在于，音译之后把某个概念和其他同根词之间的字面联系取消了。倪梁康认为音译也可作为翻译名称时的一个选项，但陈嘉映认为真正能被音译的，往往只是些名号。其实大多数名称

① 陈嘉映 . 思远道 . 福州 : 福建教育出版社 , 2000: 159.

是从描述语转过来的，换言之，我们对它们也具有某种理解，所以更常见的也是“意译”。至于概念词或者术语，“非万不得已，更不宜采用音译了”。那自然就带出了这个问题：所谓的形式上的对应，究竟是什么意思？是句子结构，还是韵味？

据陈嘉映，形式上的对应中，“最需重视的，是字面的对应”，“翻译的本职就在于从较为确定的所在出发去寻索无论什么玄思大义”。[①] 在陈嘉映看来，这就是翻译的根本特点。强调字面对应，实际上意味着强调硬译，强调译文的生硬。这显然与贺麟和庞景仁倡导的着力从古汉语中寻找适当之名来翻译的做法有所差别。后者更倾向于使译文合乎汉语的习惯。但陈嘉映认为，硬译是相对的，相对于原著内容、译者目标等等，而且，硬译其实包含着对异族文化的尊重。另外，硬译带来的生硬感也不是一成不变的，世界上自然而然的事本来就少，很多原来生硬的译词用得多了，也会变得自然而然。

（二）用同一个词来翻译同一个外文词

与形式上的或者字面对应相关，陈嘉映强调，翻译的另一个基本要求是，“用同一个词来翻译同一个外文词”[②]。这实际上是这篇文章的一个主导性论题。笔者认为，这其实就是孙周兴所说的翻译的统一原则。但在陈嘉映看来，这不只是个原则，更牵涉到对哲学的本质理解：“哲学的中心任务，或至少中心任务之一，是澄清基本概念语词所含内容的多重联系。”[③] 如果我们想弄明白同一个词为什么可以指称不同种类的事物，想弄明白同一个术语的不同含义间有哪些内在联系，那我们就不能对一个外文词采取不同译法，比如，将 Sein 一词依据不同哲学家如亚里士多德、黑格尔、海德格尔赋予的不同含义分别给出不同译名：是、有、在。换言之，我们要遵循某个术语在某种学术语言中的基本用法。不仅如此，陈嘉映还指出，字面对应中我们还要注意原词的日常用法。如果

---

① 陈嘉映 . 思远道 . 福州 : 福建教育出版社 , 2000: 164.
② 陈嘉映 . 思远道 . 福州 : 福建教育出版社 , 2000: 286.
③ 陈嘉映 . 思远道 . 福州 : 福建教育出版社 , 2000: 286.

有日常用法，那我们翻译时就要尽量贴着日常用法来进行翻译。比如Dasein，译为“此在”比译为“亲在”和“缘在”更靠近日常用法，或者说更自然一点。总之，陈嘉映从多个角度反复强调，如果哲学家“用的是传统的术语，甚至就是日常用语，同时突出或挖掘出某种特别的意思，我们就不得不考虑这个用语在别的哲学家那里乃至在日常交往中是怎样用的”①。

（三）生造新词

陈嘉映主张硬译，与此相关，他谈到了生造新词。他认为，哲学术语的译名，重点是疏通义理，“传达原文的概念结构”。就此，他不反对生造新词。但既然术语就是为了帮助我们理解，他认为“不得已而营造的时候，则须尽心营造义理上通顺，形象上可感的新词”，即要着眼于贯通我们的日常语言、日常理解，甚至最后融入日常语言。

应该说，陈嘉映的论文以具体例子说明了术语翻译的两个重要观点：译名统一和字面对应。这实际上也启发我们反观康德术语的翻译是否合适，是否遵循着此类思路。

四、王庆节论哲学术语的中译

王庆节专研海德格尔，不仅与陈嘉映一起翻译过《存在与时间》，而且也翻译过《形而上学导论》《康德与形而上学疑难》等多本海德格尔著作，在翻译上积累了较多的经验。他有关哲学术语翻译的想法主要集中在几篇讨论海德格尔核心语词的论文中，笔者结合这些论文来介绍下他的相关想法。

（一）有关海德格尔“Ereignis”的中译

王庆节的相关讨论集中在《也谈海德格尔“Ereignis”的中文翻译和理解》一文中。“Ereignis”是后期海德格尔的核心语词，但汉语学界对

① 陈嘉映 . 思远道 . 福州 : 福建教育出版社 , 2000: 170.

它及其相关词簇的译名尚无定论。王庆节首先依据孙周兴的两个翻译主张“第一，翻译应当切合……字面含义；第二，翻译应当照顾到整个‘词簇’在同一段落、同一作品中出现时的意义的相关性”[①]，给出了自己的译法：“自在起来”或“自在发生”，并结合 Ereignis 的字面含义、词源含义给出了这一译法的详细理由。值得注意的是，王庆节所理解的字面含义不仅包括这个词的整体含义，也包括这个词的构词成分的含义。同时，王庆节也注意考虑 Ereignis 的相关词簇含义，力图通过一种译法打通一整个词簇的译法。

不过，他似乎在孙周兴的两个原则上加了第三个。他提出，译名好坏不仅在于译名和原词之间的对应关系，“而且还在于这一译名在自己母语的上下文中和其他语词之间的关系上是否也显得相对的自然、合谐和契合”[②]。这意味着，术语的翻译还需要落实到具体的文字段落予以检验。王庆节据此细致考察了五个译例，并指出，这一译法可以使海德格尔的思想通达。

（二）有关海德格尔“Dasein”的中译

王庆节有关术语翻译的看法更多集中在他对海德格尔 Dasein 的中译讨论上。海德格尔的 Dasein，更多被译为此在，而他较为倾向于熊伟给出的译名：亲在。为此，他多次在多个场合阐述“亲在”译法的优点，其中也阐述了某些一般性的翻译道理。这些讨论曾以《论海德格尔的“Dasein”与其三个主要中文译名》为名发表，最新阐述为《西方形而上学传统与海德格尔“Dasein”的理解与中译》一文。

该文中，王庆节首先从西方形而上学历史的角度来分析和理解海德格尔的 Dasein 概念，他指出，Dasein 的基本特点是：“时间—历史中的”“在—世界—之中——存在着”。[③] 在此基础上，王庆节着力讨论海

① 王庆节．也谈海德格尔“Ereignis”的中文翻译和理解．世界哲学，2003(4): 3.

② 王庆节．也谈海德格尔“Ereignis”的中文翻译和理解．世界哲学，2003(4): 4.

③ 王庆节．西方形而上学传统与海德格尔“Dasein”的理解与中译 // 王庆节，张任之．海德格尔：翻译、解释与理解．北京：生活·读书·新知三联书店，2017: 22.

德格尔提出的这个概念在中文中的接受史和翻译史，由于这个概念目前较常见的 3 种中译名是“亲在”“此在”“缘在”，因此他的论述主要围绕这 3 个译名的优劣展开。他认为，哲学术语的翻译涉及两层面的理解，其一是语言理解上的，其二是哲学理解上的。语言层面的理解相对好说，关键是哲学理解层面的。这一层面既涉及它们在特定哲学家中的理解，又涉及它们在哲学史上的理解，怎样兼顾两者是个特别需要考虑的问题。就 Dasein 的中译而言，严格说来，这 3 个译名在语言层面都不能完全对应原文的 Dasein，在哲学理解层面也是如此，每个译名都不能充分体现 Dasein 的完整含义。在这种情况下，他更多从哲学理解的层面出发，将 Dasein 译为“亲在”，个别地方变通处理为“亲临”“亲临到此”等。“亲在”这个译法当然不能普遍适用于黑格尔或者康德等人，但是他认为，“重视一个哲学概念在哲学史、思想史上译名的连续性是思想和哲学翻译中的一个重要原则。但我想补充的是，适用这一连续性原则的情况一般来说还应满足两个前提条件。第一是此一概念词在此哲学家那里并无革命性的词义变化，也不是此哲学家那里的核心概念”[①]。为此他举了黑格尔著作中的 Dasein。他认为，这个词在黑格尔那里的用法跟在康德以及此前的其他德国哲学家那里并没有特别的不同，而且，这个词也不是黑格尔哲学的核心概念，所以我们在翻译黑格尔和康德著作中的 Dasein 时，完全可以采用同一译法。第二个条件是，“在此之前，此一概念词乃哲学史上一贯沿用的核心概念词，例如‘存在’‘真理’‘实体’‘理念’‘本质’‘道’‘仁’等，因为这些核心概念词，已经构成我们共同的思想、语言传统，在翻译过程中的轻易改变可能造成语言、思想的混乱，故需要特别的慎重”[②]。他认为，海德格尔的 Dasein 或者康德的 transzendental 都不符合这样的条件，所以可以不适用连续性原则。

怎样来理解王庆节的这一论述？笔者认为，他说的只是我们可以

---

① 王庆节 . 西方形而上学传统与海德格尔“Dasein”的理解与中译 // 王庆节 , 张任之 . 海德格尔：翻译、解释与理解 . 北京 : 生活·读书·新知三联书店 , 2017: 31.

② 王庆节 . 西方形而上学传统与海德格尔“Dasein”的理解与中译 // 王庆节 , 张任之 . 海德格尔：翻译、解释与理解 . 北京 : 生活·读书·新知三联书店 , 2017: 31-32.

在某些情况下不遵循翻译的连续性原则，但不是说我们必须违背这一原则。即便某个哲学家革命性地改变了某个词的词义，我们也不是必须对某个概念作出不同翻译。实际上，即便海德格尔赋予了 Dasein 以新意，我们仍可把哲学史上的所有 Dasein 均统一为一个译名。在这种情况下，“此在”比“亲在”更能承担统一译名的任务。

第四节　王路、杨学功论 being 及其相关词的中译

围绕 being 及其相关词的译法，国内哲学界曾有过一段争论，很难说这段争论目前已经完全平息或者已达成统一。这一译法之争主要集中在 being 该译成“是”还是“存在”。如我们前面提到过的，孙周兴、倪梁康、陈嘉映、王庆节等更多赞同“存在”的译法，反之，王太庆、王路等学者则坚持译为“是”。本节主要结合王路、杨学功有关 being 等词译法的论述，介绍下他们的哲学术语翻译原则，以期论断有关 being 译法的得失。

一、王路论 being 及其相关词的中译

王路主要从事逻辑哲学和分析哲学研究，撰有《走进分析哲学》《逻辑的观念》《“是”与“真”——形而上学的基石》等多种著作，翻译过戴维森的《真与谓述》、达米特的《分析哲学的起源》、弗雷格的《算术基础》《弗雷格哲学论著选辑》、奥卡姆《逻辑大全》等。王路是坚定的“一‘是’到底论”者，他有一本专著就以此为名，本节对他的相关讨论主要依据该书。

（一）从理解西方哲学的角度出发就应该把 being 译为“是”

王路主张“一‘是’到底论”，反对将 being 译为“存在”的存在论和随语境不同而将 being 译为“是”“有”或“存在”。“一‘是’到底论”的基本主张是：“应该以‘是’来翻译和理解 being，并且把这种翻译和理解

贯彻始终”[①]。这一主张不只是把 being 这个词译作“是”，也不只是说西语中与之对应的词，如德语的 Sein、古希腊语的 ὄν、拉丁语的 ens 等都译为“是”，而是包括这个词的各种变格在内，如英语的 is、德语的 ist、古希腊语的 εἶναι 等等，以及 Dasein 等复合词都应一概译为“是”或者包含“是”的词。比如：God is 应该译为“上帝是”，Dasein 应该译为“此是”，黑格尔的 es ist 应该译为“它是”。王路给出的一个理由是：being 是系词，把 being 译作“是”是正确理解西方哲学的需要。他通过举例指出，只有这样才能理解到，西方哲学自古及今关于 being 的讨论一直采取的是举例子的方式，并且考虑的主要是它在语言中的形式，特别是以判断、肯定、否定等逻辑方式呈现的句子。

（二）从翻译角度来看，也应该把 being 译为“是”

王路认为，翻译有两个基本原则。其一，“对应原则”，它说的是“一个译名‘要符合原词词义，力争对应，至少可以通过阐释获得意义上的对应性’”[②]。王路通过举例指出，就对应原则而言，虽然 being 有两种含义：作系词、表存在，但 being 只能和“是”完全相互对应，而不能和“存在”相互对应。因此据对应原则，应该把 being 译为“是”。其二，“融贯原则”，它说的是“一个译名原则上应该能够在翻译所有哲学著作乃至翻译所有原文的场合都通行”[③]。王路同样通过举例指出，不管谈论 being 的著作或人的语境是什么，也不管 being 的表现形式是名词、动词、分词等等，都可以用“是”来翻译 being，但用“存在”来翻译则不行。因此，据融贯原则，也应该把 being 译为“是”。

总之，只有译作“是”才能坚持对应原则和融贯原则。应该说，王路的观点很简洁、很明确，看得出，他是想以系词这一种模式概括 being 的所有用法和译法。或者可以说，他是把对应原则和融贯原则推到了极端。如果世界真是简单到可以用一种模式来概括，或者翻译就是

---

① 王路．一“是”到底论．北京：清华大学出版社，2017: 2.
② 王路．一“是”到底论．北京：清华大学出版社，2017: 310.
③ 王路．一“是”到底论．北京：清华大学出版社，2017: 312.

这样简单对应和前后一致那倒好了，可惜，由于他的论证过于依赖举例，行文不仅琐碎而且稍显啰唆，因此论证效力或者说服力总还有所欠缺。在他的举例外，我们终究还是可以问出例外。更重要的是，他忽视了学术翻译对我们语言和思想的提升作用。

二、杨学功论 ontology 及其相关词的中译

杨学功著有《传统本体论哲学批判：对马克思哲学变革实质的一种理解》《在范式转换的途中：马克思主义哲学研究评论集》等，合译有《马克思主义之后的马克思：卡尔·马克思的哲学》。杨学功更多关注 ontology 的翻译之争，他认为翻译之争的背后是译者翻译原则的不同，我们不妨依据他《从 Ontology 的译名之争看哲学术语的翻译原则》一文看下他的论述。

（一）Ontology 译名分歧的原因

Ontology 的中译名曾引发争论，到底是该译为“本体论”“存在论”还是“是论”曾莫衷一是。争论的背后首先是对 ontology 的词根——希腊语 ὄν 的不同理解。简言之，ὄν 被理解为“存在”“是”或者“有”等等。与之相应，就有“存在论”“是论”“万有论”的译法，至于“本体论”的译名则完全袭用自日文。

但是，词源追溯工作仅能部分解释译法，而且停留在词源层面，译法之争并不能平息。杨学功认为，“译名的准确与否，更主要地取决于对相关学理的理解。这可以看作一条重要的翻译原则”①，换言之，对相关学理的不同理解是 ontology 译名分歧的深层原因。为此，他以“本体论”这个译名为例，从语义和形而上学史两个学理层面分别论证了该译名的合理性。简言之，从语义层面来说，我们完全可以引用海德格尔的意见，传统 ontology 研究的是存在者的存在，它有别于研究存在

① 杨学功 . 从 Ontology 的译名之争看哲学术语的翻译原则 // 宋继杰 . Being 与西方哲学传统 . 广州 : 广东人民出版社 , 2011: 266.

的存在论。从形而上学史层面来说，“传统‘形而上学’的主题和旨趣与‘ontologia’如出一辙”[①]，即转变为研究存在者的存在，而非研究存在本身。因此，“本体论”这一译名的合理性在于，它有助于我们看清 ontology 的特征。但明显，从字面看来，“是论”的译名也具有其优势。因此，杨学功认为，这迫使我们思考什么是好的翻译，或者说，翻译的目的。

（二）翻译的目的

首先，翻译是译者的一种理解和解释，因此不可能也没必要追求绝对完满和客观的意义。但是，翻译又确实有好坏之分，我们也确实要追求好的翻译。杨学功认为，首要一点还是严复说的“信”。

其次，杨学功认为，翻译的目的无非是为不了解原文的人能在自己的母语中理解和思考相应问题。因此，即便有时我们不得不采取约定俗成的办法，我们其实也可以通过附加解释的方式来增扩或改变某些译名的含义。

就哲学术语来说，翻译面临的困难要更大一些：“既有用汉语传达西方思想本义的困难，又有用汉语讨论哲学问题的困难。”这种困难，在 ontology 的译名之争上就有充分体现。杨学功认为，面对这种困难，我们不妨着眼于翻译的目的，着眼于语用，想方设法促进汉语对这个问题的讨论。以 ontology 这个概念的常见中译“本体论”为例，他认为，这个译法固然存在不足，但我们可以赋予这个译法新的含义，将它保留下来，用它来命名或指称“西方哲学史上，哲学家们在探讨‘on’的问题时，历史地形成的一种哲学形态——实体主义或实体中心主义的哲学形态”[②]。进而，我们还可以依此观照中国哲学，发掘更多有关本体思想的资源。

---

① 杨学功 . 从 Ontology 的译名之争看哲学术语的翻译原则 // 宋继杰 . Being 与西方哲学传统 . 广州 : 广东人民出版社 , 2011: 273.

② 杨学功 . 从 Ontology 的译名之争看哲学术语的翻译原则 // 宋继杰 . Being 与西方哲学传统 . 广州 : 广东人民出版社 , 2011: 280.

可以看到，与之前我们详细讨论过的很多译著等身的学者不同，杨学功所谈的翻译原则总体较为空泛，更多着眼的还是语用层面。这个层面确实在我们之前所谈的译者中注意甚少，但这或许也可以启发我们从另一个角度思考术语中译问题。

第五章　日本学者对康德哲学术语的译介研究

19、20 世纪之交，由于大量的中国有志青年纷纷到日本留学，中国的康德哲学著作译介和研究受日本学者的影响颇大，尤其是在中国早期康德哲学术语体系的构建过程中，日本学者的贡献尤为突出。个中的主要原因有二：一是明治维新后率先译介康德哲学的绝大多数日本学者都精通汉语典籍；二是汉语在组词达意方面的先天优势。基于这两方面原因，日本学者大多从汉语典籍选用译名，而这又为中日哲学术语译名的确立和互相影响、互相促进奠定了基础。

笔者在发表于《世界哲学》2011 年第 1 期上的《日译名“超越论的”与“超越的”源流考》中通过考察已经发现，transcendental、transcendent与 a priori 的中文译名在确立过程中曾经受到日译的很大影响，尤其发现蓝公武所译的《纯粹理性批判》中的术语译名与日本学者桑木严翼的《康德与现代哲学》、天野贞祐所译的《纯粹理性批判》等书中所用的术语有相当部分相同。因此，本课题将在此基础上进一步考察桑木严翼、天野贞祐、九鬼周造、和辻哲郎等人所处时期的日本的康德哲学著作译介情况，期望能够找到日本学者在翻译康德哲学术语时所遵循的一些基本原则及所采用的一些具体做法，以资参考和借鉴。

第一节　日本近代哲学之父西周对西学术语的创译

日本早期译介西方哲学的著名学者有西周、中江兆民、井上哲次郎等人，而其中最著名的、对后世影响最大的是明治初期的启蒙思想家、日本近代哲学之父西周(Nishi Amane, 1829—1897)，他早年曾留学荷兰，回国后致力于西方思想的普及工作。西周最重要成就之一，就是译介西方思想与文化时创造了许多新的译词，除开大众熟知的“哲学”一词之外，还有诸如“外延、内包、概念、概括、抽象、断言、感受性、创造力”[①] 等很多为今日大众耳熟能详的词语。

一、西周与严复在造词上的异同比较

由于西周与严复（1854—1921）基本上属于同时代的人（严复晚出生 25 年），而且他们两人对中日两国译介西方思想的贡献都很大，他们在译介西方思想时都曾经创造了许多西方概念术语的译名，[②] 对中日两国建构西方思想概念术语体系的贡献非他人可比；因此，有很多学者将他们两人进行对比研究。其中，徐水生在《翻译造词：严复与西周的比较——以哲学用语为中心》[③] 一文中比较了严复和西周在译介西方哲学时的异同。徐水生在该文中指出，严复和西周两人在欧洲留学时都研习过西洋哲学，但两人对中国传统哲学都不是简单的否定，而是在理性的批判和辩证的扬弃基础上，认识到东西方哲学的共通性和融合性。由于严复和西周来自中日两个不同国家，他们在翻译造词上理所当然也存在诸多不同。依徐水生之见，他们二人之间共有四点不同。

造词的直接目的不同。严复是为了教育人民，救亡图存；西周是为了传播新的知识，建立新的学问。例如，明治三年，西周在私塾“育英堂”开设讲座，写作的《百学连环》被称为百科全书。该书系统地介绍了现代西方史学、文学、宗教研究、哲学、法律、经济学、统计学和物理

---

① 手岛邦夫 . 日本明治初期英语日译研究：启蒙思想家西周的汉字新造词 . 刘家鑫，编译 . 北京：中央编译出版社，2013: 1.

② 根据熊月之考察，除开自创了许多译名外，严复也沿用了一些日译词语，如“社会”“主观”“客观”等。从严复介绍黑格尔的文章，可以在一定程度上看出日译书籍的巨大影响。参见：熊月之 . 清末哲学译介热述论 . 国际汉学，2013(1): 61-62.

③ 徐水生 . 翻訳の造語： 厳復と西周の比較–哲学用語を中心に–. 北東アジア研究，2009(17): 19-28.（牛芳晴译）.

学、化学、天文学、地理学和自然科学等。根据英语或希腊语原文创造了“归纳法”“演绎法”“哲学”“真理”“命题”“习俗”“心理学”“物理”“交易”“消费”“地质学”“矿物学”“植物学”“动物学”等新的汉字词。西周在荷兰受到了他导师学科分类思想的影响，确立了想要建立近代日本学术体系的目标。

对中国哲学资源的利用，两人重点不同。严复利用的是道家思想，西周利用的是儒家思想。在翻译西洋哲学的时候，西周经常使用儒学思想，例如创造“哲学”一词。在希腊语中，哲学原本的单词是“philosophia”，意味“热爱知识”。西周参照宋代哲学思想，将“philosophia”译为性理学、理学、穷理学。性理是心性、理性之意。随着对近代哲学理解渐渐深入，西周认识到，上述的翻译都算不上确切的对应译语。philosophia 的意思与周茂叔的“圣希天、贤希圣、士希贤”的意思相似，因此西周把 philosophia 直接译成“希贤学”。这之后西周又将其译成“希哲学”，这可能是受《尚书》的影响。《尚书》载有“知人则哲，能官人；安民则惠，黎民怀之”。《孔氏传》有“哲，智也。无所不知，故能官人。惠，爱也。爱则民归之”的解释。在经过像这样无数次的考虑之后，西周最后在 1874 年发行的《百一新论》中，把阐明天道、人道的 philosophia 最终译为“哲学”。“理性”一词也是西周所创的译语，该译名也曾经历了从最初的“道理”到最后的“理性”的转变历程。

两人在使用新词上不同。严复造词的读者大都是博览群书、有知识的人；西周则是以一般庶民为对象。西周造词与严复有着相反的特点。例如西周以穆勒的《论理学大系》为基础介绍西洋论理学时，创造了“归纳”“演绎”这两个新词。西周在《百学连环》中写道：“在这里想介绍新的致知学的方法。这个方法是英国穆勒发明的，在学术界引起很大的改革。这个方法就是 induction 归纳法。要想理解归纳法就要先明白 deduction 演绎法。演绎法的‘演’意味广阔、发挥。‘绎’意为从重点部分全部抽出来。如猫吃老鼠，猫从重要的头部开始吃，然后再吃老鼠的身体、爪子、尾巴。孔子讴歌‘仁知’、孟子强调‘性善’。孔子所有的论述都离不开‘仁智’，孟子所有的话都与‘性善’有关。无论是性善还是仁智，他们都从此为基础引出许多道理，并展开。之后的学者们也如此。研究《孟子》的人以《孟子》为基础，学习《论语》的人以《论语》为根本。简而言之，这种从重要部分得出各种道理的方法就是演绎法。归纳法与演绎法不同。以人吃鱼为例，人总是从鱼最鲜美的地方开始入口，再吃其他地方。从一小部分到整体，从外到内。这样理解归纳法的话，定能明白事实。”①

在育英私塾授课时，西周使用猫和老鼠、人和鱼的例子来解释归纳法和演绎法，让听者容易理解。虽然例子不是特别贴切，但西周对 induction 和 deduction 的理解正确，翻译也贴切，所以归纳和演绎这两个词被广泛使用并流传至今。

在严复与西周对哲学造词的贡献上来看，特别是如何公允评价严复的贡献是困难的。而西周的贡献众所周知，评价大都一致。他系统地介绍过西洋哲学，他所使用的“哲学”“理性”“主观”“客观”“悟性”“现象”“实在”“感觉”“直觉”等大量造词至今仍在广泛使用，他为东西哲学思想的融合以及东亚地区哲学的发展做出了巨大贡献。但他吸收西洋哲学思想进行哲学造词时，同样不能忽视中国传统哲学对他产生的巨大影响。

徐水生给出的评价总体来说较为全面，也较为公允，这为我们下面的讨论提供了多种视角。

二、西周选择西方哲学术语译名的原则

西周创造了大量译名，这点已经众所周知，但是很少有人了解西周创造译名时会采用哪些常用方法，会遵循哪些原则。笔者经过广泛的搜查，最后终于找到一些相关信息。桑木严翼在『日本哲学の黎明期』中“西周《哲学用语由来记》”这一部分介绍了西周朴素的术语学思想及其选择哲学术语译名的原则，现在概要介绍其如下。

不仅限于哲学领域，左右学问都有其特殊用语的存在，因此

① 大久保利謙編. 西周全集（第四卷）. 東京：宗高書房，1981: 23.

人们也往往因其与普通用语的差异而对其进行责难，尤其是在哲学领域。然而，事实上无论哪个领域都有其特有的术语，这是人人都不得不承认的事实，都不可避免地会遇到不进入该领域就不知道的词语。学者在发表自己的研究时会不得已采用自己独特的术语。因此就会制造出各种奇特的术语，我想这也是没有什么可以指责的，但在这种场合下极其重要的是，所造之词一定要符合语言使用的目的。

新造的词不能只有在自己或在小范围人群之间通用。它既要简洁又要能充分表达出需要表达的意义。另外它还要具有准确性。同时它也必须符合“雅训（典雅纯正）”的要求。节奏、文字的美感、符合语法也很重要，但这些因个人的兴趣而异。

但是，要做到“雅训”，这个词就必须有典有据。最理想的是将其与古典适当结合或予以适当的改动。然而，如今有人认为没有出处典据，随意创造即可，那些有典有据的反而让人避之不及。总而言之，用语一定要“纯粹”。

如上所述，创造新语要具备有共性、简单、正确、雅训、有典有据、纯粹等诸条件，而且也一定要注意，要将新词用在与既有词汇完全不同的意思上。在长久以来一直使用的词语上再突然附加上完全不同的意义不免会招致困惑。这样的例子在学术界，特别是在哲学领域中有很多。①

从上述第一段文字可见，西周认为，每门学问（即每一学科）都有自己的专业术语，这是不进入该学科领域就不会知道的特有的词语，哲学用语与普通用语有区别。学者们在发表自己的研究成果时往往会采用或者制造出一些独特的术语，这无可厚非，但是在这样做时一定要注意符合语言使用的目的。此处“语言使用的目的”究竟是指什么？估计会有多种理解。笔者以为这里是指所造之词语要能被用来进行交流沟通，

---

① 桑木厳翼．日本哲学の黎明期．東京：書肆心水，2008: 134-136. 这几段文字由芦晓博博士代为翻译。

能够让别人易于明了该新造词所传达的知识或信息。

从上述第二段文字可见，西周认为，创造新词时要遵守一定的原则，那就是新造词应该能在多数人之间通用，因此它既要简洁又要达意，还要具有准确性，要符合“雅训（典雅纯正）”的特征。此外，还要根据个人的兴趣去关注一些其他因素，诸如：节奏、文字的美感、符合语法等等。

从上述第三段文字可见，新造词要做到“雅训”，就要有典有据，最理想的是将新造词与古典文献中字词适当结合或予以适当的改动，西周反对没有出处典据的随意创造。

从上述第四段文字可见，西周将其创造新语的原则概括为：要具备共性、简单、正确、雅训、有典有据、纯粹等诸条件。他还特别强调，一定要将新词用在与既有词汇完全不同的意思上。这样做的缘由是：西周已然发现，在哲学领域，有人在常用词语上突然附加上完全不同的意义的做法，这样难免会招致困惑。也就是说，西周发现，一些哲学家有时候会赋予旧词以新的意义，这样会给大家带来理解上的困惑。因此，西周所造的新词既来自旧词（即古语），又与之在意义上有别，这就像在一个家庭里为新生儿取名字一样，既要依据家庭已有成员的名字信息，又要与家庭已有成员的姓名有区别一样。这一点与笔者的博士论文中所提出的一个观点（即译介西方思想中的概念就是为其在中文语境中再命名）颇相类似。①

三、西周创造新词的具体做法

为了进一步地了解西周是如何造词的，有必要考察西周造词的一些具体例子。

根据余又荪《日译学术名词沿革》一文②的介绍，Kategorie“范畴”为西周所创用之译语。西周创译此词的根据是：

---

① 文炳．康德哲学中的 Transcendental 的中译论争史考察——兼及对 a priori、transcendent 的考察．上海：华东师范大学博士学位论文，2010.

② 余又荪．日译学术名词沿革．文化与教育旬刊，1935(69): 19.

所谓范畴，是省略“洪范九畴”而成的一个熟语。《书经》的洪范中有云：“天乃锡禹洪范九畴，彝伦所叙。”洪是大的意义；范是法的意义；畴是类的意义。所以西周最初在未想出范畴一语时，他曾译为“分类表”。

可见，西周创译哲学术语时，会从中国古文典籍中借用或者创造新词来翻译。饭田贤一在『明治初期啓蒙的哲学思想の展開と変容——「明治開化の本」展示会に寄せて』[①]一文中介绍了西周创译术语的具体做法。现从该文章中选取相关段落译介[②]如下。

段落 1

日文原文：また欄外の注記につぎのことが書かれている。「心は時と処とに入りて生するものなり。最も理解を要すへし。」

素直に原典の意味を受けとり，誰にでもわかるように表現しようとしている西の学問態度が推察される。（页 17）

中文解说：西周在栏外作标注，以求能够原原本本地理解原典的含义，努力采用谁都能理解的表达方式。

段落 2

日文原文：reason にあてたかれの訳語「理性」と，ドイツ語の Vernunft とは同じだが，「少シク差異アルヲ覚ユ」る故に「霊智（ヘルニユンフト）」という言葉を選んだ，とことわり書きをする配慮、しかも日本語では原意をつがみにくいと思われる用語（訳語）には，かならず原語のルビを付した周到さ，これらのことを読みとれば，私たちはかれが今日ならさしずめ「先験的純粋理性」と書くところを「絶妙純然霊智（トランスセンデンタルライネンフエルニユンフト）」と表現したからといって，かれが決して，哲学の深遠化・神秘化を意図したものでないことは，了解されるであろう。（页 18）

---

① 飯田賢一．明治初期啓蒙的哲学思想の展開と変容—「明治開化の本」展示会に寄せて．参考書誌研究，1972 (4): 11-30.

② 此处由徐芳芳博士帮忙译注。

中文解说：西周通常会注明选择译词的原委，这说明他用心。例如：他原本将 reason 译成“理性”，跟德语的“Vernunft”是一样的。但他觉得两者有少许差异，因此选用了“灵智”一词。当日语译词不利于理解原意时，西周会在译词上标注源语的读音，这一点说明他翻译时为读者考虑得非常周到。例如：西周将 reason 译成“灵智”时是这样为译词上标注源语的读音的：靈智（ヘルニユンフト）

饭田贤一在此指出，虽然西周将现在普遍译为“先验的纯粹理性”翻译成了“绝妙纯然灵智”，但他绝不是故意要将哲学深远化、神秘化。① 西周创词甚多，下面通过若干表格来说明。

四、西周所创译的部分学科名称和学术名词

西周所创译的词语众多，现笔者据余又荪《日译学术名词沿革》② 整理了部分学科名称和学术名词，如表 5.1、表 5.2 所示。

表 5.1　西周所创译的学科名称

序号	德语 / 英语原文	西周的译名	通行译名
1	Biology	生体学（明治五年初用）	生物学
2	Sociology	西周初译为“人间学”，后始用“社会学”	社会学
3	Aesthetik	美妙学（明治五年西周创用）	美学
4	Psychology	性理学	心理学
5	Physik	格致学（明治六年用此名）	物理学
6	Logik	致知学（明治六年西周用此译名） 有时亦称为致知之学。西周对于此学的著作较多，译名亦多，如论理学等	逻辑学
7	Political Economy	经济学，西周偶尔译为“治道经济之学”	经济学
8	Politic	政事之学（明治六年创用）	政治学
9	Mathematic	数学（明治六年创用）	数学
10	Ethik	礼义之学（明治六年创用）	伦理学
11	Metaphysik	超理学；超理学家（Metaphysician）	超理学
12	Ontology	虚体学（现不通用）	本体论

① 飯田賢一 . 明治初期啓蒙的哲学思想の展開と変容—「明治開化の本」展示会に寄せて . 参考書誌研究 , 1972 (4): 11-30.

② 余又荪 . 日译学术名词沿革 . 文化与教育旬刊 , 1935(69): 19.

续表

序号	德语 / 英语原文	西周的译名	通行译名
13	Positive Philosophy	实理哲学	实证哲学
14	Materialism	物质学	唯物论
15	Communism	通生学或通有学	共产主义
16	Fine Art	美术（明治六年创用）	美术
17	Music	音乐（明治六年创用）	音乐
18	Poem	诗歌	诗歌
19	Prose	散文	散文

表 5.2　西周所创译的学术名词

序号	德语 / 英语原文	西周的译名
1	Reason	理性，道理；在康德哲学中他将其译为“灵智”
2	Principle	“元理”或“主义”
3	Law of Nature, Natural Law	自然理法
4	Law	理法或法
5	Idea, Idee	观念
6	Psyche	“魂”或“心”，有时又译为“心灵”
7	Realism	实体学
8	Innate	性中固有
9	Conscious	独知
10	Consciousness	意识
11	Sensation	感觉
12	Sensationalism	感觉学（指洛克的哲学）
13	Skepticism	怀疑学（指休谟的哲学）
14	Common Sense	通常良知
15	Transcendental Pure Reason	卓绝极微纯灵智（康德哲学中用语）
16	Space	宇观（空间之谓）
17	Time	宙观（时间之谓）
18	A priori	先天或先天的
19	A posterior	后天或后天的
20	Categorie	分类表，范畴
21	Idealism	观念学
22	Liberty	自由
23	Electicism	选择学
24	Association	观念伴生
25	Law of association	观念伴生之理法

续表

序号	德语 / 英语原文	西周的译名
26	Object	彼观
27	Subject	此观
28	Sophist	伪学派
29	Monotheism	唯一神
30	Polytheism	数多神
31	Nominalism	名目学

五、部分哲学术语译名从初译到定名的故事

当然，除开西周之外，与西周同时代的很多其他学者，对康德哲学在日本的传播和译介，以及康德哲学术语译名的确立，都做出了不朽的贡献；可以说，每一个哲学术语译名的背后都有一段故事，只是因为年代久远，大部分故事已经淹没在历史的长河中了。为了尽可能地从这些译名故事中获得启示，笔者从余又荪的《日译学术名词沿革》中找到了部分哲学术语译名从初译到定名的故事，现用表格形式整理如表 5.3。

表 5.3 部分哲学术语译名演变及定名表

序号	英文 / 德文	现今通行译名（及来历）	附注（其他译名，或与之相关信息）
1	Philosophy	西周于文久二年（1862）致其友人松冈隣宛书中，已用日文之“Philosophy”的译音，并称之为“性理学”或“理学”。 西周于明治三年（1870）用汉文“斐卤苏比”之译音。西周始用“哲学”一词，在明治六年（1873）所发的《生性发蕴》。 西周认为，用理学、理论等词来译 Philosophy，可谓直译。唯其源语涵义甚广，故今译为“哲学”，以与东方原来之“儒学”分别。 明治七年（1874）在他著的《百一新论》中，仍用“哲学”一语，译 Philosophy 为“哲学”，称为“百学之学”（Science of Sciences）。	李之藻等所译的《名理探》一书中所用的译名是“爱智学”。 西周所译《利学》的序文：性理学（Psychology）；致知之学（logic）；道德之学（Morality）；美妙之论（Aesthetic）西村茂树氏主张改译为“圣学”，中江兆民氏又主张译为“理学”。
2	Psychology	明治十五年（1882）井上哲次郎始改译 Psychology 或 Mental Science 为心理学；而以为 Mental Philosophy 应译为“心理哲学”。	西周最初则以心理学译 Mental Philosophy；而以“性理学”译 Psychology。
3	Ethik	井上哲次郎仿效“生理学”“物理学”及“心理学”之例，遂定“伦理学”为译名。他说，“伦理”出于《礼记》之《乐记》中：“凡音者生于人心者也，乐者通伦理者也。”	明治初年，Ethik 一语尚无一定译名，或译为“道义学”/“礼义学”/“修身学”/“道德学”；或简译为“德学”。
4	Aesthetik	明治初年译为“美妙学”或“审美学”。“美妙学”为西周所用的译名；“审美学”为何人所创始，今不可考。 井上哲次郎氏始改译为“美学”。他认为所谓“审”的意义，并不限于美学才如此；一切的学科都是需要“审”的。其他的学科都不附一个“审”字在它的名称上，何以独于“美学”要加上一个“审”字呢？因此，仅仅称为“美学”就够了。	明治二十一年至明治二十五年之间（1888—1892），帝国大学一览中是用“审美学”这个译名。 井上哲次郎氏所谓“美学”，德文中有时称为 Wissenchaft des Schonen；法文中有时称为 Science du beau；所以译为“美学”最为适宜。

续表

序号	英文 / 德文	现今通行译名（及来历）	附注（其他译名，或与之相关信息）
5	Philologie，Sprachwissenchaft	明治初年加藤弘之译此学为“博言学”。 井上哲次郎改译为“言语学”。	井上哲次郎以为译为“博言学”决不恰当。所谓“博言”也者，乃是精通各国言语而善于谈话的意义。但无论你精通若干种言语，并没有“学”的意义。所以他改译为“言语学”。他认为西洋学者也是如此主张的，例如 Max Müller 就著有一部书名为 *Science of Language* 是讨论 Philologie 的。这即是“言语学”的意义。
6	Sociology	明治初年福地源一郎氏用“社会”二字来译英语的 Society。福地氏又往往将“社会”二字颠倒而用为“会社”。 当时任社会学讲座教授的外山博士则独用“社会学”来作他教授科目的名称。后来一般人都承认 Sociology 是“社会学”。	“社会”一语，见于二程全书卷之二十九所载明道先生行状(程伊川作)中：“乡民为社会，为立科条，旌别善恶，使有劝有耻。” 井上哲次郎氏曾提议将 Sociology 译为“世态学”，加藤弘之赞成此说，于是东京大学中一时都用“世态学”这个名称。
7	Erkenntinistheorie Erkenntnislehre	从前一般人都译为“知识论”，但井上哲次郎则认为译作“认识论”较为正确。	井上哲次郎以为所谓“知”，在英德法以及其他国的文字中有两种说法。譬如在英语中则有“know”与“cognize”之别。法语中亦区别为“sovoir”及“connaitre”二种。德语中亦有“Wissen”及“Erkenen”二语。如果把这两个意思都用“知”字来表示，是辨别不清楚的。他以为也应当用两个词语来分别表示。用“了知”来译“Wissen”，而以“认识”来译“Erkenen”。因此，Erkenntinistheorie / Erkenntnislehre 则应译为“认识论”。
8	Absolute	“绝对”这个译语，也是井上哲次郎创始的。他译此语是采用佛经中的用语。《法华玄义释签》卷之四中有云：“虽双理无异趣，以此俱绝对。”其后“教行信证”第二种又云：“圆融满足，极速无碍，绝对不二之教也。”又云“金刚信心，绝对不二之机也”，但是有时也以“绝待”来代“绝对”。	井上哲次郎则认为，“绝待”此语绝不可与普通谈话中所用之“绝对”一语相混。与 Absolute 相反对之字为 Relative。此字可译为“相对”或“相待”。“相对”或“相待”，亦为佛经中语。《法华玄义释签》卷之六中有云：“二谛名同，同异相对。”又佛典以外，庄子林注中有“左与右，相对而相反”等语。

续表

序号	英文 / 德文	现今通行译名（及来历）	附注（其他译名，或与之相关信息）
9	A priori， A posteriori	“先天”与“后天”是西周所创用的译语。	先天与后天两词，乃中国古代哲人所常用的，非西周所新造。宋儒谈哲学时，用先天与后天的时候很多。 先天后天的文字，源出于易乾卦的文言。乾卦中有云：“夫大人者，与天地合德，与日月合其明，与四时合其序，与鬼神合其吉凶。先天而天弗违，后天而奉天时。天且弗违，而况于人乎，况于鬼神乎。”西周译此二语，颇费心机。
10	Subject，Object	“主观” / “客观”是亦西周氏创用之译语。	井上哲次郎谓西周在主客二字之下各附以一个观字，使其具有 subject 与 object 的意思，实在很巧妙。他认为此二语是西周自己创造的，在儒佛诸书中没有这两个词语。
11	Metaphysik	西周于明治六年（1873）译为“超理学”，有时又译为“无形理学”，而称治此学者为“超理学家”。 西周以后的哲学家都译为“形而上学”。有些学者往往又将这个“而”字省去，而仅称为“形上学”。	“形而上学”一语，出于：“形而上者谓之道，形而下者谓之器。”所谓“形而上”者，“无形”；所谓“形而下”者，“有形”。“器”与宋儒之所谓“气”者同，乃一切物质的东西之谓。 井上哲次郎有时不用“形而上学”这个译名，而另译为“超物理学”。
12	Weltanschauung， Lebensanschauung	世界观和人生观这两个译语是井上哲次郎创用的。	井上哲次郎认为，这两个词中都有“Anschauung”一语，此词与英语之 Intuition 相当；西周氏译为“直觉”，但井上哲次郎把德语的 Anschauung 一词改译为“直观”；因为他以为“schauung”恰恰相当于“观”字的意义。因此他由这个推演出来，遂想出“世界观”与“人生观”这两个译语。

续表

序号	英文 / 德文	现今通行译名（及来历）	附注（其他译名，或与之相关信息）
13	Political Economy	西周在著述中用“经济学”来译 Political Economy，但此译名并非西周所创，因为在西周以前的英和辞书中即用此译名了。果为何人所创，今不可考证。	“经济”一语，出于礼乐篇：“是家传七世矣，皆有经济之道，而位不逢。”又杜少陵舟中水上遗怀诗中有云：“古来经济才，何事独罕有？”“经济”一语有“经世济民”之意，较 Political Economy 的意义稍广；源语之意颇近于政治学。 日本在德川时代，佐藤信渊等辈所著的《经济要录》中，已用“经济”一语来译 Political Economy 了。 井上哲次郎嫌“经济学”的涵义过广，因此自己另用“理财学”一语来译它。他说“理财”二字是从关尹子三极篇中“可以理财”一句话中想出来的。《周易·系辞（下）》亦有“理财正辞”一语。东京大学曾用“理财学”这个译名，但一般世人仍然是应用“经济学”一语。因为“理财学”三字不通用，后来东京大学也改用“经济学”了。
14	Persönlichkeit	在明治初年，英语的 personality 与德语的 Persönlichkeit 都没有适当的译语。 明治中叶，东京大学教授中岛力造博士担任伦理学功课，对于 personality 一语，苦于不得一适当译名。有一次他向井上哲次郎商议，井上氏遂提出用“人格”二字来译。中岛博士深为赞许，遂于伦理学讲义中使用。从此这个名词遂流行于世。	井上哲次郎以为“人格”二字并无深远的意义，不过是“人的品格”一语之省略而已。 在佛儒典籍中，并找不出“人格”二字来。但是虽无人格一语，也有“人类的品格”这种用意；不过在儒家佛家的典籍中，仅用一个“人”字来表示这种用意而已。儒家所谓的士、君子，以及其他的美称，也是指某种人格者而言。 东洋的哲学家往往肯用一个人字来表示“人格”的意义。但是因为人字的涵义颇广，用来作为一个哲学上的术语颇不适宜。井上氏忽然创造“人格”这个术语来补救这种缺陷，被当时学术界采用，并且流传至今仍不失为一完整的术语。
15	Kategorie	“范畴”为西周所用之译语。	所谓范畴，是省略“洪范九畴”而成的一个熟语。《书经》的洪范中有云：“天乃锡禹洪范九畴，彝伦所叙。”洪是大的意义；范是法的意义；畴是类的意义。所以西周最初在未想出范畴一语时，他曾译为“分类表”。

续表

序号	英文 / 德文	现今通行译名（及来历）	附注（其他译名，或与之相关信息）
16	Utility，Utilitarianism	西周曾译为“利学”，有的人又译为“利用论”，其他的译名尚多。 井上哲次郎据管商功利之学而译为“功利主义”。	“功利”一语，屡见于《管子》书中。例如《立政篇》中有云：“虽有功利，则谓之专制。”此外《国蓄篇》等处亦多用“功利”一语。管商功利之学的“功利”二字，恰当于Utility 的原义。因此，“功利主义”这一译语至今仍为学者所通用。
17	Association	明治初年的学者对 association 一语的译法，颇感觉困难。 西周氏在所译奚般氏心理学中，译为“观念伴生”。井上哲次郎改译为“观念联合”，后来井上圆了博士又改译为“连想”。	井上圆了博士改译为“连想”后一般学者都认为适宜。“连想”与“联想”都有人用。因此井上圆了亦简称“观念联合学派”为“联想学派”。
18	Principle	译 principle 为“主义”，也是西周决定的；他于明治五六年间的论文中用“主义”为译语。但他有时也译为“元理”或“原理”。	现在我们常说绝对主义、理想主义、社会主义等等；“主义”一语似乎是很平易的。但最初创用“主义”一语时，却经过许久的时间和许多人的思虑。 汲冢周书虽有“主义行德”一语，但这是“以义为主而行德”的意思，与现今我们所用的主义一语的意义不同。 有人说译 principle 为“主义”，是始于福地源一郎，但确实是年代不可考。
19	Vorstellung	井上哲次郎主张译为“写象”，但没有好多人采用。后来元良勇次郎译为“表象”，遂为学术界所用。	此语最初有许许多多的译法，但大家都认为不满意。
20	sense	井上哲次郎曾主张译 sense 为“觉官”，但是因为“觉官”与“客观”在日本文中发音近似，很易混淆。日文的“觉官”读起虽然方便，但听起来容易与“客观”相混；因此遂改译为“感官”，虽然日文的感官发音不方便。“感官”一语遂从此通用。	译 sense 为“感官”。井上哲次郎说当初曾费了许多学者的苦心。 西周译 sensation 为“感觉”，译“sensationalism”为“感觉学”。 又据说“感官”是元良勇次郎创用的。

续表

序号	英文 / 德文	现今通行译名（及来历）	附注（其他译名，或与之相关信息）
21	Evolution	进化论这个译语是加藤弘之博士创造的。 进化论的学说，是加藤弘之传入日本学术界的，所以进化论中许多术语都是他译出来的。如“生存竞争”（struggle for existence），“自然淘汰”（natural selection），都是加藤氏首创的译语。“自然淘汰”一语，首先由井上哲次郎译为“自然选择”。但是因“选择”一语有“他动”的意思，大家都觉得不满意，后来加藤博士改译为“淘汰”，遂以确定。“优胜劣败”等语亦是他所创出的，颇脍炙人口。	井上哲次郎以为《易经·系辞（下）》中有“天地絪缊，万物化醇”等语；他采用这“化醇”二字的意义，主张译为“化醇论”。当时也有人采用“化醇论”，但毕竟用“进化论”的人多，因此遂成为确定的译语。 严复译为“天演论”，日本人未采用；我国学术界用“天演论”的也很少。 “适者生存”（survival of the fittest）是井上哲次郎首译的，现尚为一般学术界所采用。
22	Logic	“论理学”这个名称，不能够说是哪一个人始用的，这是东京大学教授们所共同决定的，后来确定成为这种学科的名称。	西周氏译为“致知学”。 明治初年又有人译 logic 为“论事矩”。又有人仅译为“论法”。
23	Recht	“权利”二字是创始于丁韪良。丁韪良（William Martiw）者，节译伟顿所著《国际法纲要》（*Henry Wheaton: Elements of International Law*），成书六册，于同治三年（1864）（日本元治元年，明治前四）在中国出版，始用“权利”这个译名。 在明治以前，中国学术界即已用“权利”这个译语了。 井上哲次郎及其他日本学者，都承认“权利”一语不是日本人所创译，这个译语是从中国传入的。	“权利”一语亦出自中国古典；但古书中所谓之“权利”，与现用来译 Recht 的“权利”二字的意略有不同。例如荀子《劝学篇》中云：“及至其致好之也，目好之五色，耳好之五声，口好之五味，心利之有天下，是故权利不能倾也。”又《史记·郑世家赞》中有云：“语有之，以权利合者，权利尽而交疏。”此之所谓“权利”乃“权势财利”的意义。 明治初年译为“权理”或“权利”，二语兼用。但是因为当时德国 Rudolf von Jhering（1818—1892）的功利主义理论（Interessentheorie）流行于日本，“权理”一语遂绝迹，一般学术界都用“权利”这个译语。因为“权理”一语的意义，很近似于 Vernunftrecht，与功利主义的法理论不相容，大概是此语废而不用的一个原因。 西周仅译为“权”或“权义”，并未用过“权利”二字。

第二节　清野勉《韩图纯理批判解说：标注》中术语的翻译

一、《韩图纯理批判解说：标注》译本概况

根据笔者目前有限的考察，日本学术界对康德哲学研究最早的学术专著应该是清野勉 1896 年所著的《韩图纯理批判解说：标注》（明治廿九年六月一日印刷，哲学书院）。清野勉在研究康德哲学时，也参考了一些康德著作的英译本。在该书第 3 页上，有这样一段话：

今回此の「解説」を撰述するに際しても、初回に於いては独逸語原本（べんのえるどまんが訂刊に係る第四鉛版）もて渉猟せりと雖、反覆多回に渉り、之れを熟閲するの手段としては、読誦の便を计り、めいくるじょんまきす、みゅるれる等の英訳を参観して其の労を省けり。而も英訳の文章上苟も疑義の起るに会しては、逐一之を独逸語原本と対照し、其疑義を払ふにあらざれば、止まざるを以て規則とはしたり……まきす、みゅるれるの英訳に於いて甚だ大なる錯誤の少なからざる所以を発見したり。

上述文字的大意是：在撰述这次的“解说”时，虽然先涉猎德语原本，但在反复多次阅读中，为能熟读此书，为方便之计，参考了めいくるじょんまきす、みゅるれる（即 J. M. D. Meiklejohn、Friedrich Max Müller）等的英译本，省却了一些劳苦。而且，碰到英译文章中也似有疑义时，将之与德语原文一一对照，至消除疑义为止。在对比阅读过程中，清野勉发现 J. M. D. Meiklejohn 的译本和 Friedrich Max Müller 的英译本中有不少严重的错误。

二、清野勉对康德哲学中一些重要术语的改译建议

清野勉所著的《韩图纯理批判解说：标注》一书除对康德哲学思想的介绍之外，还针对当时康德哲学中一些重要术语的译名提出了商榷。现择要列举如下几例。

例 1：a priori erkentniss 先験的知識（第 9 页）

日文原文：先験的知識或は知識とは、経験に由来せざる知識の義にして経験に由来するもの、之れを後験的知識と称するに相対す。純理批判中に所謂先験的及び後験的てふごの意味皆之れに準ず。従来、先天的及び後天的てふ訳語の行わるるあり。此訳語稍や允当ならざる所あり。なんとなれば、韓図が所謂 a priori erkentniss には、定義の如きも含蓄すればなり。この定義的断定を度外に置く件は、韓図が所謂 a priori は先天的てふ見解もて之れを解釈して可なり。唯だ之れを直ちに先天的と訳するの適切ならざるのみ。しかも訳者は先験的知識を以て時間に於て経験を待ちて而して後発するも、之れを称して先験的と云ふは、其の発する時間の前後を以て云ふにあらず。其の知識の性質に於て経験に由来せず経験によりて産出せざるを以てなり。

中文大意：所谓“先验的知识”或“知识”，指非来自经验的知识之义，与“后验的知识”（来自经验的知识）相对。在纯理批判中，所谓先验的及后验的等语之义皆源于此。一直以来，都有先天的及后天的这一译语。不过，该译语稍有不公允之处。康德所谓的 a priori erkentniss，如定义般深有意味。将该定义的断定置之度外，则康德所谓的 a priori 亦可以做如此解释。只是，将之直接译为“先天的”并不恰当；而且，译者凭“先验的知识”这一义，在时间中待经验过后而后发的，也称其为“先验的”，这就是不按其发生的时间之先后而称之。在其知识的性质中，不是来自经验，而是不从经验产生。

值得注意的是，清野勉在此指出了对 a priori 的翻译不应该按其发生的时间之先后来区分，因为 a priori erkenntnis 的确切含义是“在其知识的性质中，不是来自经验，而是不从经验产生”。清野勉此举重在廓清读者对该术语确切含义的认识。

例 2：Vorstellung/representation 観現（第 21—22 页）

日文原文：Vorstellung/representationとは、茲に観現と訳する（）語にして、従来表彰或は写象抔と云ふ訳語あり。今之れを観現と改訳す。即ち如何なる事項たるを論ぜず、心中所現一切の事柄に適用するを得る言葉なり。

中文大意：Vorstellung/representation，这里译为"観現"（观现）。该语以前有译为表彰或写象。现在将其改译为观现，即不论如何之事项都可适用于心中所现一切之事。

清野勉将Vorstellung/representation译为"観現"（观现），据笔者所知，是绝无仅有的。此译名实际上包含了译者对该译名的诠释成分，旨在通过译名来传达理解。

例3：transcendental/Transcendental超絶一卓絶的（第73页）

日文原文：は、従来之れを超絶と訳す。然れも超絶は其の語面超越と相類し、全く人知以外に脱絶するの義に解釈せらるるの恐れあり。故に従来の慣例に戻るにも拘りず今之れを卓絶と訳せんとす。韓図主義の哲学に於いては、transcendentalはtranscendentと全く相異なり。是れ読者が細心注意せざるべからざる一要点なり。卓絶てふ訳語の如何に適切なるやは読者…

中文大意：Transcendental以前译为"超绝"。但是"超绝"和"超越"相类似，可能会被理解为完全脱离于认识之外的意思。所以，现在译为"卓绝"。在康德主义哲学中，transcendental和transcendent完全不同。这是读者必须细心注意的一个要点。……

值得注意的是，清野勉从读者对译名的接受角度出发，认为读者可能对"超绝"和"超越"之类的译名有误解，误解为完全脱离于认识之外，故将其译为"卓绝"。从这一点来看，他在翻译哲学术语时，注重传达理解，避免误解。

例4：Wahrheit/truth目的（第119页）

日文原文：Wahrheit/truthは尋常之れを真理と訳すと雖、理の字、理法と誤訳さるるの恐れあり。茲に目的とするは真の理法の如何になりと云ふにあり。

中文大意：Wahrheit/truth，虽然一般译为真理，但是，理字可能误以为理法。这里译为目的，指真实理法之情况。

值得注意的是，清野勉在此处仍然从读者对译名的接受角度出发，认为读者可能将"真理"中的"理"字误以为理法，故将其译为"目的"。从这一点来看，他在翻译哲学术语时，非常重视读者是否会对译名产生误解，如果读者可能产生误解，他必想办法来避免误解。在今天看来，清野勉将 Wahrheit/truth 译为"目的"很难被认可。但是，我们需要明白他的出发点是无可厚非的，甚至是值得提倡的，只是，他在选择译名上尚值得进一步商榷。

例 5：Negation 虚無（第 156 页）

日文原文：性質門の虚無は原語（Negation）本来の意味に従う（）は、否定（もしくは拒否）と訳すべけれも、否定とは一つの概念或は直覚既に成立する上にてこれに他の概念を否定するの義に多く解釈せりれ、随て断定の上には安当の語なれども、直覚の上には妥当ならざるの嫌（）り。是こを以て原語の意味に関せず今之を虚無と訳し、以て実裕と相対す。

中文大意：Negation 性质门的虚无，若依本来之义，应译为否定（或拒否），但是否定可释为在一个概念或直觉已经成立时，在此基础上否定其他概念等多种义，所以，虽然在断定方面是稳当的译语，但是在直觉方面可能不太妥当。因此，这里不管原文的意思，而译为"虚无"，与"实裕"相对应。

尽管 Negation 目前已经被定译为"否定"，但是清野勉反对"否定"这一译名的初衷值得重视。值得注意的是，清野勉在选择译名时，还注重概念的相对性。

例 6：Kategorie 範疇（第 156 页）

日文原文：一体範疇の原語 Kategorie とは本来アリストートルが総ての事物を指名すべき事柄（他語にて云えば、断定に於て客位に立つべき事柄の最大区別として用ひたる術語なるが）、韓図が所謂 Kategorie とは大に其の出所の拠所を異にするにも拘らず韓図が斯く名づけたる所以は、其の本来の目的或は設计がアリストートルのと同じなるなればこそ之れを称して範疇 Kategorie とは名づけたるなり。然るに、此点に関し、英国の哲学者中に韓図を攻撃するものあるが、其の攻撃は偶々以て韓図が範疇の性質に全く不知案内なるたるを自白するものなり。「後略」

中文大意：范畴之源语 Kategorie，本来是亚里士多德指称一切事物的事情（换言之，是在断定时站在客体位置作为最大程度区分事情的术语），但是，虽然康德所谓的 Kategorie 和这出处大相径庭却仍用该语，那是因为他本来的目的或设计是与亚里士多德的一样，所以用该语。

从这个例子可以看出，清野勉也会注重概念术语的历史演变，会留意同一概念在不同哲学家那里的不同用法。

从上述几个例子看来，清野勉对康德哲学中的一些关键概念术语的把握是很到位的，他在翻译时会注重所译之词的确切含义、所译概念的历史以及该概念与其他概念的关联性（包括概念的相对性），他会从读者对译名的接受角度来思考翻译，他很重视译名是否能传达理解，是否可能导致误解，等等。他选择译名的做法即使在今天仍然值得借鉴。尽管他所推崇的一些译名与今天正流行的定译有所不同，但是其在翻译过程中的思路和着眼点是值得重视的。

三、《韩图纯理批判解说：标注》中康德哲学术语译名列表

为了便于更全面了解清野勉所采用的译名情况，笔者将该书中所论及的术语及译名整理后列表如表 5.4。

表 5.4 《韩图纯理批判解说：标注》（1897）中康德哲学术语译名

序号	德文 / 英文	日文译文	页码
1	Objekt/object	事物	11

续表

序号	德文 / 英文	日文译文	页码
2	a priori	先験的	51
3	a posteriori	後験的	51
4	begriff des Roaumes	空間の概念	59
5	Organon	方法論	72
6	mannigfaltig/manifold	複多若しくは雑多	84
7	Substanz/substance	体	85
8	Bestimmung/determination	規定或は取極め	110
9	transcendental	卓絶	117
10	transcendentale erkerntniss	先験的識認中最も卓絶し、他の先験的識認の由来に関して、卓見の明を有すればなり	117
11	Function	解性のふんくちをん（注意：此处是音译）	133
12	Oppositum	反対	159
13	Prius	前時	159
14	Simul	同一時	159
15	Motus, Haber	運動·所有（付属）	159
16	Pradierbilicn	属系	160
17	Posturat	ぽすつらーと（注意：此处是音译）	272
18	Anticipation	先見	277
19	Accidenz/Accidence	相·性情	296
20	Begebenheit—Event	出来事·事変	301
21	moment	もーめんと（注意：此处是音译）	312
22	Wechselwirkung	相互作用·相互結果	316
23	Non daturfatum	盲目的にあらず	326
24	Postulat	仮定（假定）	330
25	Esse is percipi	観念の関鍵は知覚	352
26	Kategorie	範疇（范畴）	156
27	Negation	虚無（虚无）	156
28	wahrheit/truth	目的	119
29	Transendental/Transcendental	超絶一卓絶的	73
30	Vorstellung representation	観現（观现）	21
31	a priori erkenntniss	先験的知識	9

第三节　20 世纪以来日本康德著作翻译及术语译名情况

一、日本康德著作翻译情况

可以说，自从西学东渐以来，日本学者对康德哲学的译介和研究从来都没有停止过，在近 200 年的时间内可谓是硕果累累。日本人雨宫孝作过较详细统计，但仍有所遗漏，此处笔者参考雨宫孝并结合其他资料，择要列举一些[①]，见表 5.5。

表 5.5　日文康德著作主要译本

译本名	译者	出版社	出版时间
純粋理性批判	天野贞祐	岩波书店（岩波文库） 讲谈社	1922/1930—1939（1929） 1979
	丰川昇	角川文库	1952/1969
	筱田英雄	岩波文库	1961—1962
	高峰一愚	河出书房（新社）	1965/1974/1989/2004
	原佑	平凡社	2005
	坂部惠、有福孝岳、牧野英二	岩波书店	2001
	中山元	光文社	2010—2011
	熊野纯彦	作品社	2012
	石川文康	筑摩书房	2014
	宇都宫芳明	以文社	2004
	安藤春雄	春秋社	1931
实践理性批判	波多野精一、宫本和吉	岩波文库	1927/1948/1959/1979/2006
	和辻哲郎	岩波书店	1935
	筱田英雄	岩波文库	1979
	丰川昇	创元社	1949
	樫山钦四郎	三笠书房 河出书房新社	1965 1989/2004
	中山元	光文社	2013
	熊野纯彦	作品社	2013
	坂部惠、伊古田理	岩波书店	2000
	高井笃	新潮社	1926

① 详见网站：https://ameqlist.com/sfk/kant.htm#ziwa01.

续表

译本名	译者	出版社	出版时间
判断力批判	斎藤要	新潮社	1926
	大西克礼	岩波书店	1932/1940
	筱田英雄	岩波文库	1964
	坂田德男	三笠书房 河出书房新社	1942—1944/1947/1950 1989/2004
	宇都宫芳明	以文社	1994/2004
	高峰一愚	论创社	1990
	熊野纯彦	作品社	2015
	牧野英二	岩波书店	1999
プロレゴーメナ（未来形而上学导论）	桑木严翼、天野贞祐	岩波文库	1927
	土岐邦夫、观山雪阳	中央公论新社	2005
	筱田英雄	岩波文库	1977
道德哲学原論	安倍能成	岩波书店	1933
イマヌエル·カント道德哲学	白井成允	岩波书店	1926
道德哲学	白井成允、小仓贞秀	岩波文库	1954
道德形而上学の基礎づけ	中山元	光文社	2012
道德形而上学の基礎	丰川昇	丰川昇	1949
人倫の形而上学の基礎づけ	野田又夫	中央公论新社	2005
道德形而上学原論	筱田英雄	岩波文库	1960/1976
カント著作集（第1-18卷）	桑木严翼、天野贞祐等	岩波书店	1926—1939
カント全集（第1-18卷）	原佑、深作守文等	理想社	1965—1988
カント全集（全22卷+別卷1册）	坂部惠、有福孝岳、牧野英二	岩波书店	1998—2006

从表 5.5 可以看出，相较于中文译本，日文的康德译著单行本甚至康德著作全集数量都远胜于国内。不仅如此，它们还展现出其独有的特点。比如说，有关道德哲学的译本虽不多，但是由于政治、历史等诸多原因，《永久和平论》的日译版却多达 12 种[①]，见表 5.6。

表 5.6 《永久和平论》日译版本

译本名	译者	出版社	出版时间
永远的和平：康德的永久和平论（从英语翻译过来的《永久和平论》被编在附录）	相马政雄	弘道馆	1918
永久和平论	高桥正彦	国际联盟协会	1924
《康德著作集》第 13 卷，《一般历史考其他》	高坂正显	岩波书店	1926
永久和平论	船山信一	十一组出版部	1946
永久和平论	高坂正显	岩波书店	1949
世界的大思想 11	土岐邦夫	河出书房新社	1965
永久和平论	宇都宫芳明	岩波书店	1985
《康德全集》第 13 卷，《历史哲学论集》	小仓志祥	理想社	1988
康德的永久和平论：历史的解说与本论	石井健吉	近代文艺社	1996
《康德全集》第 14 卷，《历史哲学论集》	远山义孝	岩波书店	2000
永久和平论 / 何谓启蒙：他三篇	中山元	光文社	2006
永久和平论（注：译文并非着重精准度，其特征在于以一般读者为对象来进行翻译）	池内纪	集英社	2007

这类翻译书的出版，显示出日本学界对康德政治思想的关注和重视。

由于地理位置上相邻，文化上的互相影响，同处东亚地域内的日本和中国在康德哲学的译介和研究上学术互动的机会不少。2016 年，《康德哲学在东亚》一书由台湾大学出版中心出版，该书由李明辉、日本学者牧野英二与韩国学者白琮铉共同合作编写，《康德哲学在东亚》分别出

① 牧野英二．日本的《永久和平论》研究及其课题．廖钦彬，译．中山大学学报（社会科学版），2016(6): 107.

版了中文本、日文本和韩文本，是东亚康德哲学研究领域中一次学术交流的盛事。该书是第一部全面探讨东亚学界对康德哲学之接受与吸收的专门论著，除了从接受史的角度阐述康德哲学传入东亚的过程之外，还从跨文化的视野深入分析了在此过程中涉及的哲学问题。

《康德哲学在东亚》中有牧野英二编写的《日本康德研究文献目录》（1896—2012），所列康德哲学研究文献目录近 30 页，分为四个时期：明治时代（1868—1912）、大正时代（1912—1926）、昭和时代（1926—1989）、平成时代（1989—2019）。

从书中《日本康德研究文献目录》可以看出，仅 2005—2012 年，日本就有 64 本康德研究的著作问世，平均每年 8 本，数量相当可观。

二、日译康德哲学著作中的术语译名情况

由于康德主要哲学著作在日本有很多不同译本，不难理解，日本学界在康德哲学术语的译名上难免经历一个漫长的论争过程。而且，由于从西周所处的明治维新初期开始，日本学者大多利用汉字造字组词的优势来创译西方哲学概念，因此 20 世纪初期中国大批有志于国家富强的青年奔赴日本留学时，康德哲学概念术语的日译名也随之传入中国，这对于构建中国的康德哲学术语体系产生了极大影响。中国改革开放后，随着东亚哲学圈内的学术交流日益频繁，在 20、21 世纪之交时，日本学者在康德哲学领域的研究再次引发关注，部分大陆学者（如王炳文、倪梁康等）建议的将 transcendental 随日译改译为“超越论的”就是一个典型例子。① 实际上，日本学者对康德哲学术语的重视程度和严谨态度，比中国学者有过之而无不及，尤其值得称道的是，即使在 20 世纪 20—40 年代，大部分日译康德著作的书末也附了长长的术语译名列表。我们随手就可以举出一些例子：1922 年天野贞祐的《纯粹理性批判》译本、1926 年白井成允的《道德哲学》译本、1932 年大西克礼译的《判断力批判》译本等等。这些译本书后都有译者花费大量心血整理出来的术语译

---

① 参见：文炳 . Transcendental 的中译论争历史考察 . 上海：上海交通大学出版社 , 2012.

名列表，可以说，这也许就是日本大多数康德哲学术语译名相对来说比较统一的一个重要原因吧。

为便于全面地了解日译康德哲学著作中的术语译名情况，现将康德主要著作的多个日译本的译名情况进行对照列表如下（表 5.7 至表 5.10）。

表 5.7 《纯粹理性批判》多个日译本译名对照

序号	德 文	英译本（N.K.Smith）	天野貞祐译本	筱田英雄译本	宇都宫芳明译本
1	a priori	a priori	ア・プリオリ（28）	ア・プリオリ（事項 5）	ア・プリオリ
2	Affektion	affection	触発（36）	触発（事項 92）	触発
3	Affinität	affinity	类同性＊親和性	親和性（事項 98）	親和性
4	Aggregat	aggregate	集合（60）；集合物（110）	集合物（事項 82）	集合（体）
5	Akzidenz	accidents	附随性（127）	付随性（事項 154）；付属性	偶有性
6	Anschauung	intuition	直観（19）	直観（事項 124）	直観
7	apodiktisch	apodeictic	必当然的　＊确证的	＊	確然的
8	Apperzeption	apperception	統覚 -1-10	統覚（事項 131）	統覚
9	Apprehension	apprehension	覚知（50）	覚知（事項 21）	覚知
10	assertorisch	assertoric	定言的 ＊主张的	実全的（事項 76）	実然的・判断
11	Assoziation	association	联想＊联合	連想（事項 182）	連想
12	Ästhetik	aesthetic	感性論（131）	感性論（事項 34）	感性論
13	Aufklärung	explanation	解明（30）；究明（167）	＊	＊
14	beharrlich	permanent	持続性（134）	常住不変な（事項 90）	持続的なもの（das Beharrliche）
15	Bestimmung	determination	規定（63）	規定（事項 36）	規定
16	Bild	image	形像（66）	形像（事項 46）	＊
17	Demonstration	demonstration	辯明（13）；証明（176）；明示的論証	直観的証明	証示・論証

续表

序号	德 文	英译本（N.K.Smith）	天野貞祐译本	筱田英雄译本	宇都宫芳明译本
18	Deutlichkeit	clearness	明識（116）；明瞭（122）	*	判明性
19	Ding an sich	thing in itself	物自體（116）；物ゝ自体	物自体（事項 168）	物自体
20	diskursiv	discursive	論證（14）；推論；比量的（認識）	論証的（事項 183）；論証的認識；推論	論弁的
21	Einbildungskraft	imagination	構想力（52）	構想力（事項 58）	構想力
22	Einheit	unity	単一性（50）；単純性（16）；統一（16）	単一性（事項 120）；統一（事項 129）	統一
23	Empfindung	sensation	感覚（38）	感覚（事項 31）	感覚
24	Erläuterungsurteile	explicative judgments	解明判断	*	解明判断
25	Erscheinung	appearance	現象（38）	現象（事項 51）	現象
26	Existenz	existence	実在性（51）；実在的（75）；実存在；実在	実際的存在、実在（事項 75）；実際に存在する	現存
27	Funktion	function	機能（65）	機能（事項 36）	機能
28	Gegenstand，Objekt	object	対象（41）	対象（事項 116）	対象
29	Gemeinschaft	community	相互性（77）；相互的関係	相互性；相互関係	相互性
30	Gewißheit	certainty	確実性	*	確実性
31	Glaube	belief、faith	信（195）；信仰（197）	信（事項 92）	信仰
32	Gleichförmigkeit	uniformity	合致性（102）；一致性	合一；統一；一致	gleichartigkeit（同種性）

续表

序号	德 文	英译本（N.K.Smith）	天野貞祐译本	篠田英雄译本	宇都宫芳明译本
33	Handlung	action	行為 *	行為（事項 56）	行為
34	hypostasieren	hypostatise	実體性（38）	*	実体化（的）
35	Idealität	Ideality	イーデー（124）; 観念性（128）	観念性（事項 34）	観念性
36	Imperativ	imperatives	命令（166）	命法（事項 166）	命法
37	Inbegriff	sum-total	総合（47）; 総括（78）	*	*
38	intellektuell	intellectual	知性的（65）	知性的（事項 122）	知性的
39	intelligible	intelligible	悟性（85）	可想的（事項 24）?	英知的
40	kategorisch	categorical	定言的（49）; 主張	断定; 定言的	*
41	konstitutive	constitutive	構成的	構成的（事項 57）	構成的
42	Mannigfaltige	manifold	多様	多様なもの（事項 119）	*
43	Meinung	opinion	私見	*	臆見
44	Noumenon	Noumenon	原體（191）; 主體（142）	*	ヌーメノン（悟性体）
45	ontologisch	ontological	実体論的	存在論的	存在論的
46	Paralogismus	paralogisms	誤謬推理（125）	誤謬推理（事項 64）	語謬推理
47	Phaenomena	phenomena	現象（74）; 現象体	現象的実体（事項 54）; 現象的存在	現象（phaenomenon）
48	Realität	reality	実在（4）; 実在性（38）	実在、実在性 （事項 73）	実在性
49	regulativ	regulative	統制的	統整的（事項 134）	統制的
50	rezeptivität	receptivity	感受性（46）	受容性（事項 85）	受容性
51	Schein	illusion	假象（93）; 仮象	仮象（事項 23）	仮象

续表

序号	德 文	英译本（N.K.Smith）	天野贞祐译本	筱田英雄译本	宇都宫芳明译本
52	Schema	schema	图式（66）；図式性	図式（事項 101）；図式論	図式
53	Sinn	sense	官能（94）	感官（事項 32）	感覚
54	Sinnlichkeit	sensibility	感性（20）	感性（事項 33）	感性
55	Spezifikation	specification	特殊（79）；特殊相（86）	特殊化（事項 137）	種別化
56	Spontaneität	spontaneity	自発性（45）	自発性（事項 78）	自発性
57	Substanz	substance	実体（15）	実体（事項 77）	実体
58	Subsumtion	subsumption	包摂（39~40）；包含（170）	包摂（事項 161）	包摂
59	Totalität	totality	総体性（50）；全体性（169）	全体性（事項 108）；全体	総体性・全体性
60	Verbindung	combination	連結（75）	結合（事項 46）	結合
61	Verstand	understanding	悟性（19）	悟性（事項 62）	悟性
62	Vorstellung	representation	表象（19）	表象（事項 151）	表象
63	Wahrnehmung	perception	知覚（27）	知覚（事項 121）	知覚
64	Wechselwirkung	reciprocity、community	交互作用（77）；相交作用（119）	相互作用（事項 111）	交互作用
65	Wesen	existence	存在體（182）	存在者（事項 113）	存在者
66	Wirklichkeit	actuality	現実的（183）	現実性（事項 50）	現実性
67	zugleichsein	coexistence	共在（77）	同時的存在（事項 134）	同時存在
68	transzendent	transcendent	超越的（83）	超越的（事項 123）	超越的
69	transzendental	transcendental	先験的（30）	先験的（事項 107）	超越論的

说明：德文版依据迈纳版（1998）索引，英译依据 N.K.Smith 译本（1929），三个日文《纯粹理性批判》译本分别是：天野贞祐译《纯粹理性批判》（选自天野贞祐全集第八卷、第九卷《纯粹理性批判》上、下），理想社，1971、1972；筱田英雄译《纯粹理性批判》，岩波文库，1961；宇都宫芳明监译《纯粹理性批判》，以文社，2004。三个译本中，最早的译本是天野贞祐译本，该译本初版是1930年由岩波书店出版。为便于比较，笔者决定依据译名对照表拟定总的条目，查找对应日译。遇有无法对应处将加注说明。有时，同一德语或英语词在同一译本中会出现不同译法，此处所列暂未完全涵盖同一译本中所有译法。对需要特别考察的词可作进一步全面的考察。

表 5.8 《实践理性批判》多个日译本译名对照

序号	德文	英译本（T. K. Abbott）	和辻哲郎译本（1935）	樫山钦四郎译本（1965）	波多野精一、宫本和吉译，筱田英雄改译（1979）	宇都宫芳明译本（1990）
1	Achtung（101-102，86-87）	respect（199-202）	自愛（154）	崇高（76）	尊敬（14）	敬意（221）
2	Aesthetik（105，90）	aesthetic（219）	*	感性論（79）	感性論（186）	感性論（229）
3	Allgütigkeit（125-130，108-113）	supreme-good（247-252）	最高善（180）	最高善（94）	最高善（221-230）	最高善（270）
4	Annehmlichkeit（70-71）[58-60]	delight（178-179）	快（133）	快（55）	快適（事項 4）	快適（154）
5	Anschauung（64-66，54-56）	intuition（173-174）	直観（115）	直観（50）	直観（16）	直観（138）
6	Ansprüche（62，108，52，93）	right（169，222）	*	要求（48，82）	要求（116，191）	要求（133，237）
7	apriori（53-65）[45-55]	a priori（160-173）	*	ア・プリオリ（5，6）	ア・プリオリ（100）	アプリオリ（索引 I）
8	Autonomie（50-52，42-43）	autonomy（156-157）	自律（113）	自律（41）	自律（12）	自律（106）

续表

序号	德文	英译本（T. K. Abbott）	和辻哲郎译本（1935）	樫山钦四郎译本（1965）	波多野精一、宫本和吉译，筱田英雄改译（1979）	宇都宫芳明译本（1990）
9	Bedürfnis	needs	足りなさ（195）	必要（32）	必要（18）	必要（索引 17）
10	Begehrung（20-23，22-26）	desire（126-131）	欲求	欲求（20）	欲求（20）	欲求（47）
11	Dasein（110-113）[95-97]	dasein（232-234）	*	存在 / 存在者（83）	存在 / 存在者（14）	現存 / 存在者（242）
12	Dialektik（124-127，107-109）	dialectics（242-235）	弁証論（174）	弁証論（78）	弁証論（18）	弁証論（268）
13	Dingansich（115-119）[98-103]	thing-in-itself（229-231）	物自身（82）	物自体（88）	物自体（20）	物自体（258）
14	Erfahrung（51-57，42-48）	experience（157-160）	*	経験（40）	経験（7）	経験（108）
15	erhaben（86-88，101-103）	sublime（214-217）	崇高（165）	崇高（76）	崇高（13，221）（Erhabenheit）	崇高（21，181）
16	Erscheinung（113-119，98-103）	appearance（228-231）	現象（175）	現象（88）	現象（8）	現象（247）
17	Exposition（46-47）	exposition	*	*	説明（16）	解明（21）
18	Freiheit（33-40，29-34）	freedom（139-145）	自由（105）	自由（29）	自由（11）	自由（72）
19	Gebote（96-100，82-86）	command（209-215）	*	命令（73）	命令（20）	命令（213）
20	Gegenstand	object	*	対象（索引 4）	対象（15）	対象（索引（13）

续表

序号	德文	英译本（T. K. Abbott）	和辻哲郎译本（1935）	樫山钦四郎译本（1965）	波多野精一、宫本和吉译，筱田英雄改译（1979）	宇都宫芳明译本（1990）
21	Glaube（144，146，126）	faith	*	信仰（索引 3）	信（12）	信仰（索引）（12）
22	dasGute（68-76，58-65）	good（176-186）	善（132） 善きこと（177）	善（55）	善（14）	善（148）
23	Hang（86-87）[73-74]	partiality（197-199）	動向（Hang）（151）	執着 / 倾向性（66）	性向 / 倾向性（155）	性癖 / 倾向性（190）
24	Heteronomie（79，43，33，36）	heteronomy（145，146）	他律（111）	他律（32）	他律	他律（84）
25	Idee（152-153，155-157），132-138）	idea（274-278）	*	理念（113）	理念（21）	理念（330）
26	Imperative（22-23，19-21）	imperative(126-127）	命法（97）	命令（21）	命法（20）（Imperativ）	命法（47）
27	Intelligibel（114-115，117，119）[98-99，101，103]	intelligible（229-231）	*	可想的 / 知的（86）	可想的 / 知性的 / 可想性（202）	英知的（250）
28	Interesse（79-80）	interest	*	関心（71）上册	関心（166）	関心（203）
29	Kausalität（109-113）[94-98]	causality（227-229）	因果性（168）	因果（82）	原因性（8）	原因性（239）
30	Legalität（173-174，151-152）	legality（299-300）	適法性（150）	適法性（64）	適法性（16）	適法性（368）
31	Maximen（30-34，36-44）[32-36，38-46]	maxims（144-148，150-161）	格率（22）	格率 / 法則（27）	格律 / 法則（事項 4）	格率 / 法則（66）

续表

序号	德文	英译本（T. K. Abbott）	和辻哲郎译本（1935）	樫山钦四郎译本（1965）	波多野精一、宫本和吉译，筱田英雄改译（1979）	宇都宫芳明译本（1990）
32	Moralität（84-85，72-73）	morality（195-196）	道德性（150）	道徳性（64）	道徳性（16）	道徳性（184）
33	Natur（52-54，43-45）	nature（158-160）	自然（118）	自然（41）	自然（10）	自然（110）
34	Neigungen（37）	inclination	*	傾向性（94）	傾向性（7）（Neigung）	傾向性（索引 6）
35	Nötigung	force/ necessitation	強制（36）	強制（32）	強制（7）	強制（索引 5）
36	Noumena（64-67）[54-57]	noumena（173-175）	本体（124）	本体（50）	ノウーメノン（120）	本体（138）
37	Objekt（4-6）[3-5]	object（106-107）	*	対象（10）	対象（16）	客観 / 対象（12）
38	Paralogismus（152）[133]	paralogisms（275）	*	論過（113）	誤謬推理（264）	誤謬推理（330）
39	Pathologische（87-89）[74-76]	pathological（198-199）	*	感覚的（67）	パトローギッシュ（18）（pathologisch）	感性的（190）
40	Pflicht（42-44，36-38）	duty（148-149）	*	義務（34）	義務 / 事項（6）	義務（91）
41	Postulate（122-123）	postulate	*	要請（105-247）	要請（246-247）	要請（305）
42	Phaenomena（113-115，97-99）	phenomena（229-230）	現像	現象（85）	現象（199）	現象（247）
43	Praktisch（36，31）	practice（142）	実践（107）	実践（20）	実践的（11）	実践的（78）
44	Prizip（22-25，21-23）	priciple（128-130）	規定（98）	原理（20）	原理（48）	原理（46）

续表

序号	德文	英译本（T. K. Abbott）	和辻哲郎译本（1935）	樫山钦四郎译本（1965）	波多野精一、宫本和吉译，筱田英雄改译（1979）	宇都宫芳明译本（1990）
45	Regulative（58）[48]	regulative（165）	*	統制（45）	統整的（109）	統制的（125）
46	Rezeptivtät（69，58）	receptivity（177）	受容性（129）	感受性（53）	受容性（127）	受容性（149）
47	Schein（124-125）[107-108]	illusion（242-243）	假象（175）	仮象（93）	仮象 / 事項（5）	仮象（268）
48	Schema（80-81）[68-69]	schema（190-191）	図式（143）	図式（61）	図式（13）	図式（174）
49	Sinn（24-25）[22-23]	sense（129-130）	主観の受容性（100）	感能（感情）/ 感觉 / 内感（22）	感觉（感情）/ 内在感官 / 感觉（22-23）	感官（感情）/ 感官 / 内官（54）
50	Sinnlichkeit（77-81，65-69）	sensibility（186-191）	直観（138）	感覚（59）	感性（140）	感性（167）
51	Sittlichkeit（41-44，33-36）	morality（145-150）	道徳性（111）	道徳性（34）	道徳性（16）	道徳性（89）
52	Spontaneität（115，117，99，101）	spontaneity（230，233）	*	自発性（87）	自発性（11）	自発性（250）
53	Substanz（117-119），100-102）	substance（232-234）	*	実体（88）	実体（205）	実体（254）
55	Transzendent（155-156）[135]	transcendent（278-279）	超験的	超越的（114）	超越的（268）	超越的（334）
56	Transzendental（112-113）[97-98]	transcendental（227）	先験的	先験的（85）	先験的（198）	超越論的（245）
57	Tugend（127-136，110-118）	virtue（246-255）	徳（181）	徳（96）	徳（16）	徳（276）

续表

序号	德文	英译本（T. K. Abbott）	和辻哲郎译本（1935）	樫山钦四郎译本（1965）	波多野精一、宫本和吉译，筱田英雄改译（1979）	宇都宫芳明译本（1990）
58	Urteil（13-15，12-14）	judgement（116-118）	判断	判断（16）	判断（35）	判断（31）
59	Verbindlichkeit（32-35）	obligation	*	责任（33）（索引 4）	責務（14，78-79）	責務（84-85）（索引 12）
60	Vernunft（21-23，19-210）	reason（125-127）	理性（79）	理性（20）	理性（21）	理性（45）
61	Verstand（57-60）[48-50]	understanding（165-167）	悟性（117）	悟性 / 理性的（45）	悟性（的）（9）	悟性（125）
62	Vollkommenheit（140-142）[122-123]	perfection（262-263）	*	完全性（105）	完全性（247）	完全性（305）
63	Vorschrift（77-79）[66-68]	norm（187-189）	*	指図（60）	指定（11，141，143）	指令（168.172）
64	Vorstellung（24-26，21-23）	representation（128-130）	表象（99）	表象（22）	表象（52）	表象（51）
65	Wesen（21-25）[19-22]	existence（126-129）	理性的なる者（97）	存在者（20）	存在者（15）	存在者（46）
66	Wille（926-27，23-24）	will（131-132）	意志（96）	意志（23）	意志事項（3）	意志（56）
67	Wollen（23，21）	volition（128）	意志（79）	意欲（21）	意志（51）	意図（49）
68	Würde（102-103，88）	dignity（216）	*	尊敬（68）	威信（159）	威信（194）
69	Analogie	analogy	*	類推（索引 6）	類推（21）	類推（索引 20）

说明：德文版主要依据的是迈纳版《哲学图书馆》第 38 卷，英译本依据 Thomas Kingsmill Abbott 的版本目前常见的日文译本有 4 个：（1）和辻哲郎（1935）;（2）樫山钦四郎（1965）;（3）波多野精一、宫本和吉译，筱田英雄改译（1979）;（4）宇都宫芳明（1990）。德文术语栏中，(）中标的是迈纳版《哲学图书馆》第 38 卷页码，[ ] 中标的是科学院版《康德全集》第 5 卷的页码。英译术语栏中标的是 Abbott 英译本的页码。其中第一个日译本和辻哲郎（1935）是手抄本影印的，涂改处较多，字迹较为混乱，而且是非全译本，节译或者漏译处较多，术语译名查找起来非常困难，因此表格中缺项较多。

表 5.9 《判断力批判》多个日译本术语译名对照表

序号	德文	英译本（Meredith）	大西克礼译本（1940）	坂田德男译本（1960）	筱田英雄译本（1964）	宇都宫芳明译本（1994）
1	Ästhetisch（111-120，225）	aesthetical	美的（163）	美的、感性的（225）	美的（180）;美学的事項（71）	情感的（228）;主観的で感情的（17）（下）
2	Affekt（119-121）	affect	情緒（175）（上）	情緒（229）	情緒事項（45）	情動（242）（上）
3	Analogie（212-214，336-339）	analogy	類比（41）（下）	類比（292）	類比事項（87）	類比（435）（上）
4	Annehmlichkeit（45-47）	delight	快適性（72）（上）	快適（179）	*	快適さ（101）（上）
5	Anschauung（93-105，271-275）	intuition	直観（200）（上）	直観（210）	直観事項（59）	直観（193）（上）
6	apriori（1-4，350-351）	a priori	先天的（アープリオリー）（26）（上）	先天的（149）	ア・プリオリ事項（5）	アプリオリ（1）（上）
7	Ästhetik	aesthetic	美学上（172）	*	美学事項（71）	*
8	Auffassung（95-98）	apprehension	捕捉（143）	把握（作用）（212）	捕捉事項（76）	把捉（199）（上）
9	Autonomie（83，253）	autonomy	自律性（25）	自律性（上）（191）	自律事項（46）	自律（174）（上）

续表

序号	德文	英译本（Meredith）	大西克礼译本（1940）	坂田德男译本（1960）	筱田英雄译本（1964）	宇都宫芳明译本（1994）
10	Beistimmung（79-82）	common sense	共通感（122，123）	共通感官（202，203）	共通感（135，136）	共通感（170）（上）
11	Dasein（44-46，358-361）	dasein	现存（177）；存在（70，73-74，178）	現存（177）	存在（77，79-81）	現存（95）（上）
12	Dialektik	dialectics	弁証論（276）（上）	*	弁証法（論）事項（75）	弁証論（399）（上）
13	Dingansich（203-205，339）	thing-in- itself	物自体 / 現象 / 事象自体（46，287-288）	物自体 / 事象自体（286）	物自体事項（80）	物自体 / 英知的基体（418）（上）
14	Einbildungskraft（27-30，243）	imagination	想像力（50）（上）	構想力（167）	構想力事項（29）	構想力（63）（上）
15	Erfahrung（9-11，341-343）	experience	経験（37）（上）	経験（154）	経験事項（23）	経験（29）（上）
16	Erhaben（87-91）	sublime	erhabene 崇高（136）（上）	崇高（206）	崇高事項（48）	崇高（181）（上）
17	Erscheinung（10-11，341）	appearance	現象（26）（上）	現象（154）	現象事項（27）	現象（29）（上）
18	Form（11-12，354，355）	form	形式（131）（上）	形式（156）	形式事項（24）	形式（32）（上）
19	Freiheit（6-12，318-322）	freedom	自由（213）（上）	自由（152）	自由事項（41）	自由（22）（上）
20	Gegenstand（9-11，350-351）	object	天才（286）（上）	対象（154）	対象（26）	対象（28）（上）

续表

序号	德文	英译本（Meredith）	大西克礼译本（1940）	坂田德男译本（1960）	筱田英雄译本（1964）	宇都宫芳明译本（1994）
21	Gemeinsinn	common sense	共通感（美的なる）（120）	共通感官（201）	共通感（133）/事項（21）	共通感（167-171）（上）
22	Genie（160-167）	genius	*	天才（257）	天才事項（61）	天才（333）（上）
23	Geschmack（46-66，302）	taste	趣味（72）（上）	趣味（180）	趣味事項（43）	趣味（102）（上）
24	Gestalt（74-78）	gestalt	形態（100）（上）	形態（198）	形態事項（26）	形態（155）（上）
25	Handlung（44-45，315-316）	action	*	行為（177）	行為事項（28）	行為（95）（上）
26	Harmonie（56，225-226）	harmony	調和的（209）（上）	*	調和 / 和声事項（59）事項（88）	調和（120）（上）
27	Heteronomie（132，253）	heteronomy	他律性（301）（上）	他律（237）	他律事項（57）	他律（270）（上）
28	Idee（17-18，340-351）	idea	理念（110）（上）	理念（159）	イデア / 理念事項（66）事項（85）	理念（42）（上）
29	Intelligibel（99，282）	intelligible	知性 / 共叡智的（91）（下）	知性 / 叡知的（293）	可想的事項（11）	英知的（204）（上）
30	Interesse	interest	関心（66）（上）	関心（74）	関心事項（15）	関心（88）（上）
31	Kausalität（33-34，337-339）	causality	因果性·因果関係（58）（上）	因果（172）	原因性 / 宿命性事項（26）事項（42）	因果関係（37）（上）
32	Konstitution（74，225-226）	constitution	構成的	構造（98）	構成事項（29）	構造（156）（上）

续表

序号	德文	英译本（Meredith）	大西克礼译本（1940）	坂田德男译本（1960）	篠田英雄译本（1964）	宇都宫芳明译本（1994）
33	Kontemplation（46，352）	contemplation	静觀（諦觀）（136）（上）	観想的（179）	観照事項（15） 観想事項（16）	観照的（100）（上）
34	Kultur	culture	精炼 / 修養、陶冶（文化）（116）（下）	陶冶 / 教養（230）	開発 / 文化（事項10）/（事項 75）	開化（18）（上）
35	Maximen（20-21，324）	maxims	格率、格則、格律（38）（上）	格率（164）	格律事項（11）	法則（56）（上）
36	Manier	manner	手法、態度、マニール（303）（上）	手法（294）	手法事項（42）	手法（357）（上）
37	Mittel（42-43，293-295）	means	*	手段（176）	手段（75）	手段（91）（上）
38	Moralität（6-9，353-358）	morality	道德性（180）（上）	道徳（152）	道徳性事項（63）	道徳（23）（上）
39	Muster（72-73，277）	model	典型（範型）（248）（上）	典型（197）	模範事項（80）	模範（153）（上）
40	Natur（1-12，348-358）	nature	自然（15）（上）	自然（149）	自然事項（35）	自然（17）（上）
41	Neigungen（42-43，302-303）	inclination	傾向性（68）（上）	倾向性（70）/ 性癖（176）	傾向(性）事項(24)	傾向性（91）（上）
42	Noumena（99，304）	noumena	本体（148）（上）	理体（ノウメノン）（215）	自身（162）	自身（204）（上）
43	Objekt（11-14，340-345）	object	客觀的	客体（155）	物自体（28）	客観（31）（上）

续表

序号	德文	英译本（Meredith）	大西克礼译本（1940）	坂田德男译本（1960）	筱田英雄译本（1964）	宇都宫芳明译本（1994）
44	Originalität	originality	独創性（249）上	独創（257）	独創〔性〕事項（64）	独創性（334）（上）
45	Pflicht（114，344-346）	duty	義務（168）上	義務（397）	義務事項（19）	義務（234）（上）
46	Phantasie	fantasy	幻想	*	*	空想（244）（上）
47	Praktisch	practice	実践的（148）（上）	実践的（152）	実践的事項（39）	実践的（23-26）（上）
48	Prinzip	principle	原理（15）	原理（149）	原理事項（28）	原理（13-17）（上）
49	Regulative（2，269-271）	regulative	統制的	統整的（149）	統整的（14）	統整的（15）（上）
50	reizen（61-66，244）	stimulate	刺戟（96）（上）	魅力（189）	刺戟事項	魅力（133）（上）
51	Rührung	animate	情绪 / 感動上（101）	心情情调 / 情绪（230）；感动（229）	感動事項（16）	情動 / 情调（243-245）（上）
52	Schein（177、179，334-335）	illusion	仮象（254）；外觀、假象、假相、假觀（164）（下）	仮象（269）	仮象事項（11）；仮想（282）	仮象（367）（上）
53	Schema（57，285）	schema	图式（299）（上）	図式（186）	図式事項（51）	図式（121）（上）
54	Schönheit（46-54，357）	beauty	美（90）（上）	美（しいもの）（179）	美事項（70）	美（しいもの）（100）（上）
55	Sinn（42-45，358-359）	sense	感覚（114）上	感官（176）	感官（74）	感官（95）（上）

续表

序号	德文	英译本（Meredith）	大西克礼译本（1940）	坂田德男译本（1960）	筱田英雄译本（1964）	宇都宫芳明译本（1994）
56	Sinnlichkeit（102-104，337-338）	sensibility	感性（148）（上）	感性（217）	感性事項（15）	感性（211）（上）
57	Sittlichkeit	morality	道德性（170）（上）	道德（231）	道德事項（63）	道德性（237）（上）
58	Spontaneität（23，278）	spontaneity	自発性（45）（上）	自発性（164）	自発性	自発性（57）（上）
59	Substanz	substance	実体（300）（上）	実態（292）	実体事項（40）	実体（205）（下）
60	Subsumieren	subsumption	包摂する（33）（上）	包摂 158	包摂事項（76）	包摂（40）（上）
61	Symbol	symbol	象徴（299）（上）	象徴（294）	象徴事項（45）	象徴（433-436）（上）
62	Transzendent（220）	transcendent	超越的（284）（上）	超絶的（284）	超越的事項（58）	超越的（412）（上）
63	Transzendental（15-22，315）	transcendental	先験的（19）（上）	先験的（159）	先験的事項（54）	超越論的（40）（上）
64	Urteil	judgement	判断（139）（上）	判断（206）	判断事項（67）	判断（145）（上）
65	Vernunft（1-4，360-361）	reason	理性（47）	理性（149）	理性事項（82）	理性（13）（上）
66	Verstand（1-4，360-361）	understanding	悟性（50）（上）	悟性（173）	悟性事項（32）	悟性（13）（上）
67	Vollkommenheit（66-67，356）	perfection	完全性（101）（上）	完全性（192）	完全性事項（16）	完全性（141）（上）
68	Vorschrift（8-9，357）	norm	規則 / 準則（23-25）	指令（230）	指定事項（40）	指令（25）（上）

续表

序号	德文	英译本（Meredith）	大西克礼译本（1940）	坂田德男译本（1960）	筱田英雄译本（1964）	宇都宫芳明译本（1994）
69	Vorstellung（24-30，359-360）	representation	表象（238）（上）	表象（233）	表象事項（73）	表象（57）（上）
70	Wahrnehmung（23-24，355）	perception	知覚（51）（上）	悟性（164）	悟性（49）	知覚（53）（上）
71	Wesen	existence	本質（12）（下）	*	*	本質（138）（下）
72	Wille	will	意識（91）（上）	意志（153）	意志事項（6）	意志（60）（上）
73	Wollen	volition	意欲（16）/ 欲求（288）；意識する（74）（上）	欲求（149，286）	欲求（14，323）	欲求（14，419）；意識する（66）（上）
74	Würde	dignity	*	尊厳（230）	尊厳事項（56）	尊厳（244）（上）
75	Zweckmäßigkeit	finality	合目的性（36）（上）	合目的性（297）	合目的性事項（30）	合目的性（11）（下）

说明：主要依据的是迈纳版《哲学图书馆》第 39a 卷，英译依据 Meredith 译本，日译本有 4 个：（1）大西克礼（1940）；（2）坂田德男（1960）；（3）筱田英雄（1964）；（4）宇都宫芳明（1994）。页码均指相应版本页码。

表 5.10 《道德形而上学的基础》多个日译本译名对照

序号	德文	英译本（T.K.Abbott）	白井成允译本（1926）	宇都宫芳明译本（1989）	筱田英雄译本（1976）
1	Achtung（401）	respect（29）	尊敬（46）；尊厳（51）	尊敬（46）	尊敬（38）
2	Äesthetik（105）[90]	aesthetic（219）	感性（17）	感性（57）	感性（47）
3	Allgütigkeit（410）	supreme-good（32）	*	最高の善い者（68）	最高善（30）
4	Angenehmen（414）	delight（38）	*	快適なもの（81）	快適（66）/ 快樂（89）

续表

序号	德文	英译本（T.K.Abbott）	白井成允译本（1926）	宇都宫芳明译本（1989）	筱田英雄译本（1976）
5	Anschauung（64-66）[54-56]	intuition（173-174）	直観（3）	直感（151，152）	直觀（153）
6	Ansprüche（62，108）[52，93]	right（169，222）	権力（240）	権利（91）	権利（105）
7	Apodiktisch（416）	necessary（40）	*	必然的（86）	必然性（41）/ 必然的（65）/ 確然的
8	apriori（53-65）[45-55]	apriori（160-173）	直観（先天的）（63）	アプリオリ（19）	アプリオリ（apriori）（意為先天的）（37）
9	Assertorisch（416）	assertive（40）	*	実然的（86）	実然的（70）/ 正然的（71）/ 必然的（71）
10	Autonomie（434）	autonomy（63）	自律（22）	自律（141）	自律（112）
11	Begehrung（396）	desire（15）	*	欲求（31）	欲望（28）
12	Bewegungsgrund（428）	motive（56）	*	動因（124）	動機（37）
13	Charakter（394）	character（12）	*	性格（25）	性格（22）
14	Dasein（110-113）[95-97]	dasein（232-234）	存在（93）	存在者（154）	存在（54）
15	Dialektik（406）	dialectics（28）	*	弁証論（59）	弁証論（49）
16	Dingansich（115-119）[98-103]	thing-in-itself（229-231）	*	物自体（154，156）	物之正体（59）
17	Empfänglichkeit	sensibility	感受性（53）; 感性（17）	感受的（43）	感覚的（97）
18	Empfindung（414）	sensation（38）	感受（31）	感覚（81）	感覚（96）
19	Erfahrung（408）	experience（28）	経験 143	経験（63）	経験（47）
20	Erhaben（86-88）[101-103]	sublime（214-217）	*	崇高（119）	崇高（96）

续表

序号	德文	英译本（T.K.Abbott）	白井成允译本（1926）	宇都宫芳明译本（1989）	筱田英雄译本（1976）
21	Erscheinung（113-119）[98-103]	appearance（228-231）	現象（事項 51）	現象（156）	現象（153）
22	Freiheit（388）	freedom（4）	自由（10）	自由（9）	自由（56）
23	Gebot（390）	command（6）	*	命令（15）	命令（12）
24	Gesetz（388，421）	law（4，46）	法則（45）	諸法則（10）	法則（35）
25	Gesinnungen（436）	sentiment（66）	意向（3）	心術（147）	心意（52）
26	Glaube	faith	*	信仰（159）	*
27	Glückseligkeit（394）	happiness（12）	幸福（31）	幸福（25）	幸福（23）
28	dasGute（402）	good（22）	*	善（48）	善（22）
29	Handlung（393，399）	action（11，19）	*	行為（17，39）	行為（30）/ 行状（51）
30	Hang（406）	partiality（28）	*	性向（59）	趣味（59）
31	Heteronomie（434）	heteronomy（63）	*	他律（141）	他律（112）
32	Hypothetisches（415）	hypothetical（39）	*	仮言的（84）	仮言的（69）
33	Idee（152-153，155-157）[132-138]	idea（274-278）	理念（66）	理念（159）	理念（57）
34	Imperative+B19（414）	imperative（37）	*	命法（79）	命令（36）/ 命法（66）
35	Intelligibel（114-115，117，119）[98-99，101，103]	intelligible（229-231）	理性（11）	悟性（190）	理性（26）
36	Interesse（402）	interest（23）	関心（48）	関心（212）	趣味（59）
37	Kategorisches（415）	categorical（39）	定言的（22）	定言的（84）	定言的(69)/ 断言的(69)
38	Kausalität(109-113)[94-98]	causality（227-229）	*	原因性（150-158）	原因性(76)/ 因果性(78)

续表

序号	德文	英译本（T.K.Abbott）	白井成允译本（1926）	宇都宫芳明译本（1989）	筱田英雄译本（1976）
39	Klugheit（417）	sagacity（41）	機知（195）	怜悧（89）	機知（117）
40	Legalität（173-174）[151-152]	legality（299-300）	合法態（41）	*	*
41	Maximen（402）	maxims（22）	格率（20）	格率（46）	格律（32）
42	Mittel（428）	means（56）	*	手段（124）	手段（57）
43	Moralität（409	morality（32）	道德学（16）	道德性（68）	道德（33）/ 道德性（74）
44	Muster（409）	model（23）	範例（221）	範型（68）	範例（56）
45	Natur（430）	nature（58）	自體（50）	自然（126）	自然（26）本性（49）
46	Neigung（398）	inclination（24）	傾向性（15）	傾向性（36）	傾向性（40）
47	Noumena（64-67）[54-57]	noumena（173-175）	主體（81）	存在（167）	自体（172）
48	Objekt（4-6）[3-5]	object（106-107）	*	対象（9，19）	対象（5）
49	Paralogismus（152）[133]	paralogisms（275）	*	誤る（29）	誤算（25）
50	Pathologische（87-89）[74-76]	pathological（198-199）	感性論（69）	感受的（43）	感性 / 感覚的（36）
51	Pflicht（398）	duty（17）	義務（4）	義務（35）	義務（31）
52	phaenomena（113-115）[97-99]	phenomena（229-230）	現象（116）	現象	現象（153）
53	Praktische（390）	practice（6）	実践的（3）実行（29）	実践的（15）	实践的（26）
54	Preis（435）	value（65）	価格（124）	価格（146）	价值（25）
55	Prizip（421）	priciple（46）	原則（204）	原理（100）	原則（36）
56	Problematisch（416）	probable（40）	*	蓋然的（86）	蓋然的（71）

续表

序号	德文	英译本（T.K.Abbott）	白井成允译本（1926）	宇都宫芳明译本（1989）	筱田英雄译本（1976）
57	Schein（124-125）[107-108]	illusion（242-243）	*	幻想（51）	空想（42）
58	Schema（80-81）[68-69]	schema（190-191）	图式（198）	*	*
59	Sinn（24-25）[22-23]	sense（129-130）	*	感性（80）	感官（47）
60	Sinnlichkeit（77-81）[65-69]	sensibility（186-191）	感性（17）	感性（168）	感性（24）
61	Sittlichkeit（391）	morality（7）	道徳（10）	道徳（19）	道徳（60）
62	Sollen（414）	ought（37）	*	べし（83）	べし（意為应当）（66）
63	Spontaneität（115,117）[99, 101]	spontaneity（230，233）	*	自発性（191）	自発的（68）
64	Substanz（117-119）[100-102]	substance（232-234）	實體（91）	*	實在（51）
65	Transzendent（155-156）[135]	transcendent（278-279）	*	超越的概念（219）	*
66	Transzendental（112-113）[97-98]	transcendental（227）	先験哲学（23）	超越論的（19）	先験的（17）
67	Triebfeder（428）	driver（56）	*	動機（124）	冲动（42）
68	Tugend（427）	virtue（54）	*	徳（121）	道徳的善（22）
69	Urteil（405）	judgment（26）	判断（186）	判断（57）	判断（28）
70	Vernunft（396）	reason（15）	理性（11）	理性（30）	理性（28）
71	Verstand（405）	understanding（26）	*	悟性（56）	悟性（155）
72	Vollkommenheit（410）	perfection（32）	*	完全性（68）	完全性（59）/ 完璧（61）

续表

序号	德文	英译本（T.K.Abbott）	白井成允译本（1926）	宇都宫芳明译本（1989）	筱田英雄译本（1976）
73	Vorschrift（390）	norm（6）	*	指令（15）	命令（12）
74	Vorstellung（428）	representation（56）	*	表象（124）	表象（36）
75	Wesen（21-25）[19-22]	existence（126-129）	存在（15）	存在者（87，122）	存在者（26）
76	Wille（400）	will（21）	意志（29）	意志（44）	意志（22）
77	Wollen（23）[21]	volition（128）	意向（29）	意欲（44）	意欲（37）
78	Würde（4350）	dignity（65）	尊厳（51）	尊厳（144）	尊厳（49）

说明：德文术语栏中标的是科学院版《康德全集》第 4 卷页码，同时列出 T. K. Abbott 英译本译名，3 个日译本：（1）白井成允译《道德哲学》，岩波书店刊行，1926；（2）宇都宫芳明译《道德形而上学的基础》，以文社刊行，1989；（3）筱田英雄译《道德形而上学原论》，岩波书店，1976。附注：3 个日译本中的白井成允译《道德哲学》与后面两本书内容不同，与前面几个中译本的内容也不同。不过考虑到都是康德道德哲学体系中的内容，加上白井成允译本的代价值，所以才选在一起做比较。共列出 78 个条目及译名。

第四节　21 世纪之交日本学者对康德哲学术语的译介与研究情况举隅

一、小野原雅夫《康德 1790 年代提出的“自主性”概念》

日本学者在译介康德和研究康德哲学思想以及对多种学科理论思想研究溯源时，同样也会关注康德哲学术语的内涵意义界定及术语的翻译问题。

例如，小野原雅夫在《康德 1790 年代提出的“自主性”概念》[①]一文中就对康德哲学的“自律”概念作了详细的剖析。该文由 5 个部分组成：自律概念的扩张、《判断力批判》中的自律概念、法哲学中的自律概念、《德论》中实践理性的自律、实践理性的客观的自律和主题的自律。

第 1 部分“自律概念的扩张”中，作者经统计后发现，康德公开的著作当中使用 Autonomie 概念的地方共有 56 处。其中《道德形而上学原理》中有 26 处，《实践理性批判》14 处，70% 以上都集中在这两部作品中。作者所用的概念检索软件是 Kant im Kontext Ⅱ（CD-ROM，Karsten Worm，InfoSoftWare，2003）。作者推测，因为《道德形而上原理》之前并没有 Autonomie 概念的使用例子，《纯粹理性批判》中也没有被使用，或许可以说该概念是伴随着批判伦理学的成立而被使用起来的。作者统计后还发现，使用 Autonomie 概念第三多的并不是《道德形而上学》，而是《判断力批判》，其中使用 Autonomie 概念的例子就有 10 处，而且都以“意志的自律”这一形式在不同的上下文中出现。也就是说，如果依据《判断力批判》来考察自律概念的使用方法的变化，这种想法是可行的。为此，作者在论文中首先试图确认《判断力批判》中自律概念的使用实例，并由此推测出在 18 世纪 90 年代自律概念的使用方法的原型，继而考察在法哲学中自律概念的使用方法，最后以《道德形而上学》的《德论》中出现的“实践理性的主体性自律”“实践理性的独裁”这样的概

① 小野原雅夫 . 1790 年代におけるカントの「自律」概念 . 福島大学人間発達文化学類論集（17）, 2013: 87-94.

念为线索，考察法哲学和实质伦理学中自律的存在方式。

第2部分“《判断力批判》中的自律概念”中，他考察了自律概念在《判断力批判》中多种不同的上下文中的使用情况。大致分为以下三种：《判断力批判》绪论中出现的关于悟性、判断力、理性三种高级能力的自律的文脉；将趣味判断的主观视为自律的文脉；将反省的判断力、构想力这样的趣味判断相关的能力称为自律的文脉。

作者在考察自律概念的使用时，也非常重视康德哲学术语的翻译，作者在该文注11中就指出：

> 《判断力批判》中在自我自律前加上subjektiv的修饰语时，意指对判断力自身赋予法则，故宜将其译成“主观性”。但是在此文脉中，“主体性”这样的译语或许更适合用来表示顺从自我这种含义。①

可见，对康德哲学的研究越深入就越会涉及对术语含义和翻译的确定，这或许提示我们，哲学在某种程度上就是概念考察。

二、村野宣男在《康德的〈宗教批判〉——论仪式》

如上所述，深入研究康德哲学或者说充分汲取其营养过程中，学者们免不了对康德哲学某些术语的使用及含义进行考察，并讨论其译名。这种工作有时候还显得特别重要，例如，村野宣男在「カントの宗教批判—祭祀について—」② 一文中就多次论及了康德哲学术语的翻译。

村野宣男在该文的第一部分“祭祀法规典礼”中指出，康德用Statut想表达的东西并不是理性的、普遍性的，而是任意的、具有性格的、历史性的、个别性的。之后，作者提到，“statuturisch”这个词语如何翻译是个问题。他在《宗教论》中没有找到Statut这个词语，理想社出版的《康德全集》中的译法是“制规的”，岩波书店出版的《康德著作集》中译

---

① 小野原雅夫. 1790年代におけるカントの「自律」概念. 福島大学人間発達文化学類論集(17), 2013: 87-94.

② 村野宣男. カントの宗教批判—祭祀について—. 研究紀要 (Annual Reports of Studies), 2007(1): 23-30.

成“制定的”，在该出版社出版的《康德全集》中则译成“法规的”。这些译语都不能表示特殊组群（Verein）的规矩。村野宣男认为，“制规的”这一译语相对比较生疏，“制定的”有些过于笼统，而“法规的”虽然法律意味浓一些，但是比较适合，因此他在论文中采用“法规的”这一译语。

在该文章中，作者还论及了“Observanz”这个词的译名分歧。作者指出，“康德经常使用 Observanz 这个词，就像将‘向神祈愿的形式、寻求回报的信仰的告白、教会的 Observanz’这三者视为一样。将犹太教的割礼这样的行为用‘伴随着痛苦的 Observanz’这样的表达方式来表现。”“observant 一词在研究社出版的《新天主教大事典》中译成‘原会则派’。由此，Observanz 一词就变成了严格遵守规则的意思。该词的译语在理想社的《康德全集》中译成‘典礼’，在岩波书店的《康德著作集》中译成‘惯行’，在该出版社出版的《康德全集》中译成‘厳律’。‘典礼’是教会礼仪以及其原则的 Liturgie 的译语。康德并未将 Observanz 一词用作原意，而是作为严格遵从教会礼仪的意义而使用。因此，可以认为‘典礼’这个译语更为适合，康德特意使用该词是想要表达严格遵从典礼的意义。”

此外，作者还考察了“Gottesdienst（礼拜）”这个词。“《宗教论》中，‘礼拜’的这个词 Gottesdienst，被使用过六次。但是康德使用该词语比起‘礼拜’更有‘向神奉献’的含义。理想社的《康德全集》和岩波书店的《康德著作集》中是‘向神奉献’，岩波书店《康德全集》中是‘礼拜’。康德取代了代表教会礼拜的一般词语 Gottesdienst，为了表达其批判的意图，就像 Observanz、Kultus 那样，使用具有深奥意义的词语，这一点是应该要注意的。”

显然，为了正确传达康德的思想，术语的准确翻译是一件非常重要的事情，当然，也是一件非常困难的工作。

第五节　日本当代学者牧野英二论康德哲学著作的翻译

一、牧野英二《康德哲学在中国翻译史上的现状和问题》

日本法政大学哲学系教授牧野英二是日本现当代康德哲学译介和研究领域的著名学者。牧野英二在《康德哲学在中国翻译史上的现状和问题》[①] 一文中梳理了中国学人对康德哲学文献的翻译历史，该文可以看作日本学者关注中国康德哲学译介和研究动态的代表作，全文共分六个部分：初期翻译史，到“文化大革命”时期，“文化大革命”以后，康德逝世后的 200 年，汉译康德哲学文献的译文、译语的问题和课题。

在该文的第一个部分“初期翻译史”中，牧野英二确认了这样一个事实：与以往在中国流传的说法不同，中国的康德哲学著作的翻译应该是从 1914 年开始的，中国当时已经开始了康德哲学文献的汉语翻译，当时的出版社不只是首都北京的出版社，也有上海的商务印书馆。

在该文的第二个部分“到‘文化大革命’时期”中，牧野英二介绍，随着蓝公武译《纯粹理性批判》、关文运译《实践理性批判》、宗白华译《判断力批判》（上）和韦卓民译《判断力批判》（下）（上下卷都由北京商务印书馆在 1964 年出版）的相继出版，中国学术界终于齐集了康德“三大批判”的中文译本。

在该文的第四个部分“康德逝世后的 200 年”中，牧野英二提及了《康德著作全集》中文译本除第一卷外，其余八卷都由李秋零教授个人编辑、翻译，应该称之为一项“伟业”。

在该文的第五个部分“汉译康德哲学文献的译文、译语的问题和课题”中，牧野英二提到，随着中文版《康德著作全集》的发行的完结，康德哲学文献的中文翻译出版已经齐全。康德的主要著作《纯粹理性批判》的译本有 5 本，《实践理性批判》以及《道德形而上学原理》的 7 本译本已经公开发行。

---

① 牧野英二. 中国におけるカント哲学の翻訳史の現状と課題. 法政大学文学部紀要, 2014(68): 1-14.

二、牧野英二论中国康德著作翻译中存在的问题

此后，牧野英二指出，在当前情况下，中国的康德著作翻译存在如下几个问题。

第一，各个译本的翻译的准确性。据李秋零教授的观点，胡仁源译、蓝公武译、牟宗三译、韦卓民译等早期的《纯粹理性批判》的翻译，由于他们语言能力的局限，未能理解康德原著中德文的确切含义，只是根据英译本的再次翻译。其结果是，中译本中经常出现与原文论述内容相悖的误译或者是重复英译本中的错误。

第二，关于译文的文体问题。蓝公武译本、牟宗三译本用半书面语、半口语的方式翻译，这样做就与现代汉语有很大的隔阂。宗白华译《判断力批判》（上）以及韦卓民译《判断力批判》（下）也出现同样的情况。

第三，关于康德哲学的主要概念、术语的译语选择的问题。牧野英二提到了李秋零教授的观点：要找到与康德哲学术语完全对应的译语是不可能的，每个译者对康德哲学的理解也各有不同。牧野英二关注到了这样一个事实：相对于一个德文术语，汉语中已经有很多相应的译语（即普遍存在译名的不统一现象）。比如，“a priori”这一词语的翻译就有“先天”“先验”“验前”等译语。而且，康德自己明确区分使用的“Erscheinung”和“Phaenomenon”，在蓝公武的译本中都被译成了“现象”，在韦卓民译本中译成“出现”“现象”，在邓晓芒译本中主要译成“现象”和“现相”，在李秋零译本中译为“显象”和“现象”，堪称译法多种多样。关文运所译的《实践理性批判》，将“Neigung”译为“好恶”“偏好”“嗜好”“情欲”等，也存在译名的杂七杂八问题。牧野英二表达了他自己对此事的极大关注，在他看来，最大的问题是，所有的译者对译语的统一问题都没有任何在意。关于其他康德哲学文献的译语，也有类似的情况存在。在该文中，他还提及了李秋零关于康德哲学术语被误译的一个典型例子，那就是在牟宗三的译本中，“das höchste Gut”被译成了“至善”，这是完全的误译。李秋零教授指出该误译是新儒家的

译者将儒教、佛教的用语不经推敲地混用的结果。在牧野英二看来，关于这样的译文、译语的问题，并不能说是中文翻译固有的问题，在日语翻译中也存在共通的问题。

特别值得注意的是，牧野英二还比较了汉译和日译康德哲学术语中会遇到的问题。他指出，在日语中有汉语所没有的片假名标识方式，在标识西洋的人名、事物、地名时，经常发挥着片假名的得力优势。然而，在汉语翻译中，并没有汉字以外的片假名标识方式，西洋的人名、事物、地名都必须用汉字来标识。在这一点上可以说是汉语的弱点之一。牧野英二特意拿李秋零教授的翻译经验来进行例证。他提到了李秋零教授的一个体会：在《康德著作全集》中，最费心力的翻译译作是《自然地理学》。在此书中，出现了庞大数量的人名、地名。在18世纪的康德的时代所使用的地名标识，现如今有的已经“消失”，有的“改了名字”，这样的例子还有很多，包括那些在今日已经很难确认是事实与否的用拉丁语标识的地名，不得不用原文来标识（即不翻译，或者说零翻译）。遇到这种情况，日译却可以用片假名来标识，这种便利或者优势是日文的特点所带来的。

然而，牧野英二指出，正是因为具有这种便利，近年来在日语译本中出现了大量使用片假名的情况，背后的原因是很多译者不能正确地用日语翻译，为图省事就用片假名了事，其后果就是，为数甚多的日语译文距离准确翻译差距甚远。在这种倾向的影响下，近年来还产生了一种“超译”的现象热。反观汉语的翻译，正因为没有用片假名来进行标识的便利，所以才更加需要在正确的理解基础上采用确切的汉字来进行翻译。

在该文中，牧野英二还谈到了他自己对《康德著作全集》（中文译本）的看法，他发现，除了少数的人名索引之外，事项索引（即概念索引或者称之为名词术语索引）、译注、校对注等并未附在每本译著内，这样做的结果是使该套译著成了并未考虑一般读者方便的译书，也就是说，他认为译者在为读者阅读的便利上考虑得还远远不够，译者有必要在每本译著中添加这些必要部分。

在该文中，牧野英二还提到了，*Kant-Forschungen*（《康德研究》）中刊载的最新 text critique（文本批判）资料的调查结果在中国完全没有得到充分利用。针对庞大的《康德著作全集》实际上基本由李秋零教授一人来翻译完成这个事实，牧野英二认为，译者的这种个人尝试值得嘉许，他本人对译者的决心意志产生了很强烈的共鸣，但是从学术研究的角度来考虑，这会让人觉得是有点冒失的。言下之意是，庞大的翻译工程是需要集体合作来完成的。

在该文的第六个部分“关于译者的使命”中，牧野英二从他自己担任《康德全集》（岩波书店版）日译本的编辑、校对及翻译的工作经验出发，深入探讨了有关康德哲学文献资料日译的“译者的使命”以及翻译的作用和意义。他借此廓清了日语版《康德全集》和中文版《康德著作全集》的差别以及今后学者们的研究课题。在这个部分，牧野英二首先以其所理解的何为“最理想的翻译”为切入点；其次，明确译者的使命；最后，深入探讨了上述两点内容和理解、研究康德哲学有什么关系。

三、牧野英二论翻译[①]

牧野英二认为，最理想的“翻译”不是对原作或者原文逐字逐句的对译或者忠实再现。在这一点上，看得出牧野英二无疑是“直译主义”的反对者。但是，牧野英二也认为，“翻译”并不因此可归结为译者的自由创作。在翻译文化较显著的日本，很多人受“反直译主义”和倡导“易于理解的翻译”的“大义名分”的影响，大量运用“超译”这种跟传统的翻译形式相对立、注重大义的翻译方法。但牧野英二认为，译者的使命就在于，把“试图唤醒原作灵魂的志向和试图将原作灵魂转变成另一种语言的志向”重叠起来，这就是瓦尔特·本雅明（Walter Benjamin）提到的创作和翻译的本质差别。本雅明认为，译者的使命是，全方位地展现“原文新的生命”。翻译可以全方位地展现出原作的新生命。翻译运用其自身的力量，给予原作新的生命气息。这一观点对翻译工作中如何处理

① 此处根据江璐的翻译综述而成。

原文文本以及术语具有重要的启发作用。

基于本雅明上述的观点，牧野英二进一步提出了以下观点。第一，“翻译”就是译者和原作一起追求“真理”或“真理的力量”。第二，译者不能被局限在直译主义或意译主义上，也不能站在通俗的折中立场。因为原先这种对立，对于“翻译”而言并非本质上的根本对立。译文、译语的严密性和浅显易懂，或者严密性和通俗性之间并不一定是矛盾的，实际上两者都很必要。牧野英二指出，他在《康德全集》日译本以及《狄尔泰全集》日译本的规划、编辑、翻译过程中，一贯主张“哲学著述的翻译必须用达意的日语”，原因就在于此。第三，“译者的使命”不是谋求“逐字逐句地忠实再现”原作乃至再现原文的思想内容，而是像本雅明说的那样，重新地、彻底地、更加全面地展现原文的生命。

牧野英二指出，应特别留意作为“翻译基准”的每个译语或者术语，这点对于准确理解被“翻译”的哲学家、思想家的著作是至关重要的，而且，必须适当地把握翻译过程中的解释学循环，对原文上下文的理解有赖于对每个译语的理解，反之亦然。总之，不同于“要素主义”，最理想的“翻译”和它的解释具备全面理解以“生命”为模型的作品或原作的解释学上的特征。

这一观点完全适用“翻译”以《纯粹理性批判》为主的康德主要著作。以这种方式从事这些书籍翻译，足可称为一种“译者的使命”。牧野英二指出，他的这种解释绝非随意的、独断的见解。

牧野英二在“关于译者的使命”这部分的论述，可以说是关于哲学著作（尤其是哲学术语）翻译问题的较为经典的论述，值得我们进一步思考、研究或借鉴。

第六节　超译——日本当代哲学术语译介的新动向

“超译”是日本当代哲学术语译介的一个新动向。本节拟从小川仁志的《超译〈哲学用语〉事典：150个有趣的、难解的、听过却又似懂非懂的哲学关键词汇》来探讨“超译”问题。

一、超译的介绍：定义、背景及目的

何谓“超译”？该书封面所做的解释是：将深奥难懂的哲学用语以一般人能够了解的方式解释。这显然意味着，“超译”涉及哲学术语译介的一个重要问题：理解。

小川仁志将当前哲学用语译词的艰涩难懂追溯至明治时代的思想家——西周。他认为，尽管西周是一位将西洋哲学引进日本的伟大人物，是将 philosophy 一词译作哲学的人，甚至于出现在作者书中的多数词语，也都出自西周的翻译；但是，正是“由于西周的过度拘泥、讲究，反而让许多译词变得不知所云”①。值得注意的是，作者指出，观察德语、法语的哲学原著中所用的哲学用语就会发现“几乎都是通俗易懂的一般词汇”，而之前的译者为了把它们和其他用词区分开来，才硬把它们翻译成“奇怪的本国语言”。因此，小川仁志认为，“语言是活的，这些译文照理说也应该与时俱进才对”。他进而指出，这种任谁都觉得难懂的翻译之所以被沿用至今，是因为日本哲学界的不良传统。他认为：“日本的哲学研究者大多都重视传统，他们总摆脱不了直接承袭前人所构筑的见解的习惯。只要没人提出异议，上述状况就会永远持续下去。”正是这种不良传统导致“一般人对哲学敬而远之”，使哲学始终被当作“是学者或知识分子的装饰品”。②

有鉴于此，小川仁志认为，有必要将艰涩难懂的哲学用语转换成更简单的说法，即对其进行超译，让更多的普通读者能够与哲学结缘。这一创举开创了译者要为普通读者着想，而不只是为专业哲学研究者着想的新思路。

在该书的结语部分，小川仁志重申了他编写此书的目的：

> 西方哲学用语在明治时代被翻译以来，那些难以理解的疑问始

---

① 小川仁志．超译“哲学用语”事典：150 个有趣的、难解的、听过却又似懂非懂的哲学关键词汇．郑晓兰，译．台北：麦田出版社，2013: 4（前言部分）．

② 小川仁志．超译“哲学用语”事典：150 个有趣的、难解的、听过却又似懂非懂的哲学关键词汇．郑晓兰，译．台北：麦田出版社，2013: 4-5.

终为人视为金科玉律，持续使用至今。而那也逐渐成为众人对哲学敬而远之的原因。这本超译事典无非是想要打破这个黑暗时代，将哲学真正带给大家。[①]

二、超译的典型译例

正是出于致力于普及哲学思想这一目的，该书精选了150个有趣的、难懂的、听过却又似懂非懂的哲学关键术语，对这些术语以作者独有的简释模式来加以阐释，力求让读者能够快捷、明了地掌握该词语的要义。下面拟择要介绍几个术语的超译。

第一个术语是 categories（范畴）。在该书第226页，作者将其超译为“理解事物的准则”，并通过“用例”将这一哲学用语通过造句的形式放在日常语境中来加深理解，该词的“用例”为：“为了能够清楚认知事物，不妨用康德的范畴加以整理。”

随后，作者择要介绍该哲学用语在康德哲学中的使用背景及使用情况，末了，再特意指出使用该词语要特别注意哪些情况。详情如下：

> “categories”一般译为范畴，意指分类事物的准则。不过，哲学中的范畴在古代是指亚里斯多德的《范畴论》（*Categories*）——一切存在体都能往下分类的上位概念，列举出包括实体（substance）、量（quantity）、质（quality）、关系（relation）地点（place）、时间（time）、姿态（position）、拥有（possession）、行动（action）、被动（passivity）十类目，以及由上述各项再区分出三项的次范畴岔（sub-categories）换言之，就是存在人类脑中为了理解事物的准则。
>
> 因此，必须注意哲学中所指称的范畴，比一般意指的范畴来得狭义，只是为了认知事物而存在的逻辑表。

第二个例子是先验的（a priori）/ 后验的（a posteriori）。这对概念

① 小川仁志．超译“哲学用语”事典：150个有趣的、难解的、听过却又似懂非懂的哲学关键词汇．郑晓兰，译．台北：麦田出版社，2013: 309.

可以说是康德哲学中较难理解的一对，尤其是 a priori 的译名分歧很多。该书第 126 页上，这一对概念被超译为：无经验的[①]/ 根据经验的。作者所举的“用例”是：

> 我认为，不是任何事都能获得先验的解答。

对于这样一对相反的概念，作者首先对其意义进行界定：

> “先验的”与“后验的”都是康德的哲学用语。前者意指在毫无前提的情况下（无须经验或先于经验）就能解释外在事物。
>
> 相对地，后者则是在经验之后，需要经验才能加以解释。一般认为，凭借经验才能理解外在事物，所以后验的概念或许比较容易明白。

之后，作者根据其在康德著作中的用法举例来帮助读者理解这对概念：

> 以康德的说法，对于某种事物即便没有任何经验也能加以说明。比方说，计算公式就不是凭借经验而来，1+1=2 是不证自明的道理。所以，这些其实是人类与生俱来、先天的能力。或许可以把先验的，理解成脑中某种掌握事物的准则。
>
> 康德将上述准则分为两种。一是时间和空间的准则。我们在理解事物时，会先思索“什么时候、在哪里”等问题，试图厘清时间与空间的定位。其次是称之为“范畴”（详见页二二六）的判断的逻辑表。亦即“若 A 即 B”这类的逻辑思考模式。

最后，作者在此基础上顺势指出这对概念所带来的影响：

> 康德就像这样利用先验与后验的概念，明确揭示了我们理解事物时的机制。

很显然，通过这样诠释意味非常浓的“超译”之后，普通大众确实对这对概念的认识应该比较清楚明了。

---

① 此处翻译有误，最好译为“无需经验的”。

第三个例子是 critique（批判）。在该书第 218 页上，critique 被超译为“检验本质”。作者首先结合读者对该词的惯常使用（即日常用法）不同于作为哲学术语的使用，指出了该词语用作哲学术语时所表达的独特含义，消除了读者可能对该术语的误解，帮助读者迅速形成对该术语的正确理解。详情如下：

所谓的批判，通常是指针对人或事物指出错误或缺点。不过，当这个词汇用于哲学范畴时，则有不同的意涵——意指分析构成学说基础的原理，明确揭示其成立条件。

例如，康德著有被称为“三大批判”的《纯粹理性批判》《实践理性批判》和《判断力批判》。这些书籍分别提出了“人类可能知道什么”“人类可能做什么”“人类可能想要什么”等问题。也可以说是尝试探究人类本质为何，还有人类的极限所在。

像这样的批判并非否定，而是检验本质。

此外，在该书第 44 页上，Copernican Revolution（哥白尼革命）被超译为“一百八十度的想法转换”，其“用例”是：

竟然把纳豆加砂糖来吃，这真是哥白尼的革命耶。

之后，作者结合生活情境，仍然通过例释来帮助读者达乎对该术语的理解：

假设眼前有只狗。通常我们是在看到狗的存在，思考那里有只狗的当下，而认识到那只狗。然而，我们也能有完全对立的思维。也就是说，正因为我们看到狗，思考有只狗，那里才会有狗的存在。

这种思考模式并不认为对象先存在，然后我们才加以认知，而是认为对象会随着我们的认知而改变。康德把这种思维称为“哥白尼革命”。哥白尼否定了当时天动说的共同信念，主张地球绕行太阳的地动说。而这样的学说，可说是一百八十度翻转当时常理思考的大胆构想。

> 于是，康德也仿效哥白尼这种大胆的构想转换，将自己主张的认识论（详见页 198）称为哥白尼革命。“认为狗是因为我们看到才存在”，这的确是非常大胆的观点。但是，或许需要如此大胆的思想革命，才能像康德一样成为名留青史的人物吧。

此外，在该书的第 214 页上，appearance（假象）被超译为“误解的印象”；在第 232 页上，intuition（直观）被超译为“无需思考，能够立即理解整体的能力”；在第 254 页上，autonomy/ heteronomy（自律 / 他律）被超译为“依据自我意志做出可取的行为 / 遵从某种强制而做出的行为”；在第 290 页上，maxim（格律）被超译为“自我设定应当遵守的处世原则”。

从这些译例可以看出，超译其实是为了帮助读者形成对哲学术语最快捷的理解所进行的简释，其本质是在对哲学术语进行诠释，称作翻译恐怕不太恰当。而且从康德哲学著作的翻译来说，这种做法恐怕多半是派不上用场的，毕竟对术语的翻译不同于对术语进行解释，但是其显著的优点是能够拉近普通人与深奥的哲学的距离，有利于哲学知识的普及。有鉴于此，笔者建议，译者在每个深奥难懂的哲学术语译名首次出现时，不妨以译者注的形式来添加对该术语的超译，以帮助读者达乎对该术语的正确理解，以便增加哲学著作的可读性。

第六章　康德哲学术语翻译的复杂性考察

张申府曾言："翻译真是一件艰难而要紧的事。一个字翻得不妥谐，即可谬种流传，遗害不绝。"[①] 什么样的"字"会关系如此巨大呢？这里面的"一个字"指涉甚广，如果具体到哲学翻译，多数时候是指哲学概念术语，只有概念术语的译名才会如此至关重要。新近出版的《术语管理概论》的前言中有这样一句话："在翻译工作中通常有一种共识，即专业译者在翻译时，75% 以上的时间基本都耗费在术语工作上。"[②]

严复说过："一名之立，旬月踟躅。"其意思大致是：一个译名的确立，要经过数月的思考推敲。这反映出译者在确定译名时是何等的冥想苦思、殚精竭虑！杨祖陶也曾慨叹：

> 对一些领域的某些专门术语或专门名称，特别是生僻字作出准确的译名是多么麻烦、多么费时、多么不易！而对负责任的翻译者来说是不应该轻易绕过去的。[③]

张志伟在其主编的《形而上学读本》的编选说明中曾言："西方哲学概念的翻译历来是难题。"[④] 西方哲学概念的翻译困难导致的直接结果是，哲学名词术语的译名即使在当前也很难统一。"由于所选的文献译者不同，名词概念不尽统一"，他为此举例说，"例如黑格尔的 Sein，贺麟先生译作'存在'，而杨一之先生则译作'有'"；"还有一些翻译没有采取通

---

① 张申府 . 论翻译 // 张申府 . 张申府文集（第二卷）. 石家庄 : 河北人民出版社 , 2005: 100.
② 王华树 , 冷冰冰 . 术语管理概论 . 北京 : 外文出版社 , 2017，前言 .
③ 杨祖陶 . 译事回眸之六 : 黑格尔《精神哲学》首译的漫长岁月 . 哲学评论 , 2010(1): 359.
④ 张志伟 . 形而上学读本 . 北京 : 中国人民大学出版社 , 2010: 8（编选说明）.

常的译名，例如关于柏拉图的 idea，通译‘理念’常为人所诟病，陈康先生译作‘相’，在本读本中余纪元教授译作‘形相’”。[①] 译名的难统一无疑对于编者来说是件麻烦事，尤其是对哲学史类著作以及哲学教材的编者来说是件很头疼的事，因为稍微处理不得当，就会造成读者理解上的混乱。

针对上述这类现象，很有必要弄清楚，为何西方哲学概念的翻译始终是个难题？西方哲学概念的译名为何难以统一？

第一节　哲学术语的不可译

哲学概念向来以不可译著称（比如 ontology 的中译[②]），法国哲学家芭芭拉·卡桑（Barbara Cassin）编著的《欧洲各国哲学术语：无法翻译的词汇辞典》（*Vocabulaire européen des philosophies: Dictionnaire des intraduisibles*）更是从书的标题就醒目地告诉读者哲学术语的不可译。该书收录了欧洲很多语言的哲学术语，于 2004 年首次出版，其英译本（2014）的编辑艾米丽·阿普特（Emily Apter）在序言中甚至认为，“直接了当地将法语版转变成英语版根本行不通”[③]。德语、法语与英语同属于印欧语系，法语文本译为英语文本尚且困难到“不可译”，更何况将德语文本译为中文了。何谓“不可译”呢？“不可译”指的是在目的语中找不到与原文本中所用概念术语的对等或者对应词。哲学术语的翻译，事实上是不可译而为之。

在贺麟看来，翻译之不可译的原因在于“言不尽意”。因为“意，神秘不可道，自己直言尚不能尽自己之意，他人之言，更无法尽自己之

① 张志伟主编的《形而上学读本》第 10 页有注解：Idea 译作“理念”有误，译作“相”有些别扭。在此处译作“形相”，一是与 form 相连，二是与亚里士多德的 form 相关。

② 详见：文炳，何莉．概念词“Ontology”的“不可译性”探源．西安外国语大学学报，2010(2): 27-30.

③ Cassin,B., Apter, E., Lezra,J. & Wood, M. *Dictionary of Untranslatables: A Philosophical Lexicon*. New York: Princeton University Press, 2014: Introduction.

意。故翻译不可能”[1]。我们都在哪些方面“言不尽意”呢？当我们表达具体客观存在的事物时，很少会出现“言不尽意”，多数情况下当我们想要表达思想时，就会出现“言不尽意”。据此来思考哲学术语的不可译，就基本上能明白为何学界对哲学术语的不可译性会有如此强烈的感受。

从哲理上弄明白了哲学术语不可译的缘由，哲学著作的译者和研究者就有必要依据术语（如区分为物质性名词和非物质性名词）的不同而采取不同的翻译策略。各门学科中的理论术语，尤其是哲学著作中的概念术语，绝大多数是非物质性名词，是思想概念词，即论理词（陈嘉映语）。物质名词如香蕉、山脉、河流、飞机等词语的翻译，译名的分歧较少，究其原因，是因为这类词单义性特征明显，其意义较为确定，其形象较为具体，因而在大多数情况下，我们可以在目的语和源语中找到对应物及对应词（或造出能与之匹配的对应词）；而翻译思想概念词如“science、democracy、economy、philosophy、logic”等词时，这类词往往由于在两种语言中不能找到对应物及对应词，而且往往具有多义性、歧义性，其内涵意义丰富，有时语义含混，抽象性特征明显。在这种情形下，译者对源语和目的语之间的对等程度要求越高，越难找到对应词，不可译性就越明显。一方面，正是出于对源语和目的语之间对等的不懈追求，上述哲学概念的术语中译名在西学东渐中基本上都是经历了漫长的论争之后才分别定译成今天的“科学、民主、经济、哲学、逻辑”的。

事实上，正是由于受到翻译物质名词时的惯性思维影响，众多译者在翻译思想概念词的时候也习惯性去寻找两种语言的对应词，从而产生了许多牵强附会的比附翻译。这些比附翻译往往只注意到了中西思想概念中的某些相同之处，忽略了其间的差异，从而导致了大量的误解，引起了众多的译名之争。

当然，也有学者关注到术语译名的分歧现象，尝试将一些有争议的术语的译名演变历史进行梳理。例如，高圣兵等在《Logic 汉译的困境

---

① 贺麟 . 论翻译 . 今日评论 , 1940(9): 137-140.

与突围》一文里梳理出了 logic 从“名辩学、明理学、理则学、论理学、辩学、名学”等意译的名称最终回归为“逻辑”这一音译名的整个演变过程。[①] 遗憾的是，作者并未分析 logic 缘何要向音译回归，没有深入分析并揭示翻译这类词语的困难之所在，也没有进一步去探索应对这类词语的翻译策略。此外，在中文典籍外译过程中，中国思想中的一些思想概念词，如“仁、义、礼、智、信、道、理、道理、禅”等等的英译实际上也遭遇到了类似的困难。

第二节　不可译背后的复杂性——语义层面

近年来，两次世界翻译大会的研讨主题都是翻译的复杂性研究。毋容置疑，康德哲学概念术语的翻译具有超乎想象的复杂性。哲学术语不可译的具体原因有很多，其复杂程度远远超出普通人的想象，目前还没有学者对这些复杂的不可译因素做出全面的梳理和剖析。那么西方哲学概念翻译的不可译性究竟源自何处呢?

根据笔者前期对 transcendental 的中译论争历史考察，已经初步得知，西方哲学概念作为典型的思想概念词，天然带有翻译上的困难，造成这种翻译困难（或曰不可译）的因素主要有：第一，凡是概念都有一定的历史。哲学概念在其历史的演变中，其意义多半会发生变迁。第二，一个概念总是与其他概念相连，概念栖身于整个概念体系中，故概念无法整体移植。第三，西方思想中的某些概念恰恰是中国思想中所缺失的东西，反之亦然。第四，中西方语言的差异。中文的造词表意规律与西方语言的构词表意规律的差异。第五，不同学者对同一概念的理解和表述也可能不一样。[②]

遗憾的是，目前学术界对上述客观存在的翻译困难缺乏全面认识。译者在面对“古”与“今”、“中”与“西”的关系时，如何将自身对历史

① 高圣兵，辛红娟. Logic 汉译的困境与突围. 外国语（上海外国语大学学报），2008(1): 83-89.

② 文炳. Transcendental 的中译论争历史考察. 上海：上海交通大学出版社，2012.

的理解及其文化认同转换到翻译之中，是件非常艰难的事情。

上述困难，还仅仅是笔者从理论上进行初步界定的粗浅尝试。总的看来，在哲学术语的翻译中几乎不可能在目的语中找到与源语概念词一一对应的译名。因而现有的大多数译名只能够凸显源语概念词的某一个或某些方面，很难反映出源语概念词的方方面面，正是这种对源语概念单方面的凸显，最终造成了译名分歧。

那么康德哲学概念术语翻译困难（即复杂性）的具体表现又有哪些呢？通过前面的考察，可以大致概括如下。

首先，康德著作本身的难懂，导致译者和读者对原著的思想难以整体把握，进而对其中的概念术语的意义及用法难以精准把握，翻译起来自然就倍感艰难。牟宗三对此的体会是“此概念语言太专门故，全部批判哲学之义理之最后的谐和统一太深奥故”①。邓晓芒也有过类似的体会，“众所周知，康德的著作艰深晦涩，连德国人都难以卒读，译为中文更是一项令人生畏的复杂工程”②。正因为如此，杨祖陶先生才会有如此的担心，“康德的文字以艰深晦涩、语句复杂、概念歧义繁多著称，而我们的德语水平和对原著义理的领会有限，导语和译文中疏漏、不当甚至错误之处恐难避免”③。正因为如此，才有学者认为，“康德研究的关键，只在正名一事。我们目前对康德哲学的一些误解主要就来自对康德用语的误解”④。一旦对康德哲学术语理解错误，译名出错就在所难免。

其次，具体到康德哲学概念的意义来说，难以把握的困难⑤主要体现在：其一，康德虽然尽量本着少造新词的原则，但是他往往赋予某些旧词（大多是日常语词）以新的含义；如何在译名中体现一个概念的新旧义及演变历史，是件棘手的事情。其二，康德有时候会将一些同义的

① 康德．判断力之批判（上）．牟宗三，译．台北：联经出版公司，2003: 7.

② 邓晓芒．康德三大批判的中国旅行．（2004-02-18）．http://news.sina.com.cn/c/2004-02-18/11141832098s.shtml.

③ 杨祖陶，邓晓芒．康德三大批判精粹．北京：人民出版社，2001: 600.

④ 倪胜．评《康德三大批判精粹》．世界哲学，2004(6): 32.

⑤ 下述困难因素的罗列，源于前面的康德著作译者的译注或者译后记中的表述，为避免重复，可能不再一一列出出处。

概念互相混用，但是往往前后又不一致[①]，有时候又会对这些同义概念加以区别，有时候两个词之间或者上下文语境中又包含歧义，由于目的语和源语之间的对应之局限，很难将这些义涉双关的因素传达出来。其三，像所有哲学概念一样，康德哲学概念之间也存在上下义、相邻义及相对义的关系，译者和读者对于单个概念的字面意义容易把握，但是对于概念之间存在上下义、相邻义及相对义的关系难以进行总体把握，翻译时也难以将概念间的关系进行整体移植，很难在译文中体现出所译概念间的区别与勾连。陈嘉映先生在讲座中曾经打过一个形象的比喻："移栽一棵树容易，但是要移栽一片森林就很难。"其四，康德著作中所用的不少词存在一词多义现象，或者多词同义或者近义的情况。[②]另一方面，中文中又何尝不是如此呢？目前康德著作译者和研究者中都有不少人注意到这类现象，如孙周兴就注意到了中西语言中的词语都存在一词多义现象，他列举出了中文中的"天"和西方语言中的 logos，[③]都有几十种不同的含义；这类现象也给翻译带来了极大的困难。其五，还有个别地方存在字面的常用意义与语境意义不同的情况。中文译名怎么可能兼顾二者呢？

正是隐藏在这些具体而细微的差别下面的复杂性，给康德哲学著作的中译带来了无尽的困难。邓晓芒对此的感慨是：

> 以康德著作译事的繁难，我们深感这几乎是一个"无底洞"，与

① 参见前面邓晓芒、李明辉等译者的术语译名情况介绍部分。例如，李明辉写的一个注解：在康德底著作中，有"事相"（Phänomenon）与"理体"（Noumenon）、"现象"（Erscheinug）与"物自身"（Ding an sich）两组概念。在大多数情况下（尤其是在本书中），康德将"事相"与"现象"、"理体"与"物自身"几乎视为同义词而互换使用。但在少数情况下，"理体"与"物自身"之间似乎又有微妙的区别。

② 参见前面邓晓芒等译者的术语译名情况介绍。例如邓晓芒根据 geschmack 一词的不同使用语境，对其译名进行区别化处理，他为 geschmack 一词的翻译写了 3 次注解。在《判断力批判》第 21 页上的注解：geschmack 兼有"味道"和"鉴赏"的意义；此处译为"味道"。在《判断力批判》第 30 页上的注解：geschmack 又译"鉴赏"；此处译为"品味"。在《判断力批判》第 36 页上的注解：此处"口味"即 geschmack，又译"味觉""品味""鉴赏"。邓晓芒在《判断力批判》第 81 页上有这样一个注解：iucundum 惬意，pulchrum 美丽，sublime 崇高，honestum 德性；此处统译为"善"。

③ 孙周兴 . 翻译的限度与译者的责任——由安乐哲的汉英翻译经验引发的若干思考 . 中国翻译 , 2008(2): 11-15.

人们常挂在口头的"说不尽的康德哲学"相类似，我们也不能不承认"说不尽的康德哲学翻译"这一客观事实。①

由于上述存在导致不可译的诸多因素，学术界长期遵循的译名惯例，即术语译名的"一名一译"原则，正面临严峻的挑战。北京大学哲学系系主任赵敦华教授就提出了根据上下文来调整哲学术语译名的思路。②这当然有一定道理。这里笔者不妨以 right 一词的翻译来说明一名一译的困难。词语 right 一词在日常语言中可以用来指"对错"的"对"，在伦理学里有"正当""正当性"之义，在法学、政治学里却是指"权利"，如果死守一名一译得到原则，势必导致读者理解上的困难，这种情况下根据语境来确定译名不失为合理的抉择。事实上，有很多如 right 一样的词语导致一名一译的困难。本项研究通过考察康德译者具体的翻译例子发现，一些学者（如邓晓芒）虽然是主张一名一译的，但是面临具体情况时也会做出变通，参见前面邓晓芒部分的一词多译和多词一译。事实上，有很多如 right 一样的词语存在，导致一名一译的困难。另，需要注意的是，对 right 一词的不同翻译是典型的意译，是为了传达理解所作出的必然之选。

孙周兴建议对有争议的译名建立一种"证义"平台，将各家各派的观点汇聚在一起来进行考证。陈嘉映教授则提出从概念移植的角度来思考对这类词语的翻译。笔者在自己的博士论文中初步提出了从目的语中为其"再命名"的角度来提出如何解决其术语译名分歧的新思路。

第三节　译名分歧引发关注焦点的转移——从语义到语用

不可否认，由于上述诸多困难的客观存在，哲学术语译名的不可译性就变得显而易见。当然，这些也是造成译名分歧的主要因素，但这些绝不是全部。在笔者看来，要弄清楚译名分歧的全部原因，关注的视域

---

① 康德 . 判断力批判 . 邓晓芒 , 译 . 北京 : 人民出版社 , 2004: 5（中译者序）.

② 赵敦华 ."是""在""有"的形而上学之辨 // 陈平原 , 等 . 学人（第四辑），南京 : 江苏文艺出版社 , 1993.

必须从语义扩大到语用。给予笔者这种启发的一个源头是维特根斯坦对语言的意义需要进行综观和“意义即使用”的观点，另一个源头是社会符号学及跨文化语用学的理论。就这后一点，笔者稍作些说明。从社会符号学的思路来看，贺麟对日译名的不满意，读者对牟宗三、李明辉的译名的怪异感，多半来自所处的社会历史文化的差异所导致的用语的差异。笔者曾经从社会符号学的视角解读了嫖宿幼女罪对幼女带来的语言暴力，首先解析了“嫖宿”这个词语潜在的含义是：嫖宿的对象必然是妓女（与幼女实际身份不同）而且是同意性交易的（这与事实上绝大多数幼女是被胁迫的不符，而且即便是幼女是口头同意的，这也与国际上公认的幼女不具备性自主权的法理精神相悖），嫖宿幼女罪激起民愤的根本原因是名与实的不符引发的正名的诉求。之后，还解析了一旦给幼女贴上妓女的标签后，这在以贞洁观著称的中国社会、文化及历史的语境中对幼女的伤害是何等的严重。将一个概念术语放在一定的社会历史文化时空的大语境中来解读其在使用中的意义，实际上是将对术语语义的关注延伸到对语用的关注。正是受到该研究的启示，让笔者对哲学术语翻译的关注从对语义延伸到语用上，从而将哲学术语翻译视为一种跨文化交流活动，进而从跨文化语用学视角来审视哲学术语翻译的整个流程，论证出了哲学术语的翻译过程，必须遵循“传达理解，避免误解”这一基本原则。①

简言之，笔者认为，应将哲学概念术语的翻译视作是我们使用语言来做事，应把翻译工作视为一种跨文化交流活动，如此，我们关注的视域就从语义扩大到语用，关注的焦点就从源文本的语义转移到看翻译活动最终是否能够传达理解，这样才有利于我们弄清楚译名分歧的诸多因素。

在此不妨从维特根斯坦语言游戏的思路出发，以中国象棋为例来说明为何要将翻译所关注的视角从语义扩大到语用。通常意义上，翻

① 可参考笔者发表在国际核心期刊《符号学》上的文章：Meng, Xingcan & Bing, Wen. A sociosemiotic approach to the legal dispute over the crime of whoring with an underage girl in China. *Semiotica,* 2016 (209): 277-299.

译是为了寻求对等或对应，在中国象棋游戏中，黑方的“将”对应于红方的“帅”，试问，该怎样来翻译“将”呢？在军队中，“将”的军衔低于“帅”，译者将“将”直译为 genenral 就完成翻译的任务了吗？肯定没有！译者至少还需要解释一下，genenral 在游戏中是 marshal 的 counterpart，否则多数人会根据字面意思去认为 genenral 是 marshal 的下属，从而造成许多误解。把翻译视为一种跨文化交流活动，就能明白，棋子“将”的意义来自将与帅、将与士和相，将与炮、兵或者卒这些棋子的联系，不仅限于此，棋子“将”的意义还来自“将”在中国象棋游戏中的游戏规则（思想体系），即棋手对“将”的运用。译者在翻译活动中译“名”只是翻译任务的第一步，译“名”仅仅传达了字面意义，还需要让读者明白“名”的使用意义。可见，思想的域外传播，译“名”必须将对语义的关注扩大到语用。从这个意义上讲，译者在译“名”之后的加注，撰写按语、导言甚至开讲座、出专著等行为都应被视为是哲学术语翻译中相互协同和配合的环节，所有这些行为，实际上都是在跨思想文化交流中“沟通理解”的有效手段，译者可以单用也可以择机配合使用。哲学术语翻译的本质是一种跨越思想文化间的交流活动，传达理解也就成了译者的首要任务。

哲学术语翻译关注的焦点需要从语义转向语用、从对术语意义的纠缠转向关注译者如何利用语言向读者传达作者原义的方式，也就是要让读者理解作者想要表达的意思，即译者将自己对原著的理解传达给译者。这里的理解，不只是指译者对原文文字字面意义、隐含意义（思想概念间的区别与勾连）、引申意义、比喻意义、概念术语的历史源流等等的理解，还包括对文字背后的作者的意图，作者所要表达的思想，以及原文本背后所隐藏的社会历史文化因素等的理解。不能仅仅单纯地从语义学角度切入，还需要从社会符号学和跨文化语用学角度来切入“对原文的理解”。在此过程中，作者，源语文本，译者，译文文本和读者，以及具有主观能动性的作者、译者和读者所处的社会历史文化背景，作者、译者和读者对同一话题在思想认识上的差异等等诸多因素就交织在一起，相互影响，相互制约。

从语用的角度出发，就能揭示出译名分歧的人为因素，就能明白译者的不同和读者群的不同都会影响概念术语的译名。

贺麟认为，“由于不同译者对于康德哲学的了解不同，因而译名自然就不可能相同。如果对于康德哲学的了解有了错误，译名自然就陷于错误”[①]。贺麟据此指出，寻求正确的康德译名更非易事。

在邓晓芒看来，“这些译本译者不同，术语各异，翻译的风格、水平、目的都参差不齐，有些译者并非康德哲学专家，甚至有的只是借康德发挥自己的思想，谈不上对康德哲学真正深入的钻研”[②]。

诚然，译者不同，翻译观就不同，翻译策略的选择也不同，每个人的学力和语言功底也不同，翻译的结果自然就会不同。有时，即使译者对原文思想以及作者意图的理解基本相同，但是由于个人的语感不同，译者所处的地域不同，年代不同，接受教育的程度不同，用词的喜好不同，都会导致译名的不同，这一点从比较大陆译者（如蓝公武、韦卓民、邓晓芒和李秋零）和台湾译者牟宗三、李明辉就可以大致看出。更何况译者是否能从原文把握作者的意图（作者的言外之意），读者是否能从译文中正确领会译者的意图等，这些都会导致对译名看法上的分歧。

一、译者需要具备的条件

邓晓芒指出，“西方哲学著作的翻译经过了一百年，现在进入 21 世纪，应该有一个质的飞跃，这就是必须在术语的精确化上有更进一步的要求”[③]。要想做好哲学翻译，要实现术语译名的精确化，译者要具备什么条件呢?

张申府曾言，“如人所周知，翻译人最低条件是对：一、所译的科目，二、从译的文字，三、译成的文字，三样都通”[④]。

牟宗三也持有类似的观点，如前面介绍译者牟宗三时所提及的，牟

① 贺麟 . 康德译名的商榷 . 东方杂志 , 1936(17): 181-196.

② 邓晓芒 . 康德三大批判的中国旅行 .（2004-02-18）. http://news.sina.com.cn/c/2004-02-18/11141832098s.shtml.

③ 邓晓芒 . 杨祖陶译黑格尔《精神哲学》的意义 . 博览群书 , 2006(6): 35.

④ 张申府 . 张申府文集（第 2 卷）. 石家庄 : 河北人民出版社 , 2005: 450.

宗三认为，译者“是以译事之难有虚有实，实者是学力，虚者是文字”。其中“学力”是指中西哲学的学养，“文字”即语言素养，指中文和外语的语言功底。他还指出，译者除了要有一定的哲学训练外（才能融通中西哲学），还需要有“咬文嚼字的工夫”。

对于“咬文嚼字”，杨祖陶在做哲学著作翻译时的感受是“由于术语众多，如何把握译名的分寸也是颇费斟酌的”[①]，他提出了译者需要有“炼字”的功夫[②]，没有这番“炼字”的功夫，就很难传达作者真切的意思。孙周兴则发表有《我们如何敲打语词》[③]的文章。庞景仁在《未来形而上学导论》译后记中提到:“康德哲学的主要术语在本书中大部分都出现了，对这些术语加以仔细推敲……”[④]韦卓民对康德哲学中的概念、术语，乃至重要句子，也是经常费尽心思地苦心推敲，决不含糊。可见，“咬文嚼字”的功夫是优秀译者所必须具备的。

（一）译者的翻译观

诚然，在翻译哲学术语时，译者不得不推敲语词。那么译者究竟该如何来推敲语词呢？这首先得看译者持有什么样的翻译观。译者对哲学术语的翻译是否有全面的认识也将直接影响译者的哲学术语翻译观，从而影响译者对诸多不可译因素的考量，继而在苦心权衡和斟酌后，最终影响译者在翻译中对译名的选择。简言之，译者所持翻译观的不同，将直接影响译者的翻译策略选择，诸如直译还是意译，诠释与否，诠释的限度，翻译中能否有创造，等等。

1. 直译还是意译？

从前文所述康德著作的译者和研究者的翻译观来看，大多数人倾向于直译。

牟宗三反对意译，提倡直译，他认为，“此种义理紧严之作，概念

① 邓晓芒 . 杨祖陶译黑格尔《精神哲学》的意义 . 博览群书 , 2006(6): 34.
② 邓晓芒 . 杨祖陶译黑格尔《精神哲学》的意义 . 博览群书 , 2006(6): 34-35.
③ 该文收入 : 孙周兴 . 我们时代的思想姿态 . 北京 : 东方出版社 , 2001: 225-251.
④ 康德 . 未来形而上学导论 . 庞景仁 , 译 . 北京 : 商务印书馆 , 1982: 192.

思辨之文，只有直译，无所谓意译”。如果对原文把握不准就意译，就会“望文生义，恣意遐想，其愈引愈远、愈远愈误者多矣”，从而远离原文的确定原意。①

前面曾经提到，邓晓芒做哲学翻译的第三个原则是：“多直译，少意译，不到万不得已时，尤其是当你还没有琢磨透的时候，更不要意译。”② 邓晓芒术语翻译的总的原则是：

> 在哲学翻译中我们一方面要追溯一个词的来龙去脉，推敲每个词最严谨的表达，最好多查词典（如有必要，包括希腊文、拉丁文词典），尽可能直译；另一方面要挖掘该词在西方文化中不同于中国文化的背景和语境，以免貌合神离。③

这里面就牵涉到哲学术语在历史演变过程中意义的流变（意译同样也无法反映出其中变化），意译还可能会产生对中西哲学概念术语的比附性诠释，导致貌合神离。

对于哲学术语为何要直译，孙周兴的看法有助于揭示其原因，他在《译无止境》④ 一文中提到了哲学术语翻译的两个准则：其一，译名的统一性原则；其二，翻译的首要考虑仍是字面。前一个准则说的是，同一个术语出现在不同哲学家那里，含义可能不一样，但我们不必随不同哲学家的不同用法而自造出不同译法，而应尽可能采取统一的译法，即采用统一的译名。在笔者看来，若从此处着眼，“直译加注”在多数时候估计是迫不得已的选择。他的第二条准则其实是道出了第一条准则的原因：由于需要将一个哲学术语在不同哲学家那里的译名统一，因此统一译名更多是统一在术语的字面意思上。比如，Dasein 按字面意思就是“在此存在”，因而我们完全可以统一于“此在”这个译名，而不是在黑格尔那里译为定在，在康德那里译为存在，在海德格尔那里译为此在。因而

---

① 参见：康德 . 康德的道德哲学 . 牟宗三 , 译 . 西安 : 西北大学出版社 , 2008: 2(译者之言).

② 邓晓芒 . 黑格尔《精神现象学》(句读本) 的翻译理念 . 中国社会科学评价 , 2017(1): 29-31.

③ 邓晓芒 . 黑格尔《精神现象学》(句读本) 的翻译理念 . 中国社会科学评，2017(1): 32.

④ 孙周兴 . 译无止境 . 读书 , 2002(1): 97-102.

这里的第二条准则，将术语的译名统一在术语的字面意思上，也无疑是对哲学术语直译的理由。

那么，有没有反对对哲学术语进行直译的呢？直译的不足之处在哪里呢？

沈国威在《日本的兰学译词与近代汉字新词的创制》一文中介绍了日本学者在进行兰学典籍翻译时，在“无语可当，无义可解”的情况下，就采用直译的方法，这种译法造就了相当多的音译词。例如用“逻辑”来翻译 logic，用“逻各斯”来翻译 logos，用“Daoism”来翻译“道”，当属于此类。音译可谓是直译中的极端，对于这种中西思想体系中互缺的概念词语使用音译实属无奈之举。辜正坤认为，“实在译不出，也不妨采用唐朝翻译佛经的办法干脆‘不翻’，而取音译法，通过注释和上下文，读者也就很快理解其真意了”[①]。可见，当我们碰到个别重要的概念词本身内在含义丰富，用经济简洁的三两个汉字无法概括时，音译就不失为一种解决之道。

但是笔者也留意到，这些都是源语中音节较少的词，而源语中音节较多的词，诸如 democracy（最初音译为德谟克拉西），philosophy（最初曾经被音译为斐洛索菲亚），其音译名最终都没有幸存下来，其原因大概在于：第一，其义不可解；第二，不符合汉语用语习惯。其他词诸如 transcendental 等还根本没有发现其对应的音译词。前面牧野英二部分还曾经提到日文相对中文来说比较便利的是遇到这种“无语可当，无义可解”时可以使用片假名来标注其读音的特殊的音译方式。

但是，总的看来，音译的毕竟是少数，音译往往还被认为是译者不负责任的表现，比如杨祖陶曾言：

> ……译者在翻译这类词的时候往往采取直接音译了事。

杨祖陶认为译者这样做留给读者的是一头雾水，是对读者不负责任的。

---

① 辜正坤．外来术语翻译与中国学术问题．北京大学学报（哲学社会科学版），1998(6): 46.

音译是人造的对应，目的是造成一种形式上的对应，倪梁康认为音译也可作为翻译名称时的一个选项，但陈嘉映认为一般不宜考虑音译，音译会把某个概念和其他同根词之间的联系取消了，音译的译名难以融于概念体系，非万不得已，更不宜采用音译了。毕竟，读者是无法从音译名来窥探出其在原文中的含义。

比音译更为极端的是零翻译，即直接在译文中引用原词，读者甚至不知道源语的读音信息，尽管是没有翻译（零翻译），但是在适当的上下文语境中以及具体的使用中，细心的读者也有可能零星地辨识其某方面的含义。《现代汉语词典》里面收录的零翻译的外文词语近年逐渐增多，有些词语，如 Wi-Fi，已经家喻户晓。

与零翻译、音译这些极端的直译手段相反，在日本出现了一种意译的极端——超译。此前曾经提到，在翻译文化较显著的日本，受标榜“反直译主义”、倡导“易于理解的翻译”的“大义名分”的影响，运用“超译”这种随意的翻译方法并不罕见。

前面有关日本“超译”现象的介绍揭示了为何会出现超译热，因为直译使绝大多数读者对很多译词不知所云，而超译却可以将深奥难懂的哲学用语以一般人能够了解的方式解释，即将艰涩难懂的哲学用语转换成更简单的说法，超译可以让更多的普通读者与哲学结缘，毕竟目前越来越多人已经对深奥难懂的哲学敬而远之。超译是一种典型的意译，可以说是意译的极端，或者说是过度意译。

看来直译有直译的理由，意译有意译的好处。究竟如何选择呢？张申府的观点是：

> 至于翻译的方式，直译还是意译？其实这都不关要害。要紧的乃在原来有多少意思，就翻出多少意思，不减也不加，而又容易看得懂。这当就是所谓信与达。能翻得美，那就更好。①

日本当代学者牧野英二认为的最理想的“翻译”并非只是对原作或者是对原文逐字逐句的忠实再现，从这一点来看，牧野英二可以说是站

---

① 张申府．张申府文集（第 2 卷）．石家庄：河北人民出版社，2005: 453.

在批判“直译主义”的立场上。不过，他认为，也不能因此就说“翻译”是译者的自由创作。牧野英二还基于本雅明的观点，指出：……译者不能被局限在直译主义或意译主义，……做这种二选一的选择中。因为原先这种对立，对于“翻译”而言并非本质上的重要的对立。译文、译语的严密性和浅显易懂，或者和通俗性之间并不一定是矛盾的，实际上两者都是必要的。

可见，译者应从直译和意译这种二元选择模式中跳出来，将视域从关注哲学术语意义的翻译上转移到将翻译视作一种跨文化交流的活动，即译者必须让信息接收者——读者，搞清楚或者说理解原文本中信息的发出者——原作者，所要传达的信息以及原文本本身所蕴含的各种信息，这样就能明白，哲学术语的翻译不得不考虑读者对原文本各种信息的接受和理解，译者需要用尽浑身解数来帮助读者获得对原文本各种信息的理解。这里的理解，包括要理解术语的各个方面的意义：字面意义、引申意义、词源学的意义、语境意义等等，并且将这种理解在目的语中再现出来（往大的方面看，包括要重构概念体系）。毕竟，译者既要忠实于原作者，还得要服务于读者。这样一来，哲学术语的翻译，不再只是局限在对哲学术语文字上的翻译，还包括在译语文字不能让读者明白的情况下通过加译注、撰写按语以及导语等补充手段的运用，其最终目的，就是要帮助读者达乎理解。毕竟，将翻译视为跨文化交流活动，就能看清楚翻译的本质是“传达理解”（陈嘉映语）。打个比方来说，如果把中国象棋中的“将”这枚棋子的意义外译，就不只要表明“将”从字面意义说是“统帅”的含义，还得想法传达出象棋游戏中黑方的“将”与红方的“帅”之间的关系，“将”与“士”以及“相”的关系，甚至还得通过其他渠道传达出“将”在象棋游戏中的有关游戏规则。这就将哲学术语翻译中对语义的关注延伸到对语用的关注，也就是从关注术语的字面意义延伸到读者对术语译名的理解上，从而转变为从跨文化语用学角度来看待哲学术语翻译。

试问，如果不能传达理解，译者翻译的使命怎么能算圆满完成了呢？就此而论，翻译的本质和目的都是传达理解。有鉴于哲学概念术语的复杂性，译者需要区别化地选择翻译手段来帮助读者达乎理解。对于一个具体的术语，如果直译能够传达理解，就直译；直译不能传达理解时，就采用直译加注[①]；还不行，就意译，意译也不能有效传达理解，就像牟宗三那样再添加按语，甚至专门撰文或者开讲座乃至出专著来加以阐述。总的看来，为了传达理解，译者有时不可避免地需要对原文进行不同程度的诠释。

2. 诠释与超越（融通抑或创造）？

李明辉认为，一切学术著作的翻译不仅是语言的转换，而且是广义的“诠释”。哲学著作的翻译涉及两套不同的概念系统，乃至价值系统的转换。这种转换实际上就是一种诠释，其中包含高度的创造性。[②]

对于在哲学著作的翻译中为何可以发挥创造性，贺麟指出：

> 就学术文化上之贡献言，翻译的意义与价值，在于华化西学，使西洋学问中国化，灌输文化上的新血液，使西学成为国学之一部分。吸收外来学术思想，移译并融化外来学术思想，使外来学术思想成为自己的一部分，这乃正是填充自我，发展个性的努力，而绝不是埋没个性的奴役。

对于翻译和创造之间的关系，他如是说：

> 我们须知有时译述他人之思想，即所以发挥或启发自己的思想。翻译为创造之始，创造为翻译之成。（模仿与创造的关系准此。）翻译中有创造，创造中有翻译。[③]

诚然，把哲学术语的翻译视为思想的传播及交流的活动之一，就能领会到贺麟的华化西学、牟宗三的融通中西哲学、韦卓民的融贯中西的深意；也就能够明白为何邓晓芒要主张“翻译做得再好，再成功，如

① 张申府认为，“好的翻译既不应对原意有所增加，如果原意不明，那便应多作译注。有些翻译，译后加注，实在十分必要”。参见：张申府 . 张申府文集（第 2 卷）. 石家庄 : 河北人民出版社 , 2005: 453.

② 王兴国 . 牟宗三的康德哲学著作翻译 . 世界哲学 , 2004(6): 37.

③ 贺麟 . 论翻译 . 今日评论 , 1940(9): 137-140.

果没有相应的解读，也是白费力气”[①]。李秋零和邓晓芒的让康德说汉语的夙愿，实际上是通过翻译实现中西哲学思想的碰撞，在交汇中实现升华。这是翻译的价值之所在，基于此，也就可以认识到，通过翻译来传达理解是多么重要。

3. 从等值、对等、等效、对当到“再命名”？

一方面，对哲学术语进行诠释有助于读者理解深奥难懂的哲学术语，另一方面，诠释失度引发的比附翻译又引起了一系列的误解，毕竟意在诠释的比附翻译如“本体论”的译名引起了一系列的误解，被人至今诟病，就连“先天”以及“批判”等译语也因为容易引起读者误解，多多少少地被人诟病。因此，不得不问的是，诠释的限度在哪里呢？该如何来避免诠释过程中的比附翻译呢？这就需要看译名是否确切地传达出源语的信息。如苗力田先生的“确切”、李秋零的“信”、庞景仁的“恰合原文”，这些提法事实上就是要做到与原文对应相等。在对诠释的限度很难讲清楚的情况下，不妨从如何来看待哲学术语翻译中的“等值”“对等”“等效”还是“对当”来切入。

美国著名翻译家奈达提出了 equivalence theory，国内有学者将其译为“等值”，也有将其译为“对等”或者“等效”的；奈达自己后来也将 equivalence theory 界定为功能对等（或曰动态对等），从其中译名的变化可以看出公众认为翻译中最理想的做法是达到语义上与原文的“等值”，其次是“对等”，后来发现在许多时候是无法实现“对等”的，于是进而出现了译名“等效”或者说功能对等（或曰动态对等）。事实上，在为数不少的情形下，“等效”或者说功能对等（或曰动态对等）也实现不了，比如哲学术语 a priori 的翻译，不管是将其译为“事先”（张东荪的译名）、“迹先”（郑昕的译名），还是“验前”（韦卓民的译名）都很难实现“等效”，因为这些译名事实上都无法体现出康德意在揭示的“必然性”。广东外语外贸大学的李田心教授曾经专门发文，倡议将 equivalence 译为

① 康德．康德三大批判合集（上）．邓晓芒，译．杨祖陶，校．北京：人民出版社，2009: 2（合集序）．

“对当”[①]，即“对应相当”，也就是旨在目的语中找到与原文对应相当的译名。毋庸置疑，这是相对来说较为合理的提法；但是，依然不能较为理想地解决中西思想中互缺的概念术语的翻译，因为你找不到对应相当的词语来翻译；而且，我们怎么来界定译名是在哪种程度上与原文对应相当呢？

二、哲学术语的翻译——目的语中的“再命名”

“等值”“对等”“等效”乃至“对当”，关注的仅仅是语义层面，如果将关注的焦点转移到语用上，就会明白，哲学术语的翻译，不过是译者在目的语中对域外思想概念体系的重建，是对哲学概念术语在目的语中的“再命名”。

笔者在自己的博士论文中提出，对于中西思想中互缺的概念词的翻译实际上是在目的语语境中对其进行“再命名”，为说明这点，笔者曾经做了一个形象的类比，即将我们对某个概念术语的认识比作是对摩西这个人的认识了解，人们对于一个概念的意义会不断增加了解，犹如对摩西这个人的认识不断加深，将他所做的一件件事迹逐一附加在摩西这个人名上，尽管对这个人（人名）的了解会不断增加，其中有可能出现错误认识，但是人名和概念的名称无须改变。因此，消解概念术语译名分歧的办法就是将术语翻译视为在目的语中为其再命名，从而不断将其内涵意义附加在其名称上。这一点与零翻译的词语被大众所接受类似。零翻译的词语尽管最初对大众来说只是一个指称符号，但是其意义在日常使用中被大众所明了，其内涵意义有从模糊到清晰的一个认识渐变过程。人们对域外传来的思想概念词的认识过程与零翻译词同理。思想概念词的翻译实质上是在目的语语境中重新构建一种新的概念体系，旨在建构起与源语概念体系相对应的概念体系，换言之，思想概念词的翻译就是进行概念移植。将哲学术语的翻译视为在目的语语境中对源语概念进行再命名，命名之后不断将附属于概念的各种信息附加于译名之上，

---

① 李田心．新解奈达翻译理论术语 Equivalence 的名与实——Equivalence 乃“对当”而非“等值”．荆楚理工学院学报，2013(1): 22-25.

包括概念术语的字面意思、引申意义、历史源流等信息，这样，读者对该术语内涵意义的认识就随着对该术语在概念体系的使用中逐渐增加，术语的新译名不过是一个名称（名字）或者指称符号而已。在此意义上也就能够理解，为何很多哲学词语，在通过新词创造、误译或者重译的过程，同样都能获得了意义。

（一）命名的原则大荟萃

既然对中西思想中互缺的思想概念词的翻译就是在目的语中为其“再命名”，那么，这种命名需要遵守哪些规则呢？命名需要注意什么呢？

前面已经考察了康德译者和康德研究者对此的看法。比如，苗力田先生提出的“确切、简洁、清通可读”的翻译三原则，实际上是他翻译过程中选择译词的标准，他力争用彼时彼地人的语言（或者言说方式）来进行表述。这条原则值得借鉴，读者对康德哲学著作误解的根源，部分是由于一些哲学术语在康德那里有着极其特殊的用法。而这些术语之所以能产生这些“特殊含义”，是因为这些术语存在着古、今义之别，中、外义相异，以及作为哲学专门用语的含义不同于其作为日常用语的含义。前面提到过，张东荪就曾经因为康德哲学术语 a priori 是一个日常用语，因此反对用“先天”这一中国哲学专门用语来作为译名，主张用日常语词“事先”来译 a priori。

谢地坤则指出，“我们在翻译这种关键词的时候，一定要把握这些哲学家本人的用意所在，看看他们的具体所指，然后再从汉语中找到相对应的词语予以翻译。这样，才称得上是忠实于原文”[①]。他还呼吁要弄清楚概念术语之间的区别与联系，要与康德本人的思想及其表达相契合，[②]“就此而言，翻译不是原创，翻译更不能随心所欲，甚至沽名钓

① 谢地坤．如何理解康德哲学：《纯粹理性批判》中一些概念的辨析．哲学研究，2014(8): 67.

② 谢地坤．如何理解康德哲学：《纯粹理性批判》中一些概念的辨析．哲学研究，2014(8): 67

誉；翻译的首要原则是忠实于原文，即‘信’也”[①]。邓晓芒认为在做哲学翻译时“既要通俗，又要忠实于原文”，是很难兼顾的，“会打架打得厉害，有时候恐怕是两边不讨好”[②]。

王庆节则认为，哲学术语的翻译涉及两层面的理解，语言上的理解和哲学上的理解；后者既涉及术语在特定哲学家那里的理解，还涉及其在哲学史上的理解，如何兼顾二者是需要特别考虑的问题，比如："译名在自己母语的上下文中和其它语词之间的关系上是否也显得相对的自然、合谐和契合。"[③]这意味着，术语的翻译还需要更多考虑汉语的习惯表达。他的观点还有："我同意重视一个哲学概念在哲学史、思想史上译名的连续性是思想和哲学翻译中的一个重要原则"[④]。

笔者在自己的博士论文中提出了要注意译名的系统性与区别性；以康德哲学术语 a priori 与 a posteriori，transcendental 与 transcendent 为例，在这里 a priori 与另外三个概念既相区别又相互勾连，它们同属于一个思想概念体系，翻译时，译者必须注意从概念的整体性出发，兼顾译名的系统性与区别性。前面所举的中国象棋中“将”与“帅”之所以有意义，也源自其在象棋棋子间的区别性。

在译名的选择上，邓晓芒强调“要注意对整体义理的贯通与把握，不要纠缠于术语的精密含义而陷入几乎寸步难行的境地”，他还呼吁“要尽可能避免用自己的文化语汇去随意附会西方学者的概念术语”。邓晓芒认为，“没有充分的理由，不要轻易替换一个约定俗成的译名，尽可能避免新造、生造译名”。[⑤]

陈嘉映认为，哲学术语的翻译要重视形式的对应，而形式上的对应中，“最需重视的，是字面的对应”[⑥]，故他主张硬译，他认为，哲学术

---

① 谢地坤 . 如何理解康德哲学:《纯粹理性批判》中一些概念的辨析 . 哲学研究 , 2014(8): 68.

② 邓晓芒 . 黑格尔《精神现象学》(句读本) 的翻译理念 . 中国社会科学评价 , 2017(1): 31.

③ 王庆节 . 也谈海德格尔 “Ereignis” 的中文翻译和理解 . 世界哲学 , 2003(4): 2-9.

④ 王庆节 . 论海德格尔的 “Dasein” 与其三个主要中文译名 . 中国高校社会科学 , 2014(2): 40-54.

⑤ 邓晓芒 . 关于现象学文献翻译的思考 . 学术月刊 , 2007(9): 37.

⑥ 陈嘉映 . 思远道 . 福州 : 福建教育出版社 , 2000: 284.

语的译名，重点是疏通义理，“传达原文的概念结构”，他不反对生造新词。但是由于概念术语的译名是为了帮助读者理解，因此他认为“不得已而营造的时候，则须尽心营造义理上通顺，形象上可感的新词”。即，要着眼于贯通我们的日常语言、日常理解。

孙周兴在《我们如何敲打语词》[①] 一文中讨论了翻译的“上行”和“下行”问题。前者主张“硬译”，即“在做学术翻译时要自觉地突破母语表达上的限制，打破常规约束，进行必要的语言（词语）创新，为改造、营造母语学术语言和学术语境出力”，后者主张“软译”，即“尽可能自然地使用日常语言，尽量向日常语境靠拢、贴近，不求新异，只求通俗易懂，使译文可以为大众所接受”[②]。针对不同哲学家对 transzendental 做不同的解释和赋义时，孙周兴指出，“‘解释义’不能代替‘字面义’，翻译须遵守‘字面义优先’的原则，不然势必会造成混乱”[③]。

倪梁康在《关于海德格尔哲学翻译的几个问题之我思》[④] 一文中讨论的格义问题，即通过解释概念的含义来给出译名。如，将 Ereignis 译为大道，将 Dasein 译为缘在。这实际上也就是孙周兴说的，用解释义代替翻译义、字面义。格义的问题在于，据此给出的中译中，“这些语词中的每一个都具有一定的合理性，都在或大或小的程度上与原意部分相合，但都不会完全相合；同时它还会或多或少地限定着概念原意的范围”[⑤]。格义的做法只能充当一定的理解作用，但同时也会造成误解，也不利于汉语的改造，因而倪梁康认为不太可取。

倪梁康讨论的另一个重要问题是译名用日常语言还是人工语言。实

---

① 孙周兴 . 我们如何敲打语词 // 孙周兴 . 我们时代的思想姿态 . 北京 : 东方出版社 , 2001: 230.

② 孙周兴 . 我们如何敲打语词 // 孙周兴 . 我们时代的思想姿态 . 北京 : 东方出版社 , 2001: 230.

③ 孙周兴 . 基础存在学的先验哲学性质——从《存在与时间》的一处译文谈起 // 王庆节，张任之 . 海德格尔：翻译、解释与理解 . 北京 : 生活·读书·新知三联书店 , 2017: 49-50.

④ 倪梁康 . 关于海德格尔哲学翻译的几个问题之我思 // 倪梁康 . 中国现象学与哲学评论（第二辑）: 现象学方法 . 上海 : 上海译文出版社 , 1998: 258-279.

⑤ 倪梁康 . 关于海德格尔哲学翻译的几个问题之我思 // 倪梁康 . 中国现象学与哲学评论（第二辑）: 现象学方法 . 上海 : 上海译文出版社 , 1998: 270.

际上，庞景仁和贺麟似乎更倾向于用自然语言，但倪梁康则认为，翻译中，人工语言即自造词可能无法避免。比如海德格尔的 Ereignis 一词，沿用中文将无法准确传达含义，这时就应该用人造词。不过，人造词还应该与自然语言保持联系。

众所周知，明治时代的思想家西周在译介德国古典哲学时创译了许多新名词。小川仁志追溯当前哲学用语译词的艰涩难懂至西周。他在观察德语、法语的哲学原著中所用的哲学用语就会发现“几乎都是通俗易懂的一般词汇”，而之前的译者“为了与其他用词有所区隔，才硬是将其翻译成奇怪的本国语言”。因此他认为有必要将艰涩难懂的哲学用语转换成更简单的说法，即对其进行超译，让更多的普通读者能够与哲学结缘。

孙周兴先生还谈到过译名的统一性以及约定俗成问题，主张要基于术语字面意义进行译名统一。陈嘉映也强调，要“用同一个词来翻译同一个外文词”[①]。对于不同译者间译名的统一性问题，倪梁康也建议“维持译名的历史统一性”[②]。

邓晓芒除了提出对术语译名要有全局观，还给自己做哲学翻译立了另一条规则：无一字无来由。他与苗力田和韦卓民一样都主张在翻译中要注意概念术语的历史。牟宗三也持有类似的观点，往往为了一个词考证好几个英译本，甚至借助懂德语的学生查阅德文原版。

有感于上述各位名家精彩纷呈的观点，笔者认为，有鉴于哲学术语的不可译性以及哲学术语翻译的复杂性，哲学术语的翻译就像阳光照在玻璃瓶上，玻璃瓶有被凸显的阳面，也就必然有被遮蔽的阴面，译者总会不经意间顾此而失彼，很难顾得了周全。无论如何，译名的选择实际上取决于译者想要优先传达源语信息的哪些方面给读者，从而帮助读者最大化地理解源语概念所蕴含的信息。明白了这个道理，译者和读者就能理解为何不得不对术语译名具有宽容心。

---

① 陈嘉映 . 思远道 . 福州 : 福建教育出版社 , 2000: 286.

② 倪梁康 . 关于海德格尔哲学翻译的几个问题之我思 // 倪梁康 . 中国现象学与哲学评论（第二辑）: 现象学方法 . 上海 : 上海译文出版社 , 1998: 258-279.

之所以要对译名具有宽容心，是源于哲学术语语义层面上的不可译，以及语用层面上的复杂性，使得译者很难面面俱到。

为何要对译名具有宽容心呢？打个比方来说，一副中国象棋中“将”这个棋子不慎遗失了，下棋的双方使用一个纽扣来代替。从语义的层面上看，纽扣怎么也不能看作是棋子“将”，因为纽扣上并没有刻上“将”这个字，从材质上看，这颗纽扣与木材质料的“将”不同，也不能发出木质“将”敲在棋盘上的脆响，甚至也没有木质“将”的手感，但是从使用的角度出发，这颗纽扣却能替代棋子“将”来继续游戏。原因何在呢？是因为下棋双方约定纽扣就是“将”，并在象棋游戏中赋予纽扣以“将”在象棋游戏中的各种语境意义（使用意义），换言之，把它当作“将”来使用。此种道理完全可以适用于哲学术语的翻译，译者在目的语中为源语概念某个新的名字，赋予其在使用中所应具有的意义，即源语概念的内涵意义，向译者传达了对源语概念的理解。在此意义上也就能够理解，为何很多哲学词语，在通过新词创造、误译或者重译的过程，同样都能获得了意义。

（二）命名的必然性与任意性

事物的名称是必然性和随意性的统一体，命名时如何平衡必然性和随意性的关系呢？或者换句话来说，名称的必然性和随意性体现在哪里？

前辈哲学家贺麟认为：“翻译的本质，即是用不同的语言文字，以表达同一的真理，故翻译是可能的。”① 这里的同一真理就是哲学概念术语翻译（再命名）时必须体现出的必然之义，是具有必然性的。他指出，译者要把握住“人同此心，心同此理”的真义。这种“心同理同的部分，才是人类的本性，文化的泉源”，也是人类能够达成共同理解（共识）的基础部分，而“这种心同理同的部分就是可以翻译的部分，可以

① 贺麟 . 论翻译 . 今日评论 , 1940(9): 137-140.

用无限多的语言去发挥表达的部分”。[①] 即使是在能够达成共同理解的部分，译者也“可以用无限多的语言去发挥表达”，这是译名任意性的显现部分。

尝试分析王二狗这个名字可知，王是整个家族的姓，只要是王家的孩子，姓王则具有必然性，“二狗”这个名则具有随意性；其实这与语言使用中的约定俗成有关，语言中约定俗成的东西会渐渐地成为语言运行的内在规则，这种内在规则有时候导致了语言这样运行成为一种必然性，比如对英美国家的公众人物的命名：20 世纪之前，有采用中国人的姓氏来为外国人取名的，渐渐地人们对外国人的译名有了一套约定俗成的法则。“二狗”这个名所蕴含的信息是，在家排行老二，这里蕴含了区别性特征在内，即：既不是老大，也不是老三，而是老二。为孩子取名“狗”反映出当地的民俗是父母希望这孩子像狗一样贱，才会少生病，不会过早夭折，也就是能够好养育成人，这是一种把父母的良好期许融于名字中的民俗，当然这个名字是命名的必然性和任意性的统一体。

再以上面的 a priori 为例，不管译为“先天”“先验”“事先”“验前”还是“迹先”，这些译名想要共同表达的含义是在“经验之前”，这就是 a priori 的基本义，不管如何译 a priori，其基本义是必须在译名中体现出来的，否则就算误译，这就是命名的必然性。不过，在实际翻译的时候，不同的译者会根据自己的考虑选择不同译名；比如说韦卓民也认为，a priori 译为“先天”容易引起误解，a priori 的最佳译名是“先验”，但是鉴于“先验”已经是 transcendental 的译名了，只好另外造一个词，思来想去，“验前”就成为他所认为理想的译名。而张东荪则认为，“先天”作为哲学专门用语与 a priori 作为日常用语不匹配，因而他主张用同样是日常语词的“事先”来对译 a priori。郑昕也基本上是持有与韦卓民和张东荪几乎同样的观点，不过，他选用的译名却是“迹先”，是因为个人用语的差异吗？总之，不同译者的着眼点不同，最终选用的译名也不同，这是命名任意性的体现之处。换言之，恰合原文的术语可能有很多

① 贺麟 . 论翻译 . 今日评论 , 1940(9): 137-140.

个，我们最后能选出的必定要有助于我们理解。

表面上看来，命名有很大的随意性，事实上，命名受到很多因素的制约。严格意义上讲，哲学术语在目的语中的再命名（翻译）必须是“无一字没来由”，译名一方面须与西方哲学史能切合，另一方面需要符合汉语的使用习惯，即符合汉语的命名原则，这一点很多译者如西周、严复、牟宗三以及韩水法等均提到过。他们都认为，可能的话，译名需要暗合中文经典。

正如张申府所言：

> 不拘那科译名（学名术语），要想弄得好，都须深通译名或制名的原则，对于本科有广泛的知识，对于旁科译名也复了了，而又知道一般言语文字的源流发展。①

（三）传达理解与避免误解

在 1924 年《学艺》第六卷第五期上，张心沛在《康德先验演绎之中心问题》一文中将 an sich 译为“即自的”；将 für sich 译为“对自的”；将 an und für sich 译为“即自而且对自的”。在今日看来，这三个译名之所以没有流传下来，恐怕最大的问题是因为其不能传达理解。当然，也还存在一种可能，就是翻译错了。王太庆先生 1981 年到南开大学哲学系讲西方哲学史，谈到看不懂外国哲学著作的汉译本时说：“看不懂，就是译错了。”② 译者不妨将这也视为检验译名正确与否或者适当与否的标准。另外，译者也可以通过回译来检验译名正确与否。

既然意识到哲学术语的翻译最重要的是要传达理解，也就明白了，在“再命名”的过程中需要避免误解。译者需要留意，理解有时会与误解相伴而生。很多时候，译者本意是想要传达理解，却无端生出误解。究其缘由，是译者忽略了译名在具体使用中的意义。很多译名虽然在信或者达意上与原文切合度较高，但是缺点是容易导致误解，这类译名最

① 张申府 . 论翻译 // 张申府 . 张申府文集（第二卷）. 石家庄 : 河北人民出版社 , 2005: 452.

② 李连江 . 看不懂，便是译错了 . 中国青年报，2015-02-17（07）.

终也会被淘汰。例如，余又荪在《日译学术名词沿革（续）》一文中提到了这样一个译例：

> 井上哲次郎说，关于译 sense 为“感官”，当初曾费了许多学者的苦心。他曾主张译为“觉官”，但是因为“觉官”与“客观”在日本文中发音近似，很易混淆。日文的“觉官”读起来虽然方便，但听起来容易与“客观”相混；因此遂改译为“感官”，虽然日文的感官发音不方便。“感官”一语遂从此通用[①]。

事实上，康德哲学东渐过程中，很多译名分歧不断的原因是，该术语的译名在具体的使用中容易被人误解，因而被人诟病。例如，a priori 的中译名分歧很大[②]，其中一个重要的原因在于，a priori “往往误会为指未出胎以前而言”，因此，张东荪主张将其译作“事先”（张东荪反对将其译为“先天”，他认为，a priori 是个普通语，而事先也是）。韦卓民主张将其译为“验前”，郑昕主张将其译为“迹先”。所有这些努力，都是为了既传达理解，又避免误解。

（四）命名的存洋气与求易解

对于不可译的哲学术语的译名，在传达理解的同时（往往不得不需要诠释），要尽量避免导致误解。导致误解的原因通常有两个：一是译者的比附翻译；二是读者的比附联想。解决的办法：命名时有必要“存洋气，求易解”。所谓“存洋气”，即通过译名传达出此概念术语是源自别国的思想概念，正如邓晓芒所言，“有了陌生感，……不会导致任意联想”[③]，这种联想，往往是导致误解的比附性联想。

下面谨以“特朗普”和“川普”这两个译名来予以解析。前任美国总统 Donald Trump，在国内报刊上一度有“特朗普”和“川普”两个中文译名同时并存，当然最终媒体统一使用了“特朗普”，原因何在呢？这两

① 余又荪. 日译学术名词沿革(续). 文化与教育旬刊, 1935(70): 14.
② 参见：文炳. Transcendental 的中译论争历史考察. 上海：上海交通大学出版社, 2012.
③ 邓晓芒. 关于现象学文献翻译的思考. 学术月刊, 2007(9): 39.

个译名都是音译，严格意义上说，后者“川普”的读音更接近英文原名。“特朗普”这个译名最终胜出，原因主要有三：首先，川普这一译名在实际使用中事实上与四川普通话的简称“川普”的发音相同，而四川普通话（相对于标准的普通话）在大多数中国人的日常话语中有被调侃的意味，因此，部分媒体使用“川普”也带有调侃的意味，听者和读者在接收到这个译名信息时，或者在交谈中提到这个名字时，脑海里也不免会冒出揶揄调侃的意味，长久以往，“川普”译名恐怕容易引起外交不满；其次，“特朗普”这个译名，中国人很容易就辨认出是个外国人的名字，相较于中国人自己的命名原则，这个译名存在一定的“洋气”；最后，按中国人命名原则，川普中的“川”会被认为是一种姓，而且“川普”这个名会被误认为是日本人，毕竟大多数中国人从各种媒体渠道接触到诸如“川岛芳子”之类的日本人名字，所以存在被误认为是日本人的可能。因此，应该是基于上述考虑，媒体最后统一采用了“特朗普”这个译名。

命名需要存洋气与求易解。在此意义上，将德里达的哲学术语 differánce 与 dissemination 译为“延异”（利用汉语任意两个字组合可以产生新词的优势）与“撒播”（故意将中国人常用的词语颠倒来造成“奇异”感）都不失为成功的译例。据此可以认同邓晓芒的观点：“现代汉语根据需要创造新词，并且把新词创造得就像是一个固有的旧词这种本事，应当比任何一门其他语言都强。”①

第四节　从康德哲学术语译名论争历史考察获得的启示

哲学术语的翻译，不能简单地视为是文本字面意思上的转换，哲学术语的不可译和诸多分歧，不仅源于两种不同的思想概念体系的不对等，而且源于术语及其译名在具体使用中所牵涉的众多因素的复杂性。

所以，译者需要关注的不仅仅是术语的语义，还需要关注语用，要考虑到，术语译名的意义来自其在目的语语境中的使用，就像中国象棋

① 邓晓芒 . 康德三大批判的中国旅行 .（2004-02-18）. http://news.sina.com.cn/c/2004-02-18/11141832098s.shtml.

游戏中棋子“将”的意义来自“将”与其他棋子的关联与区别，同时还来自棋子“将”在整个象棋游戏中的使用（规则）一样。正因此，译者关注的视域需要从源语文本、原作者和读者扩大到使用语言的人所处的社会历史文化语境中，即人所处的生活世界。在此意义上讲，术语社会学、社会符号学、跨文化语用学、生态翻译学等等理论都可以作为研究哲学术语翻译的理论切入点。哲学术语翻译的研究领域也必将是未来哲学理论探索的沃土。

将哲学术语的翻译，视为在目的语语境中为其再命名，命名的目标是传达理解；不能传达理解，思想的交流就没有真正发生。在传达理解的基础上，译名只要符合目的语在社会历史文化语境中的使用习惯（命名规则），又不会导致误解，就是可行的。在此意义上讲，不可译的哲学术语却总是可译的，当然，前提是需要研究者和读者对术语译名抱持宽容心。

译者不仅要忠实于原作者，更要有服务于作者的意识。译者不仅要精准地把握原作的意义，更要想尽办法帮助读者准确理解原著。理解不是单一的，是多因素的综合参与。译者在翻译中需要综合考虑读者的理解力、读者的语言背景以及社会背景，避免读者误解。

目前哲学的式微，很大程度上不是民众不愿意亲近哲学，而是多数哲学用语已经脱离了民众的语言，成了极其专门的用语，使普通大众很难理解其哲学思想的内涵，从而使哲学本身逐渐远离了大众。发生在日本国内对哲学用语的超译热，证明了只要能够消除哲学专门用语对大众竖起的围栏，帮助民众达乎理解，哲学还会重返。

作为哲学语言的缔造者，哲学著作译者的任务异常艰巨。希望能有更多的哲人，能像吾师陈嘉映一样，能将哲学讲得让老妪都听懂。思想的交流，传达理解是该放在第一位的。

具体而言，从康德哲学术语译名论争历史考察获得的启示可以归纳如下：

第一，哲学术语的翻译是思想概念体系的转换，哲学术语翻译的译“名”实际上是在目的语语境中为哲学术语进行“再命名”，哲学术语的翻译是一种跨越不同思想文化体系的交流活动，译“名”只是整个思想交流活动中一个环节，译者需要结合多种方式、多个环节来实现交流的目的——传达理解。

第二，在翻译哲学术语时很难找到从语义上看与源语等值、对等、等效的语词，哲学术语的不可译主要体现在语义上的不对等导致的不可译。

第三，应该将对哲学术语（思想概念词）译名的关注从语义转到语用上。从语义上看，虽然哲学术语很难找到与源语等值、对等、等效的对应词，哲学术语具有语义上的不可译特征，但从语用上看，不管有多少复杂的因素，译者还是可以结合诸多手段来将不可译转化为可理解，也就是说，译者还是可以结合诸多手段来传达理解，避免误解，进而使哲学术语译名的意义在交流中“再生”。在此意义上，哲学术语的翻译又是可译的，只不过学术界对哲学术语这类译名要具有宽容心。

第四，哲学术语这类思想概念词的译名必须符合目的语在社会历史文化语境中的使用习惯（命名规则）。译者在选择译名时要注意：概念术语的历史源流；系统性与区别性；统一性与连续性；必然性与任意性；对于中西互缺的概念术语在创制译名时最好能“存洋气与求易解”，适度的陌生化（异化）有利于避免读者的不当联想，从而有利于避免误解。

第五，思想译介是跨越不同思想文化体系的交流活动，翻译只是整个思想交流活动中的一个环节，译者可结合多个环节、采用多种方式和手段来实现思想交流的目的——传达理解，避免误解。

第六，译者不仅要忠实于原作者，更要有服务于读者的意识。译者不仅要准确把握原作的意义，更要想尽办法帮助读者准确理解原著。理解不是单一的，是多因素的综合参与。译者在翻译中需要综合考虑读者的理解力及读者的语言背景和社会背景，避免读者误解。思想翻译中的译者一定要有服务于读者的意识，既要考虑传达原作信息的充分性（adequacy），也必须考虑译文的可接受性（acceptability）。

第七，哲学的式微，很大程度是多数哲学用语已经脱离了民众的语言，使普通大众很难理解其思想的内涵，从而使哲学逐渐远离了大众。

日本“超译”热的诠释方式有利于消除哲学专门用语对大众亲近哲学所起的阻碍作用。在此意义上，哲学著作的译者在帮助读者达乎对哲学概念术语的理解上任重道远。

第六节　消解译名分歧的具体举措与建议

要消解译名的分歧，译者首先需要对哲学术语翻译过程中的复杂性有全面深入的认识，需要明白，尽管哲学术语从语义上看不可译性特征明显，尽管从语用角度出发，翻译过程中又存在诸多复杂性，然而“人同此心，心同此理”使得不同民族之间的沟通与交流成为可能。中西互缺的思想概念术语的翻译，实质上可通过译者在目的语中为其再命名，可通过术语译名在新语境中的使用，而得以再生。译者所要做的是，一方面对术语译名要保持审慎，另一方面，需要通过对前人的哲学术语翻译理论及经验的学习，通过对既往哲学术语译例的研习，参透术语译名的命名之规，最终在翻译中有效地传达理解，避免误解，达成跨思想文化交流的目的。总的看来，学术界需要尽可能地统一对哲学术语的认识，制定或者形成一定的哲学术语翻译的规矩，为中西方思想的顺畅交流创造条件。

毋庸置疑，译名分歧在一定程度上妨碍了学术交流的有效开展；译名分歧不断地给读者造成理解上的困惑，这是造成哲学逐渐脱离普通大众的原因之一。针对目前哲学越来越脱离普通大众这一现状，笔者有以下几点建议。

第一，基于目前国内已经有全国自然科学名词审定委员会，笔者建议成立全国人文社会科学名词审定委员会，下设哲学术语译名审定机构，审定中国哲学术语和西方哲学术语的译名。可以由中国社科院哲学所或者国内 985 重点高校联合担负此种职责，建立哲学术语译名的专门网站（就像国家成立的公示语网站一样），在网站上设置向译者、研究者和读者公开征求意见的论坛，建立一种术语译名的证义平台，由社科院哲学所的研究员所带的研究生负责搜集整理译名意见，汇总后上报哲学术语译名审定机构；建立哲学术语译例数据库，搜集整理译名从分歧到定名的史料，可以以哲学家来分类，建立已经审定译名和待定译名的术语译名资源库。审定机构定期召开译名审定专家论证会，将审定通过的译名通过网站向社会公开发布。

第二，创办哲学术语翻译的专门学术期刊，用于发表哲学术语翻译方面的相关研究成果。组成哲学术语译名词典编写专家组，为社会提供可以参考借鉴的统一译名。

第三，倡议译者或研究者为学术译名的统一共同努力。一方面，倡议译者在译著后面附上术语译名索引，并使之成为所有译者共同遵守的学术习惯；① 另一方面，倡议研究者在公开发表学术论文中使用统一公布的译名，即使对译名有意见，也可以在译名后加注来发表自己的意见。

专家学者或社会公众对哲学术语译名有不同意见的，可以通过撰写学术论文的方式或者在专门论坛上公开发表自己的意见，正如真理是越辩越明一样，哲学术语译名也是如此。

第四，建议在国家社科基金项目中设立一定数量的专项项目，用于资助国内哲学家融通和普及中西哲学思想，逐步提高国民的哲学素养。

第五，由于译者的水平比绝大多数读者要高，译者往往是资深研究者，在翻译时查阅了大量的文献资料，掌握的信息比读者多，因此鼓励译者对有歧义的地方或者需要解释说明的地方加注，撰写按语、导言，甚至做学术讲演等。毕竟翻译哲学著作，更深层次的目的是传播哲学思想，译者的首要考虑是帮助读者达成对异域思想的理解。从译者传达理解的结果来看，只有当读者最终理解了，哲学翻译才有存在的价值和意义。

---

① 笔者在对日本康德哲学译著的考察中发现，日本的康德哲学术语译名相对较为统一。其主要原因有：其一，即使在 20 世纪 20、30 年代，几乎所有日本的康德哲学译著书后都附有术语译名列表，包括人名和地名。从这些术语译名列表可以看出，有半数以上的译名与我们今天所用的译名相同。其二，日本人已经编辑出版了康德哲学译名词典，有利于译者、研究者和读者借鉴、参考和使用，有助于哲学术语译名的统一。其三，从牧野英二的论文来看，日本学者惊讶于中国译者的译名不统一，尤其是一名多译的现象。

参考文献

Meng, Xingcan, and Bing Wen. A sociosemiotic approach to the legal dispute over the crime of whoring with an underage girl in China. *Semiotica*, 2016 (209): 277-299.

Wilhelm, R. *Deutsch-Englisch-Chinesisches Fachwörterbuch*（德英华文科学字典）. Tsingtau: Deutsch-Chinesischen Hochschule, 1911.

阿利森 . 康德的先验观念论 . 丁三东 , 陈虎平 , 译 . 北京：商务印书馆 , 2014.

柏拉图 . 巴曼尼得斯篇 . 陈康 , 译 . 北京：商务印书馆 , 1982.

不详 . 整顿学堂评议 . 申报 , 1903-08-07(1).

蔡元培 . 蔡元培全集（第 1 卷）. 杭州：浙江教育出版社 , 1997.

曹方久 . 韦卓民与康德哲学——《韦卓民：康德哲学著译系列》简介 . 华中师范大学学报（人文社会科学版）, 2001(2): 139-142.

陈波 . 垂垂老者 , 成就一次辉煌——悼苗力田先生 . 社会科学论坛 , 2000(8): 54-56.

陈黻宸 . 政治学：论借外兵为历代亡国之现象 . 新世界学报 , 1903(15): 34-43.

陈嘉映 . 思远道 . 福州：福建教育出版社 , 2000.

陈康 . 论希腊哲学 . 北京：商务印书馆 , 1990.

陈启伟 . 西方哲学研究：陈启伟三十年哲学文存 . 北京：商务印书馆 , 2015.

陈兆福 . 一词之译　七旬　半世纪（之二）奥伏赫变（aufheben）的译运 . 博览群书 , 2001(6): 14-15.

陈兆福 . 一词之译　七旬　半世纪（之一）. 博览群书 , 2001(5): 25-26.

邓晓芒 . 关于现象学文献翻译的思考 . 学术月刊 , 2007(9): 37-44.

邓晓芒 . 黑格尔《精神现象学》（句读本）的翻译理念 . 中国社会科学评价 , 2017(1): 27-33.

邓晓芒 . 康德《纯粹理性批判》句读 . 北京：人民出版社 , 2010.

邓晓芒．康德《道德形而上学奠基》句读．北京：人民出版社，2012.
邓晓芒．康德三大批判的中国旅行．(2004-02-18). http://news.sina.com.cn/c/2004-02-18/11141832098s.shtml.
邓晓芒．冥河的摆渡者：康德的《判断力批判》．昆明：云南人民出版社，1997.
邓晓芒．杨祖陶译黑格尔《精神哲学》的意义．博览群书，2006(6): 33-36.
杜士珍．政治思想篇．新世界学报，1902(1): 51-72.
樊炳清．哲学辞典．上海：商务印书馆，1926.
范明生．王太庆师的"天鹅之歌"．读书，2005(2): 26-32.
范寿康．康德知识哲学概说．学艺，1924, 6(5): 24-53.
冯奇．外语教学与文化（8）．上海：上海大学出版社，2012.
冯天瑜．新语探源：中西日文化互动与近代汉字术语生成．北京：中华书局，2004.
保罗·盖耶尔．康德．宫睿，译．北京：人民出版社，2015.
高圣兵，辛红娟．Logic 汉译的困境与突围．外国语（上海外国语大学学报），2008(1): 83-89.
高文成．名词性"象、像、相"解．语文建设，1996(10): 4-7.
高小强．康德《纯粹理性批判》术语通释．成都：四川大学出版社，2013.
顾有信．一个哲学虚构概念的本土化——论康德"Things in Themselves"的中文译法 // 孙江、刘建辉主编．亚洲概念史研究．北京：生活·读书·新知三联书店，2014.
海德格尔．康德与形而上学疑难．王庆节，译．上海：上海译文出版社，2011.
海文．心灵学．颜永京，译．上海：益智书会，1889: 1.
贺麟．康德名词的解释和学说的概要 // 贺麟．哲学与哲学史论文集．北京：商务印书馆，1990: 254-276.
贺麟．康德译名的商榷．东方杂志，1936(17): 181-196.
贺麟．论翻译．今日评论，1940(9): 137-140.
贺麟．五十年来的中国哲学．上海：上海人民出版社，2012.
贺麟．现代西方哲学讲演集．上海：上海人民出版社，1984.
胡嘉．纯粹理性批评梗概，民铎，1925(4): 1-22.

康德 . 纯粹理性之批判（上）. 牟宗三 , 译 . 台北：联经出版公司 , 2003.

康德 . 判断力之批判（上）. 牟宗三 , 译 . 台北：联经出版公司 , 2003.

柯匹 . 逻辑学导论 . 北京：中国人民大学出版社 , 2014.

里夏德 · 克朗纳 . 论康德与黑格尔 . 关子尹 , 编译 . 上海：同济大学出版社 , 2004.

劳思光 . 康德知识论要义新编 . 香港：香港中文大学出版社 , 2001.

李连江 . 看不懂 , 便是译错了 . 中国青年报 , 2015-02-17(7).

李明辉 . 康德哲学在东亚 . 台北：台大出版中心 , 2016.

李明辉 . 略论牟宗三先生的康德学 // 蔡仁厚 , 杨祖汉 . 牟宗三先生纪念集 . 台北：东方人文学术基金会 , 1996.

李明辉 . 牟宗三误解了康德的“道德情感”概念吗？——与方旭东教授商榷 . 现代哲学 , 2016(2): 81-87.

李明辉 . 牟宗三哲学中的“物自身”概念 // 李明辉 . 当代儒学之自我转化 . 台北：台湾“中研院”中国文哲研究所 , 1994: 23-52.

李明辉 . 儒家、康德与德行伦理学 . 哲学研究 , 2012(10): 111-117, 129.

李明辉 . 中西比较哲学的方法论省思 . 中国哲学史 , 2006(2): 17-20.

李秋零 . “多读、多想、少写”及其他 . 中国人民大学学报 , 2001(6): 48-49.

李秋零 . 让康德说汉语 .（2010-04-14）http://archive.wenming.cn/zt/2010-04/14/content_19509777_1.htm.

李田心 . 新解奈达翻译理论术语 Equivalence 的名与实——Equivalence 乃“对当”而非“等值”. 荆楚理工学院学报 , 2013(1): 22-25.

梁启超 , 等 . 清议报（第 1 册）. 北京：中华书局 , 1991.

罗鸿诏 . 康德伦理说略评 . 学艺 , 1924(5): 182-192.

蒙彬 , 吕艳平 . 十年磨砺 , 为了中国哲学家的宿愿 . 中国人民大学校报 , 2010-04-19(2).

苗力田 .《亚里士多德全集》序 . 哲学研究 , 1989(7): 57-63.

苗力田 . 中文版《亚里士多德全集》结语——第 9 卷后记 . 学术月刊 , 1993(11): 56-57.

牟宗三 . 传统逻辑与康德范畴 . 理想与文化 , 1946(8): 15-35.

牟宗三 . 康德的道德哲学 . 西安：西北大学出版社 , 2008.

牟宗三 . 牟宗三先生全集 . 台北: 联经出版公司 , 2003.

牟宗三 . 时空为直觉底形式之考察 . 学原 , 1948(2): 9-24.

牧野英二 . 日本的《永久和平论》研究及其课题 . 廖钦彬 , 译 . 中山大学学报（社会科学版）, 2016(6): 107.

尼采 . 查拉图斯特拉如是说 . 孙周兴 , 译 . 北京: 商务印书馆 , 2009.

尼采 . 尼采著作全集（第五卷）: 善恶的彼岸 论道德的谱系 . 赵千帆 , 译 . 北京: 商务印书馆 , 2015.

倪梁康 . “智性直观” 概念的基本含义及其在东西方思想中的不同命运 // 西学东渐研究（第二辑）. 北京: 商务印书馆 , 2009.

倪梁康 . 关于海德格尔哲学翻译的几个问题之我思 // 中国现象学与哲学评论（第二辑）——现象学方法 . 上海: 上海译文出版社 , 1998: 258-279.

倪胜 . 评《康德三大批判精粹》. 世界哲学 , 2004(6): 31-34.

砲尔森 . 康德哲学中数种重要名词之解释 . 杨丙辰 , 译 . 中德学志 , 1940 (1/2): 3-14.

齐良骥 . 康德的知识学 . 北京: 商务印书馆 , 2000.

瞿菊农 . 康德的纯粹理性批导 . 哲学评论 , 1928(2): 112-117.

全茗萱 . 关于科技术语中 “象” 与 “像” 用法的意见 . 全国自然科学名词审定委员会编辑 . 科学 , 1990(1): 59.

桑木严翼 . 康德与现代哲学 . 余又荪 , 译 . 北京: 商务印书馆 , 1935.

桑木严翼 . 哲学概论 . 东京: 东京专门学校出版部 , 1900.

上海人民出版社 . 章太炎全集: 太炎文录初编 . 徐复 , 校 . 上海: 上海人民出版社 , 2014.

诺曼·康蒲·斯密 . 康德《纯粹理性批判》解义 . 韦卓民 , 译 . 武汉: 华中师范大学出版社 , 2000.

宋继杰 . Being 与西方哲学传统（上卷）. 石家庄: 河北大学出版社 , 2002.

孙周兴 . 翻译的限度与译者的责任——由安乐哲的汉英翻译经验引发的若干思考 . 中国翻译 , 2008(2): 11-15.

孙周兴 . 基础存在学的先验哲学性质——从《存在与时间》的一处译文谈起 // 王庆节 , 张任之 . 海德格尔: 翻译、解释与理解 . 北京: 生活·读书·新知三联书店 , 2017.

孙周兴 . 我们如何敲打词语 . 浙江社会科学 , 1999(2): 156-157.

孙周兴 . 我们如何敲打语词 // 孙周兴 . 我们时代的思想姿态 . 北京：东方出版社 , 2001.

孙周兴 . 译无止境 . 读书 , 200(1): 97-102.

唐山 . 儒之狂者牟宗三 . 北京晚报 , 2016-12-02(42).

《外国哲学》编委会 . 外国哲学（第二辑）——解放前评介康德论文目录索引 . 北京：商务印书馆 , 1982.

汪征鲁 , 等 . 严复全集：原富（第 5 卷）. 福州：福建教育出版社 , 2014.

汪子嵩 . 陈康、苗力田与亚里士多德哲学研究——兼论西方哲学的研究方法和翻译方法 . 中国人民大学学报 , 2001(4): 37-44.

王国维 . 论新学语之输入 . 教育世界 , 1905(96): 1-5.

王国维 . 王国维集 . 北京：中国社会科学出版社 , 2008.

王国维 . 王国维全集（第 17 卷）. 杭州：浙江教育出版社 , 2010.

王国维 . 王国维文集（第二册）. 北京：中国社会科学出版社 , 2012.

王国维 . 哲学概论 . 王国维全集 . 杭州：浙江教育出版社 , 2010.

王庆节 . 海德格尔：翻译、解释与理解 . 北京：生活 · 读书 · 新知三联书店 , 2017.

王庆节 . 论海德格尔的 "Dasein" 与其三个主要中文译名 . 中国高校社会科学 , 2014(2): 40-54.

王庆节 . 也谈海德格尔 "Ereignis" 的中文翻译和理解 . 世界哲学 , 2003(4): 2-9.

王若水 . 再说《纯粹理性批判》的中译本 . 读书 , 2000(6): 27-27.

王兴国 . 牟宗三的康德哲学著作翻译 . 世界哲学 , 2004(6): 35-39.

文炳 , 何莉 . 概念词 "Ontology" 的 "不可译性" 探源 . 西安外国语大学学报 , 201(2): 27-30.

文炳 . Transcendental 的中译论争历史考察 . 上海交通大学出版社 , 2012.

文炳 . 从《康德译名的商榷》一文解读贺麟的早期哲学术语翻译思想 . 岱宗学刊 , 2010(1): 32-35.

文炳 . 康德哲学中的 Transcendental 的中译论争史考察——兼及对 a priori, transcendent 的考察 . 华东师范大学博士学位论文 , 2010.

小川仁志 . 超译「哲学用语」事典 150 个有趣的、难解的、听过却又似懂非懂的哲学关键词汇 . 鄭晓蘭 , 译 . 台北：麦田出版社 , 2013.

谢地坤 . 如何理解康德哲学——《纯粹理性批判》中一些概念的辨析 . 哲学研究 , 2014(8): 65-70.

熊月之 . 清末哲学译介热述论 . 国际汉学 , 2013(1): 61-62.

颜惠度 . 英华大辞典 . 北京：商务印书馆 , 1908.

杨人杞 . 实践理性批判梗概 . 民铎 , 1925(4): 1-18.

杨一之 . 康德黑格尔哲学讲稿 . 北京：商务印书馆 , 1996.

杨祖陶 . 译事回眸之六：黑格尔《精神哲学》首译的漫长岁月 . 哲学评论 , 2010(1): 341-368.

姚介厚 . 苗力田教授与古希腊哲学的研究方法 . 中国人民大学学报 , 2001(6): 49-50.

姚璋 . 康德哲学浅说 . 光华大学半月刊 , 1933(4): 33-37.

叶启芳 . 康德范畴论梗概及其批判 . 民铎 , 1925(4): 1-18.

叶秀山 . 古今中外 有分有合 . 中国社会科学院研究生院学报 , 1998(5): 62-72.

余纪元 . 哲学史家——苗力田 . 中国人民大学学报 , 1989(5): 123-124.

余亮 .《康德三大批判精粹》的翻译理念 . 博览群书 , 2002(4): 31-32.

余又荪 . 日译学术名词沿革 . 文化与教育旬刊 , 1935(69-70): 13-19, 14-20.

俞吾金 .《纯粹理性批判》翻译与研究中的若干问题 . 复旦学报（社会科学版）, 2014(4): 1-9.

俞吾金 . aufheben 的翻译及其启示 . 世界哲学（增刊）, 2002: 328-337.

虞山 . 康德道德哲学概说 . 学艺 , 1924(5): 56-65.

虞愚 . 康德不可知论述评 . 新中华 , 1949(6): 26-29.

张春海 . 十年功夫不寻常——访《康德著作全集》主编李秋零 . 光明日报 , 2001-04-14(12).

张东荪 . 康特哲学之专门名词 . 研究与进步 , 1939(1): 3-8.

张铭鼎 . 康德批判哲学之形式说 . 民铎， 1925(4): 1-23.

张荣 .“决断”还是“任意”（抑或其它）?——从中世纪的 liberum arbitrium 看康德 Willkür 概念的汉译 . 江苏社会科学 , 2007(3): 16-21.

张申府 . 张申府文集（第 2 卷）. 石家庄：河北人民出版社 , 2005.

张慎．西方哲学史 学术版（第 6 卷）：德国古典哲学．南京：江苏人民出版社，2005.

张水淇．康德与自然科学．学艺，1924(5): 196-208.

张心沛．康德之目的论．学艺，1924(5): 90-102.

张志伟．康德的道德世界观．北京：中国人民大学出版社，1995.

张志伟．形而上学读本．北京：中国人民大学出版社，2010.

章太炎．菿汉微言．沈阳：辽宁教育出版社，2000.

赵敦华．"是""在""有"的形而上学之辨 // 宋继杰．BEING 与西方哲学传统．广州：广东人民出版社，2011: 96-118.

郑昕．康德学述．北京：商务印书馆，2001.

中共中央编译局．马克思恩格斯文集（第三卷、第四卷）．北京：人民出版社，2012.

中国社会科学院语言研究所词典编辑室．现代汉语词典．商务印书馆，2012.

中山大学西学东渐文献馆．西学东渐研究（第二辑）．北京：商务印书馆，2009.

中山大学西学东渐文献馆．西学东渐研究（第四辑）．北京：商务印书馆，2013.

周昌寿．康德之运动论．学艺，1924(5): 114-116.

周辅成．康德的审美哲学．大陆杂志，1932(6): 1-16.

周晓亮，卞崇道，藤田正胜，高坂史郎．中日共同研究：东亚近代哲学的意义．沈阳：沈阳出版社，2002.

邹玉华．"象""像"规范的历史嬗变与相关系列异形词的规范．汉字文化，2002(4): 35-40.

附　录

附录一　康德著作译本

一、中译本

1.《纯粹理性批判》目前常见的 8 个中译本

胡仁源，译．北京：商务印书馆，1931.

蓝公武，译．北京：商务印书馆，1997, 2017.

牟宗三，译．台北：联经出版公司，2003.

韦卓民，译．武汉：华中师范大学，2000.

邓晓芒，杨祖陶，译．北京：人民出版社，2004.

李秋零，译．北京：中国人民大学出版社，2016.

王玖兴，主译．北京：商务印书馆，2018.

韩林合，译．北京：商务印书馆，2022.

2.《实践理性批判》目前常见的 7 个中译本

邓晓芒，译．杨祖陶，校．北京：人民出版社，2003.

韩水法，译．北京：商务印书馆，2009.

康德著作全集（第 5 卷）：实践理性批判、判断力批判．李秋零，译．北京：中国人民大学出版社，2016.

牟宗三，译．康德的道德哲学．吉林：吉林出版集团有限责任公司，2013.

关文运，译．北京：商务印书馆，1960.

康德的道德哲学．谢扶雅，译．北京：宗教文化出版社，2011.

张铭鼎，译．上海：商务印书馆，1936.

3.《判断力批判》目前常见的 5 个中译本

邓晓芒，译．北京：人民出版社，2002.

康德著作全集（第 5 卷）：实践理性批判、判断力批判．李秋零，译．北京：中国人民大学出版社，2016.

康德：判断力之批判．牟宗三，译．吉林：吉林出版集团有限责任公司，2013.

宗白华，译．判断力批判（上册）．北京：商务印书馆，1996.

韦卓民，译．判断力批判（下册）．北京：商务印书馆，1996.

4.《道德形而上学的基础》目前常见的 8 个中译本

道德形上学探本．唐钺，译．北京：商务印书馆，2012.

道德形而上学原理．苗力田，译．上海：上海人民出版社，2012.

康德著作全集（第 5 卷）：纯粹理性批判（第 1 版）、未来形而上学导论、道德形而上学的奠基、自然科学的形而上学初始根据．李秋零，译．北京：中国人民大学出版社，2016.

康德的道德哲学．牟宗三，译．吉林：吉林出版集团有限责任公司，2013.

道德形而上学奠基．杨云飞，译．邓晓芒，校．北京：人民出版社，2013.

道德底形上学之基础．李明辉，译．台北：联经出版公司，1990.

康德的道德哲学．谢扶雅，译．北京：宗教文化出版社，2011.

道德形而上学基础．孙少伟，译．南昌：江西教育出版社，2014.

5.《未来形而上学导论》目前常见的 4 个中译本

康德著作全集（第 4 卷）．李秋零，译．北京：中国人民大学出版社，2016.

任何一种能够作为科学出现的未来形而上学导论．庞景仁，译．北京：商务印书馆，1982.

韦卓民全集（第五卷）：一切未来的形而上学导论．韦卓民，译．武汉：华中师范大学出版社，2016.

一切能作为学问而出现的未来形上学之序论．李明辉，译．台北：联经出版公司，2012.

6.《历史哲学文集》目前常见的 3 个中译本

康德历史哲学文集 . 李秋零 , 译 . 北京: 中国人民大学出版社 , 2016.

康德历史理性批判文集 . 何兆武 , 译 . 北京: 商务印书馆出版 , 1996.

康德历史哲学论文集 . 李明辉 , 译 . 台北: 联经出版公司 , 2015.

7. 康德著作其他中译本

未来形而上学之序论 . 李明辉 , 译 . 台北: 联经出版公司 , 2016.

道德底形上学 . 李明辉 , 译 . 台北: 联经出版公司 , 2015.

通灵者之梦 . 李明辉 , 译 . 台北: 联经出版公司 , 2014.

Baumgartner, H.M. 康德《纯粹理性批判》导读 . 李明辉 , 译 . 台北: 联经出版公司 , 1988.

康德三大批判合集（上）. 邓晓芒 , 译 . 杨祖陶 , 校 . 北京: 人民出版社 , 2009.

实用人类学 . 邓晓芒 , 译 . 上海: 上海人民出版社 , 2005.

康德书信百封 . 李秋零 , 译 . 上海: 上海人民出版社 , 2006.

康德著作全集（第 1—9 卷）. 李秋零 , 译 . 北京: 中国人民大学出版社 , 2016.

韦卓民 . 韦卓民全集（第 2—8 卷）. 武汉: 华中师范大学出版社 , 2016.

桑木严翼 . 康德与现代哲学 . 余又荪 , 译 . 北京: 商务印书馆 , 1935.

二、日译本

1.《纯粹理性批判》的日译本

純粋理性批判（上 · 下）. 天野貞祐 , 訳 . 東京 : 岩波書店 , 1921/1930.[①]

純粋理性批判 . 篠田英雄 , 訳 . 東京 : 岩波書店 , 1961.

純粋理性批判 . 高峯一愚 , 訳 . 東京 : 河出書房新社 , 1989.

純粋理性批判 . 宇都宮芳明 , 監訳 . 東京 : 以文社 , 2004.

カント全集 : 純粋理性批判 . 有福孝岳 , 訳 . 東京 : 岩波书店 , 2001.

純粋理性批判（1、2）. 安藤春雄 , 訳 . 東京 : 春秋社 , 1931.

① 本项研究所查术语用的是下面的版本 : 天野貞祐全集（第八卷）: 纯粹理性批判（上）, 東京 : 理想社 , 1971. 天野貞祐全集（第九卷）: 纯粹理性批判（下）, 東京 : 理想社 , 1972.

牧野英二 . カント純粋理性批判の研究 . 東京 : 法政大学出版局 , 1989.

小林利裕 . カント「純粋理性批判」研究 . 東京 : 近代文藝社 , 1994.

2.《实践理性批判》的日译本

実践理性批判 . 波多野精一 , 宮本和吉 , 訳 . 東京 : 岩波書店 , 1927 初版（1971 第 4 版）.

カント実践理性批判 . 和辻哲郎 , 訳 . 東京 : 岩波書店 , 1935.

実践理性批判 . 波多野精一, 宮本和吉, 篠田英雄 , 改訳 . 東京 : 岩波書店 , 1979.

世界の大思想 11: 実践理性批判 . 樫山钦四郎 , 訳 . 東京 : 河出書房新社 , 1965.

実践理性批判 . 宇都宮芳明 , 訳 . 東京 : 以文社 , 1990 第一版 , 2004 第二版 .

3.《判断力批判》的日译本

判断力批判 . 大西克禮 , 訳 . 東京 : 岩波書店 , 1940 第一版（1948 第二版）.

判断力批判 . 篠田英雄 , 訳 . 東京 : 岩波書店 , 1964.

世界の大思想 11: 判断力批判 . 坂田徳男 , 訳 . 東京 : 河出書房新社 , 1965.

判断力批判 . 宇都宮芳明 , 訳 . 東京 : 以文社 , 1994 第一版（2004 第二版）.

高峯一愚 . カント判断力批判注釈 . 東京 : 論創社 , 1990.

中村博雄 . カント『判断力批判』の研究 . 東京 : 東海大学出版会 , 1995.

判断力批判（上・下）. 牧野英二 , 訳 .// カント全集 7-8. 坂部恵 , 有福孝岳 , 牧野英二 , 編 . 東京 : 岩波書店 , 1999—2000.

4. 康德的道德哲学相关的日译本

道德哲学 . 白井成允 , 訳 . 東京 : 岩波書店 , 1926.

道徳形而上学の基礎づけ . 宇都宮芳明 , 訳 . 東京 : 以文社 , 1989.

道徳形而上学原論 . 篠田英雄 , 訳 . 東京 : 岩波書店 , 1976.

5. 康德著作集（或全集）日译本：

カント著作集（全 18 巻）. 東京 : 岩波書店 , 1923—1939.

カント全集（全 18 巻）. 東京 : 理想社 , 1965—1988.

カント全集（全 22 巻及別巻 1 册）. 坂部恵 , 有福孝岳 , 牧野英二 , 編 . 東京 : 岩波書店 , 1999—2006.

三、与康德相关的外文文献

1. 日文文献

村野宣男 . カントの宗教批判—祭祀について—. 研究紀要 (Annual Reports of Studies), 2007, 50(1): 23-30.

飯田賢一 . 明治初期啓蒙的哲学思想の展開と変容—「明治開化の本」展示会に寄せて . 書誌研究 , 1972 (4): 11-30.

井上哲次郎 . 哲學字彙 附清國音符 . 東京 : 東京大學三學部 , 1881.

井上哲次郎 . 哲學字彙 . 東京 : 東洋館書店 , 1884.

井上哲次郎 , 元良勇次郎 , 中島力造 . 哲學字彙 : 英獨佛和 . 東京 : 丸善株式會社 , 1912.

加藤尚武 , 等 . ヘーゲル事典 . 東京 : 弘文堂 , 2014.

井上円了 . 哲学要領 : 前編 . 東京 : 哲学書院 , 1887.

牧野英二 . 中国におけるカント哲学の翻訳史の現状と課題 . 法政大学文学部紀要 , 2014(68): 1-14

清野勉 . 韓図純理批判解説 : 標註 . 東京 : 哲学書院 , 1896.

桑木厳翼 . 日本哲学の黎明期 . 東京 : 書肆心水 , 2008.

桑木厳翼 . ジーベルト氏最近独逸哲学史 . 東京 : 東京専門学校出版部 , 1901.

手島邦夫 . 日本明治初期英语日译研究 : 启蒙思想家西周的汉字新造词 . 北京 : 中央编译出版社 , 2013.

石川大康 , 等 . カソト事典（縮刷版）. 東京 : 弘文堂 , 2014.

徐水生 . 翻訳の造語 : 厳復と西周の比較—哲学用語を中心に—. 北東アジア研究 , 2009(17): 19-28.

小野原雅夫 . 1790 年代におけるカントの「自律」概念 . 福島大学人間

発达文化学類論集, 2013: 87-94.

西周 . 生性發蘊 . 出版社不详, 1873.

約瑟·奚般 . 心理学（上）. 西周, 译 . 東京 : 文部省, 1879.

朝永三十郎 . 哲学綱要 . 東京 : 寶文館, 1902.

朝永三十郎 . 哲学辭典 . 東京 : 寶文館, 1905.

竹越与三郎 . 独逸哲学英華 . 東京 : 報告堂, 1884.

福本和夫 . 私の辞書論 . 東京 : 河出書房新社, 1977

福本和夫 . 革命回想 第三部 : 自主性 · 人間性の回復をめざして . 東京 : インタープレス, 1977.

2. 英文、德文文献

Irrlitz, G. *Kant Handbuch: Leben und Werk(3.Auflage)*. Stuttgart: Verlag J.B. Metzler, 2015.

Kant, I. *The Critique of Pure Reason*. trans. Meiklejohn, J. D. London: Henry G. Bohn, 1855.

Fischer, H. E. *Kants Stil in der Kritik der reinen Vernunft, Kantstudien-Ergänzungshefte*. Berlin: Reuther & Reichard, 1907.

MacGillivray, M. *Dictionary of Philosophical Terms*. Shanghai: Christian literature society for China, 1913.

Haven, J. *Mental Philosophy*. Boston: Gould and Lincoln, 1872.

Paul, H. *Deutsches Wörterbuch: Bedeutungsgeschichte und Aufbau unseres Wortschatzes*. Auflage: 10, Berlin: De Gruyter, 2002.

Grimm, J. und W. *Deutsches Wörterbuch von Jacob und Wilhelm Grimm*. München : Deutscher Taschen Verlag, 2007.

Kant, K. *Werke in sechs Bänden*. Darmstadt : WBG, 2011.

Caygill, H. *A Kant Dictionary*. Oxford: Blackwell Publishers Ltd, 2000.

Cassin, B., Apter, E., Lezra, J. & Wood, M. *Dictionary of Untranslatables: A Philosophical Lexicon*. New York: Princeton University Press, 2014

Willaschek, M. & Stolzenberg, J. et al. *Kant-Lexikon. Studienausgabe*. Berlin: De Gruyter, 2017.

Prauss, G. *Kant und das Problem der Dinge an sich*. Bonn: Bouvier, 1974.

Willaschek (Hrsg.). *Kant-Lexikon*. Berlin: DE Gruyter, 2015.

Kant, I. *Kants Werke, Akademie-Textausgabe, Band IV*. Berlin: Walter de Gruyter & Co., 1968.

Kant, I. *Kritik der praktischen* Vernunft. Hamburger: Felix Meiner, 2003.

Kant, I. *Kritik der reinen Vernunft*. Hamburger: Felix Meiner, 1998.

Ritter, J. (Hrsg.). *Historisches Wörterbuch der Philosophie*. Schwabe & Co., 1971.

Kant, I. *Kritik der Urteilskraft*. Hamburger: Felix Meiner, 2009.

Klemme, H. F. *Kant-Studien*, 1978(1).

Ruffing, M. *Kant-Bibliographie(1896–1944)*, Klostermann, Vittorio, 2007; *Kant-Bibliographie(1945–1990)*, Klostermann, Vittorio, 1999.

Schlüter, G. (Hrsg.). *Kants Schriften in Übersetzungen*. Hamburger: Felix Meiner, 2020.

附录二 1924 年《学艺》第六卷第五期“康德专刊”中的术语译名情况

《康德道德哲学概说》（作者：虞山）	
德文	中译名
Person	人格
Würde	品味
Preis	价格
Sache	物件
autonomisch	自律的
heteronomisch	他律的
Postulat	要求
empirischer Character	经验上的品性
Intelligibler Character	根本的品性
Heiligkeit	圣的状态
Bonum Supremum	最高上的善
Summum Bonum Consummatum	最完满的善

《康德之历史哲学》（作者：陈掖神）	
德文	中译名
Fortschritt der Metaphysik	形而上学之进步
Beantwortung der Frage ：Was ist Aufklärung ?	何为启蒙?
Bestimmungn des Begriffs einer Menschenrace	人种概念之规定
Die Lehre vom Zufall	偶然论
Antagonismus	敌对关系
Ungesellige Geselligkeit	非社交的社交性
aufgeklärte	已启蒙之时代
Zum ewigen Frieden	永久平和

《康德之教育论》（作者：虞山）	
德文	中译名
Kant über Pädagogik	康德的教育学
kosmopolitisch	世界的
Stoics	斯多噶派

《康德审美哲学概说》(作者:虞山)	
德文	中译名
Urteilskraft	判断力
Bestimmendes Urteil	决定的判断
Reflektirendes Urteil	反射的判断
Teleologisches Urteil	目的上的判断
Ästhetisches Urteil	审美上的判断
Form	形式
Geschmacksurteil	趣味的判断
Freie Schönheit	独立美
Anhängende Schönheit	依存美
Erhabenheit	壮美
Ästhetische Idee	美的理想

《康德之永远平和论》(作者:范扬)	
德文	中译名
Zum ewigen Frieden	永远的平和论
Projet de paix perpétuelle entre les potentats del' Europe	欧洲列国间之永远平和策
Extrait du projet de paix perpétuelle de St Pièrre	桑庇尔永远平和论拔萃
Metaphysik der Sitten	道德的形而上学
Zweck an sich	目的自体
Bellum internecium	绝灭战
Völkerstaat	一国际的国家
Weltrepublik	世界共和国
Negative Surrogat	消极的代用物
Föderalismus	联合
Bundgenossenschaft	同盟
Wirbarkeit	善遇
Unausführbare bare Idee	不可实现的理念
Unerreichbar	不可达到的
Vorsehung	摄理

《康德传》(作者:范扬)	
Philosophieren	哲学思索
Sollen	当为

《康德先验演绎之中心问题》(作者:张心沛)	
德文	中译名
Antinomie	二律背反
Kopernikanische Wendung	客观为主观所规定构成
Epoche machend	划期的
Mannigfaltigkeit	表象底对象
Logisch	论理地
Das Besondere	包摄特殊
Gelten	适效
Ding an sich	物自体
Transzendental	先验地
Transzendentale Apperzeption	先验的统觉
Bewustsein überhaupt	意识一般
Cogito	我思
Gesetzmässigkeit	合法性
Intuitiver Verstand	直观的悟性
An sich	自的
Für sich	对自的
Gesetzmässig	合法的
an und für sich	即自而且对自的
Teleologisch	目的论地
Kategorie überhaupt	范畴的一般
Zweckmässigkeit	目的性
Postulat	要请
Primat der praktische Vernunft	实践理性底优位
Phänomenologie	现象学
Sinnbild	意味形象
Potenz	潜机

《康德与自然科学》(作者:张水淇)	
德文	中译名
Deigne	火论
Monadologia Physica	物理的单子论
De mundi sensibilis atque intelligibilis forma et principus	试感觉界及睿智界之形式及原理
Kritik der reinen Vernunft	纯粹理性批判

续表

《康德与自然科学》(作者:张水淇)	
德文	中译名
A priori	先天的
A posteriori	由结果认识事物
Transzendental	先验的
Wie sind die synthetische Urteile a priori möglich	如何先天综合判断是可能?
Metaphysiche Anfangsgründe der Naturwissenschaft	自然科学之形而上学的基础
Kritik der Urteilskraft	判断力批判
Erörterung	解释

《康德之目的论》(作者:张心沛)	
德文	中译名
Discursiver Verstand	论辩的悟性
Ding an sich	物自体
Intuitiver Verstand	直观的悟性
Kritik der praktischen Vernunft	实践理性批判
Noumenon	真实体
Kritik der Urteilskraft	判断力批判
Teleologie	目的论
Formale Zweckmässigkeit der Natur	自然底形式的合目的性
Genie	天才
Gültigkeit	适效性
allgemein-gültigkeit	遍效性
Zweck der Natur	自然底目的
Naturzweck	自然目的
Objektiv	实体的
Natur-anlage	天赋
Konstitutiv	构成的
Regulativ	统整的
Regulative Idee	统整的理念
postulieren	要请的
Regel	法则
Homogenität	同质
Specifikation	特殊

续表

《康德之目的论》(作者：张心沛)	
德文	中译名
Continnitat	连续
Bestimmt und assertorisch	可以规定的确然的
Mechanismus	机械观
Bestimmend	规定的
Reflectirend	反省的
Maxime	公理
Intellektuelle Anschauung	对立的理知的直观
Intuitiver Verstand	直观的悟性
Discursiver Verstand	论辩的悟性
Antinomie	二律背反
Postulat	要请
Maxime	公理
Endursache	终极原因
Grund	根据
Das Analytisch-allgemeine	分析普遍
Das Synthetisch-allgemeine	综合普遍
Heuristisches Prinzip	发现的原理
Subjekt der Moralität	道德底主体
Reale Geltung	真实的适效
Transzendentale Freiheit	超越的自由
Praktische Freiheit	实践的自由
Selbstzweck	自己的目的
Kausalität durch Freiheit	自由因果
Glücklichkeit	幸福
Gesinnung	致思
Ein Reich der Zwecke	目的之王国

《康德之时空论》(作者：周昌寿)	
德文(有少量英文词)	中译名
Kritik der reinen Vernunft	纯粹理性批判
Transzendentale Ästhetik	先验的感性论
Gegenstand	对象
Anschauung	直观
Gemüt	心性

续表

《康德之时空论》(作者：周昌寿)	
德文（有少量英文词）	中译名
Affizierung	感触作用
Vorstellung	表象
Sinnlichkeit	感性
Verstand	悟性
Anschauungsform	直观形式
Erörterung	解释
Bewusstsein	意识
Primäres Element	要素
Wegdenken	没视
Umfang	外延
Transzendentale Idealität	先验的观念性
Objektive Gültigkeit	客观的妥当性
Prolegomena zu jeden künftigen Metaphysik	序论
Gleichförmigkeit	同质
Einheit	单一性
Erkenntnistheoretische Möglichkeit	认识论的可能
Ideenwelt	理念界
Ordnungsprinzip	关系原理
A New Theory of Vision（英文词）	视觉新论
A priori	先天的
A posteriori	后天的
Erwerben	修得
Universalia	普遍的
Anlage	素质
Phaenomenon bene fundatum	较确之现象
Implicit definition	包含的定义
Euclidian geometry	欧几里得几何学
Raum-Zeit-Kontinum	时空连续体
Schematismus	图式论
Verstand	悟性
Kategorie	范畴
Nune stans	永久的现在

《康德知识哲学概说》（作者：范寿康）	
德文（有少量英文词）	中译名
Form	形式
Stoff	材料
A posterior	后天的
Transzendentale Ästhetik	先验的感性论
Transzendentale Analytik	先验的分析论
Transzendentale Dialektik	先验的辨证论
Erscheinung/phenomena	现象
Empirische Realität	经验的实在
Transzendentale Idealität	先验的观念性
Verstand	悟性
Denken	思维
Kategorie	范畴
Erfahrungsurteil	经验上的判断
Wahrnehmungsurteil	知觉上的判断
Transzndentale Apperception	先天的条件之统一作用
Bewusstsein überhaupt	一般意识
Schema	图式
Einbildungskraft	想象力
Reine Naturwissenschaft	纯自然科学
Metaphysik der Natur	自然界的纯理哲学
Axiom der Anschauung	直观的公理
Antizipation der Wahrnehmung	知觉的预期
Analogie der Erfahrungn	经验的类推
Postulate des empirischen Denkens	经验的思维本身之要求
Immanent	内在的
Transcendent（英文词）	超然的
Intelletuelle Anschauung	理知的直观
Ding an sich	物本身
Noumenon	真实在
Grenzbegriff	概念
Vernunft	理性
Idee der Vernuft	理性的观念
Rationale Psychologie	纯理哲学的心理学
Rationale Cosmologie	纯理哲学的世界论

续表

《康德知识哲学概说》(作者：范寿康)	
德文（有少量英文词）	中译名
Rationale Theologie	纯理哲学的神学
Subjekt	主者
Paralogismus	谬论
Autinomie	矛盾
Thesis（英文词）	正论
Antithesis（英文词）	反论
Regulative Principien	研究的原理
Constitutive Principien	对境的原理

《刊首语》(作者：云庄)	
德文	中译名
Kritik der reinen Vernunft	纯粹理性批判
Kritik der praktischen Vernunft	实践理性批判
Kritik der Urteilskraft	判断力批判
Die kritische Phiosophie	批判哲学
Metaphysik	形而上学
Kant gesellschaft	康德学会
Kant studien	康德研究
Neo-kantianer	新康德派
Transzendental	先验的
Transzendent	超验的
Kritisch	批评的
Dogmatisch	独断的
Skeptisch	怀疑的
Empirismus	经验论
Rationalismus	唯理论
Allgemeingültigkeit	普遍妥当性
Notwendigkeit	必然性
a priori	先天的
a posteriori	后天的
Priorität	先在性
Psychologismus	心理主义
Logismus	论理主义
Pragmatism	实用主义

《康德伦理学说略评》(作者: 罗鸿诏)	
德文	中译名
Renaissance	文艺复兴
Kritik der reinen Vernunft	纯粹理性批判
Kritik der praktischen Vernunft	实践理性批判
Postulat	规准
Grundlegung zur Metaphysik der Sitten	道德哲学基础
Maxime	格率
Moralische Gesetz	道德的法则
Allgemeine Gültigkeit	普遍妥当性
Müssen	必然的
Sollen	应当
Kategorischer Imperativ	断言的命令
Hedonismus	幸福说
Heteronomie	他律
Autonomie	自律
Erkenntnisgrund	认识根据
Seinsgrund	实在根据
Transzendentale Ego	先验的自我
Sache	物件
Kategorie	范畴
Legalität	合法性
Moralität	道德
Gewissenskrupel	作讽诗
Conflict	冲突
Zwei Dinge erfüllen das Gemüt mit immer neuer und zunehmender Bewunderung und Ehrfurcht, je öfter und anhaltender sich das Nachdenken damit beschäftigt: Der bestimmte Himmel über mir, und das moralische Gesetz in mir.	有二物焉，思之愈深愈长，则惊叹，畏敬之念亦日新而日增：上则为星空，内则为道德律。
Postulat	规则，根本要求
Deism	理神论
Paralogismus der reinen Vernunft	纯粹理性的谬误

《康德学说的渊源与影响》(作者: 张铭鼎)	
英文（有少量德文词）	中译名
Stoics	斯多葛派

续表

《康德学说的渊源与影响》（作者：张铭鼎）	
英文（有少量德文词）	中译名
Natural Law	自然律
Critique of Pure Reason	纯粹理性批判
Critique of Practical Reason	实践理性批判
Aroused him from his dogmatic slumbers	逐醒了他的武断的梦
Inquiry Concerning Human Understanding	悟性质疑
Essay on Human Understanding	人间悟性论
Philosophy of Faith	信仰的哲学
Contemplation	默会
Speculative Philosophy	思辨哲学
Psychologische Schule	心理学的新康德派
Transzendentale Schule	超越学派
New Friesianer	傅里斯派
Inner Experience	内部经验
Intuition	直觉
Wertphilosoplie	价值哲学派
Highest Imperative	最高的命令
Intellegible Basis	理知的基础
Spontaneity	自然发动
solipsism	唯我论

说明：将上述列表中的哲学术语在不同作者那里的译名进行对比，再结合该术语现今流行的译名进行比较，就会发现很多术语译名的不统一之处。

附录三　1925 年《民铎》第六卷第四期"康德号"中的哲学术语译名情况

《纯粹理性批判梗概》（作者：胡嘉）	
德文（有少量英文词）	中译名
Transzendental Philosophie	超绝的哲学
a priori	先天的
A posteriori	后天的
synthetische Urteile a priori	综合判断之先天的
Sinnlichheit	官觉
Verstand	悟性
Transzendentale Aesthetik	超绝的观象论
Transzendentale Analytik	超绝的分析论
Transzendentale Dialektik	超绝的质辨论
Transcendent（英文词）	超绝
immanent	非超绝
Transzendentale Logik	超绝的论理学
Transcendental（英文词）	超绝的
Transcendentale Deduktion	超绝的演绎论
Apperception（英文词）	吾心
Bewusstsein	自觉
Vorstellung	觉相
Vernunft	理性
Hypothetische	假设
Einbildungskraft	思想力
Kategorische	直言
Urteilskraft	判断力
Schematismus	模形
Intensive Groesse	内包的量
Phaenomena, Noumona	现象与本体
Idee	观念
Schein	光景
Ding an sich	物之自身
Erkennen	认识
Denken	思辨
Inteligibelen Charakter	智慧之性

《康德范畴论梗概及其批判》（作者：叶启芳）	
英文（有少量德文词）	中译名
Categories	范畴
Phenomenon	现象
Predicate	所指
Quantity of Judgment	量
Universal	普遍
Particular	特殊
Singular	单独
Quality	质
Affirmative	肯定
Negative	否定
Relation	关系
Categorical	直言
Hypothetical	假设
Infinite	无限
Disjunctive	分类
Modality	情态
Problematical	疑问
Assertoric	确信
Apodictical	必然
Unity	一体
Plurality	多数
Totality	统计
Reality	实体
Negation	非实体
Limitation	限制
Substance	实质
Causality	因果
Community	交互
Possibility	可能
Existence	实在
Necessity	必然
Beharrlichkeit（德文）	恒久
des Beharrliche（德文）	恒久者
thought	思维

续表

《康德范畴论梗概及其批判》（作者：叶启芳）	
英文（有少量德文词）	中译名
actual	实在
Inevitability	必然（不能免）

《康德传》（作者：胡嘉）	
德文	中译名
Pietismus	虔诚主义

《康德与杜威》（作者：朱经农）	
德文 / 英文	中译名
Democracy and Education	民主与教育
individual-cosmopolitan ideal	个人大同主义
Treatise on Pedagogics	教育论

《康德哲学的批评》（作者：余文伟）	
英文	中译名
Category	范畴
Nonmental world	非现象界
duty	义务

《康德的平和论》（作者：任白涛）	
德文	中译名
Realisierbarkeit	可实现性
Gesetzmässig	合法则的
Gesetzwidrig	反法则的
Pflichtmässig	合义务的
Pflichtwidrig	反义务的
legal	适法的
Moralität	道德性
Ethisch	伦理的
Juridisch	法律的
Rechtsgesetz	法则（法）
Tugendgesetz	法则（德）
Tugendpflicht	义务
Recht	法

续表

《康德的平和论》(作者:任白涛)	
德文	中译名
Zweck an sich	自体
Gesammtwille	集合意志
Regulative Idee	统整的理念
Philosphischer Entwurf	哲学的考案
Unaüsfuhrbare Idee	不可实行的理念
Unerreichbare Idee	不可达成的理念
Konstitutives Prinzip	构成原理
Reitlos	超时间的
Mechanismus der Natur	自然之机械作用
Naturteleologie	自然目的论
Wissen	知识
Glauben	信仰
Meinen	臆说
Behauptung	断定
Schwärmerei	幻想
Physisch	物理的
Hyperphysisch	超物理的

《康德批判哲学之形式说》(作者:张铭鼎)	
德文	中译名
Allgemeingültigkeit	普遍妥当性
Notwendigkeit	必然性
Transzendentale	先验的
a posteriori	后天的
a priori	先天的
antinomie	二律背反
Objektive Gültigkeit	妥当性
Heteronomie	他律
Autonomie	自律
Transzendentale Ästhetik	先验的感性论
Gleichförmigkeit	同质性
Einkeit	单一性
Sinnlichkeit	感性
Affizierung	感触作用

续表

《康德批判哲学之形式说》(作者: 张铭鼎)	
德文	中译名
Transzendentale Idealität	先验的观念性
Kategorische Imperativ	无上的命令
Geschmacksurteil	趣味上的判断
Gegenstand	收纳对象
Intelletuelle Anschauung	理知的直观
Ding an sich	物本身
Person	人格
Bonum Supremum	最高善
Transzendentale Ego	先验的自我

《批判主义的概念》(作者: 彭基相)	
英文	中译名
Critical idealism	唯心主义
dogmatism	武断主义
rationalism	理智主义
the law of motion	出动律
the home of empiricism	经验主义派

《康德哲学底批评》(作者: 吴致觉)	
英文	中译名
mind-and-matter dualism	物心二元论
Faculty theory	能力说
things in themselves	物底本体
perception	知觉
understanding	悟性
reason	理性
a priori knowledge	超验知识
necessity	必然性
universality	普遍性
the synthetic nature of knowledge	知识综合性
category	范畴
subject	主体
object	客体
association theory	连想说

《实践理性批判梗概》(作者: 杨人杞)	
德文	中译名
Pietismus	虔诚主义
Puritan	清教徒
Transzendental	超越的
Wille	意志
Der gute Wille	善良的意志
Form	形式
Materie	物质
Das Bewusstsein der Spontaneität	自然发动底自觉
Kategorische Imperativ	断言的命令，无上的命令
Gesetz der Heiligkeit	神圣底法则
Gesetz der Pflicht	义务底法则
Gesetz der Bestimmung der Handlungen	行为底一致底法则
Achtung für das Gesetz	法则底尊敬
Erfurcht für seine Pflicht	义务底严肃之感
Pflichtmässig	理应的
Aus Pflicht	义务的
Bewusstsein	自觉
Die Moralität	道德
Moralische Wert	道德的价值
Hypothetische Imperativ	假言的命令
Selbstliebe	自爱
eigene glückseligkeit	幸福
ein vernunftige Wesen	理性体
Seine Maximen	格言
Die Autonomie des Willens	意志底自律
Das Sittengesetz	道德律
das alleinige Prinzip aller moralischen Gesetze	法则底惟一的原则
alle Heteronomie der Willkür	任意底各种他律
Persönlichkeit	人格
Sinnenwelt	感觉的世界
Das Dasein Gottes	神底存在
Wesen	实体
Vollstaendigkeit	全然

附录四 「明治初期啓蒙的哲学思想の展開と変容」の術語①

序号	德语、英語等	日本語	译者
1	Aufklärung	啓蒙	飯田賢一（本文作者）
2	Encyclopédie	百科全書	同上
3	Kritik	批判	同上
4	Encyclopedia	百学連環	西周（1870年）
5	mental philosophy	心学	西村茂樹（1799年版）
6	Anthropologie	人間学	同上
7	Metaphysic	空理	西周『百学連環』（1870年）
8	Transzendental	最上	同上
9	reinen	純粋	同上
10	Vernunft	智	同上
11	time	時	同上
12	Space	処	同上
13	Time	永劫	中江兆民『理学鉤玄』（1886）
14	Space	宇宙	同上
15	Subjective	此観	西周『百学連環』（1870年）
16	objective	彼観	同上
17	Form	形式	飯田賢一
18	Feeling	感	西周の『百学連環』（1870年）
19	Kant	韓図（カント）	·西周『人世三宝説』刊登于『明六雑誌』第38~42号（1875）; ·西周『生性発蘊』（1873）
20	トランスセンデンタルライネンフェルニュンフト（transzendentale reinen Vernunft）	絶妙純然霊智	同上

① 下表中所列术语译名全部来自日本明治维新初期大量吸收西学时所译介的哲学术语，事实上，这些术语译名可以真实地反映出在原初状态下的术语翻译情况。本表由徐芳芳博士依据下列文献整理而成：飯田賢一．明治初期啓蒙的哲学思想の展開と変容——「明治開化の本」展示会に寄せて [J]. 参考書誌研究，1972 (4): 11-30.

续表

序号	德语、英語等	日本語	译者
21	タランスセンデンタールライネンヘルニュンフト（transzendentale reinen Vernunft）	卓絶極微純霊智	同上
22	スペース（space）	宇観	同上
23	タイム（time）	宙観	同上
24	ア・プリオリ（a priori）	先天	同上
25	ア・ポステリオリ（a posteriori）	後天	同上
26	Universal Existence	萬有成立	井上哲次郎『倫理新説』(1883)
27	ディング・アンジヒ（Ding an sich）	実体	同上
28	Ding an sich	もの自体	同上
29	A. Fouillée: Historie de la Philosophie, 1875	『理学沿革史』	中江兆民『理学沿革史』(1886)
30	フイロソヒー（哲学）	理学	中江兆民『理学沿革史』(1886);『理学鉤玄』(1886)
31	サンシビリティー（sensibility）	感覚	中江兆民『理学鉤玄』(1886)
32	アンタンドマン	推理	同上
33	レーゾン（reason）	良智	同上
34	アンチュイション（intuition）	覚悟	同上
35	メタフィジック（Metaphysics）	原理	同上
36	エスパス（space）	宇宙	同上
37	エタン（time）	永劫	同上
38	ポステリオリー（a posteriori）	事後	同上
39	プリオリー（a priori）	事前	同上
40	カテゴリー（Category）	性	同上

附录五 《纯粹理性批判》有争议的术语在具体上下文中的情景对照

（德文原文 +5 个中译本 +2 个日译本）

德文原文	英语译名	邓晓芒译本	李秋零译本	牟宗三译本	韦卓民译本	蓝公武译本（1997）	天野贞祐译本	筱田英雄译本

项目组考察了包括 Affektion/affizieren、Apprehension、Bild、Demonstration、Ding an sich、diskursiv、Existenz、Gemeinschaft、Gleichförmigkeit、kategorisch、konstitutiv、ontologisch、Phänomen、regulativ、Schein、Schema、Totalität 等 在翻译过程中有较多分歧的术语在《纯粹理性批判》不同译本中的上下文语境中译者给出的特定译名，并将这些译名出现的代表性上下文语境所在段落逐一罗列出来以便进行比对，但是由于篇幅所限，不得不将这个部分省略。

附录六 《实践理性批判》中有争议的术语在具体上下文中的情景对照

（德文原文 +6 个中译本 +4 个日译本）

序号	德文	英译本（N. K. Smith）	邓晓芒译本	韩水法译本	李秋零译本	牟宗三译本	谢扶雅译本	张铭鼎译本	和辻哲郎著（1935）	樫山欽四朗（1965）	波多野精一、宫本和吉译，篠田英雄改译（1979）	宇都宫芳明（1990）

项目组考察了包括 Annehmlichkeit、a priori、Dasein、Ding an sich、Hang、intelligibel、Interesse、Maxime、Neigung、Noumenon、Objekt、Paralogismus、pathologisch、Postulat、regulativ、Schein、Schema、Sinn、transzendent、transzendental、Verbindlichkeit、Verstand、Vollkommenheit、Vorschrift、Wesen 等在翻译过程中有较多分歧的术语在《实践理性批判》不同译本中的上下文语境中译者给出的特定译名，并将这些译名出现的代表性上下文语境所在段落逐一罗列出来以便进行比对，但是由于篇幅所限，不得不将这个部分省略。

附录七 《判断力批判》中有争议的术语在具体上下文中的情景对照

（德文原文 +5 个中译本 +4 个日译本）

序号	德文	英译本术语（N.K.Smith）	邓晓芒译本	李秋零译本	牟宗三译本	宗白华译本	韦卓民译本	大西克禮译本	坂田德男译本	篠田英雄译本	宇都宫芳明译本

项目组考察了包括 ästhetisch、Affekt、a priori、Auffassung、Beistimmung、Gemeinsinn、Dasein、Ding an sich、Geschmack、intelligibel、Kultur、Neigung、Noumenon、regulativ、Rührung、Schein、Schema、transzendent、Vollkommenheit、Vorschrift、Wollen 等在翻译过程中有较多分歧的术语在《判断力批判》不同译本中的上下文语境中译者给出的特定译名，并将这些译名出现的代表性上下文语境所在段落逐一罗列出来以便进行比对，但是由于篇幅所限，不得不将这个部分省略。

说明：

有需要查阅上面附录四、五、六（共计有 A4 纸 200 余页的内容）的研究者可以通过发送电子邮件给笔者（wen2bing@126.com）索取。也可关注笔者的国家社科基金重大项目（项目名称:《康德辞典》翻译及译名数据库建设，立项编号：19ZDA032）的康德译名数据库的建设。

后　记

本书是国家社科基金项目“康德哲学术语中译论争历史考察”（立项编号 12XZX013）的结项成果，本项研究成果在国家社科规划办组织的结题鉴定等级为优秀，全国哲学社会科学办公室颁发的优秀等级结项证书编号是 20181823。项目负责人为文炳教授，参与研究的项目组成员有陈嘉映、赖成彬、王晓丰、姚春梅等。本书的主要撰写者是文炳、王晓丰，二人对本书贡献各半。

本项目是笔者在重庆交通大学工作期间获得立项的，研究历时五载有余，在此期间，项目组在陈嘉映先生的指导下，所有成员对自己所承担的任务丝毫不敢懈怠，大家为此项研究的开展可谓是殚精竭虑，基本上都没有休过周末及寒暑假，课题组成员在研究中不断成长，有的成员俨然已成长为此研究领域的专家，如课题组成员上海社科院的王晓丰博士在这五年期间所搜集并研读过的资料之多，以及他在康德哲学术语中译问题研究上所用功之深，使得他事实上已经成为国内康德哲学术语中译研究领域当之无愧的专家。笔者本人在承担本项研究的这几年也牺牲了不少周末和寒暑假，尤其是从第三年起，眼看项目的繁杂性超过预期，项目不得不一再延期，很多时候真是食不甘味，在这期间个人的健康状况也一度受到严重影响，最遗憾的还是作为教师，在自己的儿子中考和高考期间也未能抽出时间来给他好好辅导下功课。

本项目研究预期三年结题，事实上已经耗时五年零两个月，原因在于本课题虽然算不上特别高深的研究项目，但是整个研究工作的繁杂性导致其在费时费力上超乎预料。笔者当年的博士论文《康德哲学中的 Transcendental 的中译论争历史考察——兼及 a priori 与 Transcendent

的考察》[①] 仅仅是对康德哲学中一个重要术语 transcendental 的中译情况考察就耗时一年半，而且当年考察的目标是很明确的，仅仅考察 transcendental 的中译；考察的语境还只局限于《纯粹理性批判》中的 transcendental 的中译；而本课题需要做的是对整个康德哲学中译过程中有争议的术语译名进行考察，康德哲学术语何其多啊，考察的文本扩大到康德的“三大批判”、《导论》、《道德形而上学的奠基》等主要著作（这些著作当前共有近 30 多个中文译本和 10 多个日文译本），考察的术语扩大到 300 个左右；因此本项研究的工作量是在笔者的博士论文基础上增加了十多倍。在开展研究之初，大家对于哪些术语是康德哲学中译过程中争议颇多的，哪些是基本上没有争议的，是不甚清楚明了的，而且国内此前也没有人对此问题做过类似的研究可供借鉴。在此情形下，课题组首先得从多渠道查阅各种文献资源来确定具体的考察目标，即大致弄清楚哪些术语是有争议的，进而需要考察其争议的来龙去脉。在第一年期间，大家基本上是在翻阅各种文献资料中度过，通过广泛查阅资料来寻找有争议的术语的蛛丝马迹，最终列出了 6 张表，即“三大批判”各个中译本外加《道德形而上学的奠基》等著作的各个中译本中有争议的术语列表，每张表初步列出了 60—70 个术语。至此，考察的主要目标——哪些是有分歧的术语译名才基本上明确下来。确定要考察哪些术语后再到康德著作的各个中译本和日译本中去查找其具体的译名并以表格形式列举出来，虽然最终只列出来十几张表格，但是耗费的时间和精力只有亲身参与者才能体会到个中的辛苦（详见第二章的 6 张表格和第五章的 8 张表格）。

项目耗时耗力的第二个主要原因是必须把与有分歧的术语译名的相关信息从各种不同的文献中搜集出来加以汇总比对，梳理出译名演变的历史并予以讨论，这就需要结合该术语在康德哲学德文原著中的上下文以及其在西方哲学历史大辞典中的界定，最终提出参考性的译名。虽

① 后来笔者在此博士论文的基础上增删成专著《Transcendental 的中译论争历史考察》，由上海交通大学出版社 2012 年出版，该项成果于 2014 年获得浙江省第 17 届哲学社会科学优秀成果一等奖，2015 年获得教育部第 7 届高等学校人文社会科学优秀成果三等奖。

然对一个（一组）术语译名的考察最终体现在文字上就短短几页，但是所耗费的心血往往可能就是几个月，考察最详尽的是：Erscheinung、Phaenomenon（Phänomen）、Schein 中译考——兼论“像”“象”“相”用作译词——前后共计历时一年有余。对康德哲学术语中译名在“三大批判”以及《道德形而上学的奠基》等主要著作中译本中的情况还相对好搜集，毕竟这些主要著作的中译本只有 20 多个，信息来源明确，只是下点苦功而已；但是要从论文（集）、报刊等其他渠道来获取众多康德研究者对该术语中译名的看法就更加费时费力，而且很多时候功夫花了不少，最终却不一定有收获。

项目耗时耗力的第三个主要原因是：在搜集康德著作的日文译本情况，以及考察康德哲学术语在日文译本中有分歧的情况中时也耗时颇多。笔者所幸获得了所在外语学院日语系的芦晓博、陈越、徐青、徐芳芳、张丽山、李亚等 6 位同事（6 位博士，多数在日本留学多年）的鼎力相助。尽管如此，这件事情进展得也很不容易，前后耗时 3 年多，主要是因为：（1）国人阅读外文的速度无论如何也赶不上中文的阅读速度；（2）这 6 位同事都不是学哲学专业的，读哲学著作普遍感到困难；（3）找到的日文译本有一半是从图书馆分多批次馆际互借来的电子本，读起来也没有纸本书那么方便；（4）这些书有些是扫描版，更有甚者，笔者印象最深刻的是和辻哲郎所译《实践理性批判》是一个手写稿译本，整个译本中涂改之处甚多，从和辻哲郎笔迹上来辨认委实不易啊。由于需要的日文资料大多数属于古籍版本，获取相当不易，查找译名情况也额外困难。由于这几位同事在校期间没有选修过文献检索这门课程，笔者最想要查找到的是日本康德著作译者及研究者们对术语译名的分歧是如何看待的，笔者的这些同事虽几经努力，但是最终所获甚少。

本项研究耗时耗力的第四个主要原因是：课题组虽然费尽心力去尝试为有分歧的术语译名定名（确切地说是推荐参考译名），但是深恐自己的学力有所不逮，更何况要找到完美的译名殊为不易，因此为了后续研究和其他研究者提供便利，课题组从有分歧的术语中再次挑选出了分歧最大的一些术语（共计 50 多个），将这些术语译名在不同中译本（30

多个译本）以及日译本（10 多个译本）上下文语境中的情况对照列出来，以供其他研究者可以方便地通过上下文的语境来考察，给研究者提供亲自考察某个术语中译名是否得当的便利机会，以期为术语译名研究的百家争鸣贡献自己的绵薄之力。这项挖地基的工作需要从不同译本中去查找该术语最具有代表性的上下文，由于一个术语可能会在书中出现多次，怎样排查出该术语具有代表性的上下文也得反复斟酌，确定下来后还需要将这些相关文字逐字逐句地录入一个统一的文档中，最终合计一百多页的内容耗费的时间也不少（详见附录四）。

本研究虽对严复“一名之立，旬月踟蹰”的原因——术语翻译的困境做出了比较全面深入的剖析，但是，由于有众多不可译的因素的存在，要想解决“一名之立，旬月踟蹰”的难题确实不容易，其根源在于语言本身的复杂性和语言之间的差异性，本研究为此提出了一些可供参考的建议，但是还远远不够，期待有更多的专家学者参与到此类研究中来，当大家对哲学术语（典型的思想语）译名的困境有了深入了解并取得共识之后，才能为消解术语译名的分歧迈出关键性的一步。可以预料的是，虽然译名的分歧会永远存在，但只要译者心中有读者，努力去传达理解，避免误解，译名的分歧的负面影响肯定是会减少的。

最后，衷心地感谢重庆交通大学外国语学院领导和同事对本课题研究所给予的帮助！衷心地感谢重庆交通大学唐伯明校长和重庆交通大学科研处领导对本课题的研究给予的鼓励和支持！衷心地感谢浙江理工大学给予经费资助本书的出版！

文　炳

2023 年 1 月

专家推介

《康德哲学术语中译论争历史考察》是文炳教授于 2010 年在其华东师范大学博士论文《康德哲学中的 Transcendental 的中译论争历史考察》的基础上发展完成的。本研究报告从具体的层面，全面检讨康德哲学术语中译的问题。文炳教授及其研究团队广泛搜集与此问题直接相关的中文，日文，德文，英文，拉丁文著作，进而从方法论的层面检讨西方哲学术语中译的原则，并提出统一译名的建议。本研究报告之出版对中文学界的康德研究具有重大的整合作用。

（台湾文哲研究所特聘研究员、台湾大学合聘教授　李明辉）

文炳教授新近主持完成的《康德哲学术语中译论争历史考察》是康德哲学思想和哲学概念在中国翻译、传播和研究历史上的一项重要工作。它不仅超出以往的在此方向上零星和不成系统的工作，首次将之系统化。而且，它还通过完整、细致的历史源流梳理和比较语言分析的方法，对未来的此类研究指出了一个方向并树立了一个标杆，这对未来汉语学界关于康德哲学以及西方哲学的深入研究工作，意义重大。

文炳教授及其研究团队还通过搜集、比较和耙梳大量的翻译史资料，具体讨论了目前康德哲学汉译名相中的混淆和混乱现状，并在反复讨论和斟酌的基础上，提出对康德汉译“术语”统一的多项具体建议，这些都具有很高的学术参考价值。

（澳门大学特聘教授　王庆节）

中華譯學館·中华翻译研究文库

许　钧◎总主编

第一辑

中国文学译介与传播研究(卷一)　许　钧　李国平　主编
中国文学译介与传播研究(卷二)　许　钧　李国平　主编
中国文学译介与传播研究(卷三)　冯全功　卢巧丹　主编
译道与文心——论译品文录　许　钧　著
翻译与翻译研究——许钧教授访谈录　许　钧　等著
《红楼梦》翻译研究散论　冯全功　著
跨越文化边界:中国现当代小说在英语世界的译介与接受　卢巧丹　著
全球化背景下翻译伦理模式研究　申连云　著
西儒经注中的经义重构——理雅各《关雎》注疏话语研究　胡美馨　著

第二辑

译翁译话　杨武能　著
译道无疆　金圣华　著
重写翻译史　谢天振　主编
谈译论学录　许　钧　著
基于“大中华文库”的中国典籍英译翻译策略研究　王　宏　等著
欣顿与山水诗的生态话语性　陈　琳　著
批评与阐释——许钧翻译与研究评论集　许　多　主编
中国翻译硕士教育研究　穆　雷　著
中国文学四大名著译介与传播研究　许　多　冯全功　主编
文学翻译策略探索——基于《简·爱》六个汉译本的个案研究　袁　榕　著
传播学视域下的茶文化典籍英译研究　龙明慧　著

第三辑

关于翻译的新思考　许　钧　著
译者主体论　屠国元　著
文学翻译中的修辞认知研究　冯全功　著
文本内外——戴乃迭的中国文学外译与思考　辛红娟　刘园晨　编著
古代中文典籍法译本书目及研究　孙　越　编著
《红楼梦》英译史　赵长江　著
改革开放以来中国当代小说英译研究　吴　赟　著
中国当代小说英译出版研究　王颖冲　著
林语堂著译互文关系研究　李　平　著
林语堂翻译研究　李　平　主编
傅雷与翻译文学经典研究　宋学智　著
昆德拉在中国的翻译、接受与阐释研究　许　方　著
中国翻译硕士教育探索与发展(上卷)　穆　雷　赵军峰　主编
中国翻译硕士教育探索与发展(下卷)　穆　雷　赵军峰　主编

第四辑

中国文学外译的价值取向与文化立场研究　周晓梅　著
海外汉学视域下《道德经》在美国的译介研究　辛红娟　著
江苏文学经典英译主体研究　许　多　著
明清时期西传中国小说英译研究　陈婷婷　著
中国文学译介与传播模式研究:以英译现当代小说为中心　汪宝荣　著
中国文学对外译介与国家形象塑造:*Chinese Literature*(1978—1989)外译研究　乔　洁　著
中国文学译介与中外文学交流:中国当代作家访谈录　高　方　编著
康德哲学术语中译论争历史考察　文　炳　王晓丰　著
20 世纪尤金·奥尼尔戏剧汉译研究　钟　毅　著
译艺与译道——翻译名师访谈录　肖维青　卢巧丹　主编
张柏然翻译思想研究　胡开宝　辛红娟　主编

图书在版编目（CIP）数据

康德哲学术语中译论争历史考察 / 文炳，王晓丰著
．—杭州 ： 浙江大学出版社，2023.12
（中华翻译研究文库/许钧总主编）
ISBN 978-7-308-21385-1

Ⅰ.①康… Ⅱ.①文… ②王… Ⅲ.①康德(Kant, Immanuel 1724—1804)-哲学思想-名词术语-翻译-研究 Ⅳ.①H059

中国版本图书馆CIP数据核字(2021)第093056号

中華譯學館

莫言題

康德哲学术语中译论争历史考察
文 炳 王晓丰 著

出品人 褚超孚
丛书策划 陈 洁 包灵灵
责任编辑 陆雅娟
责任校对 董齐琪
封面设计 程 晨
出版发行 浙江大学出版社
（杭州市天目山路148号 邮政编码310007）
（网址：http://www.zjupress.com）
排 版 杭州林智广告有限公司
印 刷 杭州高腾印务有限公司
开 本 710mm×1000mm 1/16
印 张 31.75
字 数 460千
版印次 2023年12月第1版 2023年12月第1次印刷
书 号 ISBN 978-7-308-21385-1
定 价 128.00元